# UNE HISTOIRE MONDIALE
# DE L'OLYMPISME

1896-2024

**Sous le haut patronage de**
**Monsieur Emmanuel MACRON**

**Président de la République**

Un ouvrage réalisé dans le cadre du programme

**"Histoire, Sport & Citoyenneté.**
**Des Jeux Olympiques d'Athènes 1896**
**aux Jeux Olympiques et Paralympiques de Paris 2024"**

En partenariat avec

casden
BANQUE POPULAIRE

www.casdenhistoiresport.fr

Ouvrage réalisé en collaboration avec le Groupe de recherche Achac

GROUPE ACHAC
DE RECHERCHE

**Avec le soutien de**

Agence Nationale de la Cohésion des Territoires (ANCT) /
Ministère chargé de la Ville et du Logement

Agence Nationale du Sport /
Ministère des Sports et des Jeux Olympiques et Paralympiques

Ministère de l'Éducation nationale et de la Jeunesse

Ministère de l'Agriculture et de la Souveraineté alimentaire

Délégation Interministérielle à la Lutte Contre le Racisme,
l'Antisémitisme et la Haine anti-LGBT (DILCRAH) /
Ministère chargé de l'Égalité entre les femmes et les hommes,
de la Diversité et de l'Égalité des chances

Ministère de l'Enseignement supérieur et de la Recherche

Ministère chargé des Outre-mer

Comité national olympique et sportif français (CNOSF)

Musée national du Sport (Nice)

La collection *Penser le sport* est dirigée par Julien Sorez.

Édition : Ralph Potdevin et Philippe Lemarchand.
Maquette : Dorian Truffert.

*Crédits images*

Image de couverture : coll. Groupe de recherche Achac,
ensemble des images intérieures : © Coll. CASDEN

*Légendes images*

Couverture : affiche officielle des Jeux Olympiques parisiens de 1924,
éditée par le Comité exécutif des Jeux de la ville olympique.

p. 33 : William DeHart Hubbard [États-Unis], champion olympique
du saut en longueur, carte-photo, 1924.

p. 49 : Le défilé des gymnastes suédois sous les yeux de la famille royale,
carte dessinée d'après un cliché de Bob Thomas, 1912.

p. 105 : Jesse Owens [États-Unis] au saut en longueur, carte postale, 1936.

p. 165 : Melbourne Cricket Ground Stadium, boîte métallique, 1956.

p. 225 : Jeux Olympiques 1968 Mexico. Salon mondial du sport,
carte postale, 1968.

p. 299 : Cathy Freeman [Australie] médaillée d'or au 400 mètres,
photographie, 2000.

p. 361 : Jeux Olympiques 1980 Moscou, ticket d'entrée, 1980.

p. 439 : Filbert Bayi [Tanzanie], photographie, 1977.

Cet ouvrage est composé en Frutiger 11,
imprimé sur du papier couché satiné "Let's go" 90 g
et entièrement réalisé en France.


ISBN : 978-2-35030-869-2

Sous la direction de

Nicolas Bancel, Pascal Blanchard, Gilles Boëtsch,
Daphné Bolz, Yvan Gastaut,
Sandrine Lemaire & Stéphane Mourlane

# UNE HISTOIRE MONDIALE DE L'OLYMPISME

## 1896-2024

ATLANTIQUE
ÉDITIONS DE L'ACTUALITÉ SCIENTIFIQUE
NOUVELLE-AQUITAINE

Atlande

*Ont participé à cet ouvrage*

**Michaël Attali** est professeur à l'Université Rennes 2, directeur du laboratoire VIPS² (Valeurs, Innovations, Politiques, Socialisations et Sports). Ses travaux portent sur les processus de dissémination du sport étudiés dans une perspective historique. Il est attentif aux effets des dispositifs de prise en charge de la jeunesse sur le temps long, l'amenant à interroger l'histoire du sport sous l'angle des héritages. Auteur de nombreux ouvrages et travaux, il a notamment publié "Olympic education in France: a legacy issue or the promotion of a model in crisis?", *Social Sciences*, vol. 11, n° 62, 2022 (avec François Le Yondre); *L'Héritage social d'un évènement sportif. Enjeux contemporains et analyses scientifiques*, Presses universitaires de Rennes, 2021; *Le Sport et ses valeurs*, La Dispute, 2004.

**Lukas Aubin** est directeur de recherche à l'Institut des relations internationales et stratégiques (IRIS), docteur en études slaves, spécialiste de la géopolitique de la Russie et du sport, et membre du Centre de recherches pluridisciplinaires multilingues (CRPM) de l'Université Paris Nanterre-Université Paris Lumières. Il est l'auteur de plusieurs travaux, dont *La Sportokratura sous Vladimir Poutine. Une géopolitique du sport russe*, Bréal, 2021; *Géopolitique de la Russie*, La Découverte, 2022; *Atlas géopolitique du sport*, Autrement, 2022.

**Nicolas Bancel** est historien, professeur ordinaire à l'Université de Lausanne, chercheur au Centre d'histoire internationale et d'études politiques de la mondialisation et codirecteur du Groupe de recherche Achac. Il est spécialiste d'histoire coloniale, postcoloniale et de l'histoire du corps. Il a notamment publié ou codirigé une soixantaine d'ouvrages dont *Décolonisations? Élites, jeunesses et pouvoirs en Afrique occidentale française (1945-1960)*, Publications de la Sorbonne,

2022 ; *Le Postcolonialisme*, Presses universitaires de France, 2022 ; *Sports in Postcolonial Worlds*, Routledge, 2017 (avec Thomas Riot et Stanislas Frenkiel). Il est directeur scientifique depuis 2019 du programme "Histoire, Sport & Citoyenneté" autour de l'histoire des Jeux Olympiques.

**Emmanuel Bayle** est professeur de gestion du sport à l'Institut des Sciences du Sport de l'Université de Lausanne (ISSUL). Il travaille sur la gouvernance, le management et la performance des organisations olympiques. Il a publié de nombreux ouvrages et articles de recherche, et notamment "Olympic social responsibility : a challenge for the future", *Sport in society*, n° 11, 2015 ; "Les cinq configurations de régulation du sport mondial", *Jurisport*, n° 222, 2022. Il a réalisé de nombreux mandats et actions de formation continue auprès des institutions sportives internationales.

**Gabriel Bernasconi** est docteur en histoire et travaille au sein du Comité national olympique et sportif français (CNOSF) et auprès de l'Académie nationale olympique française depuis 2002. Aujourd'hui responsable du secteur Culture et Olympisme du CNOSF, il y coordonne notamment le Club France de l'Olympisme, fondé en 2022. Il a notamment publié *La Longue Marche olympique chinoise,* Atlantica, 2008 ; "La politique olympique et sportive chinoise", *in* Philippe Tétart, Pierre Milza, Francois Jequier (dir.), *Le Pouvoir des anneaux* : *les Jeux Olympiques à la lumière de la politique*, Vuibert, 2004 ; "Les Jeux régionaux, manifestations de proximité", *in* Thierry Terret (dir.), *Histoire du sport et géopolitique*, L'Harmattan, 2011.

**Pascal Blanchard** est historien, chercheur-associé au Centre d'histoire internationale et d'études politiques de la mondialisation (Lausanne/UNIL), codirecteur du Groupe de recherche Achac, spécialiste en histoire contemporaine et documentariste (*Les Bleus, une autre histoire de France* ; *Noirs de France* ; *Sauvages. Au cœur des zoos humains* ; *Décolonisations. Du sang et des larmes* et la série de films courts

*Champions de France*). Il a codirigé ou dirigé une soixantaine d'ouvrages, notamment *Décolonisations françaises. La chute d'un Empire*, Éditions de La Martinière, 2020 (avec Nicolas Bancel et Sandrine Lemaire); *Le Racisme en images*, Éditions de La Martinière 2021 (avec Gilles Boëtsch); *Colonisation & propagande. Le pouvoir de l'image*, Le Cherche Midi, 2022 (avec Sandrine Lemaire, Nicolas Bancel, Dominic Thomas et Alain Mabanckou). Il dirige depuis 2019 le programme "Histoire, Sport & Citoyenneté" autour de l'histoire des Jeux Olympiques.

**Gilles Boëtsch** est directeur de recherche émérite au CNRS. Il est membre de l'International Research Laboratory (ESS) dont le siège est à Dakar. Anthropobiologiste, il travaille sur le corps et la santé. Auteur de nombreux ouvrages et travaux, il a notamment codirigé les ouvrages suivants: *Psychologie sociale du masque. Histoire et actualité*, Atlande/Atlantique, 2022 (avec Didier Lepelletier et Catherine Leport); *Sexe, race & colonies. La domination des corps du XVI^e siècle à nos jours*, La Découverte, 2018 (avec Pascal Blanchard, Nicolas Bancel, Christelle Taraud, Dominic Thomas); *Dictionnaire du corps*, CNRS Éditions, 2018 (avec Bernard Andrieu); *Santé et société en Afrique de l'Ouest*, CNRS Éditions, 2015 (avec Lamine Gueye, Enguerran Macia et Yannick Jaffré).

**Anaïs Bohuon** est professeure des universités à l'Université Paris-Saclay, chercheuse au laboratoire Complexité, innovations, activités motrices et sportives (CIAMS) et socio-historienne du sport, du corps et du genre. Ses recherches portent sur l'histoire sociale et politique des "contrôles de sexe" au sein des compétitions sportives. Elle a notamment publié *Le test de féminité dans les compétitions sportives: une histoire classée X?*, Éditions iXe, 2012; "Performance sportive et bicatégorisation sexuée. Le cas de María José Martínez Patiño et le problème de l'avantage 'indu'", *Genèses*, n° 115, 2019; "'Ni de seins, ni de règlement': l'athlète Violette Morris ou le procès de l'identité sexuée de l'entre-deux-guerres", *20&21, Revue d'histoire*, n° 152, 2021.

**Daphné Bolz** est historienne, professeure à l'Université de Rouen Normandie (CETAPS UR 3832). Ses travaux portent sur les enjeux politiques, sociaux et culturels des pratiques physiques en Europe de la fin du XIX^e au milieu du XX^e siècle, tout particulièrement en Allemagne, en Italie, en Grande-Bretagne et en France. Elle s'intéresse notamment aux politiques sportives, aux espaces des pratiques, à l'architecture sportive et à l'olympisme dans une perspective d'histoire transnationale. Elle a notamment publié *Les Arènes totalitaires. Fascisme, nazisme et propagande sportive*, CNRS Éditions, 2008 ; "Physical education and bodily strengthening on either side of the Rhine : A transnational history of the French bill on Physical Education and its German reception (1920-1921)", *Sport in History,* 2021 (avec Jean Saint-Martin) ; *European Studies in Sports History,* vol. 14, *Special Issue Youth and Physical Education in History*, 2021 (avec Patrick Clastres).

**Guillaume Bourel** est agrégé d'Histoire et enseignant en Classes préparatoires aux Grandes Écoles au lycée Fénelon à Paris. Il a dirigé des manuels d'histoire destinés aux lycées aux éditions Hatier et collabore au site *L'histoire par l'image* de la Réunion des Musées Nationaux.

**Pascal Charitas** est historien du sport et de l'olympisme, maître de conférences à l'Université Paris Nanterre, membre du Laboratoire ISP (Institut des Sciences sociales du politique, UMR 7220). Ses travaux portent sur les jeux régionaux, les coopérations sportives franco-africaines, le sport, l'olympisme et les relations internationales. Auteur de nombreux travaux, il a notamment publié "A More Flexible Domination : Franco-African Sport Diplomacy during Decolonization, 1945-1966", *in* Heather L. Dichter, Andrew L. Johns (dir.) *Diplomatic Games. Sport, Statecraft and International Relations since 1945. An Anthology of Sport after the Second World War*, University Press of Kentucky, 2014 ; "Imperialisms in the Olympics of the Colonization in the Postcolonization : Africa into the International Olympic Committee, 1910-1965", *International Journal of the History of Sport*, vol. 32, n° 7, 2015 ; "Sport in Africa", *in* Robert Edelman, Wayne Wilson (dir.), *The Oxford Handbook of Sports History*, Oxford University Press, 2017.

**Sylvère-Henry Cissé** est auteur, conférencier, journaliste presse, télévision et radio, intervenant sur de nombreux sujets autour du sport depuis 1998. Auteur de nombreuses contributions sur le sport, il a également présidé le Club *Sport & Démocratie*, club citoyen de réflexions et d'actions fondé en 2013. Il a dirigé les dossiers thématiques "Le sport gouverne-t-il le monde?", *France Forum*, n° 56, 2014 et "Repenser l'Afrique", *France Forum*, n° 66, 2017 et réalisé ou coréalisé de nombreux documentaires, dont *CAF 60 ans de football africain*, 2017 et *Noires Mémoires*, 2005.

**Fabrice Delsahut** est historien, maître de conférences habilité à diriger des recherches, enseignant à l'Institut national supérieur du professorat et de l'éducation (INSPE) de Paris-Sorbonne et membre du laboratoire L-Vis (Lyon 1). Il est spécialiste des Jeux Olympiques et des cultures sportives nord-amérindiennes et a publié de nombreux ouvrages et travaux dont *Les Hommes-libres et l'Olympe. Les sportifs oubliés de l'histoire des Jeux Olympiques*, L'Harmattan, 2004; "Races on Exhibit at the 1904 St. Louis Anthropology Days", *in* Nicolas Bancel, Thomas David, Dominic Thomas (dir.), *The Invention of Race: Scientific and Popular Representations of Race*, Routledge, 2014; *Les jeux des Indiens d'Amérique du Nord. Étude ethno-historique,* L'Harmattan, 2018.

**Yannick Deschamps** est docteur en histoire contemporaine de l'Université de Strasbourg, attaché temporaire d'enseignement et de recherche au sein de la Faculté des Sciences du sport de l'Université de Picardie Jules Verne et membre du Centre d'Histoire des Sociétés, des Sciences, et des Conflits (CHSSC). Ses recherches sont axées sur l'histoire de la diplomatie sportive, en particulier à travers l'étude des relations entre la France et l'URSS, des années 1920 à 1991. Il a notamment publié "La réception des basketteurs soviétiques en France. Une approche politico-culturelle des perceptions et des représentations, 1956-1964", *Les Cahiers Sirice*, n° 16, 2016; "Échanges et contacts sportifs entre la France et l'URSS à l'aube de la guerre froide: les prémices d'une diplomatie sportive bilatérale (1947-1953)", *Guerres mondiales et conflits contemporains*, n° 277, 2020.

**Paul Dietschy** est professeur d'histoire contemporaine et directeur du Centre Lucien Febvre à l'Université de Franche-Comté. Il est spécialiste d'histoire du sport et du football, autant sur le plan de l'histoire globale qu'en Europe et en Italie, et a publié *Histoire du football*, Perrin, 2010 ; *Le Sport et la Grande Guerre*, Chistera, 2018 ; *Histoire politique des Coupes du monde de football* (avec Yvan Gastaut et Stéphane Mourlane), Vuibert, 2006 ; *Sport, société et culture en France depuis le XIXe siècle*, Hachette, 2006 (avec Patrick Clastres) ; *Le Football et l'Afrique*, EPA, 2008 (avec David-Claude Kemo-Keimbou) ; *Ligue 1 80 ans de football professionnel. Le championnat de France depuis 1932-1933*, Solar, 2013 (avec Arnaud Ramsay) ; *Storia dello sport in Italia*, Il Mulino, 2019 (avec Stefano Pivato) ; *Arènes du sport – cultures du sport – mondes du sport. Perspectives franco-allemandes et européennes dans le "long" XXe siècle*, Steiner, 2021 (avec Dietmar Hüser et Philipp Didion). Il est directeur de la revue *Football(s). Histoire, culture, économie, société*.

**François Doppler-Speranza** est docteur en civilisation américaine. Ses recherches portent sur l'histoire des États-Unis au XXe siècle, notamment sur l'histoire culturelle et l'histoire diplomatique dans l'espace transatlantique. Enseignant à l'Université de Strasbourg et à Syracuse University, il est membre de l'Unité de Recherche SEARCH (Savoirs dans l'espace anglophone : représentations, culture, histoire, Université de Strasbourg). Une partie de sa recherche a reçu le soutien de l'IHEDN (Institut des hautes études de défense nationale). Il a notamment publié *Une armée de diplomates. Les militaires américains et la France (1944-1967)*, Presses universitaires de Strasbourg, 2021 ; "Une seconde ligne de défense : les sports américains dans la guerre froide", *Guerres mondiales et conflits contemporains*, vol. 277, n° 1, 2020 ; "La balle au chevet de la sécurité nationale. La Seconde Guerre mondiale et l'avènement du 'siècle sportif américain'", *Guerres mondiales et conflits contemporains*, vol. 268, n° 4, 2017.

**Yvan Gastaut** est historien, maître de conférences à l'Université Côte d'Azur, chercheur à l'URMIS (Unité de Recherche Migrations et Société), membre du conseil d'orientation du Musée national de l'histoire de l'immigration (MNHI) et membre du conseil scientifique du Musée national du sport. Ses recherches portent sur l'histoire du sport dans ses relations aux identités, aux immigrations et aux discriminations. Il a notamment publié *Le Métissage par le foot : l'intégration, mais jusqu'où ?*, Autrement, 2008 et *Who's Who ? Les champions sportifs à l'épreuve des colonisations et des migrations*, Les Perséides, 2019.

**Vassil Girginov** est professeur de Management du sport à l'Université Brunel à Londres. Ses recherches portent sur les politiques sportives, la gouvernance des Jeux Olympiques et ses impacts, le développement des pratiques et des cultures sportives. Il a effectué des recherches pour le CIO, l'Agence mondiale antidopage, la Banque mondiale, le Conseil de l'Europe... Il est aussi président de l'association européenne du management sportif et a notamment publié *Handbook of the London 2012 Olympic and Paralympic Games. Volume One : Making the Games*, Routledge, 2012 ; *Rethinking Olympic Legacy*, Routledge, 2018 ; *Running Events : Policy, Marketing and Impacts*, Routledge, 2022.

**David Gogishvili** est chercheur en post-doctorat à l'Institut de géographie et de durabilité de l'Université de Lausanne. Géographe urbain et politique, il s'intéresse surtout aux mégaprojets, tels que les méga-événements et les grands équipements culturels (*cultural flagships*). Ses recherches portent sur le rôle de la politique, des exceptions juridiques et des mobilités dans les projets urbains de grande ampleur. Il a co-publié "An Evaluation of the Sustainability of the Olympic Games", *Nature Sustainability*, vol. 4, n° 4, 2021 (avec Christopher Gaffney, Miriam Hug, Martin Müller, Sven Daniel Wolfe et Annick Leick) ; "The Mega-Events Database : Systematising the Evidence on Mega-Event Outcomes", *Leisure Studies*, vol. 41, n° 3, 2022 (avec Martin Müller, Sven Daniel Wolfe, Christopher Gaffney Miriam Hug et Annick Leick) ; "The Structural Deficit of the Olympics and the World

Cup : Comparing Costs against Revenues over Time", *Environment and Planning A : Economy and Space*, vol. 54, n°6, mai 2022 (avec Martin Müller et Sven Daniel Wolfe).

**Carole Gomez** est assistante diplômée en sociologie du sport au sein de l'Institut des Sciences du Sport de l'Université de Lausanne (ISSUL). Elle y réalise une thèse sur les politiques de lutte contre les violences de genre menées par les fédérations sportives internationales. Juriste de formation, elle a travaillé pendant 9 ans sur les questions de géopolitique du sport et de diplomatie sportive, a mené de nombreux projets à l'échelle européenne sur ces thématiques et a publié plusieurs articles sur le sujet.

**Christina Koulouri** est professeure d'histoire moderne et contemporaine et rectrice de l'université Panteion de sciences sociales et politiques d'Athènes. Elle est l'auteure de plusieurs ouvrages et articles sur l'enseignement de l'histoire (dont six livres pour l'enseignement de l'histoire moderne et contemporaine en Europe du Sud-Est), l'histoire de l'historiographie, les manuels scolaires, l'identité nationale, l'histoire publique et l'histoire du sport et des Jeux Olympiques. Elle a notamment publié *Athens, Olympic City, 1896-1906*, International Olympic Academy, 2004 ; *The International Olympic Academy. A History of an Olympic Institution*, International Olympic Academy, 2007 ; "From Antiquity to Olympic Revival : Sports and Greek National Historiography (Nineteenth-Twentieth Centuries)", *International Journal of the History of Sport*, vol. 27, n° 12, 2010.

**Michael Krüger** est professeur d'histoire à l'Institut des sciences du sport de l'Université de Münster. Ses principaux domaines de recherches sont l'histoire de la gymnastique et du sport, l'histoire et la pédagogie olympiques et les aspects éthiques, politiques et culturels du développement du sport. Auteur de nombreux ouvrages et travaux, il a notamment publié *Sport in Kultur und Gesellschaft*, Springer, 2018 (avec Arne Güllich) ; *Olympia als Bildungsidee. Beiträge* *zur olympischen Geschichte und Pädagogik*, Springer, 2013 (avec Annette Hofmann) ; *Olympische Spiele. Bilanz und Perspektive im 21. Jahrhundert*, Lit Verlag, 2001.

**Sandrine Lemaire** est agrégée, docteure en histoire de l'Institut universitaire européen de Florence, enseignante en classes préparatoires aux grandes écoles au lycée Jean-Jaurès à Reims et codirectrice du Groupe de recherche Achac. Elle est coauteure de plusieurs ouvrages dont *Zoos humains. Au temps des exhibitions humaines*, La Découverte, 2004 (avec Nicolas Bancel, Pascal Blanchard, Gilles Boëtsch et Éric Derro) ; *La Fracture coloniale,* La Découverte, 2005 (avec Pascal Blanchard et Nicolas Bancel) ; *L'Illusion coloniale,* Tallandier, 2006 (avec Éric Deroo) ; *Décolonisations françaises. La chute d'un empire*, La Martinière, 2019 (avec Nicolas Bancel et Pascal Blanchard) et *Colonisation & propagande. Le pouvoir de l'image,* Le Cherche midi, 2022 (avec Pascal Blanchard, Nicolas Bancel, Alain Mabanckou, Dominic Thomas).

**Anne Marcellini** est professeure associée en sociologie du sport et de l'activité physique adaptée au Centre interdisciplinaire de recherche sur les parcours de vie et les vulnérabilités - LIVES-UNIL de l'Université de Lausanne. Elle a publié *Corps, Sport, Handicaps. Le mouvement handisport au* XX*e siècle. Lectures sociologiques*, Téraèdre, 2014 (avec Gaël Villoing) ; "Disability, Recognition and 'Community living'. Diversity of practices and plurality of values", *Alter, European Journal of Disability Research,* 2018 (avec Laurent Paccaud) ; "Les enjeux des pratiques inclusives dans le domaine des loisirs. Du projet inclusif à la question des inscriptions sociales", *Society and Leisure*, 2021. Elle dirige actuellement 2 programmes de recherche en sociologie visuelle sur les représentations filmiques du handicap.

**Stéphane Mourlane** est agrégé et docteur en histoire, ancien membre de l'École française de Rome et maître de conférences en histoire contemporaine à Aix-Marseille Université. Chercheur au sein de l'UMR TELEMMe à la Maison méditerranéenne des sciences de l'homme d'Aix-en-Provence, il enseigne aussi à Sciences Po Paris. Ses recherches portent sur l'Italie contemporaine et les relations internationales au travers du sport et des migrations. Il est notamment l'auteur de *L'Atlas de l'Italie contemporaine*, Autrement, 2019 (avec Aurélien Delpirou) ; *Histoire politique des Coupes du monde de football,* Vuibert, 2006 (avec Paul Dietschy et Yvan Gastaut).

**Martin Müller** est professeur de géographie humaine à l'Université de Lausanne. Il travaille sur l'impact et la (non-)durabilité des méga-événements comme les Jeux Olympiques et les Coupes du monde de football. Il a co-publié "An Evaluation of the Sustainability of the Olympic Games", *Nature Sustainability*, vol. 4, n° 4, 2021 (avec Christopher Gaffney, Miriam Hug, David Gogishvili, Sven Daniel Wolfe et Annick Leick) ; "The Mega-Events Database : Systematising the Evidence on Mega-Event Outcomes", *Leisure Studies*, vol. 41, n° 3, 2022 (avec David Gogishvili, Sven Daniel Wolfe, Christopher Gaffney, Miriam Hug et Annick Leick) ; "The Structural Deficit of the Olympics and the World Cup : Comparing Costs against Revenues over Time", *Environment and Planning A : Economy and Space,* vol. 54, n° 6, mai 2022 (avec David Gogishvili et Sven Daniel Wolfe).

**Fabien Ohl** est professeur ordinaire à la faculté des sciences sociales et politiques de l'Université de Lausanne. Ses recherches portent principalement sur la culture sportive, les organisations sportives et les carrières des athlètes. Il a abordé la question du dopage comme déviance en la mettant en relation avec les expériences et les conditions de travail des sportifs. Dans ses recherches plus récentes, il s'intéresse aux organisations sportives en abordant la question de leur crédibilité en prenant comme terrain d'enquête principal les affaires de dopage. Il a notamment publié "Fight Against Doping as a Social Performance : The Case of the 2015-2016 Russian Anti-Doping Crisis", *Cultural Sociology,* vol. 15, n° 3, 2020 (avec Lucie Schoch et Bertrand Fincoeur) ; *Doping in Cycling : Interdisciplinary Perspectives*, Routledge, 2019 (avec Bertrand Fincoeur et John Gleaves).

**Pascal Ory** est historien, professeur émérite à l'Université Paris 1 (Panthéon-Sorbonne), membre de l'Académie française et l'un des fondateurs de l'histoire culturelle. Il est – entre autres – membre du Comité d'histoire du ministère de la Culture, du conseil scientifique de l'École nationale des chartes et du conseil scientifique des Rendez-vous de l'histoire de Blois. Il a publié de très nombreux ouvrages et travaux, dont *Les Expositions universelles de Paris*, Ramsay, 1982 ; *L'Expo universelle*, Complexe, 1989 ; *L'histoire culturelle*, Presses universitaires de France, 2015 ; *Qu'est-ce qu'une nation ? Une histoire mondiale*, Gallimard, 2020 ; *Ce côté obscur du peuple*, Bouquins, 2022.

**Didier Poracchia** est agrégé des Facultés de droit et professeur de droit privé à l'Université de Paris 1 (Panthéon-Sorbonne). Il préside la Chambre d'appel de l'Instance de contrôle financier des Clubs de l'UEFA. Il est auteur ou co-auteur de nombreux ouvrages et articles dont *Manuel de droit du sport*, LGDJ, 2020 ; *Précis Dalloz de droit financier*, Dalloz, 2019 ; *Droit commercial*, PUF, 2021. Il participe notamment aux chroniques de droit du sport des revues *Communication - Commerce électronique* et *Les Petites affiches*.

**Didier Rey** est professeur d'histoire contemporaine à l'Université de Corse, il est membre du laboratoire LISA (Lieux Identités eSpace et Activités) UMR 6240 au sein de la Maison des Sciences de l'Homme du Sud-Est (MSHS). Il a publié de nombreux ouvrages et notamment *Sport et société en Corse (1860-1945)*, Albiana, 2006 ; *L'Automobile à la conquête de la Corse (1897-1921)*, Piazzola, 2017 ; il a dirigé *L'Atlas de la Corse contemporaine*, Actes Sud, 2023 et co-dirigé avec Bachir Zoudji *Le Football dans tous ses états*, De Boeck, 2015.

**Pierre-Olaf Schut** est professeur d'histoire du sport à l'Université Gustave-Eiffel, président de l'International Society for the History of Physical Education and Sport. Ses travaux portent sur le développement des sports de nature, les politiques sportives et l'olympisme. Il a notamment publié "Grenoble 1968, Albertville 1992, and the

Establishment of a Strategy to Protect and Market the Winter Olympic Emblems", *The International Journal of History of Sport*, 2021 (avec Natalia Bazoge et Sandie Beaudouin) ; "Interaction between Olympism and Host Cities. The example of Paris", *The International Journal of the History of Sport*, 2020 (avec Sandie Beaudouin et Marion Philippe) ; *Hosting the Olympic Games. Uncertainty, debate, controversy*, Routledge, 2020 (avec Marie Delaplace).

**Philippe Tétart** est maître de conférences à l'Université du Mans. Ses travaux portent, d'une part, sur le déploiement du sport comme phénomène de masse dans les années 1890-1930 et, d'autre part, sur les représentations du sport, des sportifs et des rôles qui leur sont assignés par/dans la société française, de la fin du XIXe siècle à nos jours. Il a publié notamment *Histoire du sport en France*, 2 volumes, Vuibert, 2007 ; *La Presse régionale et le sport : naissance de l'information sportive (1870-1914)*, Presses universitaires de Rennes, 2015 ; *Côté tribunes. Les supporters de la Belle Époque aux années 1930*, Presses universitaires de Rennes, 2019 ; et *Histoires de sports. Enquêtes et chroniques insolites*, Presses universitaires de Rennes, 2023.

**Dominic Thomas** est professeur dans le Département de langues européennes et d'études transculturelles à UCLA et membre associé du Centre d'histoire international et d'études politiques de la mondialisation (Lausanne, Suisse). Commentateur politique spécialisé dans les événements européens sur CNN, il a publié et codirigé plusieurs ouvrages, notamment *L'Invention de la race*, La Découverte, 2014 (avec Nicolas Bancel et Thomas David) ; *Sexe, race & colonies*, La Découverte, 2018 (avec Pascal Blanchard, Nicolas Bancel, Gilles Boëtsch et Christelle Taraud) et *Colonisation & propagande. Le pouvoir de l'image*, Le Cherche Midi, 2022 (avec Sandrine Lemaire, Pascal Blanchard, Nicolas Bancel et Alain Mabanckou).

**Georges Vigarello** est historien, professeur des universités, directeur d'études à l'EHESS, ancien codirecteur du Centre Edgar Morin, président du Conseil scientifique de la BnF entre 2000 et 2008, et spécialiste de l'histoire de l'hygiène, de la santé, des pratiques corporelles, du sport et des représentations du corps. Il a publié de nombreux ouvrages et travaux, notamment *Du jeu ancien au show sportif. La naissance d'un mythe*, Seuil, 2002 ; *Passion sport : Histoire d'une culture*, Textuel, 1999 ; *Le Sentiment de soi. Histoire de la perception du corps. (XVIe-XXe siècles)*, Seuil, 2014 ; *Histoire de la fatigue : du Moyen Âge à nos jours*, Seuil, 2020.

**Sven Daniel Wolfe** est géographe urbain et politique, il travaille sur les impacts socio-spatiaux des méga-événements, les intersections entre les technologies numériques et l'autoritarisme, et la géopolitique intime et quotidienne. Il a co-publié "An Evaluation of the Sustainability of the Olympic Games", *Nature Sustainability*, vol. 4, n° 4, 2021 (avec Christopher Gaffney, Miriam Hug, Martin Müller, David Gogishvili et Annick Leick) ; "The Mega-Events Database : Systematising the Evidence on Mega-Event Outcomes", *Leisure Studies*, vol. 41, n° 3, 2022 (avec Martin Müller, David Gogishvili, Christopher Gaffney, Miriam Hug et Annick Leick) ; "The Structural Deficit of the Olympics and the World Cup : Comparing Costs against Revenues over Time", *Environment and Planning A : Economy and Space*, vol. 54, n° 6, mai 2022 (avec Martin Müller et David Gogishvili).

# Sommaire

## Partie 2
## L'Europe des totalitarismes (1920-1945)



## Partie 3
## L'impact de la guerre froide (1945-1984)

## Partie 4
## Revendications et ruptures (1968-1990)

## Partie 5
## Les défis du gigantisme
## (2000-2020)



## Partie 6
## Enjeux et problématiques olympiques

## Annexes

# *Préface*
# Une histoire mondiale de l'olympisme

Antoine Petit

Le sport est progressivement devenu un objet de recherche pleinement légitime. Il faut s'en réjouir et accompagner la formidable progression de nos connaissances, et ce dans la grande diversité de domaines susceptibles de s'intéresser à cet objet. Aussi bien les sciences sociales – histoire, comme en témoigne cet ouvrage, sociologie, anthropologie ou ethnologie – que les sciences du vivant – biomécanique, médecine, neurosciences ou encore physiologie – ou les sciences économiques et de gestion – management, marketing, gestion, économie – ou encore les sciences du numérique – réalité virtuelle et augmentée, données –, pour ne citer que quelques disciplines, s'intéressent à l'objet "sport". Originellement relevant des sciences et techniques des activités physiques et sportives (STAPS), ces recherches se sont disséminées dans l'ensemble des disciplines évoquées, tant au CNRS qu'à l'Université. Il convient de s'en féliciter.

Il n'est pas indifférent que ce soit dans ce contexte dynamique que ce remarquable ouvrage soit publié. Tout d'abord ce livre s'inscrit dans un vaste programme, organisé dans la perspective des prochains Jeux Olympiques, labellisé par Paris 2024. Ce programme mobilise de nombreux chercheurs, des laboratoires et équipes, le CNRS (notamment *via* le Groupement de Recherche Sport), des universités, des-institutions publiques telles des musées, mais aussi des partenaires privés qui en assurent en partie le financement. Son objectif est double : produire des connaissances, et aussi diffuser celles-ci vers tous les publics. Une exposition pédagogique sur l'histoire de l'olympisme a ainsi été créée en 2020 puis diffusée à plusieurs centaines d'exemplaires, distribués gratuitement en particulier vers les établissements scolaires du second degré, qui ont ainsi pu profiter du travail d'une équipe d'historiens.

La démarche qui anime la réalisation de cet ouvrage articule également production de connaissances savantes – matérialisée par l'organisation de 4 colloques internationaux qui ont donné et donneront lieu à des publications spécialisées – et la mise à disposition de ces connaissances à un public plus large. Les auteurs réunis dans cet ouvrage – qui comptent parmi les meilleurs spécialistes internationaux de l'histoire contemporaine et olympique – ont en effet accepté de rédiger des textes de synthèse courts, accessibles et cependant problématisés, qui permettent de se plonger dans les enjeux historiques, mais aussi les questions actuelles posées par l'olympisme.

Si, pas plus que moi, vous n'êtes un spécialiste de l'histoire de l'olympisme, vous apprendrez énormément à la lecture des articles de cet ouvrage. Tous les enjeux du XX^e^ siècle et du début de notre XXI^e^ siècle s'y croisent, de la modernisation des sociétés occidentales à l'affranchissement des peuples colonisés ; de l'évolution des flux migratoires à la constitution des diasporas et des communautés ; de la montée des fascismes aux enjeux de la guerre froide ; de la multipolarisation du monde aux défis environnementaux. Tout au long de son histoire, l'olympisme est au cœur de ces grandes respirations historiques et de ces enjeux. Nous apprenons, chemin faisant, comment le "système olympique" se transforme pour y faire face, passant d'une manifestation mineure au sein notamment des grandes expositions universelles et internationales jusqu'en 1912 à une autonomie relative durant l'entre-deux-guerres, pour devenir, au cours des années 1970-1990, l'extraordinaire machinerie que nous connaissons aujourd'hui, tentée par le gigantisme, profitant du formidable développement de la télévision puis des technologies numériques, et générant d'énormes flux financiers et d'images.

En partant de cette histoire passionnante, qui met à bas bien des légendes et nous plonge dans l'Histoire tout court, nous pouvons mieux mesurer les immenses défis auxquels l'olympisme fait face, de la parité et de la diversité, de la lutte contre le dopage à celle contre la corruption, de la question de la dévolution des Jeux à des régimes abusifs à l'organisation de Jeux Olympiques durables. Cet ouvrage remarquable permet ainsi de transmettre les résultats des recherches sur l'olympisme à un large public avide de connaissances.

# Introduction

# *Introduction*
# L'olympisme, une autre histoire du monde (1896-2024) ?

Nicolas Bancel, Pascal Blanchard,
Gilles Boëtsch, Daphné Bolz, Yvan Gastaut,
Sandrine Lemaire & Stéphane Mourlane

En 2024, à l'occasion des Jeux Olympiques de Paris, l'histoire moderne de l'olympisme aura 130 ans. Elle commence à la fin du XIXe siècle et se poursuit en ce début de XXIe siècle. En effet, après de nombreuses tentatives de rénovation des Jeux Olympiques anciens depuis le XVIIIe siècle[1], c'est en 1894 que Pierre de Coubertin – qui y réfléchit depuis des années – et quelques responsables, membres notamment de l'USFSA (Union des sociétés françaises de sports athlétiques), décident de lancer le Comité international olympique (CIO), puis d'organiser les premiers Jeux Olympiques des temps modernes à Athènes, en 1896.

Toute la symbolique antique est réquisitionnée pour légitimer ce qui est alors présenté comme la renaissance des concours sportifs pentétériques organisés à Olympie, depuis le VIIIe siècle avant notre

[1] Jean-Pierre Augustin, Pascal Gillon, *L'Olympisme : Bilan et enjeux géopolitiques*, Paris, Armand Colin, 2004.

ère jusqu'en 393 de notre ère. À l'épicentre des Jeux Olympiques réinventés se dessinent dès l'origine – au-delà de la quête des victoires sportives – des enjeux culturels et géopolitiques, alors même que les exhortations à l'apolitisme du fait sportif sont omniprésentes. Pierre de Coubertin y voit un moyen de contribuer à une "*paix universelle*[2]" en cette fin de XIXe siècle marquée par la multiplication de crises suscitées par la montée des nationalismes et des impérialismes.

Force est pourtant de constater que, dès ses origines, l'olympisme n'échappe pas au jeu des rivalités entre puissances, et ce depuis la tentative d'affirmation de la Grèce en tant que nouvel État dans le concert des nations européennes à la fin du XIXe siècle jusqu'à l'émergence contemporaine de la superpuissance chinoise au début du XXIe siècle. Les Jeux Olympiques s'affirment à la fois comme un baromètre et "*une vitrine de la puissance*[3]", ainsi que le moyen de mettre en scène la vitalité d'un régime, en particulier pour les pouvoirs autoritaires. De fait, les Jeux Olympiques sont un miroir offrant le reflet, plus ou moins déformé, de dynamiques à l'œuvre au sein des sociétés contemporaines. Ainsi s'y observent les questions liées aux discriminations des minorités ou encore celles de l'égalité entre les hommes et les femmes. Pierre de Coubertin en faisait d'ailleurs avec regret lui-même le constat, reconnaissant que les Jeux Olympiques sont destinés à "*épouser la vie du monde*[4]".

Le modèle des Jeux Olympiques pose ainsi aujourd'hui de nombreuses questions qui interrogent son devenir. Alourdis par leur propre histoire et leur caractère de "*Mega-Event*"[5], les Jeux Olympiques seraient-ils devenus obsolètes? Comme nous le détaillons dans la

---

2 Patrick Clastres, "La refondation des Jeux Olympiques au Congrès de Paris (1894). Initiative privée, transnationalisme sportif, diplomatie des États", *in* Pierre Milza, François Jequier, Philippe Tétart (dir.), *Le Pouvoir des anneaux. Des Jeux Olympiques à la lumière de la politique 1896-2004*, Paris, Vuibert, 2004, p. 39-60.

3 Pierre Milza, "Sport et relations internationales", *Relations internationales*, n° 38, 1984, p. 166.

4 *Le Journal*, 23 août 1936.

5 Maurice Roche, *Mega-Events and Modernity*, Londres, Routledge, 2000.

dernière partie de cet ouvrage, notre monde en mutation rapide remet en question le modèle économique, écologique et éthique des Jeux, jusqu'à la pertinence de l'idée même de compétition sportive ou de "valeurs de l'olympisme".

Nous sommes en effet désormais loin des valeurs initiales de cette pédagogie du corps conceptualisée par Pierre de Coubertin, transformant une pratique ludique en la matrice d'une nouvelle élite, une "chevalerie sportive", à même d'affronter à l'époque les défis du XXe siècle naissant tout en préservant l'ordre social[6]. D'aucuns déplorent le déclin de ces valeurs tandis que d'autres s'en réjouissent. Nous sommes passés d'une morale – pour Pierre de Coubertin le sport était alors "*un dérivatif puissant à tous les instincts mauvais*[7]" – à une pratique qui valorise la compétition à outrance, des athlètes comme des nations, gouvernée par des flux financiers gigantesques et un marketing envahissant. Ces questions, le Comité international olympique ne les ignore pas, comme en témoigne la publication de son "Agenda 2020+5[8]", mais face à ces immenses défis, l'institution a-t-elle les ressources pour réformer son modèle?

---

6 Patrick Clastres, "Inventer une élite: Pierre de Coubertin et la 'chevalerie sportive'", *Revue Française d'Histoire des Idées Politiques*, vol. 2, n° 22, 2005, p. 51-71.

7 Pierre de Coubertin, "Lettre VI", *Gazette de Lausanne*, 4 décembre 1918.

8 https://olympics.com/cio/agenda-olympique-2020-plus-5

# Au cœur des premiers Jeux Olympiques (1896-1945)

La trentaine d'articles rassemblés dans cet ouvrage traversent ces 130 ans d'histoire et plongent dans les enjeux, contextes et débats des principales olympiades estivales[9]. Il s'agit bien sûr de sport, mais surtout d'une "autre histoire du monde" qu'éclairent chaque séquence et les six parties chronologiques structurant cet ouvrage. Les 36 auteurs réunis comptent parmi les meilleurs spécialistes internationaux de l'olympisme, venus de différents horizons disciplinaires – historiens, géographes, sociologues, économistes, juristes, politistes. Pour chacun des Jeux Olympiques, et à partir d'un questionnement problématique précis, ils ont accepté de produire une contribution synthétique et informée des dernières recherches, accessible à un lectorat demandeur de nouveaux savoirs et de nouveaux questionnements.

Ces contributions nous aident à repenser l'olympisme, à partir de sa réalité historique, et nous immergent dans chaque époque et contexte pour extraire les enjeux et les effets de ces manifestations hors normes sur l'histoire collective. Depuis sa création au XIXe siècle, le CIO est l'une des plus anciennes institutions sportives internationales, traversant toutes les mutations du monde et faisant preuve le plus souvent de conservatisme, parfois d'innovation. Les Jeux Olympiques sont devenus – volontairement ou non – une véritable caisse de résonance des grands enjeux de chaque époque.

Aussi, la première partie de l'ouvrage s'attache à la difficile naissance de ces Jeux modernes et à leurs premiers pas entre 1896 et 1920. Christina Koulouri porte un regard transversal sur les Jeux

9 Dans le présent ouvrage nous avons privilégié les Jeux Olympiques estivaux, sans nous attacher aux Jeux d'hiver (à partir de ceux de Chamonix, en France, en 1924) ni aux Jeux Paralympiques d'été (depuis Rome, en Italie, en 1960). Ceux-ci feront l'objet d'un ouvrage spécifique programmé pour 2025 dans le cadre du programme "Histoire, Sport & Citoyenneté" initié depuis 2020 par le Groupe de recherche Achac aux côtés de la CASDEN/Banque Populaire.

Olympiques de 1896, alors que Pascal Ory observe ceux de 1900, implémentés dans l'immense Exposition universelle de Paris. Les Jeux Olympiques de 1904 et les fameuses Journées anthropologiques, mettant en évidence la question raciale aux États-Unis, sont analysés par Fabrice Delsahut; enfin un regard croisé sur l'annulation des Jeux de Berlin (1916) et les Jeux de la "paix" de 1920 à Anvers est proposé par Michael Krüger. En conclusion de cette partie, Michaël Attali interroge les fondations de l'olympisme au regard de l'évolution de ses "valeurs".

L'impact de la déflagration mondiale que fut la Première Guerre mondiale est incontestable. De fait, les mutations et évolutions sont nombreuses entre la manifestation athénienne de 1896 et les Jeux Olympiques en Belgique de 1920. La première concerne le nombre de participants, puisqu'en 1896 12 pays seulement sont représentés avec 11 épreuves au programme. En outre le nombre d'athlètes grecs (uniquement des hommes) est majoritaire, avec plus de 200 contre moins de 100 pour les autres nations. La présence de la "foule" n'est pas une priorité lors des premiers Jeux (ni pour les organisateurs, ni pour Pierre de Coubertin[10]), cela ne devient un objectif que de manière progressive en 1912 à Stockholm d'abord puis en 1920 à Anvers.

La seconde partie de l'ouvrage aborde la période charnière 1924-1945, à travers le développement des Jeux eux-mêmes (structure, organisation, évolution du nombre de nations participantes...), mais aussi la montée des totalitarismes, des dépressions (notamment la crise économique en 1929) et des rapports de force géopolitiques, transposés par le truchement de l'affrontement des sportives et sportifs, représentants de leurs pays respectifs. Paul Dietschy ouvre la séquence avec un focus sur les Jeux Olympiques de Paris de 1924. Les Jeux de l'après-crise économique de 1929, à Los Angeles (1932), sont appréhendés par Philippe Tétart et ceux de Berlin (1936), symboles du nazisme triomphant, sont traités par Daphné Bolz. Enfin, 2 études spécifiques appréhendent le lien entre 2 régimes totalitaires et l'olympisme : la contribution de Stéphane Mourlane s'intéresse au fascisme

---

10 Pierre de Coubertin, "Les spectateurs", *Revue Olympique*, 1910.

italien tandis que Didier Rey porte attention à l'URSS et sa volonté de promouvoir des contre-Jeux.

Cette période est celle des nationalismes agressifs, qui trouvent dans les Jeux Olympiques un terrain d'expression de plus en plus efficace. La volonté d'universalisme olympique se heurte aux poussées ultra-nationalistes consécutives à la Grande Guerre, mais aussi au refus de l'URSS de participer à un mouvement supposé servir les intérêts des classes dominantes, en développant ses propres structures. Ainsi, les dictatures mais aussi les démocraties trouvent dans l'olympisme un terrain pour mettre en scène et valoriser leur modèle et s'assurer un rayonnement international.

Parallèlement, le mouvement olympique adopte de nouvelles normes, désormais omniprésentes, tels les maillots et drapeaux nationaux, le drapeau olympique, les hymnes ou encore le serment olympique. Le mouvement olympique définit par ailleurs que seuls des nationaux (et les ressortissants des colonies) peuvent participer pour le compte d'une nation. Dans ces conditions apparaissent de véritables athlètes d'État, ambassadeurs de leur pays dans et hors des enceintes sportives. Le sport devient partie intégrante des politiques étrangères. Le culte de la nation connaît son apogée lors des Jeux Olympiques de Berlin de 1936, qui deviennent un véritable instrument politique du régime nazi. Les appels au boycott et l'organisation avortée des contre-Jeux de Barcelone ne sont pas parvenus à freiner l'utilisation idéologique du mouvement olympique.

Cette évolution s'accompagne d'une médiatisation croissante du sport. Le ministre de la Propagande du régime nazi, Joseph Goebbels, organise une campagne d'information d'une ampleur jusqu'alors inconnue, utilisant tous les médias. Inévitablement, la victoire et la défaite ne sont plus seulement celles des athlètes mais aussi celles d'un régime. Cette dynamique médiatique entraîne les opinions publiques, de plus en plus passionnées par la compétition sportive, qui devient progressivement un enjeu mondial durant l'entre-deux-guerres. Aux lendemains de la Grande Guerre et malgré les célébrations de la paix retrouvée en 1920 à Anvers et en 1924 à Paris, l'olympisme n'échappe pas à la logique imposée par les vainqueurs. Le CIO décide ainsi de l'exclusion des nations défaites comme l'Allemagne et l'Autriche (ou de la non-exclusion du Japon après l'invasion de la Mandchourie en 1931 et avant les Jeux de 1932... lui offrant même cette année-là les Jeux Olympiques de 1940, préférant Tokyo à Helsinki). Parallèlement, de nombreux Comités nationaux olympiques intègrent le mouvement olympique tout au long de l'entre-deux-guerres, témoignant ainsi d'une recomposition des relations internationales à la suite notamment de la chute des grands Empires.

À la veille de la Seconde Guerre mondiale (en 1938), le Japon renonce à organiser les Jeux Olympiques prévus à Tokyo en 1940 en raison du déclenchement du conflit sino-japonais en 1937[11], et la Finlande qui devait le remplacer est contrainte de renoncer à son tour après l'invasion soviétique du pays en novembre 1939[12]. Si le système olympique en est bousculé, la position dominante qu'il s'est construite durant l'entre-deux-guerres lui a permis de préparer le socle de son expansion de l'après Seconde Guerre mondiale.

## Les mutations de l'après Seconde Guerre mondiale (1948-1990)

La troisième partie de l'ouvrage aborde frontalement les enjeux de la guerre froide (1945-1984) et les nouvelles dynamiques à l'œuvre après 12 années d'interruption des rencontres olympiques. Les contributions de cette partie diffèrent en ce qu'elles croisent les problématiques et les enjeux, mais aussi proposent une approche comparatiste entre les différentes éditions des Jeux Olympiques.

Ainsi, Sandrine Lemaire et Guillaume Bourel analysent l'instrumentalisation des Olympiades lors de la guerre froide, des Jeux Olympiques de Londres (1948) à ceux de Montréal (1976). François

[11] Le Japon organise néanmoins les Jeux de l'Asie de l'Est en 1940 pour les 2600 ans du pays, afin de marquer son leadership politique dans cette partie du monde.

[12] Les Jeux des XIIIe Olympiades, prévus à Londres "ville martyre" pour 1944, furent également annulés en raison du conflit qui se prolonge jusqu'en 1945 en Europe et en Asie.

Doppler-Speranza s'attache pour sa part à l'investissement des États-Unis, depuis les Jeux de Munich en 1972, auxquels succèdent les Jeux Olympiques de 1976, 1980 et 1984, marqués par les boycotts. En miroir, Yannick Deschamps appréhende l'implication de l'URSS dans une perspective dialogique avec les positions successives des États-Unis. Les mutations internes du CIO face à ce choc Est-Ouest sont analysées par Carole Gomez, alors que Pascal Charitas scrute l'émergence de l'Afrique à l'heure des décolonisations, qui complexifie les rapports Est-Ouest au sein du mouvement olympique.

L'enjeu géopolitique des Jeux Olympiques devient une évidence dès 1952 quand l'URSS participe pour la première fois aux Olympiades. La confrontation métaphorise l'affrontement des systèmes libéral et communiste, comparable à certains égards aux confrontations militaires indirectes auxquelles se livrent les 2 superpuissances[13]. La domination sportive participe des politiques de *soft power* dans le champ culturel visant à affirmer la supériorité d'un modèle sur l'autre. Les propagandes antagonistes des 2 blocs – l'URSS promouvant sans relâche la "paix" et la "fraternité" universelle, les États-Unis, la "liberté" – trouvent le temps des Jeux un espace d'investissement mondialisé.

Au cœur de la guerre froide résonnent simultanément les enjeux des décolonisations, avec la participation de nations désormais indépendantes et issues des ex-empires coloniaux d'Asie, puis d'Afrique et du reste du monde. Ainsi, les Jeux Olympiques de 1956 à Melbourne inaugurent un double boycott qui renvoie d'une part aux tensions entre anciennes colonies et puissances encore impériales et, d'autre part, aux heurts de la guerre froide. En effet, à la suite de l'expédition militaire franco-britannique visant à la reconquête du canal de Suez nationalisé par le gouvernement égyptien de Nasser, l'Égypte, l'Irak et le Liban, en signe de protestation, boycottent les Jeux de Melbourne. De leur côté la Suisse, les Pays-Bas et l'Espagne boycottent également ces Jeux, pour manifester leur opposition à l'intervention soviétique en Hongrie, qui met fin à l'insurrection de Budapest.

---

13 Rappelons qu'en 1952, l'URSS et les États-Unis, ainsi que d'autres puissances, s'affrontent "indirectement" durant la guerre de Corée.

Ainsi, la cartographie des rapports de force mondiaux change, se traduisant en partie dans les affrontements olympiques, car les Jeux sont le réceptacle de revendications directement politiques.

La période allant de 1968 à 1990 est au cœur de la quatrième partie de l'ouvrage, intitulé "Revendications et ruptures". Dans ce cadre, Pascal Blanchard se saisit des Jeux Olympiques de Mexico (1968) pour étudier la question des discriminations aux États-Unis, alors que Nicolas Bancel scrute le boycott de la plupart des nations africaines aux Jeux de Montréal de 1976 comme le signe de la volonté de l'Organisation de l'unité africaine (OUA) d'imposer sur la scène internationale une "Afrique puissance" et d'universaliser la lutte contre l'Apartheid sud-africain. Dans le prolongement de cette contribution, Sylvère-Henry Cissé met en perspective la place de l'Afrique dans l'olympisme au lendemain des décolonisations et jusqu'à la fin de la guerre froide, au début des années 1990. Enfin, Dominic Thomas analyse les relations entre les grandes puissances à travers les boycotts de 1980 et 1984 en proposant une analyse originale des raisons du boycott par les États-Unis des Jeux de Moscou en 1980, et Yvan Gastaut traite des Jeux Olympiques de Séoul (1988) qui prophétisent la fin de la guerre froide sur la péninsule coréenne, qui a connu à partir de 1950 un conflit majeur à l'origine de la création de 2 Corées.

Ce dernier tiers du XX^e^ siècle montre l'emprise des enjeux politiques et géopolitiques dans l'espace olympique. Après les débuts de la guerre froide sportive en 1952 (Helsinki) et 1956 (Melbourne) et le retour du Japon dans le jeu des nations avec l'organisation des Jeux de 1964 à Tokyo, émergent le combat des minorités en 1968. La question palestinienne résonne dramatiquement en 1972 lors des Jeux de Munich : le commando palestinien "Septembre noir" prend en otage 11 athlètes israéliens, réclamant la libération de 234 prisonniers palestiniens détenus en Israël. Les forces spéciales de la police allemande, mal préparées, interviennent et c'est le bain de sang : 17 personnes sont tuées, dont tous les athlètes pris en otage. Le drame n'empêche pas les Jeux de se poursuivre. En 1976, la lutte contre le racisme s'incarne dans le combat contre l'Apartheid sud-africain, provoquant le boycott de 25 nations, dont 23 sont africaines. Le boycott marque également les éditions de 1980 (Moscou) et 1984

(Los Angeles), caractérisant un monde coupé en 2 par la guerre froide, l'édition des Jeux de 1988 à Séoul annonçant la nouvelle configuration de l'ère post-guerre froide.

La neutralité sans cesse affirmée et jamais obtenue de l'olympisme n'est plus qu'un mirage au cours de la période. Le mouvement olympique évolue en profondeur, structurellement mais aussi médiatiquement, et les Jeux deviennent à partir de l'ouverture de la compétition aux athlètes professionnels en 1992, l'événement sportif le plus suivi sur la planète. Les Jeux Olympiques de la fin du siècle poursuivent cette mutation. Dès lors ceux de 1992 à Barcelone et de 1996 à Atlanta, puis surtout ceux de l'an 2000 à Sydney confirment un nouveau modèle libéral, lié aux grandes marques et aux puissances financières. C'est dans ce contexte que les Jeux du XXIe siècle prennent place.

## Enjeux olympiques au XXIe siècle

Nous entrons, avec la cinquième partie de l'ouvrage, dans la plus récente époque de l'olympisme marqué par les "défis du gigantisme" et les effets de la professionnalisation. Dans cette perspective, nous avons souhaité nous attacher aux Jeux Olympiques de Pékin de 2008 (symboles de l'entrée dans la démesure), étudiés par Gabriel Bernasconi et à ceux de Londres de 2012, analysés par Virgil Girginov. Gilles Boëtsch porte son attention sur les effets de la pandémie de COVID lors des Jeux Olympiques japonais de 2020, reportés l'année suivante, une première dans l'histoire des Jeux Olympiques modernes. Trois enjeux traversent la période : la lutte contre le dopage dont Fabien Ohl retrace l'histoire ; la montée en puissance et la généralisation du professionnalisme des athlètes étudiées par Pierre-Olaf Schut ; et enfin les mutations internes du CIO et les évolutions de sa gouvernance pour s'adapter aux mutations de ce premier quart du XXIe siècle, observées par Emmanuel Bayle.

Dans un tel contexte, la professionnalisation est devenue un impératif, tant celle des athlètes que celle des organisateurs, la financiarisation des Jeux s'est affirmée comme leur médiatisation mondialisée avec notamment plus de 3 milliards de téléspectateurs auxquels s'ajoutent les 28 milliards de vues pour les vidéos proposées sur les plateformes numériques lors des Jeux en 2021. Au regard des premières éditions des Jeux Olympiques (1896-1920), celles du XXIe siècle ont évolué vers de nouveaux horizons, qui bien évidemment n'avaient jamais été imaginés par les fondateurs de l'olympisme en 1894. Mais dans le contexte post-guerre froide où la multipolarisation du monde[14] favorise un repli sur la nation, l'affirmation nationale continue d'être l'un des moteurs de l'olympisme, comme aux États-Unis en 1996, en Chine en 2008, ou encore lors des Jeux Olympiques d'hiver de Sotchi en Russie en 2014.

La sixième et dernière partie de l'ouvrage "Enjeux et problématiques olympiques" s'attache aux grandes questions posées à l'olympisme au XXIe siècle. Comme l'écrit Georges Vigarello dans sa conclusion : "*L'avenir se doit d'atténuer les obstacles, voire de les annuler, de redéfinir des perspectives, réinventer du sens, retrouver une pertinence globale censée légitimer et dynamiser les Jeux. Ambition crédible ou ambition illusoire? Nombre de logiques institutionnelles, techniques, politiques, publicitaires, financières, se sont installées, fortement implantées, fortement légitimées, ont été admises, reconnues. Leurs impacts toujours plus entrecroisés, rendent apparemment difficile toute perspective de changement.*" De surcroît, l'augmentation du temps de latence entre la désignation de la ville hôte et des Jeux Olympiques répond aussi à une fragilisation d'un modèle olympique contesté, en raison de ses conséquences sociales – comme en témoignent les manifestations contre l'organisation des Jeux de Rio en 2016 –, mais aussi écologiques et économiques, comme l'analysent Sven Daniel Wolfe, David Gogishvi et Martin Müller.

Des changements majeurs sont par ailleurs en cours : si la parité hommes/femmes devrait être atteinte parmi les athlètes en 2024, il n'en reste pas moins que les controverses sur l'exclusion d'athlètes féminines posent la question des discriminations et de la justice au sein de l'olympisme comme l'étudie Anaïs Bohuon. L'olympisme a en effet

---

14 Jean-Pierre Augustin, Pascal Gillon, *Les Jeux du monde. Géopolitique de la flamme olympique*, Paris, Armand Colin, 2021.

réussi à mettre en place une justice sportive autonome des États à travers notamment le Tribunal arbitral du sport, justice dont Didier Poracchia analyse les derniers développements. Enfin, Lukas Aubin s'intéresse aux rapports entre le CIO et les régimes autoritaires contemporains bafouant les droits humains, en scrutant en particulier les cas de la Chine et de la Russie.

Mais l'olympisme n'est pas seul concerné. Tous ces enjeux sont présents dans les débats qui ont entouré l'organisation de l'autre grand événement sportif de portée mondiale, la Coupe du monde de football organisée au Qatar fin 2022. Malgré sa réussite, elle a néanmoins suscité des débats sur les questions de corruption, d'écologie, de droits de l'homme, de démocratie, d'égalité hommes/femmes... Ce modèle privilégiant les intérêts du pays hôte est condamné selon la conclusion que nous propose Georges Vigarello, tant au regard des enjeux d'égalité, d'écologie ou de transparence, que de la volonté des opinions publiques. La question du coût des Jeux Olympiques – devenue un sujet majeur depuis ceux de Montréal en 1976 et accentuée à Barcelone en 1992 et, bien entendu, à Athènes en 2004 – est également pressante.

Cette dernière partie appréhende ainsi de manière transversale ces grands enjeux qui questionnent le devenir olympique dans la perspective des Jeux Olympiques de Paris de 2024 et des suivants, qui se tiendront à Los Angeles en 2028. Après le temps des fondateurs (1896-1920), celui des nationalismes (1920-1945), de l'opposition des blocs (1945-1989), puis celui de l'émergence des enjeux sociétaux et des confrontations (1964-1984), celui des mutations et de la marchandisation (1984-2004) et celui du gigantisme et des ruptures (2004-2024), s'annonce une période dans l'histoire des Jeux Olympiques qui, après le rendez-vous parisien, devra poser les jalons d'un devenir dans un contexte de grande incertitude.

Ce livre cherche ainsi à donner les clés de compréhension d'une histoire-monde qui doit permettre d'envisager comment l'olympisme a été, sous des formes multiples, à la fois l'un des reflets et l'un des enjeux majeurs de l'histoire contemporaine.

## Un ouvrage au cœur du programme "Histoire, Sport & Citoyenneté"

Cet ouvrage qui tente d'en mesurer l'ampleur est le fruit de plusieurs colloques qui ont rassemblé plus de 70 chercheurs, spécialistes et universitaires, à Nice (au sein de l'Université Côte d'Azur et en lien avec le Musée national du Sport) en 2019 ; à Paris (au siège du CNRS) en 2020 ; à Lausanne (au sein de l'UNIL) en 2021 ; à Marseille (à la bibliothèque de l'Alcazar) en 2022. Ils s'inscrivent dans le cadre du programme, initié par la CASDEN/Banque Populaire dans le cadre du groupe BPCE partenaire prémium des Jeux Olympiques et Paralympiques de Paris 2024 et par le Groupe de recherche Achac, intitulé "Histoire, Sport & Citoyenneté".

Ce programme est au carrefour de la recherche et de la volonté de transmettre cette histoire au plus large public à travers une multiplicité de supports, et notamment une exposition pédagogique fortement illustrée[15]. Ce livre, qui se veut accessible aux non-spécialistes, est aussi une étape essentielle dans la préparation d'une exposition sur cette autre façon d'appréhender l'histoire du monde, qui sera présentée au Palais de la Porte Dorée au moment des Jeux Olympiques et Paralympiques de 2024.

Enfin, ce livre s'inscrit aussi dans la volonté d'explorer la complexité, la diversité et la richesse de l'histoire de l'olympisme, mais aussi celle de l'histoire du sport qui, depuis la fin du XIX^e^ siècle, a façonné le monde tel que nous le connaissons aujourd'hui. Tous les chercheurs et chercheuses rassemblés dans cet ouvrage partagent cette même passion pour ce sujet et ouvrent des perspectives inédites permettant de poser un autre regard sur l'olympisme.

---

15 Voir la présentation de ce programme en annexe de cet ouvrage.

# Des Jeux Olympiques sous influences

**(1896-1920)**

# Le rétablissement des Jeux Olympiques (Athènes 1896)

Christina Koulouri

Il peut paraître étrange que la raison de la renaissance des Jeux Olympiques ne doive pas être cherchée dans la continuité des exercices physiques et des compétitions athlétiques après la disparition du monde antique, mais dans l'histoire culturelle et politique, dans les changements intervenus dans les conceptions, les attitudes et les valeurs ; non pas, donc, dans la continuité, mais dans le changement[1].

Le XVIIIe siècle va être témoin d'un regain d'intérêt à l'égard de la Grèce antique, accompagné d'une insistance particulière sur le besoin d'éducation, de soins de santé et d'analyse rationnelle de la nature humaine. Ainsi la haute estime dans laquelle étaient tenus les Jeux et l'athlétisme en tant qu'éléments du monde antique convergeait avec

1 Cet article est une version remaniée de Christina Koulouri, "On the Path to the Revival" et "The Hour of the Revival and the Holding of the Modern Olympic Games in Athens", *in* Aliki Solomou-Prokopiou, Iphigenia Vogiatzi (dir.), *Athens in the Late Nineteenth Century. The First International Olympic Games*, Athènes, Historical and Ethnological Society of Greece, 2004, p. 13-77. Traduit de l'anglais par Gilles Berton.

les tendances nouvelles concernant le rôle de l'exercice physique comme partie intégrante du processus éducatif.

La transition de la société traditionnelle à la société moderne, qui s'exprime dans une série de changements économiques, sociaux et culturels, est la période au cours de laquelle la gymnastique et l'athlétisme ont effectué leur retour sur la scène de l'histoire. Grâce à cette réapparition, l'idée d'une réédition des Jeux Olympiques, loin de demeurer marginale comme elle l'avait été jusqu'alors, a été reprise de plus en plus fréquemment, et dans un nombre croissant de pays, jusqu'à ce que ce qu'elle devienne effective en 1894. Aussi, pour remonter le cheminement qui a conduit à cette renaissance – à la fois en Grèce et au niveau international –, il nous faudra suivre 3 axes : en premier lieu, l'intégration de l'exercice physique dans le processus éducatif ; en second lieu, le culte de l'Antiquité ; et, enfin, les projets internationalistes[2].

Dès la création de l'État grec (1830), l'idée de renouer avec les Jeux antiques a été régulièrement formulée dans des propositions spécifiques. En même temps que les Grecs modernes se définissaient comme les descendants des anciens Grecs, ils se sentaient obligés de prouver cette filiation. En cela ils devaient en outre rivaliser avec l'Europe occidentale qui, en s'observant au miroir de la Grèce antique, s'estimait l'héritière intellectuelle légitime de la civilisation antique. L'imitation des ancêtres était par conséquent considérée comme une condition essentielle du progrès de leurs descendants grecs modernes, l'exemple le plus caractéristique étant l'imposition du grec purifié (*katharevousa*), une langue artificielle calquée sur le grec ancien. L'idée de faire revivre les Jeux antiques, élément indissociable de la civilisation classique, doit être placée dans le cadre de cette volonté d'imitation du modèle antique.

Au cours du XIXe siècle, de manière parallèle et sans que les uns n'imitent nécessairement les autres, des pédagogues, politiciens et intellectuels conçurent et parfois mirent en œuvre l'idée de faire revivre

---

2 Christina Koulouri, "Introduction : Rewriting the History of the Olympic Games", *in* Christina Koulouri (dir.), *Athens, Olympic City, 1896-1906*, Athènes, International Olympic Academy, 2004, p. 13-54.

les Jeux Olympiques. Comme l'écrivait Pierre de Coubertin lui-même, *"de temps à autre les idées se propagent d'un bout à l'autre du monde comme une épidémie. Il est très difficile de les attribuer à un individu particulier. On découvre généralement que sans parvenir à une compréhension explicite ou à s'accorder entre eux, plusieurs hommes travaillaient sur le même sujet au même moment et dans des lieux différents*[3]".

Ainsi le rétablissement des Jeux Olympiques et leur tenue à Athènes en 1896 ne constituèrent en rien une bizarrerie ou une innovation impressionnante due à un seul homme (Pierre de Coubertin), mais s'inscrivaient dans les courants idéologiques dominants de l'ensemble des sociétés européennes, parmi lesquelles la société grecque.

## De Paris à Athènes

Au congrès de la Sorbonne organisé par l'Union des sociétés françaises des sports athlétiques sur une proposition d'Adolphe de Pallisseaux et de Pierre de Coubertin, la désignation d'Athènes comme première ville à accueillir les Jeux Olympiques est adoptée par acclamation et accueillie par un tonnerre d'applaudissements (23 juin 1894). À cette même réunion sont exprimés à propos des Jeux Olympiques sept "vœux" correspondant à ceux formulés à propos de l'amateurisme : les Jeux seraient rétablis "*sur une base et dans des termes répondant aux exigences de la vie moderne*", seuls des amateurs auraient droit de concourir – sauf pour l'escrime –, un pays ne pourrait être représenté que par ses ressortissants, des épreuves éliminatoires seraient organisées avant les Jeux afin que seuls des champions y participent, et les diverses épreuves olympiques sont énumérées.

Enfin, il est annoncé que les II^e^ Jeux Olympiques se tiendront en 1900 à Paris, puis dans d'autres villes du monde tous les 4 ans. Un comité national, constitué dans chaque pays, serait responsable

---

3 Norbert Müller (Comité international olympique) (dir.), *Pierre de Coubertin. Textes choisis*, vol. 2, Zurich/New York, Hildesheim/Weidmann, 1986, p. 283.

de la participation du pays aux prochains Jeux, et de leur organisation l'année où ce serait au tour du pays de les accueillir. Il est également stipulé dès le départ que seuls des adultes peuvent concourir, et que les sports scolaires sont exclus des compétitions olympiques[4]. Avant sa dissolution, le congrès désigne un comité international de 14 membres, le Comité international olympique (CIO), chargé, avec Dimitrios Vikelas comme premier président, d'appliquer ses décisions.

La tâche la plus délicate se présente toutefois dès la fin du congrès. L'organisation des premiers Jeux Olympiques à Athènes exige non seulement une préparation minutieuse, mais aussi le soutien du gouvernement grec. Or la Grèce, en pleine crise économique – le pays a été déclaré en faillite en 1893 – et paralysée par les affrontements entre les 2 principaux partis, est divisée sur la question du rétablissement des Jeux. Le Premier ministre Charilaos Trikoupis refuse tout engagement de son gouvernement à l'organisation des Jeux, ne consentant qu'à donner à Pierre de Coubertin sa promesse courtoise de "*neutralité bienveillante*[5]".

Pierre de Coubertin se rend en Grèce afin de rencontrer les autorités du pays et de les convaincre de reconsidérer leur position. Le 16 novembre 1894, il donne à la société littéraire du Parnasse à Athènes une conférence sur la question du rétablissement des Jeux Olympiques. Le baron s'adresse au patriotisme des Grecs et les flatte en évoquant à la fois l'Antiquité et la guerre d'indépendance de 1821-1829. Pierre de Coubertin écarte les objections des sceptiques en expliquant que si leurs ancêtres avaient tergiversé en pesant avantages et inconvénients avant de se révolter contre les Turcs, la Grèce libre n'aurait jamais vu le jour. "*Ce qui est honteux, ce n'est pas d'être vaincu, c'est de ne pas se battre*", déclare Pierre de Coubertin, exprimant à travers cette déclaration et de façon embryonnaire une idée centrale du mouvement olympique moderne, à savoir que l'important n'est pas de gagner, mais de participer[6].

---

4 *Bulletin du Comité international des Jeux Olympiques*, n° 2, octobre 1894, p. 1.

5 Pierre de Coubertin, *Mémoires olympiques*, Paris, Éditions EPS, 1989, p. 16.

6 Norbert Müller (Comité international olympique) (dir.), *Pierre de Coubertin.*

Le prince héritier Constantin apporte un soutien sans réserve à Pierre de Coubertin, qu'il rencontre au nom du palais, le roi George 1er s'étant rendu en Russie pour les funérailles du tsar Alexandre III. Le prince reçoit également la direction du Comité qui a été constitué le 24 novembre 1894. Lors de cette réunion, à laquelle assiste Pierre de Coubertin, le programme des Jeux est approuvé sur la base du projet qu'il a apporté. En janvier 1895, le Premier ministre Charílaos Trikoupis démissionne, aussitôt remplacé à son poste par le chef de l'opposition, Nikolaos Deliyannis, qui s'est prononcé en faveur des Jeux. Le Comité des Jeux Olympiques (CJO) est remanié : désormais composé de 12 membres, présidé par le prince héritier Constantin, c'est un "*véritable ministère olympique*[7]".

Dès la première session de ce comité remanié, est abordé un problème majeur : la collecte de dons pour les Jeux. Son secrétaire Timoléon Philèmon rédige un prospectus appelant l'ensemble de la population grecque à contribuer à la tâche d'organisation des Jeux. Le document est accompagné du discours du prince héritier, dans lequel il souligne "*le bénéfice moral d'organiser les Jeux Olympiques à Athènes*" avant d'ajouter : "*Je sais très bien que les conditions économiques actuelles ne sont pas excellentes* [...] *mais nous démontrerons par nos réalisations que nous comprenons la très haute signification des jeux athlétiques internationaux, que nous n'avons pas oublié les traditions bien-aimées de la Grèce antique, et que nous ne les honorerons pas moins que les autres nations les vénèrent*[8]."

Pourtant, au même moment, les nuages commencent à s'accumuler sur la relation entre les Grecs et Pierre de Coubertin. Ce dernier se plaint dans une lettre que son nom n'ait pas été mentionné en tant

---

*Textes choisis*, vol. 2, Zurich/Hildesheim, New York/Weidmann, 1986, p. 364-375.

7 Norbert Müller (Comité international olympique) (dir.), *Pierre de Coubertin. Textes choisis*, vol. 2, Zurich/Hildesheim, New York/Weidmann, 1986, p. 139.

8 Pierre de Coubertin, Timoleon Philemon, Nikolaos Politis, Charalambos Anninos, *The Olympic Games 776 BC – 1896. Part II. The 1896 Olympic Games*, Athènes, C. Beck, 1896, p. 113.

qu'inspirateur du projet, ni dans les journaux ni dans la bouche du prince lui-même, et qu'il n'est fait nulle part mention du caractère international des Jeux. Dimitrios Vikelas lui assure qu'aucune de ces récriminations n'est justifiée[9]. Il est cependant évident que le palais entend engranger les bénéfices politiques liés à l'organisation des Jeux, et accroître ainsi sa popularité dans une période de désenchantement général à l'égard des partis politiques et de la monarchie.

L'implication personnelle du prince héritier Constantin ainsi que celles, dans des rôles de premier plan, de ses frères les princes Nicolas et Georges dans l'organisation et la tenue des Jeux soulignent la dimension politique que ceux-ci ont acquise. La monarchie se doit d'endosser un rôle éminent dans ce grand festival populaire, grâce auquel la nation se fera "rebaptiser" grâce à l'ancienne gloire de l'hellénisme. Dans le cadre de la *Megali Idea* (Grande Idée) irrédentiste dominante, le roi conduira la nation vers une victoire pacifique et consolidera sa confiance en elle-même.

## Le grand festival olympique d'Athènes

La multiplicité des symboles que les Jeux Olympiques représentent pour la Grèce moderne a peut-être constitué la principale motivation des donateurs privés, dont les contributions ont dépassé les prévisions initiales. Outre le don généreux d'un million de drachmes versé par un riche commerçant de la diaspora grecque, Georgios Averoff, pour la rénovation du stade panathénaïque, 332 759 drachmes furent collectées, alors que l'on ne s'attendait pas à plus de 150 000 drachmes. À cela vinrent s'ajouter quelque 200 000 drachmes

---

9 *De Coubertin à Vikelas*, Paris 02/02/1895. Vikelas Archive, National Library of Greece (NLG), *in* Konstantinos Georgiadis, *Die ideengeschichtliche Grundlage der Erneuerung der Olympischen Spiele im 19. Jahrhundert in Griechenland und ihre Umsetzung 1896 in Athen*, Cassel, Agon Sport-Verlag, 2000, p. 480-481. La lettre n'a pas été retrouvée dans la NLG. Voir aussi : Vikelas à de Coubertin, Athènes, 09/02/1895, IOC [CIO] Archive.

provenant de la vente de médailles souvenirs, de timbres et de tickets[10]. Le célèbre peintre Nikolaos Lytras dessina la médaille commémorative et le professeur suisse Émile Guilleron les timbres.

À l'époque, le voyage à Athènes n'était pas une entreprise facile. Quelques paquebots et une ligne de chemin de fer effectuaient la liaison. Les visiteurs passaient généralement par Marseille ou par l'Italie. La compagnie britannique Cook et l'allemande Stangen lancèrent une campagne publicitaire autour des Jeux et, afin d'attirer le plus grand nombre possible de visiteurs, proposèrent des tickets à un tarif raisonnable. Le périple le plus long et le plus aventureux était sans conteste celui que devaient suivre les Américains : ils arrivaient à Naples par bateau, traversaient l'Italie en train, embarquaient sur un nouveau bateau à Brindisi et naviguaient jusqu'à Patras où ils devaient à nouveau prendre le train pour Athènes[11]. Par ailleurs, les athlètes d'un même pays n'empruntèrent pas forcément les mêmes itinéraires.

Malgré les difficultés, le *Messager d'Athènes*[12], prestigieux journal francophone local, annonça que 70 athlètes étrangers issus de 13 pays ainsi que de Smyrne, en Asie Mineure, s'étaient enregistrés comme participants. Finalement, ce sont 81 athlètes étrangers qui firent le déplacement à Athènes pour prendre part aux Jeux. Le plus gros contingent provenait d'Allemagne (21), suivi par la France (13), la Hongrie (13) et les États-Unis d'Amérique (11). La Grande-Bretagne était représentée par 10 athlètes, la Bulgarie par 4, le Danemark et l'Autriche par 3 chacun, l'Italie par 2 et la Suisse par un seul. Deux athlètes arrivèrent de Smyrne. L'équipe britannique comprenait aussi 4 athlètes résidant en Grèce, et l'équipe française 3 Grecs

---

[10] *Οι Ολυμπιακοί Αγώνες 776 π.Χ. – 1896. Μέρος Β'. Οι Ολυμπιακοί Αγώνες 1896, υπό Δ. Κουμπερτέν, Τιμ. Φιλήμονος, Ν. Πολίτου και Χαρ. Αννίνου (μετά γαλλικής μεταφράσεως του όλου υπό* Léon Olivier) [Pierre de Coubertin, Timoleon Philemon, Nikolaos Politis, Charalambos Anninos, *The Olympic Games 776 BC – 1896. Part II. The 1896 Olympic Games*, Athènes, C. Beck, 1896, p. 15-16].

[11] Mémoires de l'athlète Thomas Curtis : Otto Mayer, *Rétrospectives Olympiques. Athènes 1896 – Paris 1900*, Genève, Cailler, 1961, p. 57-58.

[12] *Le Messager d'Athènes*, n° 9, 23 mars - 4 avril 1896, p. 7-38.

d'origine française[13]. Cinq athlètes bulgares supplémentaires arrivèrent à Athènes alors que les épreuves avaient déjà commencé.

Outre les athlètes, la capitale vit également arriver des journalistes, des intellectuels, des princes et des visiteurs ordinaires. Le roi de Serbie, l'archiduc d'Autriche Carl Ludwig, le prince égyptien Mahmoud Ali comptaient parmi les visiteurs officiels. Pendant une semaine entière, la capitale grecque se trouva submergée par une marée humaine de visiteurs grecs et étrangers venus d'Amérique, d'Europe, de la diaspora grecque et des provinces grecques. Tous les hôtels affichèrent complet, et des chambres furent louées par des particuliers pour héberger les visiteurs. L'Athènes moderne fut décorée pour accueillir le grand festival olympique. Les initiales OA (*Olympiakoi Agones*: Jeux Olympiques) et les dates 776 av. J.-C. et 1896 surgirent un peu partout pour rappeler le lien entre les Jeux antiques et leur version moderne. Symbole par excellence de l'Athènes classique, l'Acropole fut illuminée de torches et 2 panoramas présentant le siège de Paris (1871) et le siège de Missolonghi (1822) furent installés.

Cependant le centre à la fois physique et symbolique des Jeux était le stade panathénaïque, qui avait été dégagé par Ernst Ziller entre août 1869 et février 1870, et avait déjà accueilli les Jeux Olympiques de Zappas en 1870 et 1875. Rénové grâce aux fonds du philanthrope grec Georgios Averoff sous le contrôle de l'architecte Anastasios Metaxas, il était le plus éloquent symbole de cette synthèse entre monde antique et monde moderne qui était l'objectif même du rétablissement des Jeux Olympiques. Pour le premier et le dernier jour des Jeux, le stade, plein à craquer, accueillit 70 000 spectateurs.

Le lundi de Pâques 1896, qui tombait cette année-là le 25 mars, le roi Georges annonça l'ouverture officielle des Jeux au stade panathénaïque: *"Je déclare ouverts les premiers Jeux Olympiques internationaux d'Athènes. Vive la nation! Vive le peuple grec!"* Aussitôt après, au centre du *conisterium* du stade, fut interprété l'hymne olympique, écrit par le poète Kostis Palamas et mis en musique par le

---

13 Konstantinos Georgiadis, *Die ideengeschichtliche Grundlage der Erneuerung der Olympischen Spiele im 19. Jahrhundert in Griechenland und ihre Umsetzung 1896 in Athen*, Cassel, Agon Sport-Verlag, 2000, p. 348-349.

compositeur Spyros Samaras. L'hymne appelle "l'immortel esprit antique" à descendre et briller sur les Jeux modernes, déclarant l'association unanimement tenue pour acquise.

Le rétablissement des Jeux ne faisait toutefois pas uniquement référence à l'Antiquité grecque ; il acquit une double signification symbolique pour la Grèce au travers du choix de la date d'ouverture. Le fait que la Pâques grecque coïncidait avec la date de commémoration de la guerre d'indépendance conférait à l'événement un caractère festif supplémentaire et établissait un lien entre la tradition chrétienne et la tradition grecque antique. La fête de Pâques, de surcroît, fait référence au concept de résurrection et, par conséquent, de rétablissement. Enfin, la fête nationale du 25 mars, qui commémore la "résurrection" de la nation grecque après des siècles d'"esclavage", complète le triptyque des symbolismes. La Pâques orthodoxe, la révolution grecque de 1821 et le rétablissement d'une antique tradition grecque fusionnent en 1896 dans l'alliage de l'identité nationale grecque. C'est aussi la raison pour laquelle l'événement du rétablissement des Jeux Olympiques fut vécu par la société grecque de l'époque comme une entreprise exclusivement grecque, tandis que l'origine de ce rétablissement et le rôle de Pierre de Coubertin étaient passés sous silence.

Il est aisé dans ce contexte de comprendre l'enthousiasme avec lequel a été salué le vainqueur du marathon, Spyridon Louis, ainsi que l'épreuve elle-même, en dépit du fait que le marathon n'offre pas un spectacle très excitant et qu'il avait été littéralement inventé pour ces premiers Jeux Olympiques de l'ère moderne. C'est le philosophe et académicien français Michel Bréal qui eut l'idée d'organiser cette course et conçut une coupe en argent pour le vainqueur de l'épreuve. Avant même le début des Jeux, le marathon avait acquis une dimension nationale. La conviction naquit en Grèce que le vainqueur de cet événement devait être un Grec, et durant toute la préparation des Jeux, cette course fit l'objet d'un intérêt tout particulier. Aussi, lorsque Spyridon Louis fit son entrée dans le stade devant tous les autres concurrents, "*euphorique, bronzé, souriant, ébahi, alors les fils de son roi se précipitèrent au milieu du stade et le hissèrent à bout de bras,* [...] *entourés par la foule joyeuse et parmi les acclamations par lesquelles la nation entière glorifiait, depuis le théâtre du stade panathénaïque, le paysan triomphant*[14]", la Grèce reconnut en lui l'un de ses héros nationaux.

L'apparition de Spyridon Louis en costume national lors de la cérémonie de remise des prix confirma la stature du premier champion olympique grec comme symbole national. De surcroît, son origine rurale accréditait, notamment aux yeux des champions du grec démotique (la norme adoptée pour le grec moderne et qui prend racine dans le parler populaire), la supériorité de la campagne grecque et de la vie proche de la nature, tandis qu'aux yeux de l'Europe occidentale, cette origine mettait en lumière le courage et la valeur diachronique de la "petite Grèce". La vigueur physique renvoyait à la vigueur nationale.

Même s'il n'y a rien de surprenant à ce que l'enthousiasme ait été plus grand s'agissant d'athlètes grecs, le public applaudit et acclama indistinctement les vainqueurs. D'ailleurs, les athlètes étrangers firent part de leur propre enthousiasme devant l'accueil chaleureux et l'hospitalité des Grecs. La ville d'Athènes se transforma en un lieu de fête permanente au cours des sept journées que durèrent les compétitions. Et il n'y avait pas que les Jeux eux-mêmes, mais aussi le flot des spectateurs se rendant au stade et la foule massée aux abords du vélodrome. Toutes les rues, les boutiques, les restaurants, les cafés, les hôtels étaient envahis d'une foule joyeuse de gens gesticulants et volubiles. Les représentations de pièces antiques, la musique des fanfares et la procession aux flambeaux organisée à l'occasion des Jeux ajoutaient à l'ambiance festive.

Quarante-trois épreuves furent disputées dans 9 disciplines et donnèrent lieu à la désignation des premiers champions olympiques. Les Américains triomphèrent en athlétisme, les Allemands en gymnastique, les Français en cyclisme, les Hongrois en natation, tandis que les Grecs se distinguaient au tir et en haltérophilie. Les prix consistaient

---

14 Sp. Lambros, "Τα αθλητικά και γυμναστικά αγωνίσματα εν τω Σταδίω", *Η Ελλάς κατά τους Ολυμπιακούς Αγώνας του 1896. Πανελλήνιον εικονογραφημένον λεύκωμα* [*Les Épreuves d'athlétisme et de gymnastique dans le stade. La Grèce pendant les Jeux Olympiques de 1896. Album panhellénique illustré*, Estia, Athènes, 1896, p. 110].

en un *kotinos* (rameau d'olivier sauvage), un certificat commémoratif dessiné par Nikolaos Gyzis, et une médaille réalisée par le sculpteur français Jules-Clément Chaplain. Les Jeux Olympiques modernes étaient régis par un ensemble de règles définissant une compétition "polie" et "civilisée" – ce que l'on appelle le *fair-play* –, parce qu'à l'époque la pratique sportive différait d'un pays à l'autre et qu'il n'y avait pas de consensus sur la définition de ce qu'était un amateur. Cette question se posera de manière de plus en plus aiguë au XXe siècle avec l'émergence du professionnalisme dans le sport. À l'époque du rétablissement des Jeux, il existait une communauté de vue sur ce que nous appelons l'éthique de l'amateur. Ses principaux éléments étaient le jeu "pour le divertissement", l'acceptation volontaire des règles et la participation sans rémunération monétaire.

Pour la Grèce du XIXe siècle, les Jeux Olympiques avaient de multiples significations et de nombreuses conséquences, liées à la politique étrangère et à la stratégie grecques concernant la résolution de ce que l'on appelait la "question d'Orient", mais aussi au développement des sports grecs. En ce qui concerne les dimensions politiques du rétablissement des Jeux, leur incontestable succès rehaussa considérablement le prestige de la monarchie, et en particulier celui de l'héritier du trône, mais renforça également la confiance nationale et les points de vue irrédentistes. C'est par une sorte d'ironie de l'histoire que l'année suivante, en 1897, cette confiance nationale se fracassa sur le front de la guerre gréco-turque. Quant au développement des sports grecs, il ne fait aucun doute que les Jeux Olympiques eurent un effet accélérateur sur un processus déjà entamé.

De nombreuses associations sportives furent créées à l'occasion des Jeux, mais la plupart firent long feu et disparurent peu après. La codification des règles des compétitions sportives, qui fut finalisée pour les Jeux de 1896, allait constituer la base de toutes les compétitions sportives organisées par la suite en Grèce. C'est là un autre aspect de l'internationalisation, puisque désormais les sports tant nationaux que locaux obéiraient à un système international unique de plus en plus normalisé.

Dans le même temps, l'introduction du concept de record – en Grèce, le premier record fut enregistré lors des épreuves éliminatoires des Jeux Olympiques de 1896 – fit désormais de la performance l'objectif essentiel de l'exercice physique dans les associations et renforça la spécialisation des athlètes. La tenue des Jeux Olympiques à Athènes consacra par ailleurs l'arrivée des informations sportives à la une des journaux, à une époque où les journaux sportifs n'existaient pas, et où il n'y avait pas de rubriques sports dans la presse quotidienne. De nombreuses descriptions des Jeux Olympiques furent également publiées sous forme de brochures.

Enfin, immédiatement après leur tenue, les Jeux Olympiques de 1896 furent intégrés dans les annales de l'histoire grecque moderne comme une de ses pages les plus grandioses.

# Les Jeux Olympiques de 1900 ont-ils eu lieu ?

Pascal Ory

L'auteur de ces lignes n'a jamais travaillé sur l'histoire des Jeux Olympiques, mais sur celle des Expositions universelles. Cette précision initiale éclairera le point de vue qui sera ici le sien : les Jeux Olympiques de 1900 n'ont, dans une certaine acception du mot, pas "eu lieu". Mais, outre que cette réponse, on le verra, n'épuise pas le sujet, elle ne permet pas de faire l'économie d'une lecture plus générale – qualifions-la de politique – de ce moment à la fois sans précédent, dans tous les sens de l'expression, mais aussi, paradoxalement, fondateur.

## L'hypothèse de la volatilisation

La volatilisation des Jeux de 1900 a, au fond, été plus nette en son temps qu'*a posteriori*, où l'enracinement des Jeux Olympiques a suscité l'invention des "deuxièmes" d'une série inaugurée en 1896, automatiquement placés entre les incontestables I^re^ et III^e^ Olympiades. L'identité des Jeux a été noyée dans celle de l'Exposition universelle, autrement dit dans une forme et une formule nettement plus ancienne (la première a lieu en 1851 ; l'exposition de 1900 est déjà la 5e qui se soit tenue à Paris) et notablement plus populaire (50 millions d'entrées à celle de 1900, étendue de surcroît au long des sept mois qui s'étendent de la mi-avril à la mi-novembre). Cette volatilisation a même été redoublée, dans la mesure où une autre catégorie a fait écran, celle des "concours internationaux d'exercices physiques et de sports".

Ces concours, dont l'initiative remonte à l'année 1894, sont intégrés au programme officiel de l'Exposition et, par là même, échappent pour l'essentiel à Pierre de Coubertin. Le "délégué général" qui en supervise l'organisation est, en la personne de Daniel Mérillon, un cacique de la IIIe République puisqu'il cumule les 3 légitimités de la fonction publique (avocat général près la Cour de cassation depuis 1898), de la vie associative (président de l'Union nationale des sociétés de tir depuis 1886) et de l'engagement politique (avant tout cela, il a été député, membre du groupe charnière de l'Union républicaine). Plus – ou pire – que cela : du haut de leurs 477 épreuves et de leurs 58731 participants (dont 1587 étrangers), les concours internationaux écrasent de leur visibilité les compétitions olympiques.

La place (420 pages) que les concours occupent *a posteriori* dans le *Rapport général* de l'Exposition universelle ouvre une fenêtre intéressante – et peu explorée encore par la recherche – sur la diversité du champ réuni au tournant des siècles sous le double vocable des "exercices physiques" et des "sports", de la pêche à la ligne à la colombophilie. Les bibliographies en langue étrangère présentent souvent et très inexactement cette section du Rapport général comme celle des "Jeux Olympiques" de 1900.

Dès lors, la distinction voulue par Pierre de Coubertin des Jeux Olympiques par rapport aux concours est affaire de labellisation, comme en témoigne l'exemple des épreuves hippiques. Celles-ci sont au nombre de 5 mais 3 seulement, les épreuves de saut (d'obstacles, en hauteur, en longueur) sont intégrées au programme coubertinien, qui ignore superbement la course d'attelage et le "prix international de selle". Toutes ces contraintes vont dans le même sens : elles dispersent les épreuves olympiques dans le temps (les Jeux d'Athènes étaient concentrés sur 10 jours, ceux de Paris s'étendent du 14 mai au 28 octobre) et dans l'espace, entre 2 grands emplacements périphériques (Bois de Boulogne et Bois de Vincennes), sans parler du golf à Compiègne ou de la voile au Havre.

## Des Jeux qui comptent

Considérés de plus près, ces Jeux en creux ne se retrouvent pas pour autant privés de toute importance rétrospective, pour ne pas dire historique. D'abord parce qu'ils se situent pour Pierre de Coubertin dans la continuité d'une démarche déjà ancienne. Celui qui, en juin 1894, au congrès de la Sorbonne, avait lancé le projet olympique, avait été, lors de l'Exposition universelle précédente, celle de 1889, un organisateur de "jeux scolaires". Le refus essuyé lors de son rendez-vous, en janvier 1894, avec Alfred Picard, le commissaire général de l'Exposition, lui avait permis de mesurer sa faible audience auprès des officiels de la République mais la portion plus que congrue qu'il avait fini par se voir accorder, si elle l'accablait, lui permettait du moins de sauver l'essentiel, à savoir la cristallisation du projet en lui-même, dans son espace (Paris succède à Athènes) et dans son temps (rythme quadriennal). On peut donc soutenir le paradoxe – un de plus – suivant lequel ces II$^{e}$ Jeux modernes, passés en leur temps inaperçus, furent, de ce double fait, les premiers, en tant que premiers jeux nomades.

De manière intrinsèque, cette compétition ne manqua pas non plus de caractéristiques méritant qu'on s'y arrêtât. Qu'elle ait été la seule de l'histoire des Jeux Olympiques modernes où la France fût arrivée première en nombre de médailles (101, dont 26 en or) n'est ni surprenant ni remarquable, mais il n'en est pas de même des autres statistiques, qui montrent bien que, tout fantomatiques qu'ils puissent apparaître, ces Jeux représentent déjà un net progrès quantitatif par rapport à ceux d'Athènes, avec 95 épreuves contre 43, 997 compétiteurs contre 241 et une trentaine de pays contre le tiers. Si la courbe montante est incontestable, on se rappellera que ces chiffres, établis rétrospectivement par sélection dans les chiffres des concours, ne pourront jamais être établis avec exactitude.

À cette comparaison avec l'amont, s'ajoute une comparaison avec l'aval qui permet de relativiser l'anormalité et l'invisibilité de 1900. Les Jeux Olympiques suivants, qui se tinrent en 1904 à St. Louis, Missouri, aux États-Unis, se retrouvent en effet à leur tour intégrés à une Exposition universelle, celle-ci commémorative de l'achat, cent ans plus tôt, de la Louisiane française (*Louisiana Purchase*), ce qui éclaire le rôle imparti à cette occasion au chef du "département de la Culture physique" de l'Exposition, James Edward Sullivan, nommé directeur des Jeux – et l'absence de Pierre de Coubertin.

L'examen des statistiques permet au reste de découvrir que 1904 a même représenté un recul par rapport à 1900, en nombre d'épreuves (80 à 91 selon les sources), de compétiteurs (environ 650 à 687 athlètes, selon les sources) et de pays (12). On sait mieux aujourd'hui, où cette dimension compte, que les Jeux Olympiques de Paris furent aussi les premiers à accueillir des compétitrices – preuve indéniable de ce que Pierre de Coubertin ne contrôlait pas le dispositif. Assurément, avec 22 femmes sur un total de 997, soit environ 2,5 % du total, on reste très loin de la parité mais on doit signaler que la courbe, loin d'augmenter, aura singulièrement baissé aux Jeux de St. Louis, où le nombre de femmes est tombé à six, soit moins de 1 %. Les femmes des Jeux Olympiques de 1900 figurent dans des disciplines bien spécifiques, apparues à cette occasion, comme l'équitation, le golf, le tennis et la voile, parfois dans des équipes mixtes. Il n'est pas jusqu'aux Jeux de Londres, en 1908, qui ne soient encore corrélés à une Exposition internationale (ici franco-britannique, en l'honneur de l'Entente cordiale) : la figure standard des Jeux Olympiques se suffisant à eux-mêmes ne s'imposera qu'à partir de 1912, avec ceux de Stockholm.

## L'enjeu des Jeux

Au-delà de ces aspects formels, ce cas, unique en son genre, d'une confrontation directe de la formule olympique avec une formule alternative permet, à rebours, de mieux caractériser le projet coubertinien. La mythologie olympique reconstruit *a posteriori* une histoire téléologique où Alfred Picard et Daniel Mérillon représenteraient une formule archaïque, condamnée à l'obsolescence, voire incompréhensive des enjeux philosophiques sous-jacents dudit projet. La réalité est plus complexe.

Depuis 1851, les Expositions "universelles internationales" ont systématisé la mise en scène du national, qui structure de plus en plus leur espace. Initiative française, les concours ont beau se présenter comme "internationaux", leur propos est explicitement patriotique puisqu'il s'agit par ce moyen d'"améliorer" homologiquement "la force physique et morale du pays". La perspective des républicains se rattache à un univers où l'activité physique organisée, à commencer par la gymnastique, entretient des rapports étroits avec la société militaire. En 1894, la commission d'organisation des concours était significativement présidée par un général, et Daniel Mérillon n'en était encore que le vice-président civil. Une section entière des concours est réservée aux "concours militaires", et parmi les nombreuses compétitions de tir figure une discipline qui n'avait aucune chance de jamais trouver sa place au sein des Jeux Olympiques modernes : le tir au canon. En même temps, il n'est pas sans signification qu'une des autres sections des concours soit, quant à elle, réservée aux "concours scolaires" : la III^e^ République du XIX^e^ siècle finissant est à l'apogée de l'investissement matériel et symbolique dans la politique scolaire, résumée ici dans une formulation sans ambiguïté : "*Mettre en lumière les progrès de l'œuvre patriotique entreprise pour l'éducation physique et la jeunesse.*" L'enjeu politique est là : dans la construction d'une culture républicaine, nécessairement patriotique mais intrinsèquement démocratique.

L'enjeu philosophique de la confrontation, lui, se mesure pleinement dès que l'on découvre que l'un des rapporteurs officiels des concours internationaux, auquel il apporte la caution d'un membre de l'Académie des sciences, n'est autre qu'Étienne-Jules Marey, figure typique de la physiologie rationaliste, naguère identifiée à l'un des hiérarques du parti républicain "avancé", Paul Bert. À la fin des années 1880, Marey a accepté de présider la Ligue nationale de l'éducation physique, créée par l'ancien communard Paschal Grousset, dont Pierre de Coubertin a fait son ennemi intime. Méfiante voire hostile à l'égard de la notion même de compétition – comme à l'égard de la boxe ou de la lutte –, la Ligue de Grousset se reconnaît dans ce mot d'ordre scolaire de l'éducation physique mais elle participe plus largement d'une conception démocratique des exercices "physiques" – l'usage de l'adjectif dit tout du substrat matérialiste du propos – qui se manifeste aussi bien dans la promotion de jeux et sports ethniques (la pelote basque), populaires (le croquet) ou, tout simplement, récréatifs et spectaculaires, s'intégrant de ce fait sans mal dans la logique expositionnaire des attractions et autres "clous", telles la "natation avec obstacles" ou les ascensions aérostatiques "avec handicap".

Avec le recul, il est facile de compter les points : le spectaculaire et le populaire sont passés du côté des Jeux, face à des Expositions universelles dont le prestige a décliné – situation que récapitulent bien les choix éminemment politiques de la Chine populaire au début du XXIe siècle : Jeux d'abord (2008), Exposition ensuite (2010), Pékin d'abord, Shanghai ensuite. Tout est dit quand on découvre que dans le palmarès de 1900 Pierre de Coubertin se paye le luxe d'accorder une médaille olympique à Daniel Mérillon. Intellectuelle, puriste et élitiste, la conception coubertinienne a, dans la durée, surclassé la contre-proposition émotionnelle et ludique des concours internationaux.

Le diagnostic du journal *L'Auto-Vélo*, constatant 2 ans plus tard que "*le sport est devenu en quelque sorte la religion nouvelle*[1]", aura été confirmé sur l'ensemble du siècle qui l'aura suivi : le sport, en effet, et non l'éducation physique. Mais cette victoire aura été assurée, au fond, par la récupération de certaines caractéristiques du protagoniste. Par leur spectralité même, les anti-Jeux de 1900 auront joué leur rôle dans le légendaire olympique ; tant il est vrai qu'entre la légende et les faits les sociétés "impriment la légende[2]".

---

1 Auguste Achaume, "La religion du sport", *L'Auto-Vélo*, 4 février 1902.

2 "*When the legend becomes fact, print the legend*" (dialogue extrait de *L'homme qui tua Liberty Valance*, film de John Ford, 1962).

# Les Jeux Olympiques de St. Louis (1904) et l'enjeu anthropologique

Fabrice Delsahut

C'est à St. Louis (Missouri) que les Américains décident d'organiser en 1904 leur 3e Exposition universelle célébrant le centenaire de l'achat de la Louisiane et se voulant "*pour les générations à venir, un jalon dans l'accomplissement et le progrès humain*". Perdus dans la *Louisiana Purchase Exposition*, les Jeux Olympiques s'insèrent dans un programme sportif rassemblant sur plus de six mois près de 400 compétitions pour 9000 participants.

Le président du Comité international olympique, Pierre de Coubertin, montre peu d'intérêt et d'implication dans l'organisation de ces Jeux et ne se déplace pas outre-Atlantique. Les relations entre Pierre de Coubertin et James Edward Sullivan, l'organisateur des Jeux Olympiques et prétendant au contrôle du mouvement olympique, sont tendues : ils ont des conceptions différentes quant à l'organisation d'événements sportifs de l'ampleur souhaitée pour les Jeux Olympiques. Le CIO est alors représenté par le Hongrois Ferenc Kemény.

Dans un tel capharnaüm d'épreuves sportives, les statisticiens du CIO et les historiens ont bien du mal à établir la liste des participants, des nations, des épreuves et des médailles. Edward Sullivan signale dans le rapport Spalding[1] que les Jeux officiels se déroulent du 29 août au 3 septembre, et 651 ou 687 athlètes (selon les sources) – dont six femmes au tir à l'arc – représentent 12 nations s'opposant dans 80 (ou 91 selon les sources) épreuves officiellement reconnues olympiques. L'Europe est peu présente. Les tensions causées par la guerre russo-japonaise ainsi que les difficultés pour se rendre à St. Louis au début du xx^e^ siècle font que la grande majorité des athlètes présents durant les Jeux sont originaires du pays hôte. Aucun Français ne s'y rend, faute de crédits, hormis un marathonien vivant aux États-Unis, Albert Corey, 2^e^ du marathon. De ce fait, les Américains remportent plus des 2/3 des médailles. Ces Jeux sont les premiers au cours desquels des médailles d'or, d'argent et de bronze sont attribuées. La boxe et la lutte de style libre y font leurs débuts. Le vainqueur du marathon, l'Américain Thomas Hicks, reconnaît avoir pris à 2 reprises du sulfate de strychnine associé à du brandy pour terminer le parcours. La menace du dopage sur la santé des athlètes comme sur l'équité sportive n'a pas encore pénétré les mœurs, car le rapport officiel de la course juge positivement ces faits.

Pour le Sud profond, dont St. Louis est l'un des fleurons, la supériorité de la "race blanche" va de soi. Les Jeux Olympiques n'échappent donc pas à la montée des idéologies racistes du début du xx^e^ siècle et ils fournissent même l'occasion de le prouver "scientifiquement". Malgré l'esprit universel que l'on veut y voir présider, St. Louis reflète les préjugés sexistes et raciaux de ses organisateurs et de la jeune nation américaine (l'abolition de l'esclavage date de 1865). Ils sont l'occasion de discuter du mérite athlétique des différentes "races".

Ils sont ainsi précédés par des "Journées anthropologiques", les 12 et 13 août, des compétitions sportives réservées à ceux que l'Amérique du moment considère comme des primitifs. Il ne s'agit pas seulement de distraire le public, mais de tester, devant des

---

1 James E. Sullivan, *Spalding's Official Athletic Almanac for 1905*, New York, American Sports Publishing Co., vol. XVIII, n° 217, January 1905, p. 161 ; Susan Brownell (dir.), *The 1904 Anthropology Days and Olympic Games: Sport, Race and American Imperialism*, Lincoln, University of Nebraska Press, 2008, p. 3.

scientifiques, les qualités athlétiques des "races" jugées "inférieures", et de valider les thèses du racisme scientifique. Ces Jeux anthropologiques, associés aux Jeux Olympiques et aux diverses rencontres sportives de l'Exposition, contribuent à l'éveil d'une conscience sportive nationale en confortant la "race blanche" dans ses capacités athlétiques et en mettant en avant la toute-puissance américaine en matière de sport et, par extrapolation, sa prééminence dans le monde.

Une centaine d'"étranges" compétiteurs – Sioux, Pawnee, Navajo, Ainu, Cocopa, Syriens, Patagoniens, Zoulous, Moros, Negritos et Igorots entre autres – choisis parmi les 2000 indigènes exhibés dans le cadre de l'Exposition, s'affrontent lors de la première journée dans des épreuves "olympiques" (courses de sprint, de haies et de demi-fond, sauts en hauteur et en longueur, lancer de poids, tir à l'arc), puis dans des épreuves plus "traditionnelles" à l'époque (jeu de shinny, escalade d'un mât de 50 pieds (15 mètres), tir à l'arc, javelot...).

## L'organisation et les enjeux des *Anthropological Days*

L'organisation des *Anthropological Days* est confiée aux départements d'Anthropologie et de Culture physique de l'Exposition universelle de St. Louis, ainsi qu'au Field Museum de Chicago. À cette curieuse organisation bicéphale répondent 2 logiques différentes.

En sa qualité de chef du département de la Culture physique de l'Exposition universelle de 1904, James E. Sullivan est désigné directeur des Jeux Olympiques et en devient le principal organisateur. Pour le secrétaire de l'influente Amateur Athletic Union, les Journées anthropologiques ont pour objectif de lutter contre les rumeurs, souvent médiatiques et selon lui non fondées, sur les capacités athlétiques des sauvages et de préserver l'intégrité des Jeux Olympiques. Les prévisibles échecs sportifs indigènes vont annoncer, à ses yeux, le succès prochain des athlètes américains aux épreuves olympiques. Dans son souci de saper le mythe de l'athlète "naturel", il doit faire face au problème de la perception romantique du "noble sauvage". Ce dernier, censé vivre sous les lois de l'instinct et de la sagesse pour s'adapter aux différents environnements naturels, s'oppose à l'homme moderne corrompu et aliéné par une industrialisation qui entrave l'épanouissement de ses désirs. C'est cet idéal-type que doit, indirectement, affronter la "race blanche" aux Jeux Olympiques de 1904 afin de montrer la supériorité de l'homme moderne, caucasien et américain de surcroît, de façon toute "scientifique".

Pour William J. McGee, premier président de l'American Anthropological Association et administrateur du Département anthropologique de l'exposition, si les indigènes disposent de réels potentiels, alors seuls l'anthropologie et ses divers champs d'étude seront en mesure de l'analyser et de l'expliquer. L'objectif des Jeux anthropologiques et des "*life and movement exhibits*" (sortes de reconstitutions des modes de vie et des environnements des "primitifs" présents dans l'Exposition universelle), est davantage de visualiser l'évolution unilinéaire, de combattre les stéréotypes au sujet des peuples autochtones (athlètes naturels) et de rassembler les indigènes dans un seul et même endroit de sorte que les scientifiques américains et européens puissent prolonger leurs connaissances raciales par des observations de terrain, des études anthropométriques et ethnographiques.

Dans le rapport officiel, on peut lire que : "*Depuis des années, des déclarations d'experts ainsi que des articles de presse et des livres nous ont amenés à penser que l'homme sauvage 'moyen' était rapide, fort, précis avec l'arc et la flèche et habile au lancer de pierre ; certains, les Patagoniens par exemple, saisissants par leur grande taille et leur puissance, ont été qualifiés, du fait de leur vie singulière, d''athlètes naturels'. On nous a parlé des merveilleuses qualités de l'Indien en tant que coureur ; de l'endurance du Kaffir, et des capacités naturelles du sauvage pour les exploits athlétiques*[2]." L'idée explicitement entrevue est donc de vérifier d'un point de vue scientifique les qualités physiques dites naturelles des "primitifs" et de les confronter au mythe existant de la supériorité sensori-motrice de ces derniers, en leur faisant disputer des épreuves athlétiques anglo-américaines ainsi que quelques

2 James E. Sullivan, *Spalding's Official Athletic Almanac for 1905*, New York, American Sports Publishing Co., vol. XVIII, n° 217, January 1905, p. 249.

jeux traditionnels autochtones. Les performances sont alors comparées à celles enregistrées par les Blancs dans des épreuves similaires, soulignant la différence irréversible entre "civilisés" et "sauvages".

Sans entraînement, sans compréhension des épreuves, peu rompus à l'exercice sportif, et surtout peu motivés, les autochtones obtiennent des performances très en dessous des espérances de ceux qui prétendaient que les "sauvages" étaient des "athlètes-nés". L'épreuve des 100 yards est remportée par George Mentz, présenté comme un "Indien américanisé", dans un temps (11 secondes 4 dixièmes)... relativement médiocre. À la dernière place de la course, on trouve un "Pygmée", Lamba, en 14 secondes 3 dixièmes. L'auteur du rapport fait remarquer, non sans cynisme, que le jeune Africain menait certes une vie au grand air, chassait, courait, nageait, sautait et utilisait l'arc et la lance, et que sa vie pouvait être qualifiée de "*naturellement athlétique*", mais que, malgré tout, il lui fallait plus de 14 secondes pour parcourir 100 yards et que n'importe quel athlète américain l'aurait battu avec au moins 40 yards d'écart. La performance des Patagoniens, dont la stature laissait espérer des exploits notables en lancer de poids, est ainsi qualifiée de "*si ridiculement faible qu'elle étonna tous ceux qui en furent témoins* [...]. *Il peut sans doute être affirmé, sans crainte d'être contredit, que jamais auparavant dans l'histoire mondiale du sport de si médiocres résultats en lancer de poids ont été enregistrés*[3]".

## La ligne de partage des races et "le fardeau de l'homme blanc"

Ces Jeux anthropologiques ne sont pas qu'un simple avatar malheureux du jeune mouvement olympique. Ils apportent des éléments de réponse au problème essentiel du début du XXe siècle, à savoir, comme l'écrit William Edward Burghardt Du Bois en 1903, "*le problème de la ligne de partage des couleurs – de la relation entre des races d'hommes plus sombres et des races d'hommes plus claires,*

---

3 *Ibid.*, p. 253.

*en Asie, en Afrique, en Amérique et sur les îles océaniques"*. Dans une Amérique convaincue d'être, selon Herman Melville, *"l'arche des libertés du monde*[4]", St. Louis offre une vision du monde hiérarchisée qui justifie la politique intérieure ségrégationniste des États-Unis et toutes les aspirations coloniales. Les journées anthropologiques font prendre conscience au peuple américain qu'il est désormais normal d'inculquer son modèle partout dans le monde.

Face aux pratiques sportives modernes des pays occidentaux, les différentes prestations des sauvages – comme la bataille de boue des Pygmées –, largement relayées par la presse, ont pour effet d'alimenter l'imagination populaire et de légitimer le colonialisme occidental. C'est même un devoir que Rudyard Kipling décrit en 1899 comme le "*fardeau de l'homme blanc*[5]". Ces journées font écho aux prises de position ultérieures de Pierre de Coubertin. "*Le sport est un facteur éminent des entreprises coloniales*", écrit-il 10 ans plus tard, "*à tel point que coloniser sans une vigoureuse préparation sportive constitue une dangereuse imprudence*[6]". Si les "peuplades indigènes" peuvent être autorisées à pratiquer le sport, il y voit d'abord un "*instrument vigoureux de disciplination*[7]" dans leur longue marche vers la civilisation.

Lors de l'Exposition universelle de St. Louis, la preuve par l'épreuve est faite. Les "Jeux tribaux" font éclater aux yeux du monde l'insolente supériorité de la race blanche sur les minorités ethniques et "*Les scientifiques s'y référeront pendant de nombreuses années à venir* [...]. *Les conférenciers et les auteurs devront désormais, de grâce, oublier toute référence aux capacités athlétiques naturelles des sauvages, à moins que ceux-ci ne puissent fournir des preuves de leurs présumés exploits*[8]". En effet, contrairement à ce qui est écrit

---

4 Herman Melville, *White Jacket*, New York, Harper & Brothers, 1856.

5 Rudyard Kipling, "The White Man's Burden", *MacClure's*, février 1899.

6 Pierre de Coubertin, "Le sport et la société moderne", *La Revue hebdomadaire*, n° 25, 20 juin 1914, p. 383.

7 Pierre de Coubertin, "Les Sports et la Colonisation", *Revue Olympique*, n° 73, 1912, p. 9.

8 James E. Sullivan, *Spalding's Official Athletic Almanac for 1905*, New York, American Sports Publishing Co., vol. XVIII, n° 217, janvier 1905, p. 259.

dans la presse de l'époque, ces journées n'étonnent guère les organisateurs quant aux performances des indigènes.

Les "*Special Olympics*"[9] montrent, selon William J. McGee, ce que les anthropologues savent de longue date, à savoir que l'homme blanc dirige les races du monde, tant physiquement que culturellement, que ce soit dans les débats scolaires ou les expertises scientifiques, dans la compétition économique ou les idées politiques, sur les champs de bataille et désormais sur les terrains de sport. Mais un mythe en chassant un autre, le mythe de l'athlète sauvage est remplacé dans les années suivantes par celui de la "*race disparue*". Si le leadership revient à la "*race blanche*", parmi elle la "*race nordique*" en est la plus digne représentante (peau claire, yeux bleus, cheveux blonds). Combinant racisme scientifique et performance olympique, des auteurs comme le Dr Charles E. Woodruff ou l'avocat américain Madison Grant tentent de réfuter l'idée que la diversité raciale dope les prouesses athlétiques américaines et magnifient la théorie du Nordique incarnant "l'homme blanc par excellence". Selon le Dr Charles E. Woodruff, c'est au type nordique que revient le privilège d'avoir fourni la majorité des champions sportifs (olympiques) et non aux groupes ethniques de la "nouvelle immigration" de la fin du XIXe siècle et du début du XXe siècle, à savoir des Européens de l'Est et du Sud.

## Le défi d'une nation sportive

En 1904, l'éveil d'une conscience sportive nationale prend corps au cours de ces journées anthropologiques, puis olympiques. Les premières confortent la race blanche dans ses capacités athlétiques et les secondes dans la toute-puissance américaine, dans le sport comme dans de nombreux autres domaines, par rapport au monde entier. à l'origine, les héritiers du Mayflower abhorrent toutes formes d'activités sportives quelles qu'elles soient et pour les guides théocratiques

---

9 Selon l'expression de James E. Sullivan. *Cf.* Nancy Parezo, Don D. Fowler, *Anthropology Goes to the Fair: The 1904 Louisiana Purchase Exposition*, Lincoln, University of Nebraska Press, 2007, p. 347.

de la Nouvelle-Angleterre la seule facon de plaire et de servir Dieu est de travailler et d'affronter les difficultés.

Au XIXe siècle, le changement de valeurs, les mouvements démographiques et les développements technologiques affectent le mode de vie des Américains. Un assouplissement des consciences puritaines et une perte de croyance en la toute-puissance du travail débouchent, pour une population urbaine en pleine expansion, sur la légitimité nouvelle des divertissements. Alors que les bienfaits physiologiques des exercices physiques sont mis en avant dès la guerre civile, d'aucuns commencent à attribuer des valeurs patriotiques et démocratiques au sport. Le sénateur républicain Henry Cabot Lodge déclare aux étudiants d'Harvard en 1896 : "*Le temps accordé aux compétitions sportives, et les blessures encourues sur le champ de jeu, font partie du prix que la race anglo-saxonne a payé pour être les conquérants du monde*[10]." La réussite sportive américaine aux Jeux Olympiques, faisant suite aux Journées anthropologiques, conforte l'engouement pour une pratique nationale du sport et l'inscription de ce dernier dans le champ national. Elle favorise aussi l'attachement du public à des disciplines sportives, fraichement codifiées pour la plupart (le base-ball en 1845, le football américain en 1873, le basket-ball en 1891), qui sont considérées comme parties intégrantes du mode de vie et de la culture américains. Le sport devient un argument de rassemblement et d'unification efficace et permanent. Cela permet d'étendre par la suite l'influence du comité international américain dans les décisions à venir en matière d'olympisme, notamment dans le choix des épreuves.

Le sport caractérise cet esprit d'excellence et s'inscrit parmi les phénomènes que l'on croit capables de résoudre tous les problèmes sociaux. L'engouement actuel des États-Unis pour le sport et la foi dans les vertus de l'exercice physique prennent racine au cours de ces Jeux. Le peuple américain trouve une nouvelle fierté dans la réussite sportive éclatante de ses athlètes et le culte du corps s'empare du continent. Ces Jeux ne sont en fait qu'une partie d'un mouvement plus grand

---

10 Henri Cabot Lodge, "Speech at the Alumni Dinner", *Speeches and Addresses, 1884-1909* (juin 1896), Boston, Houghton Mifflin Company, 1909, p. 293.

relatif au projet impérialiste de la nation américaine. Dans la lignée du célèbre discours – "The Strenuous Life" – prononcé par Theodore Roosevelt en 1899, ils marquent la nouvelle foi des Américains dans la supériorité de leurs corps, de leurs modes de vie et de leur culture et contribuent, d'une certaine façon, à la construction de la masculinité américaine.

## La nouvelle frontière sportive

Un parallèle peut être dressé entre l'entreprise colonialiste américaine, mouvement d'expansion vers l'extérieur, et l'injonction des sportifs à se surpasser. De même qu'ils cherchent à franchir les frontières géographiques, les Américains tentent désormais de faire reculer leurs propres frontières corporelles *via* la notion de records.

En 1904, l'Amérique a conquis les grands espaces sauvages qui ont nourri la vigoureuse expansion de la nation. Désormais, la mission civilisatrice implique de déplacer "la Frontière" – selon la thèse de l'historien Frederick Jackson Turner[11] – au-delà des océans. Invités à célébrer le centième anniversaire de l'achat de la Louisiane, les Américains cherchent une nouvelle façon de fortifier leur civilisation. Les thuriféraires du sport offrent la compétition sportive comme une alternative. Les Jeux anthropologiques et les Jeux Olympiques de 1904 jouent un rôle essentiel pour convaincre le public américain que le sport sert les intérêts du progrès et de la revitalisation nationale. À l'Exposition universelle de St. Louis, les espoirs placés dans la Frontière sont transférés aux terrains des Jeux Olympiques. En 1904, St. Louis, qui fut la "porte de l'Ouest" cent ans plus tôt, sert à nouveau de point de départ pour fortifier l'imagination nationale et conforter cette nouvelle frontière corporelle.

Les médias viennent conforter cette idéologie naissante en promouvant les jeux tribaux et olympiques et par le culte des records,

---

[11] Frederick Jackson Turner, "The Significance of the Frontier in American History", *Annual Report of the American Historical Association*, 1893.

qu'ils soient interraciaux ou olympiques. Les États-Unis s'approprient d'ailleurs lors des Jeux Olympiques de 1904 13 nouveaux records olympiques. Le "mythe de l'Ouest sauvage" est remplacé par le sport et par la culture physique surnommée "l'évangile du muscle". Le boom industriel post-guerre civile a transformé la capitale commerciale en ville industrielle qui souffre, à l'instar d'autres grandes cités, de surpopulation, de tensions ethniques, de pollution et de corruption politique. Les partisans du sport avancent que la culture physique peut éradiquer toutes ces maladies urbaines et restaurer la vitalité nationale. St. Louis propose une nouvelle vision du corps soulignée par le journaliste John Brisben Walker: "*la différence entre 1893 à Chicago et 1904 à St. Louis est certainement plus marquée dans le département de culture physique que nulle part ailleurs*[12]." Les magnifiques équipements sportifs présents à la foire sont conçus pour produire, dixit *The Cosmopolitan*, "*des citoyens aux corps forts et aux esprits sains*". à défaut des records dévolus au sport, la culture physique s'avère être le remède proposé contre les maux sociétaux liés à l'urbanisation et à l'industrialisation.

La santé devient le maître mot que le département de culture physique de l'Exposition universelle de St. Louis promeut *via* de nombreuses conférences. Le sport, selon John E. Sullivan, construit "l'esprit, le muscle et la moralité" et pour Joseph B. MacCabe, président de l'Amateur Athletic Union, "*un esprit sain dans un corps sain est propice au civisme, et l'entraînement systématique des jeunes aux exercices athlétiques tend à promouvoir toutes les vertus viriles et à améliorer notre race dans tous les rapports de la vie*[13]". L'étude d'une "culture physique scientifique" et la diffusion du sport marquent donc le retour à une "saine civilisation" et les visiteurs de St. Louis vont voir "*la naissance d'une culture physique moderne en tant que science*[14]".

---

12 Mark Dyreson, "The Playing Fields of Progress: American Athletic Nationalism and the St. Louis Olympics of 1904", *Gateway Heritage*, n° 14, 1993, p. 8.

13 James E. Sullivan, *Spalding's Official Athletic Almanac for 1905*, New York, American Sports Publishing Co., vol. XVIII, n° 217, janvier 1905, p. 177.

14 *Ibid.*

*"Le début du XX^e siècle fut une période d'expérimentation pour les sciences du sport comme pour l'anthropologie. Dans leur quête pour découvrir ce qu'était un athlète naturel, les chercheurs ont voulu savoir comment les traits biologiques et la morphologie physique pouvaient être influencés par l'éducation physique*[15]*."* Les Jeux anthropologiques puis les Jeux Olympiques, associés aux diverses manifestations de l'Exposition universelle, mettent en avant de façon pseudo-scientifique la supériorité athlétique de la "race blanche" et le positionnement du sport comme un puissant facteur de cohésion nationale et de restauration de la vitalité individuelle et nationale.

15 Nancy Parezo, Don D. Fowler, *Anthropology Goes to the Fair: The 1904 Louisiana Purchase Exposition*, Lincoln, University of Nebraska Press, 2007, p. 345.

# Berlin 1916 et Anvers 1920 : de la guerre à la paix ?

Michael Krüger[1]

La célébration de la Ve Olympiade à Stockholm en 1912 marque profondément les débuts du mouvement olympique à la Belle Époque, caractérisée non seulement par le plein essor de l'économie et l'industrie en Europe, mais aussi par celui de l'art, de la culture et du sport. Lors de la réunion du Comité international olympique présidée par son initiateur Pierre de Coubertin, le comte Adalbert von Francken-Sierstorpff, qui avait été nommé membre du CIO en 1909, dépose au nom du Comité impérial allemand pour les Jeux Olympiques (*Deutscher Reichsausschuß für die Olympischen Spiele,* DRAFOS) la candidature de Berlin pour la célébration de 1916. Les hommes du CIO approuvent cette demande et saluent également la proposition du comte Adalbert von Francken-Sierstorpff d'organiser avant les Jeux une Semaine internationale de sports d'hiver en Forêt-Noire. Avec cette décision en faveur de Berlin, une nouvelle ère semblait s'être ouverte dans le développement du mouvement olympique moderne.

---

1 Texte traduit de l'allemand par Daphné Bolz.

# Le mouvement olympique en Allemagne sous l'Empire

La question du rapport, à l'époque impériale, des Allemands – des gymnastes et des sportifs, des dirigeants et des hommes politiques – aux Jeux Olympiques et à leur rôle, a été étudiée par de nombreux historiens de l'olympisme, lesquels ont mis à jour des sources historiques nombreuses et originales[2]. En 1900, le contexte en Allemagne et en Europe n'est pas seulement favorable au développement de l'éducation physique et du sport. Il invite également les sportifs allemands à participer à l'initiative du baron français visant à "*faire revivre*" les Jeux Olympiques de l'Antiquité.

Depuis 1875, des scientifiques allemands ont mené des fouilles systématiques à Olympie pour le compte de l'Empire allemand. Fin mars 1896, une délégation de gymnastes et de sportifs allemands se rend à Athènes pour participer aux premiers Jeux Olympiques de l'ère moderne : 11 gymnastes, 5 cyclistes et 7 athlètes, soutenus par 7 autres accompagnateurs, dont le docteur Ferdinand Hueppe, un médecin passionné de sport qui deviendra en 1900 le premier président de la Fédération Allemande de Football (*Deutscher Fußball-Bund*), et le photographe de la cour du roi de Saxe, Albert Meyer[3]. On doit à ce dernier de nombreuses photographies des Jeux d'Athènes, notamment la photographie officielle des membres du CIO présents à Athènes. Cette photographie montre également le chef de la délégation allemande, le Dr Willibald Gebhardt, alors surnommé le "Coubertin allemand"[4].

---

2 Manfred Lämmer (dir.), *Deutschland in der olympischen Bewegung : Eine Zwischenbilanz*. Frankfurt/M., NOK für Deutschland, 1999.

3 Hans Langenfeld, "Die ersten beiden Jahrzehnte", *in* Manfred Lämmer (dir.), *Deutschland in der olympischen Bewegung : Eine Zwischenbilanz*, Frankfurt/M., NOK für Deutschland, 1999, p. 41-85.

4 Roland Naul, "Willibald Gebhardt : der 'deutsche Coubertin'", *in* Manfred Lämmer (dir.), *Deutschland in der olympischen Bewegung : Eine Zwischenbilanz*, Frankfurt/M., NOK für Deutschland, 1999, p. 37-39.

L'équipe allemande, en particulier les gymnastes, se présente non seulement au public grec en grande forme, mais remporte également le plus grand nombre de médailles derrière les Américains et les Grecs. Enfin, le voyage aventureux de Berlin à la lointaine Grèce contribue à la création d'un sentiment d'appartenance pour les jeunes gymnastes et sportifs allemands, qui se sentent liés par l'esprit olympique et acceptés au niveau international, d'autant plus que leur guide, Willibald Gebhardt, devient en 1896 le premier membre allemand du CIO. Nombre de ceux qui étaient présents à Athènes en 1896 et aux Jeux suivants ont marqué le développement du sport dans la première moitié du xxe siècle en Allemagne.

Forte de nombreuses associations et fédérations de gymnastique et de sport, l'Allemagne dispose d'une base sociale stable pour l'organisation de l'éducation physique, des jeux et du sport. L'État allemand se montre intéressé par ce développement, mais ne soutient les efforts des gymnastes et des sportifs qu'avec réticence. Les exercices physiques et l'éducation physique font à cette époque partie intégrante de la vie sociale, ainsi que de l'éducation scolaire et de l'enseignement dans tous les *Länder* de l'Empire allemand. Le Comité central des jeux populaires et de la jeunesse (*Zentralausschuß für Volks- und Jugendspiele*), fondé en 1891, s'efforce d'une part de rassembler toutes les tendances professionnelles et politiques de l'éducation physique et, d'autre part, de réformer la culture traditionnelle de l'éducation physique gymnique qui régnait jusqu'alors en Allemagne, en proposant des formes et des contenus plus dynamiques de jeux et de sports pour les 2 sexes à l'École et dans les clubs. La culture de la compétition sportive, plutôt étrangère à la gymnastique allemande, en faisait également partie. Les Allemands aimaient la gymnastique, le jeu et le sport et n'étaient pas uniquement formés à l'entraînement prussien et aux "exercices"[5].

À la fin du xxe siècle, si la société allemande paraît mûre pour accueillir les Jeux Olympiques, les intérêts restent divergents et la plupart des acteurs sont plutôt critiques à l'égard du projet olympique.

5 Michael Krüger, "The Germans : no sports but only drills and exercises?", *Sport in Society*, vol. 23, n° 10, 2020, p. 1659-1671.

Willibald Gebhardt a parfaitement documenté et commenté cette retenue dans son ouvrage publié en 1896 *Soll Deutschland sich an den Olympischen Spielen beteiligen?* (*L'Allemagne doit-elle participer aux Jeux Olympiques?*)[6]. Les plus grandes réserves sont exprimées par les représentants de la puissante *Deutsche Turnerschaft*. Ceux-ci considèrent avec scepticisme le sport international, qui constitue la base du concept des Jeux Olympiques.

Les dirigeants de la gymnastique influencent également la position du Comité central des jeux populaires et de la jeunesse qui, d'une part, prône une réforme de la gymnastique traditionnelle, mais qui, d'autre part, ne laisse planer aucun doute sur sa défense de l'esprit patriotique et national. Le rejet des Jeux Olympiques par les dirigeants de la gymnastique et de l'éducation physique en Allemagne est anachronique dans la mesure où des gymnastes de Berlin participent avec beaucoup de succès aux Jeux d'Athènes, notamment les cousins Alfred Flatow et Gustav Felix Flatow. Sous le régime national-socialiste, ces 2 champions olympiques de gymnastique seront invités comme hôtes d'honneur aux Jeux de Berlin en 1936, mais ils seront finalement déportés et assassinés dans des camps de concentration[7].

L'exemple des Flatow illustre d'ailleurs le fait que la *Deutsche Turnerschaft* est à l'époque de l'Empire une fédération d'exercices physiques divers, qui rassemble par la gymnastique et le patriotisme de larges couches de la population. Alors que pour les dirigeants de la fédération, la participation aux Jeux Olympiques semble incompatible avec ses principes, les membres des clubs ne se laissent guère impressionner et se montrent au contraire tout à fait ouverts à de nouvelles formes de jeu et de sport – y compris l'olympisme.

---

6 Willibald Gebhardt, *Soll Deutschland sich an den Olympischen Spielen beteiligen? Ein Mahnruf an die Deutschen Turner und Sportsmänner*, Berlin, Siegismund, 1896.

7 Gerd Steins, *Die Flatow-Medaille: In Erinnerung an Alfred Flatow und Gustav Flatow*, Berlin, Sportmuseum Berlin, 2017.

## Les Jeux de 1916 à Berlin

En matière de patriotisme, les gymnastes et les sportifs allemands ne se distinguent pas de ceux des autres pays. Pierre de Coubertin, en particulier, est un patriote français qui, avec son idée olympique, poursuit l'objectif de rassembler des athlètes de différentes nations à l'occasion d'une compétition pacifique. L'idéal pacifique donne l'impulsion décisive à Willibald Gebhardt pour s'engager dans le projet olympique. Comme Pierre de Coubertin, il craint qu'une guerre n'éclate en Europe et tous 2 considèrent les Jeux Olympiques comme une possibilité de contrer ce danger.

Cet espoir est toutefois déçu. La guerre éclate alors que les athlètes olympiques allemands sont en pleine préparation des Jeux de Berlin de 1916. Toutefois, il ne s'agit plus des mêmes personnes qu'aux débuts du mouvement olympique. Willibald Gebhardt avait quitté le DRAFOS en 1908 et le CIO en 1909. Des représentants sportifs nobles, proches de la maison impériale, donnent désormais le ton au sein du mouvement olympique allemand : le comte Egbert von der Asseburg, qui fait partie du cercle de conseillers de l'Empereur, et après sa mort inattendue en 1909, le général de hussards Victor von Podbielski, également un proche de l'Empereur. Avec les 2 membres allemands du CIO, le comte von Sierstorpff et le baron Karl von Venningen-Ullner von Diepurg, ils réussissent non seulement à convaincre le CIO et Pierre de Coubertin d'organiser les Jeux Olympiques en Allemagne, mais aussi à faire en sorte qu'un grand stade soit construit à Berlin. Ils trouvent dans la personne de Carl Diem un leader compétent pour préparer les Jeux de Berlin. En tant que président de l'Autorité sportive allemande pour l'athlétisme (*Deutsche Sportbehörde für Athletik*), qui deviendra plus tard la Fédération allemande d'athlétisme, et en tant que rédacteur du magazine *Sport im Bild*, Carl Diem avait fait une promotion vigoureuse des Jeux Olympiques.

La nouvelle génération de participants allemands aux Jeux Olympiques se distingue toutefois sur un point essentiel de Willibald Gebhardt. Pour eux, ce n'est pas la paix qui donne l'impulsion décisive à leur engagement olympique, mais les intérêts nationaux et impériaux.

L'Empereur et le Reich soutiennent les Jeux de Berlin avant tout parce qu'ils y voient l'occasion de démontrer la puissance et la grandeur de l'Empire allemand. Les gymnastes issus de la petite bourgeoisie ne peuvent plus se soustraire à cette motivation des élites nobles, de la grande bourgeoisie et de la bourgeoisie cultivée de l'Empire. Le stade olympique de Berlin est baptisé *Deutsches Stadion* et s'inscrit dans la lignée des nombreuses constructions monumentales wilhelminiennes. Il est solennellement inauguré le 8 juin 1913.

En vue de la préparation des Jeux de Berlin, une commission dirigée par Carl Diem se rend aux États-Unis à l'été 1913, afin d'étudier les causes de la supériorité du mouvement sportif américain. Dans son ouvrage *Sport und Körperschulung in Amerika* (Sport et formation corporelle en Amérique), Carl Diem relate en détail les expériences et les connaissances acquises lors de ce voyage[8]. L'ouvrage est distribué partout en Allemagne, dans les villes et les communes, les organisations et les fédérations de gymnastique et de sport. Carl Diem voit la supériorité du système sportif américain dans le fait que, contrairement à l'Allemagne, le sport y est considérablement soutenu par des fonds à la fois publics et privés. En particulier, il considère les universités comme exemplaires, car elles disposent non seulement de vastes installations sportives, mais aussi de spécialistes et d'entraîneurs formés.

Carl Diem ramène en Allemagne la conviction que la recherche et la science doivent faire la promotion du sport. L'ouverture en 1920 de la *Deutsche Hochschule für Leibesübungen* (École supérieure allemande d'éducation physique) en tant qu'institution privée du sport trouve ses racines dans son voyage aux États-Unis. Cependant, une conséquence immédiate est le recrutement de l'athlète américain Alvin Kraenzlein pour entraîner les athlètes allemands dans la perspective des Jeux de Berlin en 1916.

---

8 Carl Diem, *Sport und Körperschulung in Amerika : Bericht über die Sport-Studienreise nach den Vereinigten Staaten im August-September 1913*, Berlin, Dt. Reichsausschuß, 1913.

## La Grande Guerre

*"Tout cela avait été arrêté en vue des Jeux de la VI$^{e}$ Olympiade, auxquels dès lors Berlin se préparait avec le désir marqué de surpasser ce qui avait été réalisé précédemment"*, écrit Pierre de Coubertin dans ses *Mémoires*[9]. *"C'est pourquoi les engagements étaient prévus en nombre considérable et presque tous les sports figuraient au programme général de ces Jeux de 1916, qu'une tragédie mondiale allait brusquement supprimer*[10]*."*

Sept semaines après la 17$^{e}$ session du CIO des 13 et 14 juin 1914, alors que l'on célébrait le 20$^{e}$ anniversaire du CIO et que l'on prenait des décisions importantes pour l'avenir des Jeux, l'armée impériale allemande envahit la Belgique[11]. La Grande Guerre commence. Pierre de Coubertin et Carl Diem se portent volontaires, comme des milliers de patriotes français et allemands. Pierre de Coubertin n'est cependant pas retenu en raison de son âge et il transfère son domicile et le siège du CIO à Lausanne. C'est dans cette ville que s'était tenu, en mai 1913, le 5$^{e}$ Congrès olympique sur le thème de la psychologie et de la physiologie du sport, sous le patronage du Conseil fédéral suisse. Dans un contrat conclu avec la ville en avril 1915, Lausanne est désignée comme siège du CIO et un musée olympique doit être construit. En 1922, Pierre de Coubertin s'installe à Lausanne avec sa femme, sa fille et son fils, où la municipalité met à sa disposition un appartement à la villa Mon Repos.

Comme il l'écrit dans ses mémoires, Pierre de Coubertin craint que Berlin ne revendique le siège du CIO, car celui-ci devait être situé dans la ville qui organiserait les prochains Jeux. Les Jeux de 1916 sont annulés, mais Pierre de Coubertin insiste pour qu'ils soient comptés

---

9 Pierre de Coubertin, *Mémoires olympiques*, Lausanne, Bureau International de Pédagogie Sportive, 1931, p. 146.

10 *Ibid.*

11 Arnd Krüger, "Forgotten Decisions : The IOC on the Eve of World War I", *Olympika. The International Journal of Olympic Studies*, n° 6, 1997, p. 85-98.

dans la chronologie des Jeux – à la différence des Jeux dits intermédiaires d'Athènes de 1906.

Carl Diem, qui est certes un grand partisan et admirateur de Pierre de Coubertin, mais qui n'a jamais été reconnu par ce dernier, ni même nommé au CIO en raison de ses origines sociales trop modestes, sert comme soldat dans l'armée impériale. En 1917, il est libéré pour élaborer, à la demande du DRAFOS, un plan de réorganisation du sport en Allemagne. Cette institution change alors de nom et devient le Comité impérial pour les exercices physiques (*Deutscher Reichsausschuß für Leibesübungen*), la grande fédération multi-sport bourgeoise. Mais le rêve d'organiser des Jeux Olympiques à Berlin doit être mis de côté. Vingt ans plus tard, presque les mêmes acteurs le réaliseront dans un contexte bien différent, celui de l'Allemagne nazie.

## Les conséquences de la guerre pour le sport allemand

L'issue de la guerre scellée par le traité de Versailles, qui attribue à l'Allemagne l'entière responsabilité de la guerre, a de graves conséquences pour la politique, la société et le sport dans le pays. L'empereur est renversé et, en s'exilant aux Pays-Bas, il se dérobe à ses responsabilités, tout comme les généraux et les élites aristocratiques. Le mouvement gymnique et sportif se retrouve dans une République (dite de Weimar), et doit se reconstruire. Les sportifs et les dirigeants allemands sont contraints de renoncer à l'organisation et même à la participation aux Jeux Olympiques. Ni les sportifs allemands, ni ceux des nations alliées à l'Allemagne pendant la guerre, c'est-à-dire l'Autriche, la Hongrie, la Bulgarie et la Turquie, ne sont invités à la célébration des VI^e^ Jeux Olympiques de 1920 à Anvers.

À la place des Jeux Olympiques, les responsables sportifs allemands veulent désormais célébrer des *Deutsche Kampfspiele* (Jeux allemands de combat). Les préparatifs des Jeux de 1916 ne devaient pas être vains. La gymnastique et le sport connaissent un grand essor pendant les Années folles de la République de Weimar. Le traité de Versailles n'a pas seulement pour objectif de faire payer aux Allemands le prix fort pour leur dette de guerre, mais aussi de démilitariser le pays. La République est autorisée à entretenir une armée de 100 000 soldats au maximum.

Paradoxalement, cette politique a l'effet inverse. L'État étant affaibli, la violence se déplace vers la rue. La gymnastique et les sports sont considérés comme des substituts au service militaire. L'expression *Deutsche Kampfspiele* (jeux allemands de combat) parle d'elle-même. En tant que Jeux Olympiques nationaux, ces rencontres doivent compenser l'exclusion des Jeux Olympiques et préparer militairement la jeunesse allemande à la prochaine prise d'armes. *Le sport est un combat* (*Sport ist Kampf*), tel est le titre d'un ouvrage de Carl Diem paru en 1923.

L'exclusion de l'Allemagne des Jeux d'Anvers en 1920 et de Paris en 1924 a pour conséquence la mise en place de réformes de la gymnastique et des sports déjà engagées avant la guerre en Allemagne. Au sein du sport bourgeois, les forces nationalistes et militaires sont renforcées. Partout en Allemagne, un nombre considérable d'infrastructures sont créées pour l'éducation physique, les jeux et le sport. Le retour dans le mouvement olympique lors des IX^e^ Jeux Olympiques d'Amsterdam en 1928 sera en conséquence couronné de succès. L'équipe allemande remportera le plus de médailles, derrière les États-Unis.

## Pierre de Coubertin et Anvers 1920

L'attribution des VII^e^ Jeux de 1920 avait déjà été discutée lors du Congrès de Paris de 1914, mais aucune décision n'avait été prise. Budapest et Anvers avaient posé leur candidature, et Lyon était également en discussion. Pierre de Coubertin, face à la précarité de la situation, décide de continuer à exercer sa fonction de président – "*un capitaine ne quitte pas le pont du navire pendant la tempête*[12]". Finalement, la décision est prise en faveur d'Anvers. Dans ses

12 Pierre de Coubertin, *Mémoires olympiques*, Lausanne, Bureau International de Pédagogie Sportive, 1931, p. 147.

mémoires, Pierre de Coubertin présente la période de la guerre comme une crise grave du Mouvement olympique, tout en exprimant sa vision de porter les Jeux dans le monde entier après la guerre, aux États-Unis, en Amérique du Sud et en Asie. En réalité, Pierre de Coubertin était à bout. La *Revue Olympique* doit suspendre temporairement sa parution. Le rapport du Congrès de Paris n'a jamais été imprimé. Le déménagement de Pierre de Coubertin à Lausanne signifie d'une part la mise à l'écart des difficultés matérielles, mais d'autre part, il doit confier la gestion de ses fonctions au membre suisse du CIO, Godefroy de Blonay, alors que les réunions du CIO n'auront pas eu lieu tout au long des années de guerre.

Le drapeau olympique, qu'il avait déjà conçu en 1913, est utilisé en public pour la première fois à Anvers en 1920. Il représente les 5 anneaux entrelacés aux couleurs des drapeaux nationaux de tous les pays sur un fond blanc. De même, le serment olympique est prononcé pour la première fois par l'escrimeur belge Victor Boin. C'est à Anvers que débutent les carrières de 2 stars mondiales du sport au XX^e^ siècle, le prodigieux coureur finlandais Paavo Nurmi, 3 fois médaillé d'or, et la joueuse de tennis française Suzanne Lenglen, 2 fois médaillée d'or. Enfin, le comte belge Henri de Baillet-Latour, membre du CIO depuis 1903, joue un rôle important dans l'attribution et l'organisation des Jeux d'Anvers. En 1925, après les Jeux d'hiver de Chamonix et les Jeux d'été de Paris en 1924, il succédera à Pierre de Coubertin en tant que président du Comité international olympique[13].

---

[13] Roland Renson, "From the trenches to the track: The 1920 Antwerp Olympic Games", *in* Norbert Müller (dir.), *Sport History: Olympic Scientific Congress. Official Report, july 19-26, 1984, University of Oregon, Eugene/Oregon*, Niedfernhausen/Taunus, Schors, 1985, p. 234-244.

*Perspectives*

# Les valeurs olympiques. Un enjeu et un héritage

Michaël Attali

Saisir les Jeux Olympiques conduit le plus souvent à porter son intérêt sur des résultats sportifs ou sur des acteurs emblématiques susceptibles d'incarner l'excellence. Il serait toutefois erroné de réduire cet événement à une manifestation sportive sans s'attacher à en comprendre le sens. À ce titre, l'olympisme est indissociable des valeurs qui étayent la plupart des discours et des publications de l'ensemble des présidents du CIO comme de ses membres[1].

L'institution olympique s'est construite depuis plus d'un siècle autour d'un esprit sans cesse réactivé sans qu'il ne soit défini au-delà des mots. À ce titre, il apparaît utile de préciser le terme *valeur*. Correspondant à un jugement à l'égard d'une situation ou d'un comportement, il permet de donner du sens afin de provoquer l'adhésion ou le rejet. Posséder une valeur, c'est ainsi être reconnu pour ce que l'on est et/ou pour ce que l'on représente. Tout en indiquant ce que vaut le sport, les valeurs donnent une réponse à une question

---

1 Stephan Wassong, Norbert Müller (dir.), *Pierre de Coubertin and the Future*, Cass l, Agon, 2015.

centrale : à quoi sert le sport ? Elle s'avère d'autant plus cruciale à un moment où il s'agit de justifier la création d'un événement dont l'intérêt n'est pas évident. Loin d'être accessoire, l'attachement de l'olympisme à des valeurs s'avère donc structurant de son émergence comme de son développement.

La devise *Citius, Altius, Fortius* symbolise l'idéal olympique en ayant la force d'un slogan tout en indiquant les fondements du mouvement dès ses premières années. Toutefois, si elle est empreinte d'une philosophie de vie, elle renvoie à un système de pensée qui, tout en évoluant, va toujours mettre des valeurs au cœur de l'olympisme. L'amitié, le respect et l'excellence, véritables piliers de l'olympisme, en résument les principes autant qu'ils précisent le sens du sport. Il devrait notamment contribuer à une amélioration de la condition humaine. C'est tout l'objet de la prise de position de Pierre de Coubertin lorsqu'il affirme que "*L'olympisme n'est point un système, c'est un état d'esprit*[2]". Il rappelle ainsi la dimension spirituelle et l'engagement moral devant caractériser la préparation autant que le déroulement des Jeux Olympiques.

Cette cristallisation autour de valeurs marque l'univers du sport et tisse les manières dont il va être utilisé autant qu'organisé. Il est significatif de constater que dès les premières années du projet olympique, ce sont bien ces valeurs qui doivent constituer le régulateur des choix engagés. Ainsi au sujet du statut des athlètes concourant dans les épreuves olympiques, l'un des protagonistes de la structuration du mouvement olympique, le comte de Villers, commissaire du congrès olympique de Paris en 1894, ne laisse planer aucun doute sur le sens à donner à l'engagement : "*'le sport pour l'honneur' restait la formule fondamentale et intransformable à laquelle on devait tendre*[3]." Cet honneur érigé en porte-drapeau de la vertu doit permettre d'élever l'esprit de l'homme et contribuer à une sanctuarisation du sport.

---

2 Pierre de Coubertin, *Lettres olympiques (IV)*. *La Gazette de Lausanne*, n° 319, 22 novembre 1918, p. 1.

3 Comte de Villers, "Les travaux du congrès", *Bulletin du comité international des jeux Olympiques*, n° 1, juillet 1894, p. 4.

Notre propos vise ainsi à identifier les valeurs qui ont structuré l'olympisme dans son moment fondateur tout en analysant leurs permanences et les conséquences qu'elles ont pu avoir dans le façonnage de l'olympisme moderne.

## Une essentialisation au cœur de l'olympisme

Les documents produits par le CIO mobilisent systématiquement une pluralité de notions qui renvoient à des valeurs. La "dignité", le "respect", la "fraternité", les "qualités morales", le "noble idéal", l'"honneur", l'"amitié", la "loyauté", la "bonne camaraderie", le "travail assidu", l'"autodiscipline", l'"esprit chevaleresque" sont ainsi régulièrement associés à l'olympisme. Cette litanie, loin d'être exhaustive, est marquée autant par sa permanence que par son omniprésence. Elle témoigne d'une focalisation autour d'idéaux difficilement contestables, mais dont l'absence de précision rend ardues leurs déclinaisons concrètes. L'absence d'ancrage historique comme leur faible caractérisation produit une forme de répétition qui souligne un principe immuable des valeurs de l'olympisme: leur consubstantialité au sport. En effet, il serait porteur de valeurs positives difficilement contestables et jamais réellement contestées en raison de l'évidence de leur intérêt. Dans ce cadre, le sport n'a pas pour rôle de divertir les foules, mais de permettre de redresser la nature humaine: "[...] *si l'homme contient en germe une lâcheté native, il possède également en germe une bravoure native. Et il s'agit de savoir qui l'emportera, de la lâcheté ou de la bravoure. Les sports font prédominer l'esprit de combativité, c'est-à-dire l'esprit de vaillance et de bravoure originelles qui dorment chez l'enfant*[4]."

Cette appréhension du sport est un véritable pilier de l'édifice olympique et relève d'une essentialisation du sport. Il existerait ainsi un sport pur, possédant en soi des vertus, un sport qui serait indépendant

---

4 Henri Didon, "Influence morale des sports athlétiques", *Congrès olympique du Havre*, 29 juillet 1897, Paris, J. Mersch, 1897.

de l'environnement dans lequel il s'exerce et qui en ferait par conséquent une pratique détachée des contingences sociales.

De fait, les valeurs contribuent à une sacralisation du sport qui conduit à en faire un domaine à part célébré tous les 4 ans et dont il est inenvisageable de douter des atouts. C'est ainsi que l'Ode au sport publiée en 1912 rappelle les fondements de cette célébration. Elle propulse l'activité physique au rang d'une religion dont l'objet est de purifier ceux qui s'y attellent tout autant que de rénover un monde moderne aux prises avec des dérives dont le contraste avec un espace olympique protégé des perversions s'affiche avec évidence : "*Ô Sport, plaisir des Dieux, essence de vie, tu es apparu soudain au milieu de la clairière grise où s'agite le labeur ingrat de l'existence moderne comme le messager radieux des âges évanouis, de ces âges où l'humanité souriait* [...]. *Ô Sport, tu es la Beauté !* [...] *Ô Sport, tu es la Justice !* [...] *Ô Sport, tu es l'Audace !* [...] *Ô Sport, tu es l'Honneur !* [...] *Ô Sport, tu es la Joie !* [...] *Ô Sport, tu es la Fécondité !* [...] *Ô Sport, tu es le Progrès !* [...] *Ô Sport, tu es la Paix !*[5]"

La vénération est à son comble et l'espoir est grand de voir advenir par le sport un avenir radieux. En étant à la source de l'olympisme, en l'étayant, les valeurs déterminent le rôle du sport dans le maintien de la paix, dans les équilibres géopolitiques, dans la solidarité internationale et plus généralement dans toutes les causes qui doivent assurer un avenir à l'humanité sans cesse menacée. L'olympisme est régulièrement présenté comme un levier de régulation, de pacification dont la neutralité apparente doit renforcer la crédibilité de son engagement.

Cette essentialisation du sport repose, au moins pour partie, sur l'internationalisme qui charpente le mouvement olympique. Rappelant le processus l'ayant conduit à rétablir les Jeux Olympiques, Pierre de Coubertin conclut en réaffirmant le sens qu'il donne à cette épreuve : "[...] *la jeunesse internationale y puisera l'amour de la paix*

---

5 "Ode au sport", *Revue Olympique*, n° 84, p. 179-181, décembre 1912. Ce texte a été primé aux concours de Lettres et d'Arts des Ve Olympiades.

*et le respect de la vie*[6]." En effet, comme les règlements qui permettent d'homogénéiser les pratiques, les valeurs partagées doivent permettre de réunir autour d'un socle fondateur des positions éparses comme des idéologies plurielles. En définitive, les valeurs permettent de dépasser les particularismes nationaux en devenant le dénominateur commun d'une activité susceptible de promouvoir l'individualisme.

## Un rempart face au danger de perversion

La croyance en "*L'imperfection humaine*[7]" conduit à considérer le sport comme un rempart face aux comportements déviants. Les valeurs protéiformes représentent un espoir autant qu'un moyen pour lutter contre toutes les formes de propension à la transgression : "*Dans le monde moderne, plein de possibilités puissantes et que menacent en même temps de périlleuses déchéances, l'Olympisme peut constituer une école de noblesse et de pureté morales autant que d'endurance et d'énergie physiques, mais ce sera à la condition que vous éleviez sans cesse votre conception de l'honneur et du désintéressement sportifs à la hauteur de votre élan musculaire*[8]."

Derrière leur apparente neutralité, ces valeurs s'inscrivent dans un projet politique dont l'aristocratie olympique[9] considère que le sport doit permettre de lutter contre les tentations modernes susceptibles de remettre en cause les équilibres sociaux. Le prosélytisme sportif repose sur un socle vertueux permettant de rétablir un système social fragilisé par des idéologies antagonistes avec le modèle promu :

---

6 Pierre de Coubertin, *Les Jeux Olympiques. 776 avant J.C.-1896*, Paris, Le Soudier, 1896, p. 7.

7 "Le Congrès de Paris", *Bulletin du comité international des Jeux Olympiques*, n° 1, juillet 1894, p. 1.

8 Pierre de Coubertin, "Message adressé d'Olympie par le Baron Pierre de Coubertin, à la Jeunesse de toutes les Nations", *Bulletin Officiel du CIO*, n° 7, juin 1927, p. 5.

9 Raymond Gafner (dir.), *Un siècle du Comité international olympique, 1894-1994 : l'idée, les présidents, l'œuvre*, Lausanne, CIO, 1996.

*"Ainsi tout se tient et l'on conçoit parfaitement que le sport agisse en sens inverse de tout ce qui tend à encourager la guerre des classes. Il détruit l'envie par le fait de la justice absolue et quasi mathématique dont il se réclame. Il chasse la mauvaise humeur en installant à sa place la joie de vivre. Il diminue les distances jusqu'à parfois les anéantir, jusqu'à parfois renverser le sablier social en portant un modeste artisan au-dessus d'un prince. Il vivifie l'esprit de lutte, l'esprit d'effort, l'esprit de risque en adoucissant par la pratique d'un solidarisme inné en lui ce que le goût de la lutte, de l'effort et du risque pourrait engendrer de fâcheusement brutal ou de rude excessivement.... Quel autre facteur trouverons-nous capable d'exercer une influence semblable sur les rapports sociaux ? Cette influence, on ne saurait trop y insister, s'exerce tout entière dans le sens de l'apaisement. Or il est des socialistes qui craignent l'apaisement, parce que les médiocres desseins conçus par eux et plus ou moins inavoués en seraient contrariés, compromis. Il en est d'autres qui, ne cherchant vraiment que le bien public de la façon dont ils le conçoivent, se montrent disposés à profiter du renfort inattendu, vigoureux et acceptable par tous que le sport leur apporte[10]."*

Dans cette perspective, le sport représente un levier de changement permettant de perpétuer la tradition. Par les valeurs qu'il est censé promouvoir, sa simple pratique permettrait aux individus de se rendre compte de l'iniquité des tentations politiques qui se présentent en ce début de XX^e^ siècle. Le sport, devenu le parangon de la vertu, conduit, à son seul contact, à infléchir des comportements déviants permettant de changer le destin du monde. Il permet tout à la fois de mettre en scène des comportements abscons et de les contrecarrer.

La *Revue Olympique* publie ainsi régulièrement des articles dont l'objet est de convaincre de la véracité de ces principes par l'intermédiaire d'un propos apologétique. Le discours est fondé sur la dénonciation des périls qui guettent le sport articulé avec une argumentation sur les solutions que sa pratique régulée permet de promouvoir. Les "*dangers d'aliénation*[11]" susceptibles de menacer le

---

[10] "Le sport et la question sociale", *Revue Olympique*, n° 92, août 1913, p. 123.

[11] Pierre de Coubertin, Juan Antonio Samaranch, *Esprit olympique*, Bordeaux, L'esprit du Temps, 1992, p. 90.

mouvement olympique doivent être combattus. Tantôt attentives aux institutions, tantôt aux pratiques, les prises de position reposent sur la même construction. L'intérêt de promouvoir un accès élargi au sport en offre un bon exemple : "*C'est l'esprit chevaleresque, c'est le culte quintessencié de l'honneur qui nous sauveront des abus dont je viens d'évoquer le danger : de la vulgarité, du mercantilisme, des vilains calculs, de l'instinct de réclame et d'arrivisme. Ou cet esprit chevaleresque pourra se développer?... Messieurs, je le dis bien haut comme je le pense, ce sera dans le sol populaire. Il n'est pas rare que ce sol-là rende à une plante d'élite le suc épuisé. Oui, ce sont les sociétés populaires desquelles nous obtiendrons, les premières, le retour à la pure et saine tradition sportive, le désintéressement joyeux et franc, le jeu pour l'honneur*[12]."

Cet esprit chevaleresque si souvent mobilisé devient un étendard de l'olympisme. Le désintéressement constitue l'autre volet des valeurs olympiques privilégié. Dans une période où l'amateurisme est un sujet de controverses, la lutte contre l'esprit de lucre et la rétribution des sportifs constitue un élément d'identité de l'olympisme qui s'attache à le considérer comme l'une des pierres angulaires de son projet social : "[La véritable religion] *consistait à prêter un serment de loyauté et de désintéressement et surtout, à s'efforcer de le tenir strictement. Celui qui participait aux jeux devait être purifié en quelque sorte par la profession et la pratique de telles vertus. Ainsi se révélaient la beauté morale et la portée profonde de la culture physique. Il faut revenir à quelque chose de pareil. Il le faut sous peine de voir se dessiner et s'accélérer la déchéance de nos sports modernes menacés à leur tour par des éléments corrupteurs. À quoi bon le nier, ces éléments ont déjà commencé d'accomplir leur besogne néfaste. Ici, en France, nous avons vu un des plus nobles sports, l'escrime, décliner moralement à l'heure même où s'augmentait sa valeur technique ; le bel esprit chevaleresque qui, il y a quelques années, y régnait sans conteste devient de plus en plus rare*[13]."

---

12 Pierre de Coubertin, "Pour l'honneur !", *Revue Olympique*, n° 64, avril 1911, p. 61.

13 Pierre de Coubertin, "Le serment des athlètes", *Revue Olympique*, n° 7, juillet 1906, p. 108.

Il en va ainsi du sport comme de l'action sociale, le désintéressement doit constituer une règle indépassable car l'argent conduit à altérer la nature du sport pour le détourner de ses objectifs, considérés comme consubstantiels à sa nature.

Ce sont ces valeurs qui conduisent à déployer des positions de principe sur les conditions de la pratique physique comme sur les catégories sociales pouvant y accéder. Si les catégories populaires représentent une source de jouvence pour le sport, la place des femmes illustre les risques qui pèsent sur l'olympisme. Là encore, les valeurs constituent un régulateur des possibilités envisageables : "*Les Jeux Olympiques, ne l'oublions pas, ne sont pas des parades d'exercices physiques mais visent l'élévation ou du moins le maintien des records.* Citius, altius, fortius. *Plus vite, plus haut, plus fort, c'est la devise du Comité international et la raison d'être de tout l'olympisme* [...]. *Impratique, inintéressante, inesthétique, et nous ne craignons pas d'ajouter : incorrecte, telle serait à notre avis cette demi-Olympiade féminine. Ce n'est pas là notre conception des Jeux Olympiques dans lesquels nous estimons qu'on a cherché et qu'on doit continuer de chercher la réalisation de la formule que voici : l'exaltation solennelle et périodique de l'athlétisme mâle avec l'internationalisme pour base, la loyauté pour moyen, l'art pour cadre et l'applaudissement féminin pour récompense. Cette formule combinée de l'idéal antique et des traditions de la chevalerie est la seule saine et la seule satisfaisante. Elle s'imposera d'elle-même à l'opinion*[14]."

C'est parce que les valeurs qui structurent l'olympisme sont celles de la chevalerie, du dépassement et du sacrifice, que les femmes ne doivent pas y avoir accès. Leur nature comme les normes sociales auxquelles elles sont réduites ne correspondent pas au modèle olympique en vigueur.

---

14 "Les femmes aux Jeux Olympiques", *Revue Olympique*, n° 79, juillet 1912, p. 110-111.

## Transmettre les valeurs : un enjeu éducatif

Si le sport s'appréhende par des valeurs, celles-ci ne peuvent en rester à l'état de principe. Afin de constituer un outil opérationnel, elles doivent être transmises par l'intermédiaire d'une éducation ambitieuse[15]. Comme souvent durant les 30 premières années de l'olympisme moderne, la référence antique[16] est utilisée à la fois à des fins de légitimation et de prescription.

Dans une période durant laquelle les controverses sont fortes quant aux contenus de l'éducation physique comme de ses finalités, les valeurs attachées au sport doivent permettre de faire la différence et de justifier d'une forme de continuité entre 2 entités qui se complètent plus qu'elles ne s'opposent : "[...] *nous vivons en contact avec une double erreur. La première est celle des hygiénistes et des pédagogues qui confondent l'éducation physique et le sport. L'éducation physique est chose bonne pour tous ; elle doit être scientifique et modérée. C'est à l'État d'assurer son fonctionnement normal. Le sport est davantage ; c'est une école d'audace, d'énergie et de volonté persévérante. Par son essence il tend vers l'excès ; il lui faut des championnats et des records et c'est sa belle et loyale brutalité qui fait des peuples forts et sains. L'autre erreur est la nôtre, celle des sportifs enclins à penser que le sport se maintient de lui-même et se propage par sa seule essence*[17]."

Ce constat en forme de bilan établi à la veille de l'ouverture des Jeux Olympiques de 1924 rappelle les principes devant guider le sport

---

15 Otto Schantz, "Éducation Sportive et éducation olympique de 1897 à 1997. Réflexions axiologiques", *in* Norbert Müller, *Coubertin et l'olympisme. Questions pour l'avenir. Le Havre 1897-1997*, Lausanne, CIPC, p. 222-234.

16 John J. MacAloon, *This Great Symbol. Pierre de Coubertin and the origins of the modern Olympics Games*, Chicago, University of Chicago Press, 1981.

17 Discours prononcé par le baron Pierre de Coubertin, 5 février 1924, Archives CIO – Correspondance Pierre de Coubertin 1923-1925.

tout en rappelant la dimension éducative qui doit prévaloir dans le projet olympique. Elle apparaît d'autant plus essentielle après la Première Guerre mondiale afin de rééduquer les corps autant que les esprits : "*C'est pourquoi, en ces temps où la soif de l'or accumule tant de maux et, après avoir provoqué l'infâme holocauste, risque de compromettre les émancipations qu'ont réalisées la vaillance et l'héroïsme de ceux qui en furent victimes, en ces temps où la conscience semble parfois perdre ses droits, où la dévotion à la parole donnée paraît faiblir, il est de toute urgence qu'une école de chevalerie pratique soit ouverte à la jeunesse, école où celle-ci apprendra que le succès ne s'obtient que par la volonté et la persévérance et ne se consacre que par la droiture et la loyauté. Et cette école, ce sera le sport*[18]."

Non seulement le sport doit prendre place à l'École, mais il constitue lui-même une éducation à part entière en raison des qualités physiques, et surtout morales, qu'il permet de développer. Plusieurs dirigeants sportifs en appellent ainsi à faire preuve de responsabilité pour considérer l'olympisme davantage comme un levier éducatif que comme un espace d'excellence[19]. Sans opposer ces 2 conceptions, la première doit prendre le pas sur la seconde en contribuant à l'établissement d'une "*véritable école de perfectionnement moral*[20]". Elle s'impose en raison des effets présumés de l'appropriation des valeurs sportives. Si elles prennent place dans l'espace sportif pour lui donner du sens, elles doivent avoir des effets au-delà, que ce soit dans les activités professionnelles, dans l'espace familial et plus généralement dans la vie quotidienne. L'ambition éducative de l'olympisme

---

18 "Discours prononcé par le baron Pierre de Coubertin, président, à la séance d'ouverture de la XVIII^e session plénière du Comité international olympique, tenue à l'hôtel de ville d'Anvers en présence de S.M. le roi des Belges Albert 1^er, le mardi 17 août 1920", *in* Comité olympique belge, *Rapport officiel des Jeux Olympiques d'Anvers 1920*, Bruxelles, Comité olympique belge, 1957, p. 54.

19 Paul Rousseau, Frantz Reichel, "Commission exécutive du 9 septembre 1921", Archives CNS-COF AR01.

20 Pierre de Coubertin, "Le serment des athlètes", *Revue Olympique*, n° 7, juillet 1906, p. 107-109.

repose ainsi sur le principe de transférabilité dont la constante évocation rappelle l'inaltérable croyance olympique dans le pouvoir du sport.

Les valeurs ont pour vocation à être converties dans des pratiques plurielles et de durer dans le temps. Elles ne doivent pas se limiter à une simple caractérisation du sport mais bien avoir des effets sociaux, structurer les modes de pensées individuels et collectifs. Ce principe de transférabilité repose ainsi sur un rapport de causalité quasi mécanique entre la confrontation aux valeurs sportives, leur appropriation et leur expression au-delà des terrains : "*Quand on a dû faire un peu le coup de poing dans une mêlée de football, on est éduqué pour la lutte de la vie. Quand disparaît l'enflure d'une paupière bleuie, l'œil n'en est que plus clairvoyant. Le coureur cycliste courbé sur son guidon, tandis qu'il répète* 'Je veux gagner, je veux !' *exerce mieux la volonté qu'en lisant un manuel de morale. Le boxeur qui, après un choc, riposte, ne sera pas, plus tard, de ces hommes enclins à lamenter stérilement leur infortune ; il saura se défendre, puis s'imposer. Ce pilote d'aéroplane lancé en un élan où seule une prompte résolution le préservera de la chute, saura prendre des décisions brusques, nettes, fermes. Voilà les caractères de la génération que les sports vont éduquer. Voilà quelle est la France qui vient*[21] *!*"

Les valeurs correspondent finalement à une forme de transcendance réitérée régulièrement au cours de l'histoire. Elle nécessite d'être transmise au fil des générations en imposant "[...] *la magie et le mystère des symboles et des cérémonies olympiques* [pour] *Inspirer l'humanité des élèves en leur enseignant les valeurs de l'Olympisme*[22]".

À la fin du XXe siècle, le CIO définit l'olympisme comme "*une philosophie de la vie, exaltant et combinant en un ensemble équilibré les qualités du corps, de la volonté et de l'esprit. Alliant le sport à la culture et à l'éducation, l'Olympisme se veut créateur d'un style de vie*

---

21 Gaston Vidal devant le président de la République et l'ensemble des parlementaires (Archives CIO, vraisemblablement printemps 1924). Il est l'un des 4 vice-présidents du Comité exécutif des Jeux Olympiques de 1924.

22 En gras dans le texte original : CIO, *Enseigner les valeurs. Manuel d'éducation Olympique*, Lausanne, CIO, 2007, p. 22.

*fondé sur la joie de l'effort, la valeur éducative du bon exemple et le respect des principes éthiques fondamentaux universels*[23]".

Ce positionnement se situe en continuité avec les principes établis depuis la fin du XIXe siècle. Les valeurs permettent ainsi de donner un sens à une activité dont l'envergure est réduite à ses débuts et dont il est nécessaire de rappeler les intérêts à retirer de son déploiement. Leur force se situe dans l'évidence partagée des termes utilisés. En effet, si le sport est défini par les thuriféraires olympiques, les valeurs ne le sont pas et conduisent à construire une mythologie autour de sa pratique. Chacun peut y projeter ce qu'elle représente tout en étant contraint par un déterminisme positif. Cette mythologie s'est imposée en raison d'une rhétorique homogène sans cesse réitérée depuis plus d'un siècle.

Si la plasticité des valeurs conduit à associer le sport à une diversité de fonctions sans qu'elles ne remettent en question son sens, leur persistance souligne avec force l'étayage idéologique de l'olympisme. Le sport est ainsi lié à un univers fantasmatique sans qu'il ne soit envisageable de démontrer la validité des références aux valeurs polymorphes énoncées. En constituant un système de pensée, elles influent sur les modes de valorisation du mouvement olympique tout en étant un régulateur des orientations au fil du temps.

Les valeurs présument que le sport n'aurait que des atouts et conduisent à valoriser sa capacité à répondre aux grands défis sociaux. L'attention portée à l'héritage se situe dans cette perspective. Il est appréhendé comme étant naturellement présent après les événements olympiques en correspondant aux "*bienfaits à long terme que les Jeux Olympiques procurent à la ville hôte, à ses habitants et au Mouvement olympique avant, pendant et bien après la manifestation olympique*[24]". Sans qu'il ne soit réellement discuté, l'héritage ne peut se penser qu'au prisme des valeurs positives à la source de l'olympisme.

En définitive, cette croyance en des valeurs à la fois éternelles et consubstantielles conduit à considérer une forme de spontanéité

---

[23] Archives CIO, *Charte Olympique*, 1990.

[24] https://www.olympic.org/fr/heritage-olympique

des effets sociaux et culturels. L'article 1 des statuts du CIO rappelle à ce titre que l'un des buts du mouvement olympique est d'"*éduquer par le sport la jeunesse, dans un esprit de meilleure compréhension mutuelle et d'amitié, contribuant ainsi à construire un monde meilleur et plus pacifique* [...][25]". L'olympisme tend à promouvoir la possibilité d'une société pacifiée marquée par la concorde. La pérennité de l'olympisme est-elle ainsi condamnée à reposer sur une utopie?

---

25 CIO, *Statuts du CIO*, 1990.

# L'Europe des totalitarismes (1920-1945)

# Paris 1924, entre parcimonie et rayonnement français

Paul Dietschy

Un siècle que Paris et la France n'ont pas accueilli les Jeux Olympiques d'été. Une éternité dans l'histoire des sports et du monde. Et pourtant, à y regarder d'un peu plus près, les Jeux Olympiques de 1924[1] ne sont pas si loin de nous. Les enjeux géopolitiques sont déjà présents. Les contraintes financières aussi. Le sport est devenu un spectacle de masse mobilisant des dizaines de milliers de spectateurs. Les champions à l'image du nageur américain Johnny Weissmuller sont aussi des stars. Et une question taraude déjà le public et la presse : la France tient-elle son rang ?

1 Pour une vue fort détaillée de la compétition, voir Thierry Terret, *Les Paris des Jeux Olympiques de 1924*, 4 volumes, Biarritz, Atlantica, 2008.

## Les Jeux de la puissance française

Le pays est sorti épuisé et auréolé de prestige de la Première Guerre mondiale. Au premier semestre 1919, la Conférence de la Paix fait de Paris la capitale du monde avant que le traité de Versailles ne soit signé le 28 juin. Le défilé de la victoire du 14 juillet 1919 parachève ce moment de gloire pour l'armée française et ses chefs. Au cours des négociations avec les puissances alliées, Georges Clemenceau a su limiter les vues internationalistes de Woodrow Wilson et obtenir ce qui apparaît alors pour essentiel : la récupération des provinces perdues d'Alsace et de Lorraine, le désarmement pour longtemps de l'ennemi allemand, l'obligation pour ce dernier de payer des réparations pour les dommages et les destructions qu'il a causés. Avec le Royaume-Uni, la France s'est partagé les possessions coloniales allemandes en obtenant le Cameroun et le Togo et a dépecé l'Empire ottoman en obtenant 2 mandats sur le Liban et la Syrie. Quant à la Société des Nations, installée aux portes du territoire français à Genève, la France y joue un rôle central en devenant l'un des 4 membres permanents du Conseil avec l'Italie, le Japon et le Royaume-Uni. Certes, la Conférence de Washington (1921-1922) rabaisse la flotte française au rang de l'Italie et laisse la supériorité navale aux 2 grandes puissances anglo-saxonnes. Toutefois, sur le continent européen, nulle armée ne peut encore s'opposer à la France quand, en janvier 1923, Raymond Poincaré envoie les troupes françaises occuper la Ruhr pour obliger le gouvernement allemand à payer les réparations.

Et le sport, dans ce jeu de la puissance ? Il n'occupe pas une place forcément anecdotique. D'abord parce que les Jeux interalliés[2], sorte de Jeux Olympiques militaires organisés en juin-juillet 1919 pour occuper les soldats américains et alliés encore stationnés en France, ont donné le ton sportif de la sortie de guerre[3]. La domination des athlètes étatsuniens suscite quelques réactions d'antiaméricanisme à

2 Sur les Jeux interalliés, voir Thierry Terret, *Les Jeux interalliés de 1919. Sport, guerre et relations internationales*, Paris, L'Harmattan, 2002.

3 Sur la sortie de guerre des sportifs, voir Paul Dietschy, *Le sport et la Grande Guerre,* Paris, Chistera, 2018.

un moment où le sport reprend avec force et devient un nouveau vecteur du sentiment national.

La diplomatie française en est bien consciente. En 1920, est créé au sein du Service des Œuvres Françaises à l'étranger (SOFE)[4], l'organe de propagande du Quai d'Orsay, un service Sport et Tourisme. Confié au diplomate, dramaturge et sportif Jean Giraudoux, le service a pour but de combattre l'idée largement diffusée par la presse anglo-saxonne que la France est un pays saigné à blanc et ravagé par la guerre. Dans le domaine du sport, le SOFE s'assigne 3 objectifs : le maintien, voire le renforcement de l'influence française au sein du Comité international olympique et des fédérations sportives internationales, la multiplication des rencontres sportives avec l'étranger et la diffusion d'une propagande cinématographique par la diffusion d'images de champions nationaux.

Même si les résultats des sportifs français sont très inégaux notamment en athlétisme et en football, les vœux du SOFE sont assez largement exaucés dans la première moitié des années 1920. Le CIO est toujours présidé par le baron Pierre de Coubertin et une grande partie des fédérations sportives internationales sont dirigées par des Français et, pour certaines, ont leur siège à Paris. Dans ce cadre sportivo-diplomatique, la désignation de Paris pour organiser les Jeux Olympiques de 1924 constitue un bon révélateur de l'influence française. D'autant que Paris doit faire face à la concurrence de Rome. Réunis à Lausanne le 2 juin 1921, les membres du CIO penchent nettement en faveur de Paris : 14 voix à Paris, 4 contre et une abstention.

---

4 Sur le SOFE, voir Pierre Arnaud, "Des jeux de la victoire aux jeux de la paix? (1919-1924)", *in* Pierre Arnaud, Alfred Wahl (dir.), *Sports et relations internationales. Actes du Colloque de Metz-Verdun 23-24-25 septembre 1993*, Metz, Publications du Centre de recherche Histoire et Civilisation de l'Université de Metz, 1994, p. 133-155 ; Paul Dietschy, "Creating Football Diplomacy in the French Third Republic, 1914-1939", *in* Heather L. Dichter (dir.), *Soccer Diplomacy. International Relations and Football since 1914*, Lexington, University Press of Kentucky, 2020, p. 30-47.

## Des Jeux Olympiques à l'économie ?

Si la diplomatie française utilise le sport comme moyen d'influence, l'État intervient encore peu dans ce domaine. Des municipalités comme celle d'Édouard Herriot à Lyon ont certes été à l'avant-garde à la veille de la Grande Guerre, mais le sport reste largement du ressort de l'initiative privée. Or, depuis les Jeux Olympiques de Stockholm (1912), organiser les Jeux signifie aussi assumer la construction d'un grand stade à un moment où les finances publiques sont asséchées par 4 ans de guerre et par les dépenses de la reconstruction et les pensions versées aux veuves, aux pupilles de la nation et aux invalides de guerre.

Dès que la décision du CIO est connue en juin 1921, la Ville de Paris commande un rapport à Frantz Reichel, secrétaire-général du Comité exécutif de la VIII^e^ Olympiade, sur le programme des Jeux et les besoins en infrastructures. La construction d'un stade de 100 000 places est demandée. Les architectes qui exposent leurs projets à l'École des Beaux-Arts à l'automne 1921 présentent des factures dépassant largement les possibilités financières parisiennes. En mars 1922, le conseil de Paris décide de mettre à disposition des Jeux le stade Pershing à Vincennes, construit hâtivement et à moindres frais pour les Jeux Interalliés, et de fournir une subvention d'un million de francs. L'organisation des Jeux est au point mort. C'est l'initiative privée qui sauve l'Olympiade parisienne. Les dirigeants du Racing Club de France proposent de mettre à la disposition du CIO et du Comité d'organisation leur terrain de Colombes dans la banlieue nord-ouest de Paris, contre le versement de 50 % des recettes laissées aux guichets par les spectateurs. Une enceinte toute neuve est conçue et réalisée par l'architecte Maurice Faure-Dujarric. Il s'agit d'une construction fonctionnelle et sobre utilisant des matériaux modernes, béton armé et armature métallique, et qui, faute d'être esthétique, réduit drastiquement les coûts.

Le stade olympique de Colombes peut accueillir 20 000 personnes assises dans des tribunes couvertes et 44 000 debout dans les virages[5]. Il est équipé de moyens de transmission modernes : téléphones, télégraphe et haut-parleurs. L'équivalent nautique de Colombes est la piscine des Tourelles édifiée finalement par la municipalité parisienne près de la porte des Lilas. Ses gradins installés sur une structure en béton armé peuvent accueillir les spectateurs autour d'un bassin de 50 mètres au fond duquel, pour la 1re fois, sont tracés les couloirs des nageurs.

Si les projets présentés à la Ville de Paris incluaient généralement un "Village olympique" composée d'une centaine de chambres dans l'enceinte des stades, les athlètes de Colombes doivent se contenter de baraques de bois installées à proximité des installations sportives qui font penser à des cantonnements de soldats.

## Plus qu'un prologue : les tournois de rugby et de football

Avant même l'inauguration officielle ont lieu au mois de juin les tournois de rugby et de football. Le premier ne réunit que 3 équipes, la France, la Roumanie et les États-Unis du 4 au 18 mai. Les Roumains sont étrillés par les Français 61 à 3, mais dans un stade de Colombes dont les peintures ne sont pas achevées et où manquent le tableau d'affichage et la tribune de presse. La rencontre contre les États-Unis doit sacrer le vainqueur. Elle offre aussi l'occasion de régler un "contentieux sportif" né des Jeux Interalliés de 1919 au cours desquels le match entre frères d'armes avait dégénéré en une violente rixe. Plus rapides et plus puissants, débordant des joueurs français à court d'entraînement, les Américains l'emportent 17 à 3 provoquant l'ire des dizaines de milliers de spectateurs déçus par la prestation des "Bleus".

---

5 Sur le stade de Colombes, voir Florence Pizzorni Itié, *Les yeux du stade. Colombes, temple du sport*, Colombes, l'Albaron, 1993 ; Paul Dietschy, "Le stade de Colombes", *in* Olivier Wieviorka, Michel Winock (dir.), *Les Lieux de l'Histoire de France*, Paris, Perrin, 2017, p. 401-411 ; Michaël Delépine, *Le bel endormi. Histoire du stade de Colombes*, Paris, Atlande, 2022.

Plus pacifique et universel, le tournoi de football n'en passionne pas moins les foules. Si Colombes accueille les rencontres les plus importantes, 4 autres enceintes parisiennes, dont le stade Pershing, sont mobilisées pour permettre aux 24 participants de disputer leurs rencontres. Le tournoi de football, disputé par élimination directe, révèle aux Européens le talent des footballeurs sud-américains. L'équipe d'Uruguay emmenée par sa "merveille noire" José Leandro Andrade se livre à une véritable démonstration technique et physique en éliminant la France 5 à 1 et en battant en finale la Suisse 3 à 0. Les succès de la *Celeste* sont suivis avec passion à Montevideo et participent à la construction de l'identité nationale uruguayenne d'un pays neuf et peuplé d'immigrants[6].

La compétition montre aussi que le football international ne se résume pas au vieux continent et que l'Angleterre n'est plus la seule référence. Les exploits de l'équipe uruguayenne assurent aussi le succès financier du tournoi, puisque, pour *Le Miroir des Sports*, la finale constitue l'apothéose de "la grandiose épreuve", réunissant 60 000 spectateurs, "*chiffre jamais atteint en France*[7]", et que "*10 000 personnes durent attendre, devant les portes fermées*", le résultat du match.

## Protocole olympique

Les Jeux ne sont inaugurés officiellement que le 5 juillet 1924. Le cérémonial olympique est déjà bien constitué. Pour les organisateurs, il s'agit d'une cérémonie "*grandiose, digne de son objet, digne de Paris et de la France*"... le jugement de la presse étant plus mesuré. Selon Gabriel Hanot dans *Le Miroir des Sports*, c'était d'abord "*une remarquable performance* [...] *que d'avoir attiré au stade de*

6 Sur la victoire uruguayenne dans le tournoi de football, voir Pierre Arrighi, *1924. Primera Copa del mundo de fútbol dela FIFA*, Montevideo, Zonalibro, 2014.

7 "L'Uruguay bat la Suisse et gagne le tournoi olympique de football", *Le Miroir des Sports*, 12 juin 1924.

*Colombes 20 000 personnes et d'avoir encaissé 300 000 francs de recettes, alors qu'il s'agissait uniquement d'assister à un défilé des concurrents et d'entendre, grâce au haut-parleur, d'une part, le président de la République prononçant la phrase d'ouverture des Jeux de la VIIIe Olympiade, d'autre part Géo André prêtant le serment olympique au nom de tous les athlètes*[8]".

Contrairement à 1900, les Jeux ne sont pas le lieu d'une célébration des vertus républicaines et laïques. Le 5 juillet à 10 heures du matin, l'archevêque de Paris, le cardinal Dubois, célèbre une messe en l'honneur des concurrents. Depuis l'épreuve de la guerre et la fraternisation des curés et des instituteurs dans les tranchées, la question cléricale ne se pose plus. Au-delà de la note religieuse, ce sont des valeurs de fraternité et d'entente qui sont mises en exergue même si les sportifs allemands n'ont pas été invités.

Selon l'ordre alphabétique, de l'Afrique du Sud à la Yougoslavie, les athlètes pénètrent sur le stade par la porte de Marathon, saluent le président Gaston Doumergue et ses hôtes de la tribune officielle avant de s'aligner derrière le comte Clary. Ce dernier s'adresse alors au président de la République : "*Le succès a dépassé toutes nos espérances* [...]. *Quarante-cinq nations ont répondu à l'invitation de la France. Plus de 6000 athlètes accourus des quatre coins du monde vont lutter de vitesse, de force et d'adresse sur le Stade Olympique de Colombes édifié pour la plus grande gloire du sport, du sport régénérateur des races, bienfaiteur de l'humanité, le champion le plus qualifié de la paix universelle*[9]."

Avant même que le "président des sportifs", Gaston Doumergue, ne proclame "*l'ouverture des Jeux Olympiques de Paris*", le comte Clary a signalé l'ambiguïté de l'Olympiade : rassemblement pacificateur certes, mais aussi affrontement des nations. D'ailleurs, même si les Autrichiens et les Hongrois sont à nouveau présents, une distinction

---

8 "20 000 spectateurs ont regardé défiler, au stade de Colombes, 5000 athlètes appartenant à 45 nations et faisant partie de l'élite sportive du monde entier", *Le Miroir des Sports*, 9 juillet 1924.

9 A. Avé, *Les Jeux de la VIIIe Olympiade. Paris 1924. Rapport officiel*, Paris, Librairie de France, 1924, p. 84.

manifeste est établie par le public entre celles qui sont bienvenues et celles qui le sont moins. Le *Rapport officiel* précise que les 3 pays ayant conquis les suffrages du public sont la France, les États-Unis et le Royaume-Uni, alors que "*les spectateurs français, tout le long du parcours,* [ont fait] *une fête sans fin à la délégation belge*[10]". Et dans la tribune officielle, le président de la République Gaston Doumergue suit la cérémonie avec à sa droite le prince de Galles et à sa gauche le prince Carol de Roumanie, le représentant d'un des États membres de la Petite Entente.

## Le triomphe des nations du Nord

Comme le proclame le Rapport officiel, "Les jeux athlétiques demeurent la partie fondamentale des Jeux Olympiques Modernes comme ils l'étaient de ceux de l'Antiquité". De fait, les grands moments des Jeux ont lieu à Colombes ou à la piscine des Tourelles. Les épreuves d'athlétisme se disputent sous un temps chaud mais point caniculaire qui favorise les performances. Toujours selon le Rapport, "*13 records olympiques furent battus et deux égalés, et 6 records du monde passèrent de vie à trépas*."

3 nations tirent leur épingle du jeu dans les épreuves d'athlétisme : les États-Unis avec 12 premières places, la Finlande avec 10 victoires et la Grande-Bretagne qui remporte 3 succès. Les courses de sprint et demi-fond sont le théâtre de joutes homériques. Ainsi, l'épreuve déjà reine du 100 mètres constitue un véritable condensé des Jeux : elle réunit plus de 82 athlètes représentant 42 nations. Il ne faut pas moins de 17 séries pour passer aux quarts de finale, avant que les demi-finales ne dégagent une élite mondiale du sprint très anglo-saxonne. 4 Américains, 1 Britannique et 1 Néo-Zélandais se disputent l'un des titres les plus recherchés. Et c'est au terme d'une course très disputée que l'Anglais Harold Abrahams gagne en 10 secondes 6 dixièmes. Inscrit au barreau de Londres, ancien de Cambridge, Harold Abrahams est le premier européen à remporter

10 *Ibid.*

l'épreuve du sprint. Son second, l'Américain Jackson Scholz, rétablit la suprématie américaine sur le sprint en remportant le 200 mètres en 21 secondes 6 dixièmes. Au 400 mètres, c'est un véritable sportsman qui fait vaincre l'Union Jack. Eric Lidell remporte le tour de piste en 47 secondes 6 dixièmes et utilise aussi ses qualités de résistance et de vitesse dans les rangs de l'équipe d'Écosse de rugby.

Cependant, la véritable star des Jeux de Paris est le Finlandais Paavo Nurmi. Déjà vainqueur aux Jeux d'Anvers, Paavo Nurmi remporte à l'Olympiade parisienne 5 médailles d'or au 1500 mètres, 5000 mètres, cross-country individuel et par équipes, ainsi qu'au 3000 mètres par équipes. Menant une vie d'ascète, pionnier de la préparation scientifique et diététique, il impressionne le public et les journalistes par sa capacité à maîtriser son corps et ses performances. Même si Le Miroir des Sports titre que "*l'extraordinaire champion de course à pied Paavo Nurmi gagnerait à être moins fermé, moins sauvage et plus humain*[11]", les succès du Finlandais et de son compatriote Ville Ritola au 10 000 mètres apparaissent comme le produit d'un mode de vie frugal et énergétique, de la santé d'une "race" vigoureuse.

## Hollywood sur Seine

Parmi les 17 épreuves qui constituent le programme nautique de la piscine des Tourelles, le public attend avec impatience les prestations du meilleur nageur du monde, Johnny Weissmuller. Né officiellement en 1904 en Pennsylvanie, entraîné par William "Big Bill" Bachrach de l'Illinois Athletic Club de Chicago, il a été l'année précédente le premier nageur de l'histoire à descendre en dessous de la minute au 100 mètres nage libre. Les organisateurs ne s'y trompent d'ailleurs pas. Ils programment cette distance pour les 2 derniers jours, comme une "apothéose" des épreuves de natation. Johnny Weissmuller ne les déçoit pas. Grâce notamment à sa botte secrète, le départ plongeant qui lui assure immédiatement

---

[11] *Le Miroir des Sports,* 16 juillet 1924.

une longueur d'avance sur ses adversaires, il remporte le 100 mètres en moins d'une minute, puis le 400 mètres, avant de partager la première place du podium avec les membres du relais 4 x 200 mètres. Johnny Weissmuller impose également le crawl comme technique la plus efficace de la nage libre. Après avoir reconquis un nouveau titre olympique sur 100 mètres aux Jeux d'Amsterdam en 1928, Johnny Weissmuller incarne dans les années 1930 le premier et le plus célèbre des Tarzan produits par Hollywood.

Outre les courses, les spectateurs se passionnent également pour les épreuves de plongeon, notamment celle des "*4 plongeons de haut vol variés*" parmi lesquelles on compte le plongeon retourné de 5 mètres, le saut périlleux en arrière de 5 mètres, le saut périlleux demi-avant de 5 mètres et le coup de pied à la lune périlleux de 5 mètres. Mais comme le rapporte le *Rapport officiel*, la "*plupart des plongeons volontaires furent disputés de la plate-forme de 10 mètres, un certain nombre avec élan afin de bénéficier des coefficients de difficulté*[12]". Courses et plongeons voient la suprématie des nageurs du Pacifique, principalement Américains et Australiens. Les Français brillent peu sauf en water-polo où, après avoir éliminé les États-Unis, les Pays-Bas et la Suède, ils battent en finale la Belgique 3 à 0.

## Héritages

Le 27 juillet 1924, la cérémonie de clôture est présidée par Pierre de Coubertin en personne. Les chefs de délégation se rendent devant la tribune officielle pour recevoir les médailles gagnées par leurs représentants, alors que Maurice Quentin, président du Conseil municipal de Paris, reçoit le drapeau olympique des mains du bourgmestre d'Anvers. Paris devra le conserver pour le transmettre en 1928 à Amsterdam. Pour Pierre de Coubertin, le bilan est très positif. La France aurait été "*une bonne et somptueuse prêtresse de l'Olympisme*",

---

[12] A. Avé, *Les Jeux de la VIII^e^ Olympiade. Paris 1924. Rapport officiel*, Paris, Librairie de France, 1924, p. 459.

soucieuse du protocole puisqu'une "*noblesse supérieure se dégagea du défilé, des discours, du serment. Il y eut en eux, à certains moments, du religieux. Jamais encore l'Olympisme n'avait vécu de si pathétiques moments*[13]".

Au-delà du lyrisme du baron, les Jeux de Paris marquent un tournant : le sport-spectacle et le professionnalisme larvé qui s'y dévoilent posent la question de l'amateurisme. Dès le Congrès de Prague en 1925, le CIO propose une définition très restrictive et ne correspondant plus à la réalité du sport de haut niveau. Les soupçons et les excommunications d'athlètes tels que Jules Ladoumègue ou Paavo Nurmi marquent profondément le sport des années 1930. La politisation relative des enjeux sportifs et le chauvinisme d'une partie du public annoncent les instrumentalisations à venir de l'olympisme par les régimes totalitaires européens.

Les 5 anneaux olympiques – dont l'entrelacement symbolise l'universalité et l'unité du mouvement olympique – gardent une portée d'abord symbolique. Sur les 44 nations effectivement présentes, la Chine ayant finalement déclaré forfait, 26 sont européennes, 10 américaines, seulement 3 asiatiques dont le Japon, le continent africain n'étant représenté que par l'Égypte et l'Afrique du Sud. On reste évidemment très loin des 206 pays représentés aujourd'hui et de la célébration de la diversité ethnique et culturelle que sont aussi les Jeux. Surtout, les Jeux demeurent l'apanage des hommes car on ne compte que 135 femmes sur 3088 concurrents. Ces dernières ne sont admises que dans 3 disciplines : tennis, natation et fleuret individuel. Il leur faut encore attendre 4 ans et Amsterdam pour pouvoir participer à certaines épreuves d'athlétisme. Par ailleurs, il n'existe pas encore des épreuves "handisport", même si le sport est déjà utilisé pour aider à la rééducation des blessés et mutilés de guerre.

Du point de vue français, la 2e place obtenue derrière l'équipe américaine et devant les athlètes finlandais avec 14 premières places est flatteuse. Les succès ont été remportés dans des disciplines où

---

13 Cité dans Paul Dietschy, Patrick Clastres, *Sport, société et culture en France du XIXe siècle à nos jours*, Paris, Hachette, 2006, p. 115.

les sportifs français brillent généralement comme l'escrime ou le cyclisme ; mis à part la 3e place obtenue par Pierre Lewden au saut en hauteur et le succès de l'équipe de water-polo, les résultats restent médiocres dans les sports de base que sont l'athlétisme et la natation. Un faux-semblant appelé à durer de même que l'insuffisance des infrastructures sportives, même si le stade de Colombes ou la piscine des Tourelles se révèlent des équipements durables car toujours utilisés aujourd'hui. Ce qui est devenu le stade départemental Yves-du-Manoir de Colombes accueillera d'ailleurs les épreuves de hockey sur gazon de Paris 2024.

# Los Angeles 1932, les États-Unis entrent en scène

Philippe Tétart

Lors de sa 21e session, à Rome, en avril 1923, le CIO attribue l'organisation des Jeux Olympiques à Los Angeles. Cette désignation n'est pas le fruit d'une âpre négociation. Outre que Los Angeles est seule ville en lice, en 1921, lors de sa première candidature, de solides garanties du CIO accréditaient l'idée que la ville serait désignée après Amsterdam (pour les Jeux de 1928).

Il s'agit de remercier les États-Unis pour leur "*participation toujours brillante*[1]" depuis 1896 en leur offrant une nouvelle édition. Du 30 juillet au 14 août 1932, Los Angeles se mue donc en scène olympique. Vingt-huit ans après St. Louis les Jeux sortent ainsi pour la seconde fois d'Europe, qui reste le creuset de l'olympisme jusqu'aux années 1950-1960. Ils interviennent dans un contexte particulier : la crise secoue les États-Unis et l'Europe depuis le krach de 1929 et le climat politique international se dégrade, avec la montée en puissance des modèles totalitaires.

---

1 Pierre de Coubertin, *Mémoires, olympiques*, Paris, Éditions EPS, 1996.

## Du faste pendant la "Grande Dépression"

En 1932, les États-Unis sont pris dans la Grande Dépression. Début 1933, le nouveau président, Franklin Roosevelt, engage sa politique dite de *New Deal*, levier du relèvement économique, mais ses effets ne se font sentir qu'à partir de 1934[2]. Comment, en pleine crise économique et de déclassement social (15 millions de chômeurs), les États-Unis réussissent-ils à organiser des Jeux exigeant de nombreuses infrastructures pour accueillir les athlètes, leurs équipes, les officiels, les spectateurs et les journalistes ? Grâce au président du Comité d'organisation des Jeux, l'homme d'affaires William May Garland, qui engage l'effort financier avant le krach boursier de 1929, avec 3 sources : des capitaux privés, un emprunt de 1 million de dollars lancé en 1928, une subvention de la ville de 1,5 million de dollars. En outre, la plupart des infrastructures n'ont pas été créées mais réaménagées.

Cela n'empêche pas une politique de prestige incarnée par des opérations urbanistiques et architecturales frappantes. Le *Memorial Coliseum*, inauguré en 1923 et dédié aux combattants de la Grande Guerre, est rebaptisé *Olympic Stadium* et agrandi avec des tribunes hautes portant sa capacité à 105 000 places (75 000 à l'origine)[3]. La flamme olympique y brûle en haut d'une tour de 32 mètres placée sur un péristyle à l'antique. S'y déroulent les cérémonies d'ouverture, de clôture, les épreuves d'athlétisme, d'équitation, de hockey et de gymnastique.

Au jour de l'ouverture, la presse française dit son admiration, à l'instar de Jacques Goddet décrivant dans *L'Auto* les tribunes "*magistrales*" et la foule, enthousiaste. Même chose lors de la clôture, *L'Auto* évoquant un "*faste*" très américain. Les épreuves de boxe, de lutte et d'haltérophilie ont lieu dans le *Grand Olympic Auditorium*. Il offre une des plus grandes jauges (15 000 places) pour une salle

---

2 Denise Artaud, *L'Amérique en crise : Roosevelt et le New Deal*, Paris, Armand Colin, 1987.

3 https://www.lacoliseum.com/

couverte. Le *Rose Bowl* de Pasadena, sorti de terre en 1923, a été transformé pour accueillir le cyclisme sur piste. Un stade aquatique de 10 000 places est construit près du *Coliseum*. Au total, une quinzaine d'infrastructures accueillent les concurrents et les spectateurs. Elles impressionnent souvent par leur jauge, à l'instar des exemples précités et des 17 000 places du *Long Beach Marine Stadium* (aviron). Aux infrastructures s'ajoute enfin un village olympique d'une modernité renvoyant à l'état de brouillon les premiers du genre, à Paris et Amsterdam, au confort et aux services sommaires.

Comme l'indique le rapport du CIO postérieur à l'Olympiade, le projet américain est de créer "*un monde miniature fermement protégé contre le monde extérieur*[4]". Situé à Baldwin Hills et dédié aux hommes (les olympiennes séjournent au *Chapman Park Hotel*), ce village est une véritable petite ville, surveillée par la police montée. Elle est composée de 500 à 700 (les chiffres varient) maisonnettes préfabriquées de style colonial espagnol (en hommage à l'histoire du peuplement californien), ensuite pérennisées en logements. Elles sont entourées d'un vaste décorum végétal et organisés autour de services : poste, amphithéâtre en plein air, banque, bloc sanitaire et sauna, centre média, salon de coiffure, pressing… Cette cité marque la volonté de créer un héritage olympique ; volonté se traduisant par ailleurs par l'ouverture de nouvelles artères et la plantation de 30 000 palmiers afin d'embellir et identifier la ville.

En dépit des circonstances, ces Jeux participent donc d'une politique de prestige qui deviendra une marque de fabrique olympique. Los Angeles accueille pourtant moitié moins d'athlètes qu'Amsterdam en 1928 : 1332 (dont 126 femmes). La cause de ce net repli est géographique : en un temps où l'aviation commerciale balbutie, le voyage transatlantique est long et coûteux pour des Européens ayant eu jusque-là le quasi-monopole olympique. Le tournoi de football est annulé faute de concurrents. Plusieurs pays engagés à Amsterdam ne viennent pas (Bulgarie, Luxembourg, Malte, Roumanie). D'autres envoient de minuscules délégations : les Espagnols sont 7 contre 80

---

4 Voir le rapport officiel des Jeux de 1932 : https://digital.la84.org/digital/collection/p17103coll8/id/8040/rec/13

en 1928 ; les Néerlandais sont 45 contre 232 ; les Portugais 6 contre 32. La France fait aussi le choix d'une délégation réduite : 65 sportifs (dont 2 femmes) et 29 officiels contre plus de 231 représentants (pour les seuls sportifs) à Amsterdam.

Quant au voyage, il tient de l'épopée : après la traversée de l'Atlantique sur le paquebot *La Fayette*, la délégation va en train de New York à Washington, où l'ambassadeur Paul Claudel la reçoit et l'encourage, avant de traverser le pays jusqu'à Los Angeles, atteinte 12 jours après le départ du Havre. Certes, certaines nations déplacent des délégations notables (Italie, Allemagne, Grande-Bretagne, Suède), parfois comparables à celles de 1928 (Suède), mais la participation européenne est globalement en recul. Avec un peu plus de 800 athlètes (60 % des effectifs contre 85 % à Amsterdam) et 22 délégations sur les 37 présentes, le Vieux Continent domine cependant toujours. Sous ce jour, les Jeux de 1932 confirment un double *topos* : suprématie américaine sur le terrain des résultats, comme on le verra, et maintien de la mobilisation européenne, traduite par 179 médailles obtenues dans 117 épreuves du programme olympique (pour 20 sports).

## Innovations, modernisation, performance : l'empreinte américaine

Ces Jeux Olympiques marquent donc moins l'histoire de l'olympisme par le nombre des concurrents que par leur symbolique, les innovations qu'ils introduisent et la domination américaine. Sur le plan symbolique, ils incarnent un exotisme attractif (les opinions renseignées par voie de presse et de radio suivent les résultats des expatriés à l'autre bout du monde, sous le soleil californien), la modernité américaine (au regard des modalités d'accueil) et l'idée de la résilience malgré la crise.

S'agissant des innovations, avant tout, l'événement est resserré dans le temps. En 1924 et 1928, des épreuves se tenaient encore en mai-juin, suivies par le raout estival de 2 semaines. Tel n'est plus le cas. Le protocole des podiums évolue aussi. Testé quelques mois auparavant aux Jeux d'hiver de Lake Placid, il est sanctuarisé : les médailles sont remises *in situ* après les épreuves, avec lever des drapeaux nationaux et diffusion de l'hymne du vainqueur. Ainsi *La Marseillaise* résonne-t-elle dès le premier jour pour les haltérophiles Louis Hostin (le Stéphanois s'était déjà paré d'argent en 1928 et sera à nouveau en or en 1936) et René Duverger (le Parisien était jusque-là vice-champion d'Europe). Autre nouveauté : le chronométrage au centième de seconde. Quoique non officiel, il fait entrer l'olympisme dans l'ère de l'hyper-précision. Avec la photo finish, il permet de départager les Américains Eddie Tolan et Ralph Metclafe qui cassent ensemble le fil de la finale du 100 mètres. Le premier est déclaré vainqueur, partageant néanmoins le nouveau record du monde (10 secondes 38 centièmes) avec son compatriote. Dans cette finale, la quatrième place de George Simpson renvoie à une autre règle : les nations ne peuvent plus engager que 3 ressortissants par épreuve.

Enfin, sans que cela soit à proprement parler une innovation, les cérémonies d'ouverture et de clôture marquent par leur ampleur – ainsi les 1200 chanteurs qui, avec un orchestre de 300 musiciens, interprètent l'hymne américain et celui d'ouverture des Jeux. Le cérémonial olympique prend ainsi une nouvelle dimension : son caractère grandiose doit symboliser la puissance et l'efficacité de la nation invitante ; puissance traduite par ailleurs, pour la première fois, par un bénéfice d'un million de dollars aussitôt reversé aux souscripteurs de 1928.

En matière de puissance sportive, les Américains sont précédés par leur réputation : depuis 1912, ils dominent le classement des nations. En 1924 et en 1928, ils ont remporté 26 % puis 17 % des médailles avec des délégations représentant 10 % puis 8 % des inscrits. En 1932, les 474 athlètes américains représentent 35 % des engagés, laissant escompter une grande moisson de médailles. S'ils n'en remportent finalement que 30 % (103) et 36 % des titres (41 sur 116), ils relèguent loin derrière les nations dauphines, l'Italie et la France. Certains exploits donnent du lustre à cette domination. Ainsi les 3 médailles de Mildred "Babe" Didrikson : à 19 ans, cette sportive éclectique, qui ne dédaigne ni le basket-ball ni le base-ball, remporte l'or au 80 mètres haies, au javelot et prend l'argent à la hauteur.

Ainsi le doublé de Eddie Tolan et Ralph Metclafe sur 100 mètres et le triplé au 200 mètres, avec les mêmes entre lesquels s'intercale George Simpson. Pensons encore à la victoire de la jeune Helen Madison (19 ans) sur 100 mètres, 400 mètres et 4 x 100 mètres nage libre[5].

Ces résultats confortent le pays hôte dans son rôle de leader olympique. Rien de hasardeux en cela : depuis la Belle Époque les États-Unis ont des programmes de préparation, articulés au système sportif universitaire, permettant de briller dans la vitrine sportive internationale – au risque, en 1932, d'une politique schizophrène puisque certains de ses plus beaux résultats, en athlétisme notamment, sont le fait de sportifs africains-américains éprouvant, hors des stades, une ségrégation agressive.

## Instantané d'un échiquier géopolitique complexe

Si la fonction d'ambassade du sport vaut pour les États-Unis, elle vaut aussi pour les autres pays. Certains se sont mobilisés avec force malgré l'éloignement de la Californie. Tel est le cas de la Grande-Bretagne, berceau de sports modernes, qui enrôle 108 sportifs et sportives et obtient un 8e rang au classement des nations.

Mais ce sont surtout les efforts italiens et allemands qui méritent l'attention. L'Italie mussolinienne envoie aux États-Unis une délégation de 102 sportifs afin de valoriser le régime fasciste et de prouver la valeur d'un système politique dans lequel le sport est un outil de propagande, l'expression de l'excellence et de l'ambition nationale, enfin un moyen de surveiller et de caporaliser la société. Avec la 2e place au classement des nations, grâce à 36 médailles (12 dans chaque métal), l'Italie affiche un meilleur bilan qu'à Amsterdam (15 médailles pour une délégation de 164 athlètes). L'Italie prend donc la tête de l'Europe du sport, détrônant l'Allemagne, dauphine des États-Unis en 1928.

---

5 *Ibid.*

S'agissant de l'Allemagne, Adolf Hitler n'est pas encore chancelier. Ne commettons pas l'erreur d'assimiler la délégation à une phalange avancée du nazisme qui, arrivé au pouvoir, fera du sport une arme de surveillance, d'embrigadement et de propagande – comme en témoignent les Jeux de 1936. Pour autant, les 144 sportifs allemands incarnent un pays au bord du chaos sur le plan politique et qui inquiète : à quelques jours du début des Jeux, le parti national-socialiste ouvrier allemand (NSDAP) a dominé les élections législatives, étape cruciale dans la conquête du pouvoir par Adolf Hitler. La question de la présence et de la valeur symbolique des résultats allemands est aussi épineuse à cause de la mémoire de la Grande Guerre. Lors du défilé des délégations, on intercale l'Angleterre entre l'Allemagne et la France afin d'éviter tout heurt ou boycott (les Français avaient refusé de défiler en 1928 pour protester contre la réintégration de l'Allemagne après 2 Olympiades d'ostracisation). Les Allemands repartent avec 20 médailles, dont 3 titres en lutte, en aviron et en haltérophilie. S'ils ne rééditent pas le résultat de 1928 (31 médailles pour une délégation 2 fois plus nombreuse), avec la 2e place au classement des nations, ils ne déméritent pas.

Au total donc, si l'on considère, par ailleurs, les résultats des Hongrois (avec le plus médaillé des Jeux, le quadruple champion Istvan Pelle, en gymnastique), dont le pays est en pleine droitisation, et sans oublier la présence portugaise (le Portugal étant sous un régime dictatorial depuis 1926), non récompensée, Los Angeles donne à voir la montée en puissance des systèmes et des idéologies nationalistes, xénophobes et autoritaires européens. Si le moment olympique a toujours été, peu ou prou, un moment de rivalité entre modèles sociaux et politiques, le phénomène s'exacerbe avec l'opposition entre nations démocratiques et nations totalitaires ou clairement tentées par le totalitarisme, ce que l'on retrouvera avec le modèle, sensiblement différent, du Japon[6].

Autre dimension : la confirmation de la présence de l'Amérique latine et centrale. La chose n'est pas nouvelle si on pense à l'entrée

---

6 Pierre Arnaud, James Riordan, *Sport et relations internationales (1900-1941)*, Paris, L'Harmattan, 1998.

en lice de l'Argentine (1900), du Brésil (1920), de l'Équateur, du Mexique et de l'Uruguay (1924) et, enfin, du Panama (1928). Certes, en 1932, seule la Colombie concourt pour la première fois, avec un seul représentant, le marathonien Jorge Perry, qui abandonne une course dominée par l'Argentin Juan Carlos Zabala ; pour autant, le petit flux de médailles maintenu – 7 en 1924, 9 en 1928 et 7 en 1932 – est le signe du maintien d'une timide concurrence continentale pour les États-Unis.

Bien plus marquante est la présence asiatique. Celle de la République de Chine, pour la première fois, avec un seul athlète (le sprinteur Liu Changchun) est assez anecdotique. La percée japonaise ne l'est pas, soulignée par les encouragements de la communauté nipponne immigrée, mobilisée derrière ses athlètes. Seul pays représentant l'Asie lors de chaque Olympiade depuis 1920, le Japon devient une nation avec laquelle il faut compter. Après 2 médailles d'argent en 1920, une médaille de bronze en 1924 et 5 podiums en 1928 pour 2 titres, la délégation, venue en force (131 concurrents) glane 18 médailles, dont 7 titres. Elle marque les esprits avec une écrasante domination en natation, où les États-Unis s'imposent usuellement, avec 4 des 5 titres hommes et un triplé historique sur 100 mètres dos. Elle impose aussi l'idée, sur le plan sportif, d'une puissance croissante qui, inévitablement, se marie, pour l'opinion, avec les récents changements politiques sur l'archipel. En effet, au printemps 1932 – un an après la conquête de la Mandchourie en septembre 1931 et la création du Mandchoukouo en mars 1932 – un régime militaire nationaliste, traditionnaliste et répressif, a vu le jour, qui se durcira dans le temps, étant ainsi assimilable au camp des totalitarismes contemporains. Sous ce jour et avec l'Italie, le Japon participe de l'exposition de la montée en puissance des régimes totalitaires, laquelle atteindra son apogée dans la seconde moitié des années 1930, du Japon à la Hongrie, de l'Italie à l'Allemagne en passant par le Portugal.

En dépit du nombre de délégations et d'un repli du nombre de nations qui décrochent l'or (19 contre 28 en 1928), les enjeux géopolitiques de l'olympisme s'expriment clairement, avec des zones de tensions convoquant l'idée de concurrence entre modèles sportifs, sociaux, politiques, culturels, continentaux. Restent que ces Jeux ne sont pas les plus notables au regard de l'internationalisme et, en particulier, des nouvelles nations engagées : elles étaient 6 à Anvers, 10 à Paris, 3 à Amsterdam et seulement 2 en 1932, qui plus est non récompensées (Chine et Colombie).

## Championnes et champions

Sous le signe des femmes, l'édition californienne n'est guère plus marquante. De 1900 à 1924, les néo-olympiennes participent à des "démonstrations". En 1928, elles sont officiellement intégrées, moins par reconnaissance de leur légitimité que pour contrecarrer la Fédération sportive féminine internationale et les Jeux féminins voulus par Alice Milliat (1921 et 1922). Jusque-là le CIO, rétrograde, considérait la sportivité féminine, selon le mot de Pierre de Coubertin, comme "*incorrecte*", jusqu'à justifier le refus des "*Olympiades femelles*[7]".

En 1932, les femmes représentent 9 % des engagées, moins qu'à Amsterdam. Éloignement aidant, la plupart sont américaines. Los Angeles n'est donc pas un temps fort dans l'histoire de l'internationalisme sportif féminin, même si certaines figures, à l'instar de Mildred "Babe" Didrikson et Helen Madison sont mises en exergue ; l'une et l'autre à cause de leur juvénilité (un topos dans la reconnaissance des championnes) et de leurs performances. Ce peu de mobilisation autour du sport féminin se vérifie, dans la présence de 2 Françaises seulement, la fleurettiste Jeanne Vidal et la nageuse Yvonne Godard, alors que 30 Françaises étaient en lice en 1928. Présence fantomatique : la presse ne parle quasiment pas de l'élimination de Jeanne Vidal et de la 5e place d'Yvonne Godard en finale du 400 mètres nage libre.

Peut-être cette transparence des Françaises s'explique-t-elle parce que l'événement est vécu avec distance. Distance liée à ce que

---

7 *Revue Olympique*, juillet 1912.

les Jeux de Los Angeles sont un événement quelque peu désincarné. Distance renvoyant aussi à la difficulté du Comité olympique français (COF) à mobiliser l'État au moment d'attribuer un budget à la délégation, de penser une politique de préparation, facteur d'espoir et de médiatisation. Distance au sens propre également, parfois regrettée : *L'Auto* affirme que la délégation tricolore se serait sentie bien seule sans l'appui de la colonie française de Los Angeles. Sans doute cet intérêt relatif tient-il enfin, pour partie, au deuil du sacre annoncé de Jules Ladoumègue. Demi-fondeur en argent à Amsterdam sur 1500 mètres, détenteur, depuis 1931, des records du monde du 1000 au 2000 mètres, il est ultra-favori sur 1500 mais, en mars 1932, il est radié à vie pour avoir touché de l'argent du club de la Société générale et de différents meetings[8].

L'amateurisme marron fait d'ailleurs une autre victime de choix : le coureur finlandais Paavo Nurmi, sacrifié sur l'autel d'un amateurisme supposément pur en dépit de 9 médailles olympiques obtenues depuis 1920. La polémique qui s'ensuit ne change pas la donne et c'est depuis les tribunes que Jules Ladoumègue, envoyé spécial pour le quotidien *L'Intransigeant,* assiste aux joutes sportives, notamment au sacre des haltérophiles René Duverger, Louis Hostinet et Raymond Suvigny, qui porte haut les couleurs de l'Union Sportive Métro chez les poids plumes en battant l'ultra-favori, l'Allemand Hans Wölpert. L'haltérophilie, d'ailleurs, est pour les Français la principale pourvoyeuse d'or, devant l'équitation et l'escrime (2 titres), puis le cyclisme, la lutte, la voile (un titre). L'opinion publique regrette que le cyclisme tricolore n'ait pas brillé aussi fort qu'espéré (avec 4 médailles néanmoins). Autre regret : la 2e place du nageur Jean Taris dans le 400 mètres nage libre, battu au *finish* par l'Américain Buster Crabbe, héritier de Johnny Weissmuller dans l'eau comme à l'écran (il incarne le rôle de Tarzan).

---

8 Marianne Lassus, *L'Affaire Ladoumègue*, Paris, L'Harmattan, 2000 ; Charles Amson, Daniel Amson, Jean-Gaston Moore, Thomas Janville, "Ladoumègue, ou le procès de l'amateurisme", *in* Charles Amson, Daniel Amson, Jean-Gaston Moore, Thomas Janville (dir.), *Les grands procès*, Paris, Presses universitaires de France, 2007, p. 418-425.

Au titre des temps forts, il faut aussi évoquer la finale du fleuret par équipes. Au terme du tournoi, France, États-Unis et Italie sont ex aequo. En barrage, la France et l'Italie écartent les États-Unis et se défient dans l'ultime confrontation. La France l'emporte. Le bilan français, avec 19 médailles et 12 titres, est un des meilleurs depuis 1896. Ce n'est pas la première fois que la France monte sur le podium au classement des nations ; mais le ratio médaille/athlète est inédit, 4 fois supérieur à ceux de 1924 et 1928. Cette véritable réussite dans l'histoire du sport français aux Jeux Olympiques passe pourtant assez inaperçue. Au lendemain de la clôture, nombre de grands quotidiens ne titrent d'ailleurs pas sur ce bilan. Ils l'évoquent quelques jours plus tard, parfois fin août, voire en septembre, comme *Le Journal* qui insiste sur la crise de l'athlétisme (une médaille de bronze) bien plus que sur un résultat d'ensemble très honorable.

Une Olympiade américaine pour les Américains ? Même si on ne peut l'y réduire, à cause de l'émergence japonaise et du coup d'éclat italien qui manifestent la montée en puissance des légions sportives représentant, parfois à leur esprit défendant, les modèles totalitaires, l'édition de Los Angeles en a certains dehors. Mais c'est avant tout une Olympiade méconnue, ce dont témoignent l'absence de travaux historiques en Europe et le fait que de rares chercheurs américains se sont consacrés à son étude.

Entre son éloignement, qui désincarne l'événement, et le fait qu'elle est prise entre 2 éditions mémorables – celle de la *réconciliation*, en 1928, avec le retour de l'Allemagne et de l'Autriche, puis celle de 1936, où le sport devient un plein outil des guerres idéologico-sportives –, l'édition de 1932 avait peu d'atouts pour être digne de la mémoire collective, sinon, donc, pour les États-Unis, l'Italie et le Japon.

# Berlin 1936, une victoire du nazisme ?

Daphné Bolz

Les XI$^{e}$ Jeux Olympiques de l'époque moderne, célébrés à Berlin du 1$^{er}$ au 16 août 1936, sont restés dans les mémoires comme les *Nazi Olympics* et représentent un événement tout à fait singulier dans l'histoire du mouvement olympique. Les soubassements des Jeux de Berlin sont complexes, au croisement de l'attachement des dirigeants sportifs allemands à l'idée olympique et de l'émergence d'une nouvelle ère politique sur la scène internationale dans les années 1930.

# L'Allemagne, la Grèce antique et le mouvement olympique moderne

Malgré la prégnance du *Turnen* (la gymnastique allemande) dans la culture germanique et son caractère historiquement nationaliste, le sport et le mouvement olympique trouvent rapidement des défenseurs convaincus en Allemagne. C'est le cas de Willibald Gebhard, l'un des premiers soutiens allemands du mouvement olympique autour de Pierre de Coubertin, puis de Carl Diem[1], maître d'œuvre des Jeux Olympiques de 1936.

L'intérêt des élites dirigeantes allemandes pour le mouvement olympique repose sur au moins 2 piliers. D'une part, les Allemands cultivés de la fin du XIXe siècle vouent une passion toute particulière à la Grèce antique. Ils ont ces références culturelles en partage avec d'autres élites européennes et accueillent avec intérêt le projet de "résurrection" des Jeux Olympiques. Ainsi, les savants allemands s'investissent largement dans l'étude de l'Antiquité et mettent au jour de nombreux vestiges. Alors que Pierre de Coubertin n'est encore qu'un enfant, Heinrich Schliemann découvre Troie en 1873 et Ernst Curtius commence les fouilles à Olympie en 1875.

D'autre part, l'Allemagne est une terre d'accueil fertile pour le sport moderne, préparée par la diffusion depuis le début du XIXe siècle de la gymnastique allemande, le *Turnen*[2]. Indépendamment des différences et des conflits entre les 2 types de pratique, il existe dans la société allemande un consensus sur l'importance de l'activité physique dans l'éducation. Les pédagogues allemands se réfèrent aux philanthropes, quand les Britanniques théorisent la formation du caractère par le sport. L'Allemagne fait ainsi partie des pays comme

---

1 Frank Becker, *Den Sport gestalten : Carl Diems Leben (1882-1962)*, Band 1 : Kaiserreich, Essen/Duisburg, Universitätsverlag, 2009 ; Band 2 : Weimarer Republik, 2011 ; Band 3 : NS-Zeit, 2009 ; Band 4 : Bundesrepublik, 2010.

2 Christiane Eisenberg, *"English Sports" und deutsche Bürger. Eine Gesellschaftsgeschichte, 1800-1939*, Paderborn, Ferdinand Schöningh, 1999.

la Grande-Bretagne ou la Suède, qui développent une réelle tradition des exercices physiques.

En termes institutionnels, l'intérêt allemand pour le mouvement olympique peut se lire dans la fondation dès 1895 d'un Comité pour la participation de l'Allemagne aux Jeux Olympiques d'Athènes (*Komitee für die Beteiligung Deutschlands an den Olympischen Spielen zu Athen*), renouvelé pour les Jeux de 1900 à Paris et de 1904 à Saint Louis. Une nouvelle organisation est créée en 1904, le *Deutscher Reichsausschuß für Olympische Spiele*, dont l'objectif est l'organisation de Jeux Olympiques en Allemagne – puisque les Jeux de 1916 devaient se tenir à Berlin avant que la Première Guerre mondiale n'anéantisse le projet.

En 1917, en pleine guerre, le comité est renommé Comité allemand du Reich pour les exercices physiques (*Deutscher Reichsausschuss für Leibesübungen* ou DRL). Le président de ce DRL est le haut fonctionnaire prussien Theodor Lewald[3]. Le secrétaire général est Carl Diem, auteur prolifique d'ouvrages sur divers aspects des pratiques physiques dans lesquels il théorise la conciliation du *Turnen* et du sport. Néanmoins, le rêve olympique demeure et les dirigeants du sport allemands n'enterrent que momentanément l'idée d'une célébration olympique en Allemagne. Dans un premier temps, l'Allemagne est exclue des échanges sportifs internationaux et n'est pas invitée aux Jeux de 1920 ni à ceux de 1924. Mais, en 1925, l'Allemagne étant à nouveau admise dans les sphères internationales, notamment dans le domaine sportif, est créé le *Deutscher Olympischer Ausschuss* (DOA), un Comité national olympique allemand.

---

3 Arnd Krüger, *Theodor Lewald : Sportführer ins Dritte Reich*, Berlin, Bartels & Wernitz, 1975.

## La candidature et l'attribution des Jeux Olympiques à Berlin pour 1936

La préparation de Jeux Olympiques à Berlin est semée d'embûches dès le début du projet et l'annulation des Jeux de 1916. L'Allemagne, reconnue dans le traité de Versailles comme la principale responsable de la Grande Guerre, est mise au ban des affaires diplomatiques pendant plusieurs années. Les échanges sportifs internationaux, d'abord interdits pour les sportifs allemands, reprennent progressivement. Parallèlement, la République de Weimar connaît un développement considérable des mouvements sportifs bourgeois, ouvriers, confessionnels... Après la réintégration du pays sur la scène internationale, les représentants sportifs allemands déposent une nouvelle fois la candidature de la ville de Berlin pour accueillir les Jeux Olympiques. La capitale allemande est élue au détriment de Barcelone au printemps 1931. Cette élection est surtout due à la persévérance de Theodor Lewald, devenu membre du CIO en 1924, et de Carl Diem, qui a œuvré pour l'ouverture de l'École supérieure d'éducation physique de Berlin en 1920, sur le site des Jeux de 1916.

Les tensions politiques du début des années 1930 et la montée en puissance nazie ne sont pas sans préoccuper Theodor Lewald et Carl Diem. Adolf Hitler arrive au pouvoir le 30 janvier 1933. Anticipant ce changement politique, les 2 hommes s'empressent de fonder le Comité d'organisation des Jeux Olympiques (COJO) et d'obtenir le soutien du gouvernement pour le projet olympique... le 24 janvier 1933. Theodor Lewald préside le COJO, Carl Diem en est le secrétaire.

Les 2 principaux artisans des Jeux de Berlin cherchent à garder le cap. Dès le 31 janvier 1933, ils s'adressent à Adolf Hitler, demandent la confirmation du soutien de l'État pour la préparation des Jeux de 1936 et sollicitent une audition avec le nouveau chancelier. Pendant quelques semaines, l'issue du projet olympique est incertaine, car l'arrivée au pouvoir d'Adolf Hitler rebat les cartes des priorités politiques et idéologiques. Surtout, Theodor Lewald et Carl Diem craignent sans doute à juste titre que le sport, international et pacifique, ne soit guère encouragé par le nouveau régime nationaliste et belliciste.

L'audition avec Adolf Hitler se tient le 16 mars 1933. À cette occasion, Theodor Lewald présente l'opportunité exceptionnelle que constituent les Jeux Olympiques pour positionner l'Allemagne sur la scène internationale et demande explicitement le soutien du ministère de la Propagande de Joseph Goebbels pour gérer la communication sur les Jeux de Berlin. Fin mars, Theodor Lewald s'adresse au ministre de l'Intérieur, le Dr. Wilhelm Frick, pour le convaincre à son tour de l'intérêt des Jeux pour le pays. Ayant obtenu l'accord tant souhaité du gouvernement, il écrit aux membres du CIO le 1er avril 1933 pour leur faire part du soutien du nouveau régime. Les organisateurs des Jeux sont rassurés, mais des voix sceptiques s'élèvent.

## Les obstacles aux Jeux Olympiques en Allemagne nazie

Les Jeux Olympiques de Berlin ne font pas consensus et les obstacles à leur organisation sont nombreux. L'arrivée au pouvoir d'Adolf Hitler inquiète la scène internationale et une partie de la population allemande. La violence qu'emploie le nouveau régime contre ses opposants est évidente et l'idéologie raciste – pour qui daigne la voir en face – annonce les pires heures de l'histoire européenne. Les changements en marche vont bouleverser aussi bien l'échiquier international que la vie quotidienne, en Allemagne d'abord, en Europe et au-delà ensuite. Les obstacles à l'organisation des Jeux Olympiques de Berlin en 1936 sont de 3 ordres.

Tout d'abord, les dirigeants nazis eux-mêmes sont partagés sur l'attitude à adopter vis-à-vis du sport. L'idéologie nazie est difficilement compatible avec les principes du sport international et olympique, qui mettent l'accent sur la paix et la rencontre des peuples, indépendamment de l'appartenance religieuse ou "raciale". Nombre de nazis considèrent que le sport est contraire à la culture allemande. Mais le sport est si bien implanté en Allemagne que le principe de réalité impose de l'utiliser comme levier diplomatique. Les dirigeants nazis passent outre les incompatibilités idéologiques. Le milieu allemand du *Turnen* et du sport est "mis au pas", comme d'autres activités culturelles, éducatives ou économiques. Le sport allemand subit une réorganisation importante qui non seulement anéantit les voix critiques à l'égard du régime, mais transforme le sport en outil politique. Le premier obstacle est levé.

Deuxièmement, si la prise de pouvoir sur le sport allemand est rapide, les nazis n'en essuient pas moins des critiques au niveau international. Ces freins ne diminuent cependant pas la détermination des nazis à dominer le sport : ils les poussent simplement à plus de calcul politique. Le cas du COJO de Berlin 1936 est exemplaire. Dans un premier temps, les dirigeants nazis souhaitent déloger les responsables de l'organisation des Jeux, Theodor Lewald et Carl Diem, et restructurer le COJO. Mais les règles olympiques qui exigent l'indépendance par rapport aux évolutions politiques et partisanes des pays, couplées à la pression du calendrier, ne permettent pas au gouvernement de prendre la main sur la préparation officielle des Jeux de Berlin.

Les nombreuses manigances nazies incitent le président du CIO, Henri de Baillet-Latour, à écrire le 3 mai 1933 aux membres du CIO pour l'Allemagne – Theodor Lewald, Adolf Friedrich zu Mecklenburg-Schwerin et Karl Ritter von Halt – pour leur rappeler l'exigence de neutralité confessionnelle, politique et raciale aux Jeux Olympiques[4]. Peu enclins à entrer en conflit avec le nouveau gouvernement allemand, les hauts responsables olympiques se satisfont d'une lettre du ministre de l'Intérieur, Wilhelm Frick, promettant l'autonomie de l'organisation des Jeux de Berlin et précisant que les sportifs juifs ne seraient pas systématiquement exclus. En réalité, il semble que les organisateurs des Jeux et quelques responsables politiques nazis aient ainsi contourné Adolf Hitler, furieux du contenu et de la forme de la demande de Henri de Baillet-Latour[5]. Quoi qu'il en soit, la question de la compatibilité de l'olympisme avec le nazisme est assez vite

---

4 Florence Carpentier, *Le Comité international olympique en crises. La présidence de Henri de Baillet-Latour, 1925-1940*, Paris, L'Harmattan, 2004, p. 333-343 ; Daphné Bolz, *Les Arènes totalitaires. Fascisme, nazisme et propagande sportive*, Paris, CNRS Éditions, 2008, p. 163-167.

5 Hans-Joachim Teichler, *Internationale Sportpolitik im Dritten Reich*, Schorndorf, Hofmann, 1991, p. 82-89.

évincée et la session du CIO qui s'ouvre le 7 juin 1933 à Vienne se focalise sur une cause qui préoccupe bien davantage le mouvement olympique : la défense de l'amateurisme. Pourtant, la rencontre de Vienne laisse une certaine amertume, notamment à la tête du CIO. Henri de Baillet-Latour commente en effet : "*Vue la situation j'aurais préféré qu'ils* [les Allemands] *renoncent aux Jeux, car l'avenir est bien trouble de l'autre côté du Rhin, mais nous ne pouvions leur retirer les Jeux alors qu'ils acceptent toutes les conditions qui leur avaient été imposées et arrivaient même avec une lettre signée du gouvernement*[6]."

Finalement, les oppositions aux Jeux de Berlin viennent aussi de différents mouvements opposés au nazisme et conscients que le régime hitlérien bafoue autant les principes olympiques que les droits humains[7]. Ce qui reste en Allemagne du mouvement sportif ouvrier – fort de plus d'un million de membres au début des années 1930 et désormais sans structure institutionnelle – et le Sport rouge international critiquent la perspective de Berlin 1936 à la lumière tout à la fois de l'emprise du nazisme sur le sport et du caractère "bourgeois" des Jeux. Ces concurrents lancent l'organisation d'une "contre-Olympiade" populaire à Barcelone en juillet 1936, qui n'aura finalement pas lieu, la date d'ouverture coïncidant avec le début de la guerre d'Espagne.

De leur côté, les Soviétiques s'affairent à la construction d'un réseau sportif propre avec des Spartakiades. Les Français, longtemps indécis, se rendent finalement à la fois à Berlin et à Barcelone[8]. Mais l'opposition qui met le plus en péril la célébration de Berlin vient des cercles sportifs plus traditionnels. Un fort mouvement de protestation et de boycott se met en marche, si bien qu'un changement

---

6 Archives historiques du CIO, JO/Été 1936, Correspondance : 1932-1936. Lettre de Baillet-Latour à un "ami", 4 juillet 1933.

7 Arnd Krüger, William Murray (dir.), *The Nazi Olympics. Sport, Politics, and Appeasement in the 1930s*, Urbana/Chicago, University of Illinois Press, 2003.

8 Fabrice Abgrall, François Thomazeau, *1936. La France à l'épreuve des Jeux Olympiques de Berlin*, Paris, Alvik, 2006.

de la ville hôte des Jeux semble être, un temps, une possible option. La position des États-Unis tient les athlètes, responsables sportifs et intéressés en haleine pendant de longs mois.

La participation de ce grand pays sportif est cruciale pour la réussite des Jeux de Berlin. Sauf qu'en novembre 1933 la puissante *Amateur Athletic Union* (AAU) s'exprime en faveur d'un boycott des Jeux de 1936, tant que les dirigeants allemands ne témoignent pas d'une inclusion des sportifs allemands juifs, aussi bien dans les discours que dans les actes. Se satisfaisant des annonces et de l'écran de fumée nazis, Avery Brundage, le président du *American Olympic Committee*, par ailleurs peu opposé au nazisme, s'engage en 1934 dans une campagne en faveur d'une participation américaine.

La situation reste tendue, car d'autres responsables sportifs américains sont plus critiques et moins enclins à croire la propagande nazie. C'est le cas d'Ernest Lee Jahncke et de Charles H. Sherrill, membres du CIO pour les États-Unis qui tentent d'alerter Henri de Baillet-Latour. De son côté, le juge catholique américain Jeremiah T. Mahoney fonde un *Committee on Fair Play in Sport* pour organiser la protestation contre les mesures discriminatoires nazies et renforcer le mouvement international de boycott des Jeux[9]. Les tensions sont importantes, et ce n'est qu'en décembre 1935 que les États-Unis acceptent l'invitation à Berlin pour août 1936.

Le CIO, qui a entre-temps confirmé Berlin comme ville hôte pour 1936, ne peut plus faire machine arrière. Il décide de soutenir les organisateurs allemands, feignant de ne pas voir les entorses répétées aux principes olympiques. Face à des enjeux qui les dépassent, les hommes du mouvement olympique espèrent eux aussi tirer profit de la glorieuse célébration qui se prépare.

---

9 Richard D. Mandell, *The Nazi Olympics*, Urbana/Chicago, University of Illinois Press, 1987 [1971], p. 71-81.

## Le mouvement olympique uni au III$^{e}$ Reich

La célébration olympique de 1936 marque l'histoire du sport et de l'Europe pour plusieurs raisons. Les Jeux de Berlin sont d'abord la plus grande rencontre du sport de haut niveau alors jamais organisée. Les enjeux politiques de l'événement ne font que renforcer les enjeux sportifs et la motivation des athlètes et de leurs accompagnateurs à améliorer les performances. La star des Jeux est James Cleveland dit "Jesse" Owens, le sprinter africain-américain qui rafle 4 médailles d'or (100 mètres, 200 mètres, relais 4 x 100 mètres, saut en longueur).

Les sportifs allemands, à domicile et bien entraînés, réalisent de brillantes performances qui permettent de hisser leur pays au second rang des médailles, derrière les États-Unis. En football, l'équipe allemande réalise une contre-performance, tandis que celle de l'Italie de Mussolini – championne du monde en 1934 – gagne le tournoi. Les sportives sont enfin médiatisées, notamment l'Allemande Gisela Mauermeyer, médaillée d'or au lancer de disque, et la fameuse Trebisonda dite "Ondina" Valla qui remporte le 80 mètres haies, écrivant une page importante de l'histoire du sport féminin italien.

D'un point de vue politico-sportif, les dirigeants nazis sont habiles. Pour contrer les attaques qui fusent de par le monde, ils se présentent comme des amis de l'olympisme et font quelques concessions sur les mesures qui déferlent dans le pays. Les affiches antisémites sont ainsi retirées pour éviter de heurter les observateurs étrangers. Au niveau sportif, s'ils arrivent à évincer quelques stars juives, comme la sauteuse en hauteur Gretel Bergman, ils incluent 2 sportifs allemands, juifs selon les lois de Nuremberg, bien qu'ils ne se considèrent d'ailleurs pas comme tels : la blonde escrimeuse Helene Mayer domiciliée aux États-Unis et le joueur de hockey sur glace Rudi Ball pour les Jeux d'hiver de Garmisch-Partenkirchen en février 1936, qui se présentent comme une répétition générale des Jeux d'été de Berlin. Les sportifs juifs étrangers sont acceptés, comme le nageur français Alfred Nakache.

Dans le stade olympique et à Berlin, les visiteurs sont reçus en grande pompe et sans discrimination. Les journalistes jouissent de conditions de travail exceptionnelles. Dans le cadre des Jeux, de somptueux événements, manifestations, expositions, etc. sont organisés, tout particulièrement à Berlin. L'Antiquité, chère au mouvement olympique moderne et ancrée dans la culture allemande, fait office de dénominateur commun[10].

Le stade olympique de Berlin, qui allie éléments antiques et modernes, est un parfait exemple de l'union du nazisme et de l'olympisme. Le "Stade allemand" de 1916, qui pouvait être considéré comme ambitieux avant la Grande Guerre, paraît 20 ans plus tard inapproprié à l'accueil d'une grande compétition. Alors que Theodor Lewald réussit à s'assurer du soutien du gouvernement pour adapter les équipements disponibles, un coup de théâtre se produit lorsque Adolf Hitler visite le chantier olympique, le 5 octobre 1933. Insatisfait des plans qui lui sont présentés, il exige la construction d'un espace sportif digne de l'ambition du III^e^ Reich : monumental. Mis sous pression, l'architecte Werner March revoit son projet et le *Reichssportfeld* est construit en un temps record. Le stade olympique reflète l'ambiguïté des Jeux de Berlin. D'un côté, il répond à l'idéal olympique avec un grand stade comme centre de presque toutes les compétitions. De l'autre, il renvoie aux principes nazis avec un espace ordonné, une statuaire dédiée aux mythes germaniques et un monumentalisme écrasant.

Les Jeux Olympiques de Berlin sont en fait une aubaine pour le régime nazi, une occasion inespérée de montrer les réalisations du Reich au monde entier. La propagande tourne à plein régime et les efforts en matière de communication sont considérables. Un Comité de propagande pour les Jeux Olympiques (*Propaganda-Ausschuss für die Olympischen Spielen 1936*) est institué au sein du ministère de la Propagande à partir de 1934 et Adolf Hitler se présente en hôte parfait.

La propagande se déploie au niveau interne avec une politique d'éducation des Allemands. En outre, un travail considérable est réalisé au niveau international, pour montrer le meilleur visage de la soi-disant

---

10 Daphné Bolz, "Nazismo, olimpismo e antiquità. I tre volti culturali delle Olimpiadi del 1936", *Lancillotto e Nausica*, année XX, vol. 3, n° 28, 2003, p. 28-37.

"Nouvelle Allemagne"[11]. Une *Correspondance olympique* (*Olympia-Pressedienst*) est publiée en 5 langues. De fait, la communication sur les Jeux échappe largement aux organisateurs officiels des Jeux, Theodor Lewald et Carl Diem. Néanmoins, eux-mêmes se réjouissent des moyens mis à disposition par le régime nazi pour la célébration olympique. Les succès sportifs, organisationnels, mais aussi politiques des Jeux de Berlin sont magistralement mis en scène par la cinéaste Leni Riefenstahl dans *Les Dieux du stade* (titre original : *Olympia*). D'une durée de 3 heures, la première a lieu pour l'anniversaire d'Adolf Hitler, le 20 avril 1938, à Berlin.

Les Jeux Olympiques de Berlin de 1936 ont indiscutablement célébré la gloire du IIIe Reich. Mais leur histoire et leur signification ne se limitent pas à une démonstration de propagande nazie. L'ambiguïté des Jeux de Berlin réside dans la convergence improbable entre le projet olympique cher aux élites culturelles allemandes et les ambitions nazies. À la recherche d'un apaisement à tout prix, sans s'embarrasser de considérations morales, le CIO autorise alors une célébration olympique monumentale sous le signe de la croix gammée.

Pour l'Allemagne, comme pour le mouvement olympique, l'alliance de l'olympisme et du nazisme était un calcul à court terme. Les Jeux Olympiques de 1936 n'ont pas fini de hanter la société allemande et l'histoire de l'olympisme.

---

11 Arnd Krüger, *Die Olympischen Spiele 1936 und die Weltmeinung. Ihre außenpolitische Bedeutung unter besonderer Berücksichtigung der USA*, Berlin, Bartels & Wernitz, 1972.

# "Vaincre et nous vaincrons." L'Italie fasciste au miroir de l'olympisme

Stéphane Mourlane

Le régime fasciste fait de l'Italie l'un des premiers pays à ériger le sport comme instrument de propagande politique en vue de transformer la nation, et d'en assurer le prestige et le rayonnement à l'étranger. Lorsque Benito Mussolini arrive au pouvoir, à la fin du mois d'octobre 1922, la tâche n'apparaît pas aisée car si depuis l'unification du pays, en 1861, les activités physiques sont encouragées en vue de "*soigner le corps de l'Italie malade*[1]", l'objectif ne semble guère atteint : la conscription au cours de la Première Guerre mondiale a révélé la faiblesse physique des Italiens.

La participation de l'Italie à l'essor de l'olympisme moderne agit comme un révélateur et traduit la difficulté à se hisser au rang des puissances. Aucun athlète ne peut se rendre aux premiers Jeux d'Athènes en 1896, ni à ceux de St. Louis en 1904. Ils ne brillent guère à Paris en 1900, à Londres en 1908 ou à Stockholm en 1912. L'image du marathonien Dorando Pietri qui, à Londres, passe la ligne d'arrivée

1 Paul Dietschy, Stefano Pivato, *Storia dello sport in Italia*, Bologne, Il Mulino, 2019, p. 7.

épuisé, soutenu par des officiels, est perçue comme un symbole d'une Italie diminuée et défaillante. L'autre preuve en serait l'incapacité du pays à organiser l'Olympiade de 1908, alors que Rome avait été choisie.

Enfin, la désignation en 1921 de Paris comme ville hôte pour 1924 au détriment de la capitale italienne est vécue comme une nouvelle désillusion et un camouflet : la délégation italienne quitte le congrès du Comité international olympique, comme l'on fait un an plus tôt les représentants du gouvernement à la conférence de Versailles, considérant l'Italie injustement récompensée de son engagement aux côtés de l'Entente. Au thème nationaliste de la "victoire mutilée" fait écho celui de la "nation sportive par excellence", que les Jeux Olympiques doivent magnifier.

## L'organisation du sport fasciste à l'épreuve des Jeux

Le journaliste et écrivain Giuseppe Prezzolini considère, dans une biographie publiée l'année des Jeux de Paris, en 1924, que Benito Mussolini pousse les Italiens "*vers une civilisation de la compétition*[2]". Pourtant, dans le domaine sportif, l'accent est d'abord mis sur l'éducation de masse, même si les confrontations – notamment au niveau international – entre athlètes de haut niveau ne sont pas totalement négligées, pas plus que les relations avec le mouvement olympique.

Pierre de Coubertin et les membres du CIO ne sont d'ailleurs guère gênés, à l'instar des principales chancelleries, par l'arrivée au pouvoir en Italie de Benito Mussolini et, quelques mois seulement après la marche sur Rome, le nouveau chef du gouvernement est convié

---

2 Stefano Pivato, "Sport et rapports internationaux : le cas du fascisme italien", *in* Pierre Arnaud, Alfred Wahl (dir.), *Sports et relations internationales*, Metz, Centre de recherche histoire et civilisation de l'Université de Metz, 1994, p. 68.

aux côtés du roi Victor-Emmanuel III à la session annuelle du CIO, qui se tient au Capitole à Rome[3].

En mai 1923, le Comité olympique national italien (CONI), fondé en 1914 avec la charge de la préparation sportive des athlètes, est placé sous la présidence d'Aldo Finzi, champion de motocyclisme, aviateur durant la guerre et fasciste de la première heure. Son mandat ne dure que quelques semaines, mais alors qu'il le cumule avec sa fonction de sous-secrétaire d'État à l'Intérieur du premier gouvernement de Benito Mussolini, il obtient un soutien financier étatique en vue de préparer l'Olympiade parisienne de 1924. À Paris, la délégation italienne est composée de 200 athlètes participant à 10 disciplines; elle remporte 16 médailles dont 8 en or, ce qui positionne l'Italie à une honorable 5e place au palmarès des nations.

Mais c'est une nouvelle fois un sentiment d'amère déception qui semble dominer, en raison notamment de la tournure défavorable du tournoi d'escrime. L'Italie y est opposée à la France dans l'épreuve de fleuret par équipe, dans une confrontation sportive qui ravive l'opposition historique entre des styles opposés, portés à travers toute l'Europe par les maîtres d'armes des 2 pays. L'attribution d'une touche litigieuse à Lucien Gaudin face à Aldo Boni suscite l'ire des Italiens, qui quittent la salle en entonnant des chants fascistes. De manière tout aussi fracassante, les sabreurs se retirent à leur tour de la compétition, manifestant ainsi leur mécontentement face aux accusations de malhonnêteté qui sont portées contre eux. Au-delà des Alpes, l'émotion est vive et dans la presse se lit un profond sentiment d'injustice teinté de gallophobie[4].

À ce moment pourtant, l'Italie de Mussolini suit sur la scène internationale une ligne diplomatique traditionnelle de conciliation dénuée de toute agressivité, à l'exception de l'incident notable de

---

3 Antonio Lombardo, "Il fascismo alle Olimpiadi", *in* Maria Canella, Sergio Giuntini (dir.), *Sport e fascismo*, Milan, Franco Angeli, 2009, p. 56-57.

4 Karen Bretin, "*La Gazzetta dello sport* et les Jeux de 1924: les relations franco-italiennes au cœur de la manifestation olympique parisienne", *in* Thierry Terret (dir.), *Les Paris des Jeux Olympiques de 1924*, 4 volumes, Biarritz, Atlantica, 2008, p. 814-818.

Corfou l'opposant à la Grèce au cours de l'été 1923. Les résultats sportifs ne font donc que peu l'objet d'une surenchère du discours nationaliste. Pourtant, lorsque s'ouvrent les Jeux de Paris, en mai 1924, l'assassinat du député socialiste Giacomo Matteotti, dont Benito Mussolini endosse la pleine responsabilité quelques mois plus tard, conduit sur le plan intérieur à un tournant plus dictatorial et totalitaire que traduisent les lois fascistissimes de 1925 et 1926. L'heure est alors à "*épurer le monde sportif des organisations hostiles au fascisme*[5]" et à la reprise en main. L'éducation physique des jeunes gens revient à *l'Opera nazionale Ballila* (ONB), tandis que les activités récréatives pour les adultes sont du ressort de *l'Opera nazionale Dopolavoro* (OND). Ces organisations fascistes visent, par l'exercice physique, au "*perfectionnement de la race*" dans un esprit de restauration du "*sentiment de virilité, de camaraderie et de discipline*[6]".

Le sport de compétition fait alors débat et apparaît comme secondaire, voire contradictoire pour certains, avec l'objectif de contrôler la jeunesse et de forger l'homme nouveau du fascisme, conçu comme un "*homo sportivus*[7]" incarné par le corps mis en scène du Duce, érigé en "*premier sportif d'Italie*".

Il revient au CONI, à qui Benito Mussolini "*fait endosser la chemise noire*[8]", de promouvoir et d'organiser la "nation sportive". Lando Ferretti, ancien combattant, rédacteur en chef de la *Gazzetta dello Sport*, rallié très tôt au fascisme, est nommé à la présidence du Comité afin d'en faire "*une fédération des fédérations*", en d'autres termes "*l'organisme responsable de la politique sportive du régime*[9]"

---

5 Paul Dietschy, "Sport, éducation physique et fascisme sous le regard de l'historien", *Revue d'Histoire moderne et contemporaine*, vol. 3, n° 55, 2008, p. 64.

6 Patrizia Dogliani, "Sport and Fascism", *Journal of Modern Italian Studies*, vol. 3, n° 5, 2000, p. 327.

7 Paul Dietschy, "Introduction", *in* Georges Bensoussan, Paul Dietschy, Caroline François, Hubert Strouk (dir.), *Sport, corps et sociétés de masse. Le projet d'un homme nouveau*, Paris, Armand Colin, 2012, p. 22.

8 Antonio Ghirelli, "Sport, Giornali", *in* Jacomuzzi Stefano (dir.), *Sapere di sport. Le parole, le funzioni, le culture dello sport*, Turin, Guanda, 1983, p. 45.

placé sous la tutelle directe du Parti national fasciste (PNF). Le CONI nomme tous les présidents des fédérations et des organisations sportives provinciales, tous membres du PNF, et le faisceau des licteurs – l'emblème fasciste – doit désormais figurer sur tous les fanions sportifs. Ferretti fonde en outre en juin 1928 la revue mensuelle *Lo Sport Fascista*, afin "*de faire pénétrer la pratique sportive dans le cœur, dans la conscience et dans l'esprit italiens*[10]". Son ambition d'un sport pour tous, qui s'accompagne aussi d'une politique de développement des équipements sportifs, échoue toutefois au regard des résultats jugés décevants des sportifs italiens dans les compétitions internationales.

Les Jeux Olympiques d'Amsterdam lui sont fatals. L'Italie se situe toujours au 4e rang des nations avec certes 3 médailles de plus que lors des Jeux précédents, mais une de moins en or. Les victoires en aviron, en cyclisme sur piste, en escrime et en boxe, une discipline qui incarne les valeurs viriles et combattantes du régime où s'illustrent Vittorio Tamagnani, Carlo Orlandi, Piero Toscani, surnommés "les trois mousquetaires d'Amsterdam", ne suffisent pas. La direction du CONI est alors confiée à Augusto Turati, président de la fédération d'athlétisme et surtout secrétaire du PNF.

Ainsi, s'affirme plus encore la fascisation du mouvement sportif et olympique italien dont la structuration est fixée par la Charte des sports promulguée en décembre 1928. La nomination d'Augusto Turati incarne surtout un virage dans la politique sportive du régime qui fait désormais de la réussite des "*athlètes en chemise noire*[11]" une priorité au service d'une politique extérieure aux ambitions impérialistes affichées.

---

9 Paul Dietschy, "Sport, éducation physique et fascisme…", *op. cit.*, p. 66.

10 Andrea Bacci, *Lo sport nella propaganda fascista*, Turin, Brandipolibri, 2002, p. 43.

11 Renato Bianda, Leone Giuseppe, Rossi Gianni, Urso Adolfo, *Atleti in camicia nera : lo sport nell'Italia di Mussolini. Storia e documenti del fascismo*, Rome, Volpe, 1983.

## Triomphes olympiques

L'objectif est donc de préparer et d'encadrer au mieux les sportifs appelés à briller aux Jeux de Los Angeles en 1932. L'édification, à Rome, à partir de 1927, d'un vaste complexe sportif, le Forum Mussolini, selon le style architectural promu par le fascisme, alliant rationalité, modernité et références à l'Antiquité, est destinée non seulement à devenir la "*maison mère de l'organisation de jeunesse fasciste*[12]", mais aussi le lieu de la formation des élites sportives. C'est au successeur d'Augusto Turati à la tête du CONI, Leandro Arpinati, qu'il revient de récolter les lauriers. Fondateur du *fascio* de Bologne, ville qu'il dirige à partir de 1926, et sous-secrétaire d'État à l'Intérieur depuis 1929, Arpinati est aussi très impliqué dans le milieu sportif : fondateur du journal *Il Littoriale*, il préside aux fédérations de football, d'athlétisme et de natation avant de prendre, au sommet de la hiérarchie, la présidence du CONI en 1931.

L'important soutien, notamment financier, accordé aux sportifs devenus "*amateurs d'État*[13]" mène sur les voies du triomphe aux Jeux Olympiques de Los Angeles en 1932. Benito Mussolini prend soin d'envoyer un télégramme d'encouragement avant la compétition à chacun d'eux. Un tiers de la centaine d'athlètes composant une délégation réduite – comme celle de la plupart des pays, compte tenu de la crise et de la distance – remporte une médaille (36 dont 12 en or), plaçant ainsi l'Italie en 2e position du classement des nations derrière les États-Unis, pays organisateur.

Les sports traditionnellement pourvoyeurs de médailles sont au rendez-vous : l'escrime avec 8 médailles dont 2 en or et le cyclisme avec 5 médailles dont 3 en or. Les gymnastes s'illustrent aussi en remportant 7 médailles, 4 en or dont celle par équipe et 2 pour Romeo Neri. La victoire en lutte de Giovanni Gozzi, déjà médaillé de bronze à Amsterdam en 1928, flatte les valeurs combattantes

---

12 Daphné Bolz, *Les Arènes totalitaires : fascisme, nazisme et propagande sportive*, Paris, CNRS Éditions, 2008, p. 195.

13 Andrea Bacci, *op. cit.*, p. 199.

assignées à l'éducation sportive, tandis que celle de Renzo Morigi, secrétaire du *fascio* de Ravenne, au tir au pistolet, fait écho à la militarisation en cours de la société. Mais le succès le plus retentissant revient à l'athlétisme, discipline phare de l'olympisme : Luigi Beccali remporte l'épreuve du 1500 mètres, dont il établit un nouveau record olympique. Il est peu de dire que l'image du champion sur la plus haute marche du podium saluant le bras levé suscite la fierté du régime et des Italiens, et pas seulement dans la Péninsule.

Ces succès sportifs sont en effet mis au service de la propagande fasciste au sein de l'importante émigration à travers le monde, appelée à résister à la tentation de l'assimilation au pays d'accueil et à rester dans le giron de la "mère-patrie". À l'occasion de l'Olympiade américaine de 1932, les athlètes italiens peuvent d'ailleurs compter sur le soutien d'une "colonie" de près de 2 millions de compatriotes auxquels s'ajoutent les descendants naturalisés des 4 millions d'Italiens débarqués aux États-Unis au moment de la "Grande émigration", avant la Première Guerre mondiale. Comme un symbole, la délégation olympique italienne est accueillie à son arrivée à New York par le maire de la ville, Fiorello La Guardia, fils d'un immigré des Pouilles, tandis que tout au long du voyage en train jusqu'en Californie, les Italo-Américains se pressent à chaque arrêt en gare, pour saluer et encourager l'équipe du pays d'origine. À Los Angeles, les athlètes, reçus à leur arrivée, peuvent aussi compter sur le soutien des 17 000 Italiens de la ville, dont nombre résident dans "la Petite Italie" du quartier de San Pedro. Leurs exploits font la une du quotidien local *L'Italo-Americano*.

Plus généralement, ce "*miracle d'une élite*[14]" donne lieu à une exaltation de la figure du héros sportif, du *campionissimo*, incarnée en dehors de l'olympisme par le boxeur Primo Carnera, champion du monde des poids lourds en 1933. Pour ce faire, le CONI est doté d'un service de presse et de propagande et peut s'appuyer, au-delà de la presse généraliste, sur la floraison de journaux sportifs largement illustrés et des retransmissions radiodiffusées très appréciées.

---

[14] Felice Fabrizio, *Sport e fascismo. La politica sportiva del regime, 1924-1936*, Rimini-Florence, Guaraldi, 1976, p. 61.

Le régime manifeste en outre sa reconnaissance par des récompenses financières et honorifiques attribuées aux champions. Benito Mussolini décerne ainsi à partir de 1934, sur proposition du CONI, la "*médaille de la bravoure sportive*" ou l'"*étoile du mérite sportif*" aux athlètes et dirigeants qui se distinguent au niveau international. À partir de 1935, les médaillés bénéficient également d'une assurance sur la vie octroyée à leur premier enfant. S'adressant "Aux athlètes d'Italie", en octobre 1934, le Duce leur fixe le cadre de leur performance: "*Vous devez être tenaces, chevaleresques, hardis. Rappelez-vous que quand vous combattez au-delà des frontières à ce même instant l'honneur et le prestige sportif de la Nation sont confiés à vos muscles et surtout à votre esprit*[15]."

Les victoires remportées semblent valider l'organisation mise en place par le régime, qui prend une dimension toujours plus totalitaire avec la nomination en 1933 d'Achille Starace à la tête du CONI, lui qui dirige déjà non seulement le PNF mais aussi l'OND et les organisations de jeunesse. Les observateurs internationaux ne manquent pas d'être séduits et viennent en Italie étudier les ressorts du système sportif. Le CIO décerne même la Coupe olympique (prix honorifique décerné chaque année à une institution pour son soutien au mouvement olympique) à l'OND sur proposition d'un de ses membres américains.

Les Jeux Olympiques de Berlin en 1936 doivent donc confirmer cette montée en puissance, et pas seulement sur le plan sportif. "*Cette fois la participation italienne aux Jeux Olympiques prendra une importance particulière. C'est la démonstration de la force de l'Italie de Mussolini, de l'Italie assaillie, de la nation assaillante*[16]", peut-on lire dans *Il Popolo d'Italia* le 18 janvier 1936. L'Olympiade intervient en effet dans le contexte bien particulier de la guerre menée par l'Italie à l'Éthiopie depuis octobre 1935. Destinée à assouvir l'ambition impériale du régime, cette guerre n'en place pas moins l'Italie au ban des nations à la suite de la condamnation et des sanctions adoptées par la

---

15 Angela Teja, "Le sport italien et les relations internationales", *in* Pierre Arnaud, James Riordan, *Sport et relations internationales (1900-1941)*, Paris, L'Harmattan, 1998, p. 193.

16 Stefano Pivato, "Sport et rapports internationaux...", *op. cit.*, p. 71.

Société des Nations. La propagande se déchaîne face à l'iniquité de la situation, mobilisant ainsi très largement l'opinion italienne, sans doute jamais autant ralliée au régime mussolinien. La tension se fait ressentir aussi dans le champ sportif et les équipes italiennes sont sommées de choisir leurs adversaires parmi les pays soutenant l'Italie. De nombreuses rencontres sont annulées et l'Italie renonce à participer à certaines compétitions internationales.

Ce n'est pas le cas pour les Jeux de 1936 organisés par l'un des rares pays apportant son soutien à l'Italie dans la crise, ouvrant à un rapprochement entre les 2 dictatures, concrétisé par l'axe Rome-Berlin proclamé le 1er novembre 1936. Entretemps, les Jeux de Berlin doivent montrer à ce nouvel allié, qui compte faire de la compétition une vitrine de sa supériorité raciale, que l'Italie est une puissance de premier ordre, mais aussi et surtout témoigner auprès des démocraties occidentales des ressources et de la vitalité d'un régime fasciste en rien affaibli. Les athlètes italiens sont d'ailleurs galvanisés par le rappel incessant de l'exemplarité des soldats et miliciens tombés en Éthiopie. La visite du prince héritier Humbert à la délégation italienne au village olympique renforce le sentiment qu'une mission officielle, et même quasi messianique, leur est confiée.

Les résultats sont à la hauteur, même si l'Italie recule au quatrième rang au tableau des médailles étant devancée par l'Allemagne, première du classement. Avec ses 182 athlètes engagés, elle récolte 22 médailles dont 8 en or, avec 4 en escrime, une en boxe, et une en voile. La médaille d'or obtenue par la *Nazionale* vient confirmer la domination du football italien après la Coupe du monde remportée à domicile en 1934. Elle est cependant une surprise, car les restrictions imposées de n'aligner que des joueurs amateurs ne laissaient que peu d'espoir du côté italien, même si un certain nombre des *Azzurri* évoluent dans le championnat de série A et disposent d'un statut ambigu. La victoire n'en est que plus belle, et ce d'autant plus qu'elle est acquise dans un climat hostile en finale face à l'Autriche, pour qui le public allemand du stade olympique a pris fait et cause.

Mais c'est en athlétisme que le succès est le plus retentissant avec la médaille d'or obtenue par Ondina Valla dans l'épreuve du 80 mètres haies. Dans le film *Olympia*, Leni Riefenstahl immortalise le salut fasciste de la jeune Bolognaise de 20 ans sur le podium. La célébration dont elle est l'objet à son retour en Italie et la reconnaissance accordée par les hiérarques du parti – qui lui valent même d'être reçue par le Duce – tranchent avec l'attitude adoptée jusque-là par le régime à l'égard du sport féminin[17].

Au cours de la première décennie du fascisme au pouvoir, le débat n'a jamais cessé sur l'opportunité d'une éducation physique pour les jeunes filles ; le point de vue prévalant étant d'y concéder uniquement afin de les préparer à leur rôle de futures mères et de les doter d'un corps gracieux et vigoureux. La pratique du sport en compétition était plus mal vue encore. Certes, la médaille d'argent obtenue en gymnastique par équipe aux Jeux Olympiques de 1928 avait été célébrée, mais plus sans doute en raison du sentiment d'injustice qu'avait suscité la décision des juges néerlandais en faveur de l'équipe du pays hôte.

En 1932, la délégation italienne ne comporte aucune femme, pour des raisons dit-on d'économie, mais aussi pour ne pas braver l'interdiction de l'Église avec laquelle le régime fasciste entend maintenir de bonnes relations. En 1936, il y a moins de 5000 sportives inscrites dans les fédérations italiennes. À Berlin, elles ne sont que 7, mais la victoire d'Ondina Valla est le signe d'une inflexion de la politique du régime qui associe de plus en plus les femmes à son entreprise de militarisation de la société ; elle annonce aussi un intérêt plus grand pour le sport féminin, appelé à servir la propagande racialiste qui se développe dans les années suivantes.

À l'heure du bilan sportif, on note aussi l'absence de toute médaille aux Jeux d'hiver, dans un pays pourtant parmi les précurseurs en Europe en matière de sports d'hiver et où les organisations fascistes promeuvent des séjours à la montagne afin de s'adonner au ski, à l'image de Mussolini, que la propagande montre sur les pistes.

---

17 Giuseppe D'Angelo, Emminio Fonzo, "'Arrivederci a Tokyo'. Ondina Valla e lo sport femminile durante il fascismo", *La Camera Blu. Rivista di studi di genere*, n° 17, 2017, p. 332-360 ; Gigliola Gori, "A Glittering Icon of Fascist Femininity : Trebisonda 'Ondina' Valla", *The International Journal of the History of Sport*, vol. 1, n° 18, 2001, p. 173-195.

## Pas de "troisième Rome" olympique

L'affirmation aux yeux du monde de la modernité du régime fasciste et de son ambition impériale passe aussi par l'organisation de grandes compétitions. Benito Mussolini l'a bien compris depuis l'accueil de la Coupe du monde de football en 1934, à laquelle il n'était pourtant initialement guère favorable, qui a suscité des commentaires admiratifs dans la presse internationale. Il envisage un temps de présenter la candidature de Rome pour l'organisation des Jeux de 1936, avant de renoncer.

Le projet n'est cependant pas abandonné et s'inscrit dans celui de faire de la capitale italienne une "troisième Rome", cœur battant de l'Empire fasciste. La construction du Forum Mussolini participe du reste d'un vaste plan d'aménagement urbain, faisant une large place à la monumentalité antique et moderniste. Les travaux, outre la perspective d'accueillir l'Exposition universelle de Rome en 1942, conduisant à l'émergence d'un quartier ex nihilo, au sud-ouest de la ville, doivent servir d'appui à une candidature olympique. Sur le site du Forum Mussolini est ainsi construit un premier grand stade inauguré en 1932 et réaménagé à partir de 1937[18].

Le Duce s'implique personnellement dans la candidature, laissant même à l'écart les membres du CONI et les membres italiens du CIO (Carlo Montù, Paolo Thaon di Revel et Alberto Bonacossa, des anciens officiers de l'armée qui ne sont pas des hiérarques fascistes) des discussions avec des représentants japonais, en vue d'un arrangement pour répartir les Jeux de 1940 et 1944, le Japon devant accueillir les premiers, l'Italie les seconds[19]. Ces tractations suscitent la désapprobation du CIO, qui s'il attribue bien les Jeux à la capitale japonaise lors de sa session de 1935, se refuse à anticiper la désignation de la ville-hôte pour les Jeux de 1944. La décision prise en 1939

---

18 Aurélien Delpirou, Stéphane Mourlane, "Le stade olympique de Rome : entre vitrine politique et levier d'aménagement urbain", *Métropolitiques*, 27 juin 2016.

19 Tito Forcellese, *L'Italia e i Giochi Olimpici. Un secolo di candidature: politica, istituzioni e diplomazia sportiva*, Milan, Franco Angeli, 2013.

est une nouvelle douche froide pour le régime fasciste puisque le CIO porte son choix sur Londres. L'annexion récente de l'Albanie et le renforcement des liens avec Adolf Hitler par la signature du Pacte d'acier dans une perspective de plus en plus belliciste ont certainement desservi l'ambition mussolinienne. Cet échec politique, diplomatique et sportif n'est effacé que par l'entrée en guerre, fatale non seulement à ces 2 Olympiades, mais aussi finalement au régime fasciste. "Vaincre et nous vaincrons" proclamait pourtant la propagande à la veille du conflit, prolongeant ainsi, en un sens, la dynamique des victoires dans les grandes compétitions sportives, dont les Jeux Olympiques.

L'histoire de la relation du fascisme à l'olympisme connaît par la suite un épilogue quand Rome accueille, enfin, les XVII^e Olympiades en 1960. Une bonne part des épreuves se déroule en effet sur des sites hérités de l'époque fasciste et qui en portent ostensiblement les stigmates[20]. Avec le quartier de l'EUR, le Forum Mussolini, devenu *Foro Italico*, en est l'un des principaux avec l'érection d'un nouveau stade olympique que l'on atteint au bout d'une artère centrale qui s'ouvre par un obélisque de marbre orné de l'inscription "*Mussolini Dux*". Le parterre est décoré de mosaïques qui célèbrent la geste sportive et guerrière ainsi que les slogans du régime fasciste et des blocs de marbre, de part et d'autre de l'allée, rappellent les grandes dates du fascisme. Si les élus communistes de la municipalité s'en émeuvent et réclament l'effacement de toutes ces marques au nom de la réputation internationale de l'Italie, force est de constater que rares sont ceux parmi les étrangers qui ont relevé les traces de ce passé[21], où pourtant sport et politique étaient étroitement liés au service d'une idéologie totalitaire et impérialiste qui a trouvé dans l'olympisme une caisse de résonance.

---

20 Daphné Bolz, "Modern Temples of Marble and Concrete", *in* Richard Holt, Dino Ruta (dir.), *Routledge Handbook of Sport and Legacy. Meeting the Challenge of Major Sports Events*, Abingdon, Routledge, 2015, p. 339-350.

21 Stéphane Mourlane, "Les Jeux olympiques de Rome (1960) : une image du renouveau de l'Italie", *in* François Jequier, Pierre Milza, Philippe Tétart (dir.), *Le Pouvoir des anneaux. Les Jeux Olympiques à la lumière de la politique 1896-2004*, Paris, Vuibert, 2004, p. 239-262.

*Perspectives*

# Contrepoint rouge ou les tentatives soviétiques de créer des Jeux Olympiques prolétaires (1921-1951)

Didier Rey

La société nouvelle que prétendaient construire les bolcheviques en Union soviétique se voulait "*prolétarienne, débarrassée du capitalisme*[1]", entraînant par là même une approche nouvelle des pratiques corporelles. Pour cela, il fallait au préalable définir une doctrine sportive authentiquement prolétaire. Ce ne fut pas simple.

Au début, un débat opposa les hygiénistes aux tenants du *Proletkult*, la culture prolétarienne. Pour les premiers, le sport devait renforcer physiquement et moralement les citoyens soviétiques, tout en rejetant certaines pratiques considérées comme dangereuses idéologiquement, telles la boxe et l'haltérophilie accusées de véhiculer les idéaux individualistes et petits-bourgeois. Pour les seconds,

---

1 Nicolas Bancel, Jean-Marc Gayman, *Du guerrier à l'athlète. Éléments d'histoire des pratiques corporelles*, Paris, Presses universitaires de France, 2002, p. 245.

il s'agissait de promouvoir des activités physiques "*libérées du culte du champion et des records*[2]" inhérents au sport de la bourgeoisie. En 1925, le Parti mit fin à la querelle en tranchant dans le vif : la culture physique ayant des objectifs hygiéniques, éducatifs et idéologiques, devait permettre de faire adhérer les ouvriers et les paysans au socialisme ; mais elle utiliserait le sport comme instrument principal[3].

Il n'y avait pas que cela. Moscou entendait également que le sport jouât "*un rôle significatif dans la lutte des classes opposant les travailleurs à la bourgeoisie, le nouvel État socialiste au monde capitaliste*[4]", contribuant de cette manière à précipiter la fin du vieux monde et l'avènement de la révolution mondiale. Dès lors, durant l'entre-deux-guerres, l'URSS refusa catégoriquement toutes participations aux compétitions internationales qualifiées de "bourgeoises" et considérées comme des outils de propagande et d'aliénation aux mains du capital international ; à commencer par les Jeux Olympiques et la Coupe du monde de football.

Pour les communistes, ces manifestations sportives ne représentaient, finalement, que des vestiges de la "*société bourgeoise décadente*" et de sa "*culture dégénérée*"[5], bref les oripeaux d'un monde voué à disparaître irrémédiablement.

---

2 Paul Dietschy, *Storia del calcio*, Vedano al Lambro, Paginauno, 2016, p. 189.

3 *Ibid.*

4 Pierre Arnaud, James Riordan, *Sport et relations internationales (1900-1941)*, Paris, L'Harmattan, collection Espaces et temps du sport, 1998, p. 127.

5 Pierre Arnaud, James Riordan, *Sport et relations internationales*, *op. cit.*, p. 129.

## L'Internationale rouge sportive (1921-1937)

L'Union soviétique essaya donc, fort logiquement, de promouvoir une autre forme d'internationalisme sportif, "*rassemblant les mouvements ouvriers de culture physique* [...] *dont l'objectif* [était] *de concurrencer les organisations bourgeoises et d'affirmer des valeurs différentes*[6]". Pour cela, il lui fallait mettre en place ses propres instances sportives ainsi que ses rendez-vous internationaux particuliers par l'intermédiaire d'une organisation spécifique : ce fut l'Internationale Rouge Sportive (IRS).

Cette dernière fut portée sur les fonts baptismaux en juillet 1921, à Moscou, lors du 1er Congrès international des représentants des organisations révolutionnaires du sport ouvrier – les membres fondateurs appartenaient aux organisations sportives ouvrières d'Allemagne, de Finlande, de France, de Hongrie, d'Italie, de Suède, de Tchécoslovaquie et de la Russie soviétique – qui se tenait parallèlement au 3e Congrès du Komintern. Elle demeura "*jusqu'à sa disparition en 1938, l'une des organisations auxiliaires de l'Internationale Communiste*[7]" et, par conséquent, de la diplomatie stalinienne. Elle devait en subir toutes les volte-faces ainsi que les conséquences dramatiques des purges des années 1930 qui ne l'épargnèrent pas, rendant son efficacité relative.

Ce combat, l'IRS devait le mener sur deux fronts. D'une part, en croisant le fer et en cherchant à vaincre son ennemi intime social-démocrate, à savoir l'Internationale sportive de Lucerne[8] (ISL), née en 1920 à l'initiative des représentants socialistes allemands, belges

---

6 Sylvain Dufraisse, "Au-delà de la 'machine rouge' : implications soviétiques dans la guerre froide sportive", *Guerres mondiales et conflits contemporains*, n° 277, 2020, p. 74.

7 André Gounot, "Le rassemblement international des sportifs contre le fascisme et la guerre, Paris 1934", *in* Pierre Arnaud, Alfred Wahl (dir.), *Sports et relations internationales*, Metz, Centre de recherche histoire et civilisation de l'Université de Metz, 1994, p. 157.

8 Puis Internationale sportive ouvrière socialiste (ISOS) à partir de janvier 1928.

sportive ouvrière fondée en 1913, à Gand. Si, dans un premier temps, les 2 structures avaient plus ou moins cohabité, la rupture intervint assez rapidement. En septembre 1924, l'IRS avait été exclue de l'ISL, n'ayant pas répondu positivement à la demande passablement provocatrice formulée par cette dernière afin que la première se fondît purement et simplement dans l'organisation socialiste. L'une des conséquences de cette exclusion devait être la division du sport ouvrier presque partout en Europe.

D'autre part, en tentant de concurrencer – voire de dépasser – les instances internationales qu'étaient la Fédération internationale de football association (FIFA) et le Comité international olympique. Du côté du football, Moscou dénonçait, non sans raison, la complaisance de la FIFA avec les régimes autoritaires et fascistes[9]. Ceci dit, hormis des tournées de prestige en Europe de certains clubs, tel le Dynamo de Moscou, et de l'équipe nationale soviétique en Turquie et en Europe occidentale, aucune réelle alternative ne put être trouvée à la Coupe du monde.

Cependant, la FIFA, en dépit de l'anticommunisme affiché de ses dirigeants, essaya d'attirer l'URSS dans son giron en faisant preuve d'une surprenante "patience[10]" à son égard. Outre le danger de voir les membres des classes populaires déserter les clubs "bourgeois", qui fut pris au sérieux, il y avait également, et surtout, l'obstination à vouloir étendre son pouvoir au niveau mondial. Dès lors, la Fédération internationale dut "finasser" et louvoyer entre les écueils. On le vit bien, en 1932 notamment, lors du contentieux qui opposa la Fédération internationale à la Fédération turque de football, cette dernière laissant certains de ses clubs rencontrer leurs homologues soviétiques en violation des règles de la FIFA dont elle était membre. La FIFA s'inclina et les rencontres continuèrent[11].

---

9 Collectif, *FIFA, un siècle de football 1904-2004*, Paris, FIFA/Le Cherche midi, 2004, p. 275 et suivantes.

10 *Ibid.*

11 *Ibid.*, p. 276. L'URSS intégra la FIFA le 4 novembre 1946.

En revanche, les positions du CIO et des Soviétiques se retrouvaient sur l'essentiel, si l'on peut dire : se rejeter mutuellement. Le premier se montrait totalement fermé sur la question d'une éventuelle intégration des sportifs/sportives soviétiques, par anticommunisme viscéral. Pour Moscou, le CIO représentait la quintessence de l'esprit du sport capitaliste. Rien de surprenant dès lors à ce que les Jeux Olympiques ne trouvassent pas grâce aux yeux des dirigeants soviétiques. Selon eux, en effet, ils n'avaient d'autres buts que de "*détourner les travailleurs de la lutte des classes tandis qu'on les entraîne à de nouvelles guerres impérialistes*[12]".

## Les Spartakiades (1928-1934)

Dans cette optique, à partir de 1925, l'IRS envisagea d'organiser ses propres jeux internationaux, sous le nom de Spartakiades[13], allusion limpide au mouvement révolutionnaire spartakiste allemand écrasé en 1919 et, au-delà, à la fameuse révolte de Spartacus contre Rome (73 à 71 av. J.-C.). Et cela d'autant plus que l'ISL avait déjà organisé sa première "Olympiade ouvrière", à Francfort, en Allemagne, entre le 24 et le 28 juillet 1925, non sans succès.

Faute de préparation suffisante, il fallut attendre encore 3 ans pour voir la tenue de la première Spartakiade, à Moscou, du 12 au 24 août 1928. Les dates choisies ne devaient rien au hasard, puisque venaient juste de se terminer les Jeux Olympiques d'Amsterdam (28 juillet-12 août). L'Olympiade rouge rassembla 542 hommes et 70 femmes de 12 pays étrangers[14] auxquels s'ajoutaient 3000 hommes

---

[12] Pierre Arnaud, James Riordan, *Sport et relations internationales (1900-1941), op. cit.*, p. 128.

[13] André Gounot, "Les Spartakiades internationales, manifestations sportives et politiques du communisme", *Cahiers d'histoire. Revue d'histoire critique*, n° 88, 2002.

[14] *Ibid.* Par ordre d'importance il s'agissait de l'Allemagne, la Finlande, l'Autriche, la Suisse, la Suède, l'Angleterre, la France, l'Uruguay, la Tchécoslovaquie, la Norvège, la Lettonie et l'Estonie.

et 879 femmes soviétiques. La manifestation répondit parfaitement à ses objectifs qu'a magistralement exposés André Gounot[15] : "*Les Spartakiades avaient vocation d'exprimer, de transmettre et de renforcer une identité communiste à travers un programme sportif et festif fortement empreint de propagande politique*[16]." D'autant que la domination des athlètes soviétiques "prouvait" les bienfaits et les réussites de la patrie du socialisme en la matière.

La Spartakiade suivante se tint à Berlin, du 4 au 12 juillet 1931. Une fois encore, les dates ne sont pas anodines puisqu'à Vienne, du 18 au 26 juillet, se tiendrait l'Olympiade des "sociaux-traîtres" de l'Internationale sportive ouvrière socialiste (ISOS). Dans ce schéma qui correspond toujours à la lutte "classe contre classe", l'IRS se déchaîna d'autant plus contre la social-démocratie allemande que le sous-préfet de police de Berlin et le ministre prussien de l'Intérieur, tous les 2 membres du Parti social-démocrate SPD, interdirent la manifestation[17], dont la plupart des épreuves purent quand même se dérouler. De ce point de vue, la lutte engagée contre l'ISOS tourna en défaveur de l'IRS puisque, en 1931, les presque 280 000 sportifs ouvriers inscrits dans ses sections – URSS mise à part – faisaient pâle figure face aux 1,9 million d'adhérents de l'ISOS[18].

La dernière Spartakiade se déroula à Paris, du 12 au 15 août 1934[19], dans un contexte politique alourdi, marqué par la crise politique et l'insurrection de l'extrême droite du 6 février 1934 en France et par la prise du pouvoir par les nazis en Allemagne l'année précédente. Cette fois-ci, le cadre idéologique était totalement chamboulé par le renversement complet d'objectifs impulsé par Joseph Staline. Désormais le temps n'était plus au combat contre le "social-fascisme"

---

15 On se reportera à cet article, auquel les lignes qui suivent doivent beaucoup, pour une analyse conséquente de ces manifestations.

16 André Gounot, "Les Spartakiades internationales, manifestations sportives et politiques du communisme", *op. cit.*

17 *Ibid.*

18 *Ibid.*

19 *Ibid.*

mais, au contraire, à l'union avec les socio-démocrates contre le fascisme, préludant à la formation des fronts populaires.

Du reste, des sportifs de l'ISOS participèrent aux compétitions, prologue à une désormais possible réunification du mouvement sportif ouvrier. On était bien loin des objectifs initiaux de l'IRS, d'ailleurs la Spartakiade fut rebaptisée "Rassemblement international des sportifs contre le fascisme et la guerre". Parmi les épreuves figurait la "Coupe du monde de football ouvrier", contre-exemple parfait de la Coupe du monde football qui venait de se dérouler sur le sol de l'Italie fasciste[20], démontrant par là même, une fois encore, le caractère belliciste et impérialiste du sport bourgeois.

Le rapprochement entre les 2 structures, l'IRS et l'ISOS, permit la préparation et la mise sur pied des Olympiades populaires de Barcelone[21]. Elles étaient prévues à l'été 1936, afin de concurrencer les Jeux Olympiques nazis de Berlin. Elles ne purent se tenir à cause du déclenchement de la guerre civile espagnole, la veille de leur ouverture, le 18 juillet. En avril 1937, sur décision du Présidium de l'Internationale communiste, l'IRS était dissoute. En effet, à l'heure des fronts populaires elle n'avait plus de raison d'être ; au contraire, l'Union soviétique cherchait désormais à défier le sport bourgeois sur son propre terrain, de manière à démontrer par l'exemple la supériorité du système communiste sur son adversaire capitaliste. Néanmoins, quelques résistances persistaient et Moscou continua de mettre son veto à l'intégration de ses structures nationales aux fédérations sportives internationales.

---

20 Du 27 mai au 10 juin, l'Italie remportant le trophée dans une ambiance d'exaltation nationaliste et de ferveur fasciste.

21 On pourra consulter sur la question André Gounot, "L'Olympiade populaire de Barcelone 1936 : entre nationalisme catalan, 'esprit olympique' et internationalisme prolétarien", *in* André Gounot, Denis Jallat, Benoît Caritey (dir.), *Les politiques au stade. Étude comparée des manifestations sportives du XIXe au XXIe siècle*, Rennes, PUR, 2007, p. 125-143.

## Une nouvelle donne au sortir de la Seconde Guerre mondiale

Au sortir de la "Grande Guerre patriotique" (1941-1945), l'exaltation du nationalisme russe tout autant que celle de la Patrie du socialisme, le prestige considérable et la toute-puissance de l'URSS sur la scène internationale ne justifiaient plus, de la part de cette dernière, un isolement sportif, d'autant que l'échec et la disparition de l'IRS en avaient montré toutes les limites. Au contraire, concrétisant les velléités de l'avant-guerre, il s'agissait désormais de défier l'ennemi sur son terrain, en portant le fer dans ces compétitions sportives internationales, symboles même du sport bourgeois ; à commencer par les Jeux Olympiques.

Dès lors, Moscou entreprit un processus d'intégration et de participation aux grands rendez-vous internationaux. Les actes suivirent les paroles. Entre le mois d'octobre 1946 et le mois de décembre 1947, l'URSS intégra 12 fédérations internationales[22]. En avril-mai 1947, pour leur première participation aux championnats d'Europe, les basketteurs soviétiques remportèrent le titre face au pays organisateur, la Tchécoslovaquie, qui n'était pas encore une démocratie populaire.

En revanche, lorsque l'URSS déposa officiellement sa demande d'adhésion auprès du CIO, en 1946, celui-ci tergiversa et fit traîner les négociations en longueur, si bien que rien n'était réglé à l'approche des Jeux de Londres qui devaient se tenir du 29 juillet au 14 août 1948. Entre-temps, le déclenchement de la guerre froide, ainsi que la soviétisation progressive des pays de l'est de l'Europe, sans oublier la victoire communiste en Chine (1949), changèrent totalement la donne.

Ces événements successifs confirmèrent, si besoin était, le Comité olympique dans son anticommunisme viscéral. Ainsi, lors de la préparation des Jeux de Londres, à la question de Lord Burghley, du comité d'organisation, demandant aux membres du CIO : "*La Russie et l'Autriche doivent-elles recevoir une invitation* ?", la réponse fut sans

---

[22] La fédération internationale d'haltérophilie et celle de football en 1946 ; leurs homologues de basket-ball, de lutte, de patinage, d'athlétisme et de natation, d'échecs, de ski, de boxe, de gymnastique et de volley-ball en 1947.

appel : "*seuls seront invités les pays possédant un Comité olympique à l'exclusion des autres*[23]" ce qui excluait *de facto* l'URSS qui ne disposait pas d'un Comité national olympique (CNO). Il faut dire que le contexte international, en pleine première crise de Berlin (juin 1948-mai 1949), ne pouvait que conforter la position du Comité.

L'URSS décida alors de réactiver une forme d'Olympiade populaire en organisant de nouvelles rencontres de masse à travers les jeux ouvriers qui, malgré tous les efforts déployés, ne pouvaient concurrencer les Jeux Olympiques. L'échec était d'autant plus garanti que Moscou laissa ses pays satellites envoyer leurs athlètes sur les bords de la Tamise, voulant par là même démontrer que ces derniers agissaient en toute indépendance ; tout en leur offrant un dérivatif patriotique à l'heure de la terreur stalinienne et de la soviétisation forcée.

Cependant, très rapidement, le Comité olympique nuança sa position, effectuant une forme de rapprochement avec l'Est. Plus que l'hypothétique menace de résurgence de l'IRS, 2 raisons essentielles expliquaient ce changement de perspectives : la première tenait, paradoxalement, à la trop grande proximité avec les États-Unis et leur allié britannique qui amena le CIO à tenter d'élargir son assise afin de mettre un terme à ce tête-à-tête obsédant. En effet, depuis 1945, les alliés occidentaux exerçaient sur l'instance de Lausanne une très forte pression afin que, à l'heure du procès de Nuremberg, elle procédât elle aussi à une forme de dénazification, conséquence de son embarrassant héritage et de ses accointances avec les régimes totalitaires, en tout premier lieu nazi. Se réfugiant derrière l'apolitisme sportif, le CIO n'en voulait à aucun prix et ne consentit à sacrifier "*à contrecœur*[24]" que quelques rares membres de son comité, maintenant les autres à leur poste et décernant, en 1948, le diplôme du "mérite olympique"... au film *Olympia*, de Leni Riefenstahl – la cinéaste préférée d'Hitler –, sur les Jeux de Berlin[25] !

---

23 Éric Monin, *L'URSS dans l'olympisme*, 2e partie, "De l'après-guerre jusqu'à la chute de l'Union soviétique (1946-1991)", *Russie Info*, 31 janvier 2014, http://www.russieinfo.com/

24 Patrick Clastres, *Jeux Olympiques. Un siècle de passions*, Paris, Les quatre chemins/Musée national du Sport, 2008, p. 76.

25 Françoise Hache, *Jeux Olympiques. La flamme de l'exploit*, Paris, Gallimard, 2000, p. 138.

Le Comité entreprit de courtiser les pays neutres, et l'attribution des Jeux d'été de 1952 à la Finlande (Helsinki) est à replacer dans ce contexte. Mais cela ne pouvait suffire, d'où le rapprochement avec l'Est. En effet, malgré le maintien de son ancrage à l'Ouest, le CIO ne pouvait accepter les nombreuses interventions des gouvernements occidentaux, notamment anglo-saxons, dans les affaires sportives qui menaçaient jusqu'à l'existence même des compétitions et, par conséquent, de l'olympisme, comme le rappelait justement, quelques années plus tard, Constantin Andrianov, l'un des 2 premiers membres soviétiques élus au Comité olympique : *"À l'époque de la guerre froide, l'OTAN s'efforça de s'approprier le Mouvement Olympique en ayant recours à la discrimination en sport. Les athlètes des pays socialistes n'étaient pas autorisés, pour des raisons politiques, à prendre part aux compétitions organisées dans les pays membres de l'OTAN*[26]."

Se rapprocher du bloc communiste revenait à tenter de l'utiliser comme une sorte de contrepoids, de manière à mettre fin à l'"*impuissance diplomatique*[27]" flagrante du CIO. Dès lors, les choses ne traînèrent pas : le 21 avril 1951, l'URSS créait son CNO et fit aussitôt sa demande d'adhésion au CIO qui, lors de sa 45e session le 7 mai 1951, la reconnaissait comme l'un de ses membres ; les athlètes soviétiques descendirent dans l'arène olympique pour la première fois lors des Jeux d'Helsinki en 1952. Comme le soulignait Sylvain Dufraisse : "*L'arrivée* [des Soviétiques] *aux Jeux Olympiques marque la première étape de la convergence entre systèmes sportifs* : *les Soviétiques acceptent les règlements fédéraux et prennent désormais part aux championnats et aux JO. Qui plus est, la participation de l'URSS renforce l'intérêt de la compétition et le rôle prééminent du Comité international olympique dans la gestion du sport international*[28]." On était bien loin des idéaux de l'Internationale rouge sportive.

---

[26] LA84 Foundation, Constantin Andrianov, "25 ans au service du mouvement olympique", *La Revue olympique*, n° 119, septembre 1977, p. 547. Le second délégué soviétique était Alexjev Romanov, coopté en 1952.

[27] Patrick Clastres, *Jeux Olympiques*, *op. cit.*, p. 75.

[28] Sylvain Dufraisse, "Au-delà de la 'machine rouge'", *op. cit.*, p. 79.

# L'impact de la guerre froide

## (1945-1984)

# Les Jeux Olympiques dans la guerre froide (1948-1976)

Sandrine Lemaire & Guillaume Bourel

*"Pratiqué avec sérieux, le sport n'a rien à voir avec le fair-play. Il déborde de jalousie haineuse, de bestialité, du mépris de toute règle, de plaisir sadique et de violence ; en d'autres mots, c'est la guerre, les fusils en moins*[1]", écrivait George Orwell le 14 décembre 1945 à propos de la tournée de l'équipe de football du Dynamo Moscou en Grande-Bretagne. Cet aphorisme ne saurait mieux décrire la situation des Jeux Olympiques lors de la guerre froide qui oppose les 2 grands systèmes idéologiques d'après-guerre à savoir le communisme – autour de l'URSS et des pays satellites – et le capitalisme – autour des États-Unis et leurs alliés occidentaux – de 1947 à 1991.

Ces Jeux Olympiques se revendiquent pourtant apolitiques, *fair play* et, depuis les Jeux de l'Antiquité, pacifiques. Ils sont donc censés marquer une "trêve" dans les conflits, d'où le lâcher de

---

1 George Orwell, "The Sporting Spirit", *Tribune*, 14 décembre 1945.

colombes de la paix qui eut lieu à chaque cérémonie d'ouverture jusqu'en 1992.

Or, l'URSS communiste, née en 1922 des suites des révolutions de 1917, avait décidé de ne pas participer à cet événement considéré comme le symptôme du "sport bourgeois". Le sport est alors perçu, en URSS, comme un outil pour façonner l'homme soviétique nouveau, sain de corps et d'esprit, déconnecté des compétitions mondiales. Les Russes sont donc absents de la scène olympique depuis leur participation à Stockholm en 1912 mais l'URSS change de politique, abandonnant son isolationnisme et, dès 1946, prend contact avec le Comité international olympique.

En effet Staline perçoit désormais les Jeux Olympiques comme une arène favorable à la démonstration de la supériorité du système communiste, c'est pourquoi il refuse de participer aux Jeux de Londres en 1948, ne percevant pas alors les équipes soviétiques à même de briller, pour n'entrer en compétition qu'aux Jeux d'Helsinki en 1952[2]. Dès lors commence une guerre froide sportive, dûment préparée autour de stratégies propres par chacun des protagonistes, construisant ainsi les ingrédients de la supériorité de leur modèle respectif sur les pistes d'athlétisme, les pas de tir, les bassins, stades, tatamis...

## Les Jeux Olympiques, enjeu de puissance

Censés être une enceinte isolée des enjeux politiques extérieurs, les Jeux Olympiques en constituent finalement l'une des arènes privilégiées où États-Unis et URSS, ainsi que leur bloc respectif, se rendent coup pour coup. Véritable division du monde en 2, la guerre froide se donne à voir dès la première participation de l'URSS aux Jeux Olympiques d'Helsinki avec la division en 2 villages olympiques. De fait, alors que le village olympique des délégations occidentales se trouve au centre de la capitale, celui regroupant les

---

2 Nicholas Niggli, "Diplomatie sportive et relations internationales : Helsinki 1952, les 'Jeux Olympiques de la guerre froide'", *Relations internationales*, n° 112, 2002, p. 467-485.

pays du bloc de l'Est se situe à 10 kilomètres d'Helsinki. Strictement contrôlé, il vise à éviter la "contamination" par les idées occidentales de ces délégations et, plus sûrement, la fuite de certains sportifs, même si rapidement il est ouvert à tous, sous la pression des médias occidentaux, afin d'attester du bien-être des athlètes, très *fair-play* sur le terrain et pacifiques en dehors.

Pour autant la terminologie guerrière, si elle est absente des enceintes sportives, est omniprésente dans la communication des 2 blocs et des outils médiatiques propres à chacun. Ainsi, en ce qui concerne le village, les médias occidentaux parlent alors de "*camp retranché*", d'enfermement, de "*caserne*" et même de "*mystère*".

La guerre froide étant avant tout une compétition où chacun des 2 grands cherche à montrer qu'il peut soutenir la compétition avec l'autre, les Jeux Olympiques, le grand rendez-vous sportif mondial, deviennent un terrain privilégié d'une "guerre froide olympique". Chacun des 2 États, à sa manière, détourne l'esprit initial de ces Jeux axés sur l'amateurisme tant défendu par Pierre de Coubertin.

Ainsi, en URSS, le Parti communiste prend en charge toute la politique et, dès qu'il met fin au long isolationnisme sportif, un immense programme d'édification par le sport est mis en place et totalement administré par l'État. Le sportif ayant des prédispositions doit se consacrer à plein temps à l'entraînement, et les succès sont récompensés par des primes à la victoire. *A contrario*, aux États-Unis, et conformément au système libéral érigé en dogme, l'État n'interfère que peu tout au moins dans les institutions sportives, qui reposent essentiellement sur les différentes associations ainsi que sur le système universitaire. La renommée de telle ou telle université reposant pour beaucoup sur les résultats sportifs autant que scolaires. La valorisation du sport amateur face à la "professionnalisation" *via* l'étatisme soviétique sert alors d'argument.

Le résultat est néanmoins identique, à savoir que les athlètes peuvent se consacrer à temps plein à l'amélioration de leurs performances. La stratégie instrumentalisant le sport comprend le Comité olympique américain comme organisation propagandiste[3] majeure susceptible de promouvoir la politique des États-Unis à l'échelle mondiale mais aussi l'agence étatique d'information (*United States Information Agency*) créée en pleine période de tension en 1953, afin d'élaborer la propagande américaine à l'étranger. Aussi, les Jeux Olympiques, avant même d'être une confrontation sportive, font l'objet de véritables programmes de communication bien en amont, destinés à dévaloriser le modèle adverse[4] et soutenus par la *Central Intelligence Agency* (CIA).

Cependant des duels sportifs bien directs ont inévitablement lieu comme les rencontres de basket-ball avec, par exemple, la finale des Jeux Olympiques de Munich en 1972 opposant les 2 pays et remportée par l'URSS face aux États-Unis (51-50). Or le Comité olympique des États-Unis ordonne non seulement aux joueurs de refuser de monter sur le podium pour recevoir leur médaille d'argent mais accuse, tout comme l'opinion publique, l'arbitre d'être un "communiste" et mène, en vain, pendant 2 ans, une campagne juridique avec le Comité international olympique afin d'invalider le résultat. Preuve supplémentaire des enjeux politiques irriguant le sport, le département d'État se lance dès lors dans une stratégie de prise de contrôle du CIO afin d'y faire primer les intérêts américains[5]. La guerre froide s'insinue et amplifie les confrontations olympiques, véritables chambres d'écho des oppositions. Pourtant, sur les terrains, cette "guerre" sportive reste majoritairement fondée sur le fair-play et si les enjeux dépassent les sportifs, ces derniers restent bien souvent respectueux des performances de leurs adversaires.

---

3 Jérôme Gygax, "Diplomatie culturelle et sportive américaine : persuasion et propagande durant la Guerre froide", *Relations internationales*, n° 123, 2005, p. 87-106.

4 Yale Richmond, *Cultural Exchange and the Cold War : Raising the Iron Curtain*, University Park, Pennsylvania State University Press, 2003.

5 Fabien Archambault, "La politique des bloc(k)s : basket-ball et guerre froide", *Matériaux pour l'histoire de notre temps*, 2012, n° 106, p. 33-39.

## Le sport comme vitrine : usines à champions et sport de haut niveau

Bien que la Charte olympique stipule alors que les athlètes doivent être amateurs, les 2 grands protagonistes de la guerre froide s'attachent, chacun à sa manière, à la contourner. Système de détection précoce, préparation physique et mentale des sportifs pour en faire de futurs champions, côté communiste, avec une méthode axée sur une approche scientifique et des entraînements poussés à l'extrême engageant même le KGB (Comité pour la sécurité de l'État).

Les pays satellites développent des stratégies identiques. N'étant pas reconnue par le CIO, la République démocratique allemande (RDA) est contrainte de faire équipe commune avec l'Allemagne de l'Ouest de 1956 à 1964. La RDA n'obtient de concourir sous ses propres couleurs que pour les Jeux de Mexico en 1968. La RDA fait alors du sport une priorité nationale et s'appuie sur un double système extrêmement poussé à la fois de détection mais aussi de formation des futurs champions. Un Institut central de médecine sportive, employant près de 2000 personnes, organise un dopage très efficace et la RDA qui ne remporte qu'une médaille d'or en 1956 en gagne 90 à Montréal en 1976 et 125 à Moscou en 1980. Elle prend ainsi la 2e place derrière l'URSS aux Jeux Olympiques d'été de 1976 à 1988 (à l'exception des Jeux de Los Angeles en 1984 où, à part la Roumanie, les pays de l'Est sont absents).

Cette volonté de dépasser ses limites et d'incarner un modèle conduit également au dopage côté occidental, et nombre d'athlètes américains ont été testés positifs au contrôle antidopage. Les investissements sont massifs, aussi bien en termes d'infrastructures que de recherche pour définir des schémas de préparation physique, de diététique et d'innovations techniques en matière d'équipement. Les performances des athlètes montrent symboliquement les conquêtes de chacun des systèmes, repoussant les frontières au même titre que les étapes de la course à l'espace ou de la course aux armements.

## Le tableau des médailles et les records : la stratégie du podium

Le succès sportif devient à cette occasion un véritable marqueur de la supériorité supposée d'un modèle et une tribune efficace de la guerre froide. Dans cet objectif, l'URSS ainsi que les pays satellites misent sur le sport féminin qui correspond d'une part à leur volonté d'égalitarisme dans les sociétés communistes et, d'autre part, à une véritable stratégie car, durant cette période, les pays "occidentaux" n'en font pas, et de loin, une priorité, laissant ainsi à l'URSS de nombreuses opportunités d'obtention de médailles et de briller.

Ainsi sur la période 1952-1988, les femmes apportent à l'URSS, rien qu'en athlétisme, 49 de ses 64 médailles d'or et 83 de la totalité de ses 193 médailles. Judicieuse manière de figurer sur les podiums alors même que les épreuves réservées aux femmes sont encore à l'époque moins nombreuses. Les athlètes féminines soviétiques qui se sont illustrées aux Jeux Olympiques sont donc majoritaires, telles la gymnaste Larissa Latynina qui remporte en tout 18 médailles dont 9 en or ou encore Polina Astakhova avec ses 10 médailles dont 5 en or. Ce qui se vérifie également pour les Jeux d'hiver *via* les skieuses de fond ou les patineuses de vitesse.

Toujours à cette fin, sans négliger aucune discipline, les Soviétiques se focalisent sur des sports considérés comme "marginaux" par les puissances occidentales lors des Jeux Olympiques comme la gymnastique, la lutte, le tir ou l'haltérophilie[6]. L'efficacité se mesure une nouvelle fois à l'aune des résultats puisque par exemple l'URSS obtient 182 médailles, dont 72 en or, uniquement en gymnastique sur la période 1952-1988 alors même que les gymnastes américains n'en remportent que 18 dont seulement 5 en or (toutes obtenues à Los Angeles lors du boycott des pays de l'Est).

Dès sa première participation en 1952 à Helsinki en Finlande, l'URSS affiche ainsi ses ambitions en parvenant 2e au tableau des

---

6 James Riordan, *Sport, Politics and Communism*, Manchester, Manchester University Press, 1991.

médailles, avec 22 médailles d'or et 71 médailles au total, soit seulement 5 de moins que les États-Unis, qui terminent premiers. Dès sa 2e participation en 1956, lors des Jeux Olympiques de Melbourne, l'Union soviétique parvient à obtenir la première place avec 37 médailles d'or contre 32 aux États-Unis. Elle remporte d'ailleurs cette compétition indirecte car, hormis lors des Jeux Olympiques de 1968 à Mexico, l'URSS termine première lors de toutes les éditions au cours de la guerre froide. En outre, l'URSS qui envoie pour la première fois une délégation aux Jeux d'hiver en 1956 prend la tête du classement avec sept médailles d'or. Comme pour les Jeux d'été, hormis lors des Jeux de Grenoble en 1968 et de Sarajevo en 1984, l'URSS a toujours occupé la première place au tableau des médailles aux Jeux d'hiver jusqu'en 1988, soit juste avant la fin de la guerre froide.

## De la guerre des stades à la guerre médiatique : la fabrique des héros

Ces succès sont largement relayés par la *Pravda*, journal officiel du régime, et les sportives et sportifs deviennent de véritables héros du modèle communiste dans l'ensemble du bloc soviétique. De la même façon, chaque victoire américaine est célébrée et les championnes et champions deviennent des figures emblématiques, de véritables preuves de la bonne santé du système capitaliste[7].

Les résultats et exploits sont alors repris par la propagande. Nombre d'athlètes deviennent de véritables "marionnettes" du pouvoir, qui instrumentalise les victoires, à l'image de la célèbre gymnaste roumaine Nadia Comaneci avec 3 médailles d'or aux Jeux Olympiques de Montréal en 1976 ou du Tchécoslovaque Emil Zátopek pour le demi-fond qui réalise l'exploit de remporter, aux Jeux Olympiques d'Helsinki de 1952, 3 médailles d'or sur le 10 000 mètres, le 5000 mètres et le marathon (distance sur laquelle il s'alignait pour la première fois), performance jamais reproduite.

---

7 Sylvain Dufraisse, *Les héros du sport: une histoire des champions soviétiques (années 1930-années 1980)*, Ceyzérieu, Champ Vallon, 2019.

Ils deviennent pour la propagande de véritables icônes qui doivent contribuer à diffuser les idées soviétiques *via* leur comportement dans les stades et en dehors ; ainsi la propagande tchécoslovaque souligne qu'Emil Zátopek fut ouvrier avant de s'enrôler dans l'armée, et qu'il est membre du parti communiste. La performance est alors au service du prestige national et une véritable guerre de l'image confronte les figures d'édification respectives. Incarnant la réussite du régime et s'en faisant les promoteurs, ces sportifs font l'objet d'une véritable idolâtrie à l'Est comme à l'Ouest.

Les États-Unis sont les premiers à avoir, en quelque sorte, banalisé le lien entre sport et fierté nationale. Ainsi, l'Américain Bruce Jenner, qui remporte la médaille d'or au décathlon – battant une nouvelle fois le record du monde de la discipline avec 8618 points lors des Jeux Olympiques de Montréal en 1976 –, est alors considéré comme un véritable héros en apportant non seulement l'un des titres olympiques les plus prestigieux, mais surtout, en pleine guerre froide, en triomphant du Soviétique Nikolai Avilov. Il est alors élu plus grand champion américain de l'année en recevant le *James E. Sullivan Award*. Le sport, parce qu'il est populaire, suscite l'adhésion, renforce la cohésion nationale, constitue un magnifique outil de prestige et finalement fédère autour des valeurs nationales de chaque côté du mur. C'est une véritable métaphore de la supériorité d'un modèle sur l'autre.

Mais cette utilisation propagandiste de l'image des sportives et sportifs peut se retourner contre le système. Ainsi, le Polonais Wladyslaw Kozakiewicz devient, malgré lui, le symbole de la dissidence à l'Est, largement reprise par l'Ouest. En effet, lors des Jeux Olympiques de Moscou en 1980, le perchiste triomphe en obtenant la médaille d'or malgré les nombreux sifflets du public qui soutenait le champion russe. Excédé, il fait alors 2 bras d'honneur après être parvenu à franchir la barre à 5,78 mètres, battant ainsi le record du monde, le premier depuis 1920. Il devient un symbole de l'anticommunisme et un héros national et international alors même que son geste était moins politique qu'une réaction humaine face à un public manquant de *fair-play*. Il devient symbole national de la lutte et de l'insoumission pour une Pologne qui se heurte à la toute-puissance soviétique et au "grand frère". Se considérant comme insultée, l'URSS souhaite lui retirer sa médaille mais l'affaire est classée, le champion ayant prétexté un "spasme musculaire"... Sans compter que les clichés de ces bras d'honneur sont largement exploités politiquement de l'autre côté du rideau de fer comme symboles des dissensions au sein du bloc de l'Est et font le tour du monde.

Les héros réfractaires se retrouvent également à l'Ouest *via* le geste, désormais devenu célèbre, de Tommie Smith et John Carlos lors de la remise des médailles aux Jeux Olympiques de Mexico en 1968 et leurs poings levés contre la ségrégation qui persiste aux États-Unis. Ils sont alors déchus de leurs titres par le Comité international olympique. Il en est de même des prises de parole de l'ancien champion olympique à Rome en 1960 Mohamed Ali contre la guerre du Viêt-Nam, qui lui valent de perdre sa licence de boxe et son titre mondial en 1967.

Dans ce contexte conflictuel, certains parviennent à transgresser la frontière qui se voulait hermétique entre les 2 modèles. Le plus courant réside dans la fuite des athlètes des pays de l'Est dont le premier exemple est celui de la gymnaste Marie Provaznikova qui, dès 1948, profite des Jeux de Londres pour quitter la Tchécoslovaquie qui vient de rejoindre, de force, le bloc de l'Est. Ces défections parsèment de nombreuses éditions à l'image des 45 sportifs hongrois lors des Jeux de Melbourne en 1956 qui refusent de rentrer et demandent l'asile alors que les chars soviétiques ont envahi Budapest. Mais c'est aux Jeux Olympiques de Munich en 1972 qu'une véritable hémorragie intervient avec 117 athlètes fuyant les pays du bloc de l'Est, provoquant une surveillance accrue lors des Jeux Olympiques suivants.

Largement relayées par la presse occidentale, mais aussi suscitées, ces "désertions" sont utilisées à des fins de propagande, comme la tournée des sportifs hongrois aux États-Unis, censée souligner la générosité américaine. Elles doivent démontrer la supériorité du modèle occidental. Les athlètes sont prêts à prendre tous les risques pour rejoindre le "monde libre". Plus anecdotique, mais néanmoins révélatrice des transgressions qui pouvaient s'opérer même en pleine guerre froide, l'idylle qui naît à Melbourne en 1956 entre la Tchèque Olga Fikotova, championne olympique du disque, et le champion olympique américain du marteau Harold Connolly. Celle-ci s'achève, en pleine déstalinisation et avec l'accord du chef de l'État Antonín Zápotocký, par un mariage célébré à Prague en mars 1957, lequel est largement relayé par les médias, des 2 côtés du mur, avec chacun leur lecture du même événement.

## L'arme ultime de la guerre froide sportive : le boycott

Si remporter le bras de fer olympique par les performances et les médailles est au cœur des enjeux, la non-participation constitue également une "arme" majeure de rétorsion. À l'image des blocus de Berlin en 1948-1949 et de Cuba en 1962, le boycott des Jeux en territoire ennemi devient une arme stratégique indirecte de poids décidée par les acteurs majeurs de la guerre froide qui pèsent sur leur bloc pour que leur décision soit suivie par tous.

Ainsi, en pleine période de glaciation des relations internationales, le boycott se transforme en outil de politique extérieure. Alors que les Jeux de Moscou en 1980 sont boycottés par 58 pays, les États-Unis en tête, après que l'URSS a envahi l'Afghanistan, ceux de Los Angeles 4 ans plus tard le sont par 17 pays qui suivent alors l'URSS en guise de représailles[8]. Pour justifier leur décision, les États-Unis se servent alors de l'argument des droits de l'homme et décident de ne pas retransmettre en direct les épreuves. Toutefois le boycott est une arme à double tranchant qui peut révéler les fissures d'un des 2 camps : ainsi, la quasi-totalité des comités olympiques européens dont britannique et français refusèrent de s'aligner sur le boycott américain des Jeux de Moscou.

---

8 Jérôme Gygax, "Le retrait soviétique des Jeux de Los Angeles : Enjeux idéologiques et diplomatie publique américaine (1983-1984)" ; Jérôme Gygax, "Entre enjeux internationaux et nationaux : le boycott américain des Jeux de Moscou (1980)", *in* Pierre Milza, François Jequier, Philippe Tétart (dir.), *Le pouvoir des anneaux : les Jeux Olympiques à la lumière de la politique 1896-2004*, Paris, Vuibert, 2004, p. 299-325 et p. 263-297.

Les Jeux Olympiques ont été une véritable projection de l'affrontement Est-Ouest sur les terrains de sport. Outil de propagande parmi d'autres, le sport avait le mérite d'être très médiatique avec une diffusion à l'échelle internationale sans commune mesure. À cet égard, loin de l'idéal de la trêve olympique, les Jeux sont instrumentalisés, faisant vibrer la fibre patriotique et reflétant l'état des relations entre les 2 Grands, entre coexistence pacifique, durcissement ou détente, bras de fer et menace.

Dès avant les compétitions, l'affrontement sportif était perçu comme une prolongation de la logique de guerre froide et faisait déjà l'objet d'une médiatisation. Le duel entre les États-Unis et l'URSS, mais aussi entre leurs blocs respectifs, a donc rythmé les olympiades pendant près de 4 décennies[9] avec une véritable théâtralisation de l'exploit sportif.

---

9 Pascal Boniface, "Géopolitique des Jeux Olympiques", *Le Monde diplomatique*, août 2004.

# Défendre les lauriers, vaincre dans l'ombre. Les États-Unis et les Jeux Olympiques (1972-1984)

François Doppler-Speranza

"*A-t-on envisagé de se retirer des Jeux Olympiques ?*", demande Arthur Cox pour le compte de la CIA en novembre 1956, alors que les États-Unis préparent l'éventuelle riposte à l'intervention militaire soviétique en Hongrie. Soucieux de préserver un outil essentiel de la stratégie d'influence étatsunienne dans la guerre froide, le diplomate Jacob Beam balaye l'idée d'un revers de main, objectant que, "*compte tenu de notre politique d'échanges, ce n'est pas souhaitable*[1]".

En effet, il a fallu 2 guerres mondiales pour sortir les États-Unis de leur isolationnisme et réunir les conditions de la mise en œuvre effective d'une politique culturelle ; grâce à celle-ci, intellectuels, musiciens ou athlètes étatsuniens voyagent à travers le monde dès les années 1950, soutenus par le département d'État, pour conquérir les cœurs et s'emparer des esprits. Les Jeux Olympiques servent donc de caisse de résonance à la projection culturelle étatsunienne.

---

1 "Notes on the 44th Meeting on Soviet and Related Problems, Washington, November 6, 1956", *Foreign relations of the United States, 1955-1957. Eastern Europe*, vol. XXV, 1955/1957, p. 403.

Jusqu'à la fin des années 1930, les États-Unis pensaient l'Olympiade comme un bastion du laisser-faire démocratique[2]. Or, l'attaque de la base navale de Pearl Harbor, en décembre 1941, convoque la prophétie du "siècle américain". Énoncée quelques mois auparavant par le magnat de la presse Henry Luce dans le magazine *Life*, elle présente les États-Unis comme une "*locomotive des idéaux de liberté et de justice*[3]". Vecteur d'une propagande feutrée, la presse étatsunienne affiche, à la manière du mouvement olympique, une vigueur lui permettant d'influer sur les relations internationales[4]. Point de basculement d'une opinion publique étatsunienne sur le pied de guerre, la contestation intérieure des années 1960 provoque en réaction un regain d'intérêt pour les exploits des sportifs nationaux au point d'installer les Jeux dans le giron d'un projet patriotique étatsunien.

## Jeux d'influence

Le sport occupe une place de choix dans l'arsenal de la politique étrangère des États-Unis. Acteurs majeurs de la guerre froide, les athlètes parcourent le monde pour propager une image aussi riche que fabriquée. Cette image sert de contrepoint aux efforts menés par l'Union soviétique pour affaiblir son principal adversaire sur le plan idéologique. Marqués par les premiers effets de la doctrine d'endiguement du communisme, les athlètes participent, parfois à leur insu, à la défense de l'*American way of life*. Encadrée par la directive NSC-68, qui régit dans le plus grand secret la politique étrangère anticommuniste depuis 1950, la politique étrangère voit dans le sport un objet de culture au véritable potentiel d'influence. L'adhésion de l'URSS au

---

2 Barbara J. Keys, *Globalizing Sport: National Rivalry and International Community in the 1930s*, Cambridge, Harvard University Press, 2013, p. 37-38.

3 Henry R. Luce, "The American Century", *Life*, vol. 10, n° 7, 17 février 1941.

4 Jérôme Gygax, *Olympisme et guerre froide culturelle. Le prix de la victoire américaine*, Paris, L'Harmattan, 2012, p. 41-42.

mouvement olympique, en 1951, coïncide avec l'offensive de la "campagne de vérité", une opération d'influence qui indique un recours à la propagande en temps de paix[5]. Le président républicain Dwight Eisenhower poursuit cette tendance et crée l'Agence d'information des États-Unis (USIA) en 1953, qui finance entre autres les tournées de Wilma Rudolph, Jesse Owens ou Rafer Johnson. L'USIA envoie fréquemment des athlètes noirs pour représenter les États-Unis dans les "nations captives" d'Europe centrale et orientale, sous influence communiste. Évidemment, les agents du renseignement ne sont jamais loin.

Ainsi, les États-Unis et l'URSS s'engagent dans une intense guerre de positions idéologiques teintée d'une indéniable dimension spirituelle. Qu'elle se nomme diplomatie publique, politique sportive ou stratégie d'influence, la propagande athlétique est vive, influencée par la doctrine de la "chrétienté musculaire", qui renvoie à l'intention, depuis la fin du XIXe siècle, de "civiliser" les populations par la diffusion des idéaux d'internationalisme, d'égalitarisme et d'une éthique protestante du travail. Reconnue comme une pratique essentielle à la conduite de la guerre, l'activité physique contribue alors à défendre l'interventionnisme des États-Unis à l'étranger et à consolider la nation américaine de l'intérieur.

En octobre 1957, l'URSS lance le satellite Spoutnik depuis le cosmodrome de Baïkonour, soulignant le retard pris par les États-Unis dans le domaine spatial. Aux yeux du monde, cette opération valide surtout l'ensemble de la propagande soviétique, attaquant symboliquement la culture et le mode de vie étatsuniens. La réponse du monde sportif ne se fait pas attendre. En février 1960, l'équipe nationale américaine de hockey sur glace remporte l'or olympique aux Jeux d'hiver de Squaw Valley. Elle récolte alors le fruit d'une mutation voulue par l'État fédéral, qui soutient, une décennie durant, une coopération

---

5 Toby C. Rider, "A Campaign of Truth : The State Department, Propaganda, and the Olympic Games, 1950-1952", *Journal of Cold War Studies*, vol. 18, n° 2, 2016, p. 7.

accrue entre instances sportives civiles et militaires, pour neutraliser la menace (communiste) extérieure[6].

Malgré cela, l'amateurisme est un outil incontournable de la stratégie d'influence par le sport, car il convoque un individualisme qui s'inscrit pleinement dans la pensée mythique étatsunienne. Dans cet imaginaire, l'athlète est un héros solitaire, qui se présente aux Jeux Olympiques mû par la conviction de défendre des valeurs alignées peu ou prou sur l'idéal olympique. En tout état de cause, le modèle étatsunien se présente comme étant aux antipodes du modèle soviétique – présenté comme vicié par l'étatisme et par l'effacement de l'individu au profit du collectif. Or, la guerre froide met en lumière les failles de cette pensée. Les athlètes – notamment les athlètes noirs – saisissent l'enjeu du débat sur le maintien de l'amateurisme olympique, alors que s'accélère, sur le front intérieur, la lutte pour les droits civiques.

À ce titre, l'année 1968 est capitale. Connus pour avoir été le théâtre des protestations de Tommie Smith et John Carlos, 2 activistes du Projet olympique pour les droits humains (OPHR), les Jeux Olympiques de Mexico permettent également aux athlètes noirs de débattre, en coulisses, des perspectives d'emploi une fois rentrés au pays couverts des lauriers de la gloire olympique. Ils ont à l'esprit le sort réservé au boxeur Cassius Clay à son retour des Jeux de Rome en 1960, que l'on a refusé de servir dans un restaurant de Louisville. Ainsi se structure, lors des Jeux, un mouvement d'opposition vite perçu par le gouvernement fédéral comme une menace intérieure.

À l'évidence, les athlètes noirs s'emparent de la tribune olympique pour mettre en cause le *statu quo* intérieur. Et alors que la guerre fait rage au Viêt Nam, ces images de révolte polarisent l'opinion publique et ouvrent une période de turbulences dans la stratégie d'influence étatsunienne.

---

6 MacIntosh Ross, Evan K. Nagel, "More than a Miracle : The Korean War, Cold War Politics, and the 1960 Olympic Hockey Tournament", *The International Journal of the History of Sport*, vol. 35, n° 9, 2018, p. 911-928.

## Orages à Munich

En 1968, les journalistes sportifs étatsuniens n'expriment que peu de compassion à l'égard de Tommie Smith et John Carlos. Ils choisissent sans ciller de dénier l'acte politique plutôt que d'en examiner le sens, passant sous silence le climat socio-racial aux États-Unis[7]. Dans la foulée, le président du Comité international olympique, Avery Brundage, fait bannir les 2 athlètes au nom de la défense de l'apolitisme et de l'amateurisme olympique.

Aux Jeux Olympiques de Munich en 1972, Wayne Collett et Vincent Matthews, vainqueurs afro-américains du 400 mètres, provoquent un nouvel affront patriotique. Lorsque l'hymne national est joué en leur honneur, ils l'ignorent ostensiblement. Le président du CIO, l'Américain Avery Brundage, surnommé par ses détracteurs "*slavery Avery*", les fait exclure à vie de toute compétition olympique.

Toujours à Munich, l'un des sports les plus symboliques de la culture étatsunienne connaît un revers majeur dans la nuit du 9 au 10 septembre 1972. La domination des États-Unis sur le basket-ball mondial s'interrompt lors d'une finale emblématique, qui voit l'URSS remporter la partie dans une confusion causée par un différend d'arbitrage. Pour R. Williams Jones, le secrétaire général de la Fédération internationale de basket-ball (FIBA), que l'on dit à la botte de la machine sportive soviétique, "*les Américains devaient apprendre à perdre, y compris quand ils pensaient avoir raison*[8]". Si le basket-ball soviétique remporte une victoire sportive, la diffusion internationale des images crispe une opinion publique étatsunienne déjà sur le pied de guerre et donne l'impression d'exclure les États-Unis du concert des nations. Dans un courrier au CIO, un Américain mécontent met en mots sa frustration : "*J'étais l'un des millions d'Américains*

---

7 Jason Peterson, "A 'Race' for Equality: Print Media Coverage of the 1968 Olympic Protest by Tommie Smith and John Carlos", *American Journalism*, vol. 26, n° 2, p. 99-121.

8 Fabien Archambault, "La politique des bloc(k)s : basket-ball et guerre froide", *Matériaux pour l'histoire de notre temps*, vol. 106, n° 2, 2012, p. 35-36.

*qui ont regardé le match de basket-ball États-Unis/Russie à la télévision samedi soir. Nous avons tous vu ce qui s'est passé, et vous ne pouvez donc pas nous mentir. Les Jeux de Munich ont servi à m'éclairer. Ils ont montré que vous, en tant qu'organisme 'international', utilisez les Jeux Olympiques comme une tribune politique pour répandre un sentiment antiaméricain*[9]*."*

Le CIO se serait rendu complice du sabotage des efforts américains pour porter, à travers le sport, les principes démocratiques à l'étranger – des efforts nécessaires s'inscrivant dans une stratégie globale visant à lutter contre la menace permanente qui plane sur la sécurité nationale étatsunienne. Le département d'État s'empare de la question, une revanche est organisée, mais les États-Unis ont perdu cette bataille.

Quand Gerald Ford succède en 1974 à Richard Nixon démissionnaire du fait du Watergate, il souhaite se démarquer de la politique de son prédécesseur, notamment en matière sportive. D'une part, il propose une réorganisation du sport amateur, délaissant le sport d'élite auparavant choyé, car perçu comme une des façons de battre l'URSS. D'autre part, il assure le financement public des Jeux de Lake Placid prévus en 1980 dans les montagnes des Adirondacks dans l'État de New York, et ne discute pas le retrait pour les Jeux de Montréal de l'accréditation de *Radio Free Europe* – autrefois mise sur pied par la CIA et financée par le Congrès, en signe de bonne volonté envoyé à l'URSS. En période de Détente dans les relations internationales, Gerald Ford refuse ainsi d'empiéter sur le territoire du mouvement olympique[10].

Il en sera autrement du nouveau président démocrate Jimmy Carter, élu quelques mois après les Jeux de Montréal, inaugurant l'engagement des États-Unis dans un bras de fer avec l'olympisme.

---

9 David C. Large, *Munich 1972: Tragedy, Terror, and Triumph at the Olympic Games*, Lanham, Rowman & Littlefield, 2012, p. 271.

10 Erin Elizabeth Redihan, "The Gerald R. Ford Administration and the Olympic Movement : Political Games", *Sport History Review*, vol. 50, n° 1, 2019, p. 55-65.

## Le miracle n'aura pas lieu

Alors que l'année 1979 touche à sa fin, l'URSS envahit l'Afghanistan. Le conseiller à la sécurité nationale Zbigniew Brzezinski, farouchement hostile aux Soviétiques, suggère un boycott des Jeux d'été de Moscou en 1980. Cette position est périlleuse : d'une part, elle menace l'Olympiade d'hiver si chèrement gagnée quelques années auparavant, et d'autre part cette décision risque de ne pas être approuvée par l'opinion publique étatsunienne. Jimmy Carter rallie à sa cause les parties essentielles : l'opinion se prononce rapidement en faveur du boycott, et du point de vue immédiat du CIO, les Jeux de Lake Placid sont un succès. Mais un événement change la donne : une équipe de hockey sur glace principalement composée d'athlètes-étudiants, sous statut amateur, bat l'équipe soviétique, formée de joueurs aguerris et quadruple championne en titre. Ce "miracle sur la glace", selon le commentateur de la chaîne ABC Alan Michaels, se déroule lors d'un match de poule ; les États-Unis remporteront l'or aux dépens de la Finlande, 4-2. Cette victoire télévisée au style hollywoodien alimente sans conteste le sentiment nationaliste et constitue une puissante courroie de distribution du récit sur l'identité nationale et de l'exceptionnalisme étatsunien.

L'administration Carter accouche alors de l'idée d'une Olympiade alternative, qui permettrait, à l'heure de se porter candidat à un second mandat présidentiel, de redonner du lustre et de muscler une politique étrangère jugée défaillante. Surtout, elle demanderait aux nations alliées de prendre parti.

Le conseiller juridique de la Maison-Blanche Lloyd Cutler avance les raisons pour lesquelles les États-Unis ne doivent pas se limiter à un boycott : "*l'objectif premier de l'organisation de Jeux internationaux alternatifs est d'augmenter le nombre de grandes nations qui décident de ne pas envoyer d'équipes à Moscou cet été ; l'objectif second est d'atténuer la déception des athlètes qui, autrement, seraient privés d'une compétition majeure de niveau mondial cet été*[11]." D'abord

[11] Nicholas E. Sarantakes, "The White House Games : The Carter Administration's Efforts to Establish an Alternative to the Olympics", *in* Heather

séduite par la proposition de ces "Jeux du monde libre", l'opinion affiche rapidement son scepticisme. Dès le mois de mars, la presse quotidienne explique combien les tergiversations des nations d'Europe de l'Ouest réduisaient l'espoir de voir naître une solution diplomatique au différend sur l'Afghanistan. Surtout, des voix s'élèvent à l'intérieur des États-Unis, craignant de payer au prix fort, en termes d'image, l'impréparation de ces Jeux alternatifs. Sans surprise, l'Olympiade alternative est abandonnée.

Ce revers est un coup dur pour les athlètes, car peu de proches alliés ou de puissances olympiques majeures emboîtent le pas à Jimmy Carter (en Europe, seules la RFA et la Norvège y participeront). S'il est la conséquence indéniable de l'opération militaire soviétique en Afghanistan, le boycott repose sur la perception de l'URSS comme une menace pour la paix et la sécurité, mais s'inscrit également dans une grammaire de la défense des droits de l'homme, à laquelle tiennent les pays d'Europe de l'Ouest[12]. Plus surprenants sont les effets du boycott sur la redéfinition des alliances géopolitiques, en particulier sur le continent asiatique. Dans cette partie du monde, les États-Unis ont formé certaines alliances de circonstances et déployé une importante présence militaire. Or, les acteurs de la diplomatie sportive sont pris en défaut par le soutien de certains pays en proie à des troubles politiques et économiques intérieurs – comme les Philippines, la Corée du Sud, la Chine, qui renforcent leur emprise sur les populations et dissimulent, grâce à leur soutien affiché au boycott, leur bilan en matière de droits de l'homme[13].

---

L. Dichter, Andrew L. Johns (dir.), *Diplomatic Games : Sport, Statecraft, and International Relations since 1945*, Lexington, University Press of Kentucky, 2014, p. 334.

12 Umberto Tulli, "Bringing Human Rights In : The Campaign Against the 1980 Moscow Olympic Games and the Origins of the Nexus Between Human Rights and the Olympic Games", *The International Journal of the History of Sport*, vol. 33, n° 16, 2016, p. 2026-2045.

13 Joseph Eaton, "Reconsidering the 1980 Moscow Olympic Boycott : American Sports Diplomacy in East Asian Perspective", *Diplomatic History*, vol. 40, n° 5, 2016, p. 845-864.

Ce constat place les États-Unis aux antipodes des valeurs morales que Jimmy Carter prétendait défendre. Les dégâts causés à l'olympisme poussent le CIO à demander aux Nations unies d'adopter une résolution engageant les pays à ne plus boycotter les Jeux[14]. L'effort est vain, mais révèle la dissonance entre la politique étrangère de Jimmy Carter et l'internationalisme libéral autrefois gage de prestige des États-Unis.

Après la prudence de l'ère Ford, la diplomatie sportive de l'administration Carter montre les muscles. Mais le miracle d'un retour en grâce dans la communauté internationale n'a pas lieu : le boycott accélère le relatif isolement des États-Unis, qui apparaissent en crise depuis la guerre du Viêt-Nam et le Watergate, et provoque l'agacement du CIO.

## Une innocente économie de la victoire ?

Jimmy Carter a raté son rendez-vous avec les Jeux Olympiques, mais a surtout perdu le pari de sa réélection. L'ancien gouverneur républicain de Californie, Ronald Reagan, lui succède en 1981. Le style est différent : là où Jimmy Carter houspillait ses administrés, Ronald Reagan ravive la flamme du "rêve américain". Ce slogan, qui fait de chaque citoyen un potentiel héros ordinaire rétribué par son seul labeur, produit une image dont les athlètes sont la parfaite incarnation.

Plus frontal, l'ancien acteur Ronald Reagan est un pragmatique attaché à une certaine morale, qui abhorre les armes nucléaires autant que l'idéologie communiste – 2 principes au fondement de sa critique de "*l'Empire du mal*" soviétique en 1983. Avec son ami Charles Wick, futur directeur de l'USIA, il fait revenir Hollywood au département d'État par la grande porte. Champion de la communication télévisuelle, Ronald Reagan entreprend de renforcer un *leadership* étatsunien

[14] Barbara J. Keys, "Political Protection : The International Olympic Committee's UN Diplomacy in the 1980s", *The International Journal of the History of Sport*, vol. 34, n° 11, 2017, p. 1161-1178.

qu'il pense affaibli[15]. À cet effet, la tenue de l'Olympiade de 1984, sur ses terres d'élection et sous son mandat présidentiel, est une véritable aubaine. Alors que dans les années 1970, il n'y avait qu'un faible intérêt pour l'organisation des Jeux, en raison des difficultés de certaines villes hôtes à maîtriser les coûts et de l'intrusion toujours plus importante des questions politiques dans le sport, Los Angeles se retrouve seule ville candidate[16].

Ronald Reagan a toutes les cartes en main et dispose d'un contexte favorable. D'une part, sa campagne électorale a permis d'imposer l'idée que moins il y a d'État et mieux les Américains se portent. C'est exactement la philosophie du Comité d'organisation des Jeux de 1984. L'homme de la situation se nomme Peter Ueberroth, un entrepreneur sobre et accompli, qui s'inscrit dans le courant de la "nouvelle droite" apparu dans les années 1970. Il parvient à tourner l'épineuse question des droits d'image et de télévision à son avantage. D'âpres négociations et un montage astucieux permettent à un nombre réduit de sponsors d'envergure de tirer d'importants profits de la publicité, rompant avec le contrôle habituellement opéré par le CIO[17].

Ces images circulent à travers le monde : la proximité géographique et stratégique avec Hollywood sert l'administration Reagan, qui promeut des valeurs spirituelles et morales censées renforcer le capitalisme étatsunien. La télévision fait des Jeux de Los Angeles une véritable scène de représentation d'art dramatique, une si belle campagne de promotion des États-Unis à l'étranger que Peter Ueberroth, dont "*l'esprit optimiste de l'Amérique* [a mené au] *rétablissement du moral du pays*", est désigné "*homme de l'année*" par le

---

15 Maud Quessard, *Stratégies d'influences et guerres de l'information. Propagande et diplomatie publique des États-Unis depuis la guerre froide*, Rennes, Presses universitaires de Rennes, 2019, p. 107-124.

16 Philip D'Agati, *The Cold War and the 1984 Olympic Games : A Soviet-American Surrogate War*, New York, Palgrave Macmillan, 2013, p. 79-94.

17 Stephen R. Wenn, "Peter Ueberroth's Legacy : How the 1984 Los Angeles Olympics Changed the Trajectory of the Olympic Movement", *The International Journal of the History of Sport*, vol. 32, n° 1, 2015, p. 157-162.

magazine *Time* en 1985. La presse locale indique que Ronald Reagan devrait aussi être crédité pour "*la confiance retrouvée de l'Amérique*", car c'est lui qui accepta sans vergogne d'utiliser "*le 'show-biz' et de jeter de la poudre aux yeux*[18]".

D'autre part, la possibilité d'un boycott de l'URSS est sur toutes les lèvres. Le *Politburo* est convaincu de la nécessité de prendre une revanche sur le boycott étatsunien de 1980. Alarmé, Peter Ueberroth se rend à plusieurs reprises à Moscou pour poursuivre les négociations et s'assurer que les athlètes soviétiques, qu'il voit s'entraîner durement, sont prêts à participer. À l'automne 1983, un avion de ligne coréen est abattu pour avoir pénétré sans autorisation dans l'espace aérien soviétique ; 269 passagers périssent, dont 61 Américains et un membre républicain du Congrès, Larry McDonald.

Aux yeux de l'opinion publique étatsunienne et dans le monde occidental, le drame justifie les prises de position anticommunistes de Ronald Reagan et la nécessité de neutraliser l'URSS. Aux États-Unis, des citoyens s'emparent de la question. Dès la fin de l'année 1983, un groupe hétéroclite, qui se fait appeler "*Ban the Soviets Coalition*", ourdit un complot visant à empêcher les athlètes soviétiques de participer aux Jeux l'année suivante. Surtout, ce groupe composé d'immigrés soviétiques, d'hommes d'affaires et de publicitaires de la droite conservatrice annonce vouloir pousser les athlètes à la défection[19]. Loin du seul esprit revanchard, face au risque réel de défections massives, l'URSS n'avait donc pas d'autre choix que de boycotter les Jeux à son tour, laissant les États-Unis engranger un grand nombre de médailles devant les caméras du monde entier.

Les Jeux de Los Angeles referment une longue décennie marquée par le défi des boycotts et des menaces contre la sécurité nationale. Le parti pris du laisser-faire reaganien ne signifie pas que le gouvernement fédéral abandonne son rôle d'organisateur de l'image

---

18 Kondracke Morton, "Ueberroth Man of the Year? It's Reagan Who Deserves it", *Los Angeles Times*, 7 janvier 1985, p. 5.

19 Robert Simon Edelman, "The Russians Are *Not* Coming! The Soviet Withdrawal from the Games of the XXIII Olympiad", *The International Journal of the History of Sport*, vol. 32, n° 1, 2015, p. 9-36.

des États-Unis par le sport ; au contraire, il s'est pleinement engagé dans la sécurisation de l'événement, mène des opérations diplomatiques de haut niveau pour contrecarrer les effets du boycott soviétique, et se sert du mouvement olympique pour promouvoir la force du capitalisme étatsunien à l'étranger[20]. Si ce dernier et la supposée "dépolitisation" des Jeux reçoivent un traitement concomitant, l'orientation de la politique étrangère rappelle aussi combien la compétition sportive et les principes traditionnels de la "raison d'État" s'entrecroisent.

C'est également un signe envoyé par le parti républicain à l'opinion publique : à travers la projection des performances d'athlètes libres, vaillants, mais surtout utiles à leur nation, il favorise la régénération d'une société jusqu'alors emmenée par une jeunesse convaincue de l'importance d'une alternative à la logique capitaliste. Le paradoxe des athlètes noirs reste entier. Née dans l'ombre des tractations diplomatiques, la stratégie de représentation héroïque des athlètes s'avère néanmoins payante pour les États-Unis, qui remédient d'abord à la crise morale touchant le pays dans les années 1980 et déploient leur influence à l'étranger après la dissolution de l'URSS en 1991.

---

20 Umberto Tulli, "'They Used Americana, All Painted and Polished, to Make the Enormous Impression They Did': Selling the Reagan Revolution through the 1984 Olympic Games", *in* Rofe J. Simon (dir.), *Sport and Diplomacy: Games within Games*, Manchester, Manchester University Press, 2018, p. 223-224.

# L'URSS et l'organisation des Jeux Olympiques face aux défis de la guerre froide

Yannick Deschamps

L'histoire olympique de l'URSS débute avec son adhésion au CIO, le 7 mai 1951, et la première participation de ses sportifs aux Jeux Olympiques d'été à Helsinki en 1952. Cette intégration au mouvement olympique contribue à l'élargissement de la politique culturelle extérieure du régime soviétique. Elle intervient au moment où la guerre froide s'intensifie, à la suite de l'éclatement du premier conflit direct entre le bloc de l'Est et le bloc de l'Ouest sur la péninsule coréenne, au début des années 1950. À travers les confrontations sportives sur la scène olympique, l'URSS cherche à accroître son rayonnement et à démontrer la domination du modèle socialiste face aux sociétés capitalistes. Toutefois, les Jeux ne sont pas uniquement perçus comme un théâtre d'opposition et de concurrence vis-à-vis des sportifs occidentaux.

L'URSS profite également de cet événement international pour tenter d'affirmer le rôle d'agent pacificateur de ses athlètes, peu après que Joseph Staline, secrétaire général du Comité central du Parti communiste de l'Union soviétique (PCUS), a annoncé qu'une "coexistence pacifique" était possible[1]. La participation des délégués soviétiques aux épreuves olympiques doit ainsi contribuer à la paix mondiale, et témoigner du fait que l'URSS n'est ni responsable du rideau de fer, ni désireuse de le consolider. Si les champions soviétiques sont devancés par leurs adversaires américains au nombre de médailles d'or remportées à Helsinki, ils démontrent grâce à leurs performances l'émergence d'une nouvelle puissance sportive mondiale. Ils participent aussi à l'amélioration de l'image ternie du régime, notamment à travers des témoignages de sympathie – vivement encouragés par une directive du Conseil des ministres de l'URSS – à l'égard de leurs concurrents américains[2]. Dans le contexte de la guerre froide, l'intention des dirigeants du Kremlin n'est pas de rompre, mais de renforcer la place prédominante du sport soviétique à l'échelle internationale, afin d'en tirer profit sur la scène diplomatique[3].

Quelques mois seulement après la première expérience olympique des sportifs soviétiques, les dirigeants du Comité chargé des sports et de la culture physique (CSCP) de l'URSS commencent à songer à la possibilité de recevoir les Jeux Olympiques[4]. L'accueil d'un tel événement achèverait définitivement l'intégration de l'URSS au sport international, et mettrait en avant les succès du régime socialiste ainsi que le mode de vie soviétique. Des premières velléités d'accueillir les Jeux à l'organisation de cet événement sportif à Moscou dans l'ombre du boycott en 1980, le projet olympique soviétique s'est progressivement construit durant près d'un quart de siècle, en faisant face aux multiples défis de la guerre froide.

---

1 Sylvain Dufraisse, *Les héros du sport. Une histoire des champions soviétiques (années 1930-années 1980)*, Ceyzérieu, Champ Vallon, 2019, p. 107.

2 Nicholas Niggli, "Diplomatie sportive et relations internationales : Helsinki 1952, les Jeux Olympiques de la guerre froide ?", *Relations internationales*, n° 112, 2002, p. 467-485.

3 Yannick Deschamps, "Échanges et contacts sportifs entre la France et l'URSS à l'aube de la guerre froide : les prémices d'une diplomatie sportive bilatérale (1947-1953)", *Guerres mondiales et conflits contemporains*, n° 277, 2020, p. 119-135.

4 Mikhail Prozumenshchikov, *Bolshoï sport i bolshaïa politika*, Moscou, Rosspen, 2004, p. 198.

## Projets d'accueil des Jeux en URSS et crises internationales

En 1956, quelques années après l'ouverture des discussions au sein du CSCP au sujet de l'organisation des Jeux Olympiques à Moscou, les responsables du sport soviétique adressent au Comité central du PCUS, alors dirigé par Nikita Khrouchtchev, une première demande de permission d'établir un dossier de candidature à soumettre au CIO[5]. Avant d'émettre un avis sur cette question, le Comité central décide d'envoyer une délégation en Australie à l'approche des Jeux de Melbourne, afin de connaître les conditions de préparation et de mise en œuvre des événements olympiques. Au fil de leurs observations et de leurs comparaisons, les délégués mettent en lumière l'insuffisance des infrastructures touristiques ainsi que le manque d'installations sportives performantes à Moscou. Le Comité central considère donc qu'il n'est pas encore concevable de mener un tel projet.

Le caractère inopportun d'une éventuelle candidature est renforcé par l'émergence de nouvelles tensions[6]. D'une part, l'URSS apporte son soutien à l'Égypte au moment où la France et le Royaume-Uni décident d'une intervention militaire pour défendre leurs intérêts liés au canal de Suez. D'autre part, les puissances atlantiques manifestent leurs profonds désaccords à l'égard du régime soviétique en raison de l'envoi de son armée à Budapest pour réprimer les insurgés hongrois. Dans ce contexte, l'URSS ne peut en aucun cas prendre le risque de s'engager dans une campagne visant à accueillir les Jeux. Elle offrirait aux pays de l'Ouest un nouvel espace d'expression de leurs oppositions au régime soviétique, tandis que certains pays de l'Est pourraient y voir l'occasion d'affirmer leurs divergences, voire leurs envies de rupture, en ne soutenant pas la candidature de l'URSS.

Peu après cette phase de crises, le gouvernement soviétique tend à resserrer ses liens avec les puissances occidentales. Il conduit une politique culturelle extérieure qui repose sur la négociation et la

---

5 *Ibid.*, p. 195.

6 Jenifer Parks, *The Olympic Games, the Soviet Sports Bureaucracy, and the Cold War: Red Sport, Red Tape*, Lanham, Lexington Books, 2017, p. 75.

signature d'accords bilatéraux avec différents pays, tels que la France ou encore les États-Unis. Le CSCP profite de ce moment de développement des échanges pour réitérer sa demande auprès du Comité central dans le but d'accueillir les Jeux Olympiques en 1964. Toutefois, les relations internationales se crispent de nouveau à partir de novembre 1958. En exigeant le retrait des forces occidentales de Berlin-Ouest, Nikita Khrouchtchev ravive les tensions et rompt la dynamique de rapprochement entre les 2 blocs. Le projet est alors mis en suspens mais le CSCP, soutenu par le Comité national olympique (CNO) de l'URSS, n'abandonne pas son ambition de recevoir les Jeux dans la capitale soviétique.

Au cours des années 1960, le CSCP et le CNO de l'URSS maintiennent donc leurs ambitions mais la politique extérieure soviétique gêne considérablement leurs efforts. Ainsi, en août 1968, les troupes du Pacte de Varsovie interviennent, sous l'impulsion de l'Union soviétique, en Tchécoslovaquie dans le but d'annihiler le courant réformateur engagé lors du Printemps de Prague. Si le Comité central du PCUS rejette une fois encore une requête pour les Jeux de 1972, il ouvre ensuite la possibilité de soumettre un dossier de candidature pour l'édition suivante, en 1976. Les événements olympiques doivent désormais servir à redorer l'image de l'URSS, entachée par la succession des crises de la guerre froide. En septembre 1969, le Comité central du PCUS adopte une résolution qui valide la candidature de Moscou en vue de l'organisation de la XXI$^{e}$ édition des Jeux Olympiques.

## De l'échec au succès : la candidature olympique de Moscou

Au mois de novembre 1969, Konstantin Andrianov, président du CNO de l'URSS et vice-président du CIO, annonce à Avery Brundage, président du CIO, l'entrée en compétition de la capitale soviétique pour accueillir les Jeux Olympiques de 1976. Tandis que les villes concurrentes, Montréal et Los Angeles, se sont déjà engagées dans la promotion de leur projet depuis près de 2 ans, la campagne moscovite ne débute que quelques mois avant le vote du CIO, qui doit avoir lieu en mai 1970. Afin de rattraper le retard accumulé au niveau du travail d'influence, une activité de propagande extérieure coordonnée est mise en œuvre grâce à la mobilisation du ministère des Affaires étrangères, du Comité central du PCUS, des Jeunesses communistes (Komsomol) ou encore des organes de presse[7]. L'objectif est de démontrer les capacités d'organisation et d'accueil de Moscou et de convaincre de la contribution apportée par l'URSS à la diffusion de l'idéal olympique dans le monde.

Konstantin Andrianov et d'autres représentants du mouvement olympique soviétique multiplient les entretiens avec les membres du CIO pour tenter de s'assurer de leur soutien au moment du vote. Au cours des négociations, plusieurs pays occidentaux comme la France, l'Italie ou la République fédérale d'Allemagne (RFA), et des pays africains, tels que le Nigeria, leur font part de leurs intentions favorables au sujet de la candidature moscovite[8]. Cependant, le vote se déroulant à bulletin secret, les appuis obtenus ne sont que des promesses sans aucune garantie. Bien que la ville de Moscou arrive en tête au premier tour du vote, elle est finalement devancée au second par Montréal, qui bénéficie du report des voix accordées à Los Angeles[9]. L'échec de la candidature moscovite suscite la déception de Konstantin Andrianov, qui laisse entendre que celui-ci est davantage lié à des enjeux idéologiques qu'à de véritables raisons politiques, économiques ou sportives.

Malgré ce revers, les Soviétiques ne se démobilisent pas et, en novembre 1971, ils officialisent la nouvelle candidature de Moscou pour accueillir le XXII^e^ volet des Jeux d'été, en 1980. Tirant des leçons de leur première expérience, les responsables du projet anticipent davantage leurs efforts de lobbying, alors que le vote du CIO n'est prévu qu'à l'automne 1974. Les 3 années de campagne se déroulent au moment où les tensions s'apaisent entre les puissances occidentales et l'URSS.

---

7 *Ibid.*, p. 86.

8 *Ibid.*, p. 85-86.

9 Alfred Senn, *Power Politics and the Olympic Games*, Champaign, Human Kinetics, 1999, p. 145-146.

L'*Ostpolitik* engagée par le chancelier ouest-allemand Willy Brandt, ainsi que le premier sommet soviéto-américain entre Leonid Brejnev et Richard Nixon, qui conduit à la signature du traité SALT 1 sur la limitation des armements stratégiques, contribuent à l'affirmation de la détente. Tout en assurant des activités de lobbying auprès des membres du CIO et des fédérations internationales, les responsables de la candidature moscovite profitent de la normalisation des relations diplomatiques pour préparer des réunions avec des dirigeants politiques ou sportifs étrangers par le biais des ambassades. Aussi, plusieurs compétitions internationales sont accueillies à Moscou afin de démontrer les capacités d'organisation de la capitale soviétique. À ce titre, l'Universiade d'été de Moscou, qui rassemble 2277 athlètes issus d'une soixantaine de pays en 1973, est utilisée pour promouvoir et concrétiser le projet olympique de l'URSS. Le travail d'influence s'avère efficace puisque bon nombre d'organisations sportives internationales, telles que les fédérations de natation, de canoë, ou encore l'Association internationale de boxe amateur, expriment leur soutien à la candidature moscovite[10].

Au terme de cette intense campagne, les membres du CIO, réunis à Vienne le 23 octobre 1974, désignent Moscou comme ville organisatrice de la XXIIe édition des Jeux d'été. Pour la première fois, un pays socialiste est en passe de recevoir les épreuves olympiques. À la suite de ce succès, les dirigeants soviétiques s'engagent dans la phase de préparation en instaurant un Comité d'organisation des Jeux Olympiques de Moscou (COJOM), présidé par Ignati Novikov, en mars 1975. L'URSS se lance alors dans une vaste entreprise de construction de complexes sportifs et d'installations touristiques, d'amélioration des infrastructures et des réseaux de transport, ou encore de modernisation des équipements technologiques. Dans le contexte de la détente, cette vaste politique d'aménagement et de préparation des Jeux s'avère favorable à l'élargissement de la coopération internationale.

---

[10] Philip D'Agati, *The Cold War and the 1984 Olympic Games. A Soviet-American Surrogate War*, New York, Palgrave Macmillan, 2013, p. 86; Jenifer Parks, *The Olympic Games, op. cit.*, p. 87.

## La préparation des épreuves olympiques propice à la coopération internationale

Face à l'ampleur des missions à accomplir au cours de la préparation des Jeux, le COJOM décide, avec l'accord du gouvernement soviétique, d'insérer les projets qui nécessitent des savoir-faire non maîtrisés ou des moyens insuffisamment disponibles en URSS aux politiques de coopération internationale. Les appareils diplomatiques bilatéraux sont alors mobilisés pour établir des contacts avec des sociétés étrangères et négocier des contrats avec celles-ci.

Ainsi, un groupe de travail spécifique nommé "Jeux Olympiques" est créé en juillet 1975 au sein de la commission mixte franco-soviétique de coopération scientifique, technique et économique[11]. Cette dernière a été établie au moment du resserrement des liens diplomatiques franco-soviétiques engagé lors de la visite du général de Gaulle en URSS en 1966. Elle vise à renforcer la coopération bilatérale en rassemblant des hauts fonctionnaires des 2 pays ainsi que des acteurs privés ou des organismes publics. La coopération olympique est expressément soutenue par le président français Valéry Giscard d'Estaing, qui déclare le 19 octobre 1975 auprès du quotidien sportif soviétique *Sovietskij Sport* que "*la France veut participer aux Jeux Olympiques de Moscou en 1980 et* [qu']*elle a l'intention de contribuer à leur bon déroulement*".

La coopération olympique franco-soviétique comprend 3 principaux axes de négociation : l'hôtellerie, les télécommunications ainsi que la retransmission télévisée de la compétition, et les infrastructures de l'aviation civile. Dans les 2 premiers domaines, les négociations sont particulièrement fructueuses pour les industriels français. Parmi les contrats signés les plus importants, la Société d'études financières et de réalisations immobilières (SEFRI) est choisie pour construire et équiper l'hôtel Cosmos, d'une capacité de près de 1800 lits,

---

[11] Yannick Deschamps, *La diplomatie sportive entre la France et l'URSS, des années 1920 à l'année 1991. Acteurs, échanges et stratégies*, thèse de doctorat en histoire, Strasbourg, Université de Strasbourg, 2020, p. 189.

au nord-est de Moscou, et le groupe Thomson-CSF est mobilisé dans le cadre d'un vaste programme de renouvellement et de modernisation du matériel soviétique de diffusion télévisée.

Pour assurer l'obtention des contrats visés par des entreprises françaises, les milieux diplomatiques et des membres du gouvernement s'investissent dans les négociations[12]. Jean-Pierre Fourcade, ministre des Finances, établit par exemple une stratégie pour faciliter la conclusion du marché souhaité par la SEFRI. D'abord, afin de baisser considérablement le montant global du contrat, il soutient une sous-traitance à hauteur de 20 % en faveur d'une compagnie yougoslave de gros œuvre, alors qu'habituellement le ministère du Commerce extérieur ne tolère pas qu'une part supérieure à 9 % soit attribuée à une entreprise étrangère. Puis, il négocie l'accord d'un prêt avantageux à la partie soviétique avec le Crédit lyonnais et la Banque française du commerce extérieur. Dans le domaine des infrastructures de l'aviation civile, si les industriels français ont longtemps semblé en bonne position pour remporter le marché lié à la réalisation d'un terminal à l'aéroport Cheremetievo, celui-ci a finalement été obtenu par une entreprise ouest-allemande. Aux côtés de la France, la RFA fait partie des principaux partenaires du COJOM.

Le développement de la coopération olympique permet à l'URSS de profiter de financements et de contrats avantageux pour moderniser une partie de ses infrastructures sportives, touristiques, ou de transport. Du point de vue des partenaires étrangers, elle est comprise comme une opportunité d'étendre la diplomatie des grands contrats et constitue un vecteur de rayonnement. Lors de l'inauguration de l'hôtel Cosmos, Jean-Pierre Fourcade se félicite de la réussite du projet et, selon les propos relayés par le quotidien *Le Monde* du 20 juillet 1979, affirme que "*l'affaire valait la peine car un hôtel entièrement français est une bien meilleure vitrine qu'une usine que personne ne verra*".

Dans le contexte de la guerre froide, cette coopération olympique est un levier supplémentaire du dialogue politique entre l'Est

[12] *Ibid.*, p. 190.

et l'Ouest. Elle participe à la diversification des coopérations qui vise à éviter une rupture complète des rapports entre les États lorsqu'émergent des situations de crise, en maintenant en filigrane une forme de permanence des relations internationales. À l'approche des Jeux Olympiques, elle se trouve confrontée à une nouvelle montée des tensions et à la menace d'un boycott de l'événement.

## L'émergence de nouvelles tensions et l'ombre du boycott sur les Jeux de Moscou

À l'ouverture des Jeux de Moscou, le 19 juillet 1980, 80 nations sont présentes en URSS pour prendre part aux épreuves olympiques, tandis que 62 pays ont décidé de les boycotter. L'ombre du boycott plane sur l'événement depuis le milieu des années 1970. Un appel à ne pas participer aux Jeux s'est progressivement répandu, en particulier aux États-Unis et en Grande-Bretagne dans un premier temps, pour dénoncer l'atteinte aux libertés individuelles et aux droits de l'homme au sein du régime soviétique. L'arrestation du Prix Nobel de la paix Andreï Sakharov par la police soviétique, le 22 janvier 1980, contribue à l'élargissement et à l'intensification de ce mouvement, notamment en France où des personnalités politiques et intellectuelles se mobilisent[13].

Pour la deuxième fois dans l'histoire des Jeux Olympiques (après les Jeux de Montréal et la mobilisation contre l'Apartheid par les sportifs africains), la question des droits de l'homme occupe une place centrale dans la proposition d'un boycott[14]. La menace se

---

13 Philippe Tétart, "Le boycott des Jeux de Moscou (1980) : les athlètes à l'écran, entre impossible deuil d'un accomplissement sportif et sens de la responsabilité", *Parlement[s], Revue d'histoire politique*, vol. 29, n° 1, 2019, p. 71-81.

14 Umberto Tulli, "Bringing Human Rights In : The Campaign Against the 1980 Moscow Olympic Games and the Origins of the Nexus Between Human Rights and the Olympic Games", *The International Journal of the History of Sport*, vol. 33, n° 16, 2016, p. 2026-2045.

renforce encore lorsque, le 20 janvier 1980, quelques semaines seulement après l'entrée des troupes soviétiques en Afghanistan, le président des États-Unis Jimmy Carter soumet l'URSS à un ultimatum. Si le régime soviétique ne retire pas ses soldats du territoire afghan dans un délai d'un mois, la délégation olympique américaine ne participera pas aux Jeux de Moscou. L'intervention militaire de l'URSS constitue une parfaite opportunité de formuler et de justifier un boycott qui a en réalité déjà été envisagé plusieurs mois auparavant[15].

Malgré les intenses campagnes menées en faveur d'un boycott à l'échelle internationale, les décisions prises par les gouvernements et les CNO sont loin d'être unanimes. Les dirigeants soviétiques ayant rejeté l'ultimatum qui leur a été adressé, Jimmy Carter demande officiellement au Comité olympique des États-Unis (USOC) de boycotter les Jeux de Moscou. Bien que l'USOC manifeste sa désapprobation face à cette forme d'ingérence politique, la pression exercée par le gouvernement le mène à accéder à la demande du président américain[16]. Les gouvernements ouest-allemand, britannique ou encore italien se prononcent également contre la participation de leurs sportifs. Cependant, au nom de leur autonomie, les CNO de Grande-Bretagne et d'Italie décident d'aller à l'encontre des décisions gouvernementales et d'envoyer leurs délégations en URSS[17]. En France, si le président Valéry Giscard d'Estaing condamne l'intervention soviétique en Afghanistan, il ne donne aucune directive officielle au Comité national olympique et sportif français (CNOSF). Le CNOSF choisit d'accepter l'invitation des organisateurs des Jeux, même si les fédérations françaises de voile, de tir à l'arc ou encore d'équitation décident quant à elles de boycotter l'événement. À l'image de la situation en Europe de

15 Jérôme Gygax, "Raisons et prétextes au boycott américain des Jeux Olympiques de Moscou", *Relations internationales*, n° 112, 2002, p. 487-510.

16 Jérôme Gygax, *Olympisme et guerre froide culturelle. Le prix de la victoire américaine*, Paris, L'Harmattan, 2012, p. 292-295.

17 James Ivey, "Double Standards: South Africa, British Rugby, and the Moscow Olympics", *The International Journal of the History of Sport*, vol. 36, n° 1, 2019, p. 104-121; Umberto Tulli, "Bringing Human Rights In", *op. cit.*, p. 2035.

l'Ouest, il existe une profonde désunion entre les gouvernements mais aussi entre les CNO au sujet de la position à tenir face au boycott.

L'effet du boycott sur l'organisation des Jeux de Moscou ne peut être nié, mais il ne semble cependant pas avoir eu l'ampleur initialement escomptée[18]. D'abord, le COJOM a su accueillir les délégations sportives, les journalistes, les officiels ainsi que près de 200 000 touristes, étrangers ou soviétiques, dans de bonnes conditions tout au long de leur séjour. Dans ce village de Potemkine, dépeint et défini comme tel par de nombreux observateurs étrangers, les dirigeants soviétiques n'ont été confrontés à aucun mouvement de contestation ou d'opposition sur les lieux des Jeux Olympiques.

Bien sûr, cette situation a été facilitée par la mise à l'écart des citoyens soviétiques représentant un risque aux yeux des autorités, et par une sécurité souvent jugée excessive et décriée par les athlètes[19]. Ensuite, malgré l'absence de 3 des 5 pays les plus médaillés lors des Jeux de Montréal – États-Unis, Japon, RFA – en raison du boycott, le spectacle sportif offert en Union soviétique n'est pas dénué d'intérêt. En effet, le niveau de performance atteint est élevé puisque 36 records du monde ont été établis à Moscou, soit autant qu'à Montréal, ainsi que 74 records olympiques, soit 29 de plus que lors de l'édition précédente. Enfin, dans ses discours propagandistes l'URSS n'hésite pas à utiliser le boycott pour rappeler son attachement à un idéal olympique absolument compatible avec le socialisme, et pour retourner les accusations de mises en danger des libertés individuelles à l'encontre des pays qui interdisent à leurs sportifs de se déplacer[20]. En dépit des tensions internationales qui réapparaissent, le régime soviétique parvient à tirer profit de l'organisation des Jeux Olympiques pour affirmer sa puissance.

---

18 James Riordan, "The USSR and Olympic Boycotts", *International Journal of the History of Sport*, vol. 5, n° 3, 1988, p. 349-359.

19 Nicholas Sarantakes, *Dropping the Torch : Jimmy Carter, The Olympic Boycott, and the Cold War*, Cambridge, Cambridge University Press, 2011, p. 240.

20 Mertin Evelyn, "The Soviet Union :nd the Olympic Games of 1980 and 1984. Explaining the boycotts to their own people", *in* Stephen Wagg, David L. Andrews (dir.), *East Plays West : Sport and the Cold War*, Londres/New York, Routledge, 2007, p. 235-252.

Durant près d'un quart de siècle, les projets de candidature, les préparatifs et enfin le déroulement des Jeux Olympiques dans la capitale soviétique se trouvent confrontés à la guerre froide. Si les défis à relever concernent des phases de crises, de tensions et de risques de rupture diplomatique, ils comprennent aussi des moments d'apaisement des relations internationales et des dynamiques de coopération. L'URSS ayant dû faire face au boycott des États-Unis, qui offre une dimension symbolique à la rupture d'une détente fragilisée depuis la fin des années 1970, la question de la participation de ses athlètes aux Jeux Olympiques de Los Angeles se pose progressivement au cours de la nouvelle Olympiade.

La décision des dirigeants soviétiques de ne pas envoyer de délégation sportive en Californie ne doit pas être perçue comme une simple revanche[21]. D'ailleurs, Iouri Andropov, le secrétaire général du Comité central du PCUS depuis 1982, soutient jusqu'à sa mort, en février 1984, la participation de l'URSS à la XXIIIe édition des Jeux d'été. Par la suite, le courant favorable à la "non-participation" – terme utilisé par l'URSS pour se distinguer du boycott américain et pour ne pas rompre avec l'idéal olympique – se renforce considérablement.

Au printemps 1984, les dirigeants soviétiques officialisent leur "non-participation" aux prochains Jeux de Los Angeles, en la justifiant notamment par la présence d'un net sentiment antisoviétique aux États-Unis et une sécurité insuffisante pour leurs délégués. Cette décision a pour effet de nuire à la réputation des dirigeants sportifs de l'URSS au sein des organisations internationales, mais également de laisser entrevoir les prémices de l'implosion du bloc de l'Est, la Roumanie refusant de se plier aux directives soviétiques en envoyant ses athlètes en Californie[22]. Tandis que l'URSS était sortie de l'épreuve du boycott sans trop de dommages en 1980, sa "non-participation" aux Jeux de 1984 détériore davantage son image sur la scène internationale, peu avant la fin de la guerre froide.

---

21 Robert Edelman, "The Russians Are *Not* Coming! The Soviet Withdrawal from the Games of the XXIII Olympiad", *The International Journal of the History of Sport*, vol. 32, n° 1, 2015, p. 9-36.

22 Philip D'Agati, *The Cold War and the 1984 Olympic Games, op. cit.*, p. 137-138.

# L'Afrique et les Jeux Olympiques avant les décolonisations (1945-1960)

Pascal Charitas

En 1912, selon la doctrine de l'action sociale[1], en faveur d'une "*géographie sportive*[2]", Pierre de Coubertin s'interroge sur le contrôle des corps des colonisés selon le principe olympique "*All games, all nations*". La démarche coubertinienne œuvre pour le développement d'un sport africain en reprenant le discours hygiéniste colonial[3] afin de contribuer à l'universalisation de l'olympisme sur le modèle des Jeux d'Extrême-Orient (1921), des Jeux d'Amérique latine (1922), de ceux d'Amérique centrale et des Caraïbes en 1926 et enfin des Jeux Pan-Indiens (1934).

Sous l'influence conjointe du maréchal Lyautey et de l'exemple britannique, Pierre de Coubertin lance les Jeux africains (1923) dans sa

1 Françoise Mayeur, "Pierre de Coubertin. La réforme sociale par l'éducation et le sport", *Les Études Sociales*, n° 137, 2003, p. 128-129.

2 Norbert Müller, *Pierre de Coubertin, Textes choisis, Tome II – Olympisme*, Zürich, Weidmann, 1986, p. 452.

3 Pierre de Coubertin, *Cinq siècles et demi d'activité coloniale française*, Paris, Éditions du Centenaire, 1930.

lettre "Le Sport veut conquérir l'Afrique" sous le patronage du CIO[4]. D'abord réservé aux indigènes puis ouvert aux colons, ce projet est maintes fois repoussé jusqu'en 1929 puis annulé face à des considérations économiques et politiques des métropoles d'Empire. En effet, si cette universalisation a pour objectif de pacifier les relations entre colons et indigènes, elle ne va pas jusqu'à remettre en cause la hiérarchie coloniale fondée sur l'inégalité des races ; elle reste dans l'entre-deux-guerres trop subversive pour les systèmes coloniaux[5] : l'éducation physique doit être réservée aux indigènes et le sport au colonat.

Dès lors, avant 1945, l'Afrique est représentée aux Jeux Olympiques par peu de nations indépendantes (Afrique du Sud, Égypte, Rhodésie du Sud) et par la rare présence d'indigènes des Empires coloniaux britanniques (John Edward London) et français (Boughera El Ouafi). Puis, suivant le mythe de l'athlète noir suscité par Jesse Owens aux Jeux Olympiques de Berlin (1936), les Empires prennent conscience du potentiel athlétique des indigènes : les Britanniques par la participation de l'Afrique du Sud et de la Rhodésie du Sud aux Jeux de l'Empire britannique (1930), et les Français par une mission de la Fédération française d'athlétisme et du journal *L'Auto* (1937-1938) pour rechercher des talents sportifs.

En 1941-1942, cette idée est reprise par le régime de Vichy qui utilise les indigènes comme arme de propagande (dans le cadre de la Semaine coloniale, des Journées Borotra et de la Quinzaine impériale). Le sport colonial fait polémique car si Britanniques et Français développent prudemment les pratiques sportives durant l'entre-deux-guerres ; ils n'envisagent pas la confrontation sportive entre métropolitains, colons et indigènes. Or, après 1945, les décolonisations en cours peuvent-elles permettre l'intégration de l'Afrique aux Jeux Olympiques ?

---

4 Bernadette Deville-Danthu, "La dernière bataille de Pierre de Coubertin : la conquête sportive de l'Afrique", in *L'Empire du sport. Les sports dans les anciennes colonies françaises*, Aix-en-Provence, Association des Amis des Archives d'Outre-Mer, 1992, p. 61-68.

5 Fabrice Auger, "The African Games: an attempt to colonial modernization", *The Journal of Olympic History*, vol. 14, n° 1, 2007.

## L'Afrique sportive, puis olympique, dans le nouvel ordre international

Après la Seconde Guerre mondiale, un nouvel ordre international se construit à la suite des conférences de Brazzaville (1944), des états généraux de la colonisation (1945), et de la conférence de San Francisco (1945). L'émergence de l'ONU expose le problème de l'internationalisation des colonies[6]. En effet, les Empires britanniques et français entrent dans la "seconde occupation coloniale" ou "quatrième Empire colonial"[7] par une mise en valeur économique et sociale des colonies sur le modèle capitaliste et suivant les principes de l'ONU. Les promesses d'égalité, voire d'autonomie mais pas d'indépendance des territoires colonisés par la France d'une part, l'indépendance des colonies néerlandaises et enfin celles des colonies britanniques d'autre part, bouleversent l'ordre international. Ainsi, les stratégies coloniales doivent répondre au droit des indigènes à se gouverner eux-mêmes. Car ces Empires doivent réagir aux influences américaines et soviétiques auprès des élites indigènes en Afrique, en Asie et dans le Pacifique.

À partir de 1947, l'internationalisation du problème colonial est donc un enjeu de politique extérieure pour imposer son modèle de développement politique, économique et social[8]. Une stratégie renouvelée par la guerre froide auprès des courants nationalistes du "Tiers-Monde" avec la conférence de Bandung (1955). Dès lors, le sport comme moyen de développement humain est en adéquation avec les idéaux de l'ONU et ceux du CIO. Les influences des Empires dans ce processus d'acculturation s'accélèrent comme un moyen de "briser les frontières[9]" entre les colons et les colonisés.

---

6 Frederick Cooper, *Colonialism in Question : Theory, Knowledge, Practice*, Cambridge, Cambridge University Press, 2005.

7 John Darwin, "Was there a Fourth British Empire?", *in* Martin Lynn (dir.) *The British Empire in the 1950s. Retreat or Revival?*, Basingstoke, Palgrave, 2006, p. 16-31.

8 Christopher Clapham, *Africa and the International System. The Politics of State Survival*, Cambridge, Cambridge University Press, 1996.

9 Patrick Hutchison, "Breaking Boundaries : Football and Colonialism in the British Empire", *Inquiries Journal/Student Pulse*, n° 11, 2009.

En retour, le CIO s'adapte afin de poursuivre la diffusion de ses idéaux aux territoires colonisés et en s'alliant aux Empires en déclin. Ainsi, dès 1945, le CIO prend en compte la redistribution mondiale, puisque, en son sein, l'Américain Avery Brundage informe le Britannique Lord Aberdare de l'enjeu, pour le mouvement olympique, d'un 3e bloc afro-asiatique. L'année suivante, le projet de Jeux africains de Pierre de Coubertin est porté par le représentant égyptien Taher Pacha en vue de leur organisation en 1951 à Alexandrie.

Cependant, comme dans l'entre-deux-guerres, les Jeux africains n'offrent pas un intérêt suffisant, car ils ne réunissent que les athlètes de l'Afrique du Sud et de l'Égypte. Par conséquent, afin d'organiser le mouvement sportif à partir des pays arabophones, les Jeux africains sont remplacés par des Jeux méditerranéens intégrant les protectorats français d'Afrique du Nord (Maroc, Tunisie). La France n'accueille pas avec enthousiasme ces Jeux régionaux ; c'est également le cas de la Grande-Bretagne, car le projet met l'Égypte en position de force. Pourtant, la France décide d'envoyer aux Jeux méditerranéens des athlètes indigènes de son Empire (Habib Thiam, Ernest Wanko, Victor Sillon, Patrick El Mabrouk, Alain Mimoun, Marc Rabemila ou Ali Brakchi).

La création de ces Jeux à partir de l'ancien projet des Jeux africains s'intègre donc aux jeux régionaux issus du "Tiers-Monde" et de la guerre froide (Jeux asiatiques, d'Amérique centrale, panaméricains, panarabes, ou Jeux des nouvelles forces émergentes) qui concurrencent les Jeux Olympiques comme une force de résistance aux hégémonies occidentales et comme lieu d'affirmation des identités nationales.

Dans ce contexte, les colonies africaines sont un enjeu pour la nouvelle présidence du CIO de l'Américain Avery Brundage (1952-1972) puisqu'en même temps la reconnaissance du Comité national olympique (CNO) d'URSS fait craindre la propagande soviétique. Enfin, l'entrée de l'Afrique au CIO lui permet en tant qu'organisation internationale et transnationale de prouver son autorité dans la gestion des "crises coloniales" et ainsi de montrer sa réactivité face aux recompositions des relations du nouvel ordre international[10].

---

10 Pascal Charitas, "Imperialisms in the Olympics of the Colonization in the Postcolonization : Africa into the International Olympic Committee, 1910-

## La décolonisation sportive britannique : autonomie et indépendance dans le Commonwealth

Pour les Britanniques, il s'agit de prendre en considération la dénonciation par les Américains de "l'oppression des peuples colonisés", afin de renforcer leurs relations avec les États-Unis et ainsi consolider leur statut de grande puissance européenne. Face aux ambitions d'indépendance et d'autonomie de leurs colonies, il s'agit aussi d'éviter que celles-ci ne rejoignent le bloc de l'Est. À ce titre, la doctrine coloniale britannique de l'*indirect rule* est stratégique, permettant au gouvernement travailliste de Clement Attlee de reconnaître le droit à l'autodétermination à tous les peuples dépendants de la couronne britannique, tout en cherchant à renforcer le Commonwealth, sans être en rupture avec les attentes du CIO.

Les territoires africains de l'Empire britannique passent ainsi progressivement du statut de colonies à celui de gouvernement responsable, puis à celui de *self-government*, dernier stade avant l'indépendance, si possible dans le Commonwealth. De même, le *British Nationality Act* promulgué en 1948, consacre le statut de "Citoyen du Royaume-Uni et des colonies", offrant un nouveau statut symbolique aux "indigènes" de l'Empire, tout en proposant une identité supérieure aux nationalités canadienne et australienne. Concernant leurs colonies, le but des Britanniques n'est ainsi pas tant d'autoriser leurs indépendances que de gagner des membres du Commonwealth, lequel garantit une "continuité post-impériale" par une "*construction stato-nationale*[11]". Ceci consacre les efforts de Londres pour redonner à l'Empire une nouvelle vigueur après 1945[12] et le *Foreign office* œuvre à l'intégration des colonies britanniques au CIO.

---

1965", *International Journal of the History of Sport*, vol. 32, n° 7, 2015, p. 909-922.

11 John Crowley, "Le Royaume-Uni, le Commonwealth et l'Europe", *Politique européenne*, vol. 2, n° 6, 2000, p. 36-52.

12 Antony G. Hopkins, "Rethinking Decolonization", *Past and Present*, n° 200, 2008, p. 211-247.

En effet, le Royaume-Uni a une certaine avance dans la décolonisation sportive en accueillant les Jeux Olympiques à Londres (1948)[13] et ce par l'association à son équipe des indigènes sous tutelle du Commonwealth : par exemple, en 1948, le prince Adegboyega Adedoyin (Nigeria), et en 1952, aux Jeux Olympiques à Helsinki, les sprinters Emmanuel McDonald Bailey (Trinidad) et Arthur Wint (Jamaïque).

D'autre part, le changement d'appellation des Jeux de l'Empire britannique (1950) en Jeux de l'Empire britannique et du Commonwealth (1954) marque cette évolution des rapports coloniaux anglophones. Par exemple, en 1950, des équipes d'Afrique du Sud, de Rhodésie du Sud et du Nigeria y participent. Les équipes africaines présentent aux Jeux de 1954 sont la *Gold Coast* (Ghana), la Rhodésie du Nord, le Nigeria, l'Afrique du Sud, la Rhodésie du Sud, le Kenya, et l'Ouganda. De plus, à l'échelle des Jeux Olympiques, une équipe de sept athlètes du Nigeria est, déjà en 1948, intégrée à la délégation britannique. Aux Jeux Olympiques d'Helsinki participent pour la première fois le Ghana et le Nigeria aux côtés de l'Égypte et de l'Afrique du Sud. Aux Jeux Olympiques de Melbourne (1956), on compte six nations africaines avec l'ajout de l'Éthiopie, du Kenya, du Liberia et de l'Ouganda (l'Égypte boycotte ces Jeux en raison de la crise du canal de Suez).

Il faut aussi rappeler que l'influence britannique s'exerce également par sa domination dans les fédérations internationales des disciplines sportives les plus répandues dans le monde et les plus développées en Afrique par les colons : le football (FIFA) et l'athlétisme (IAAF).

---

13 Bob Philips, *The 1948 Olympics: How London Rescued the Games*, Cheltenham, Sportbooks, 2007.

# Le "décollage" sportif avant la décolonisation sportive francophone : des Jeux de l'Union française à ceux de la Communauté

La politique coloniale française définie par le général de Gaulle lors de la conférence de Brazzaville (1944) doit faire face à 2 phénomènes : le pouvoir grandissant du colonat et l'émergence d'une élite indigène. Ainsi, son projet colonial du *direct rule* oscille entre assimilation et association des colonies françaises. Il s'agit également de répondre aux exigences de l'ONU par un développement social, économique et politique, qui se solde par la création du Fonds d'investissement pour le développement économique et social (FIDES) en 1946, destiné au développement des colonies.

Parallèlement, la même année, le congrès national du sport et du plein air du Conseil national de la résistance promeut l'amélioration des conditions physiques des "races indigènes" par la pratique de l'éducation physique et du sport. Dans la dynamique du "*new deal* colonial[14]", on assiste à un développement rapide des sports et mouvements de jeunesse d'Afrique occidentale française et d'Afrique équatoriale française, sur la base des réformes libérales adoptées après 1946, permettant la libre création d'associations. Une organisation pyramidale se structure rapidement, avec des associations sportives civiles regroupées territorialement en districts, puis en Ligues au niveau fédéral, s'affiliant aux fédérations sportives de la métropole.

[14] Nicolas Bancel, "Les Scouts de France et les Éclaireurs de France en AOF (1945-1960). Les conditions sociales et politiques de développement de deux mouvements de jeunesse en contexte colonial", *in* Évelyne Combeau-Mari (dir.), *Sports et loisirs dans les colonies, XIXe-XXe siècles. Asie, Pacifique, océan Indien, Afrique, Caraïbes*, Paris, Le Publieur, 2005, p. 219-238.

Cependant, de nombreux freins s'opposent à un véritable décollage[15]. Les secteurs sportifs civils comme scolaires n'ont pas encore les cadres, ni les moyens financiers pour assurer le fonctionnement d'un mouvement sportif autonome africain. En outre, le paternalisme colonial obère des projets de grande ampleur comme celui porté par le Comité Félix Eboué (1945), qui souhaite organiser une journée sportive et qui porte ainsi le premier projet de jeux sportifs rassemblant la France et l'Empire. L'initiative est déboutée en 1947 puis transformée en un projet de Jeux pré-olympiques. Cependant, en 1952, le CIO est hostile à l'utilisation du mot "olympique", ce qui pousse à les redéfinir en Jeux de l'outre-mer (1954), programmés au Maroc, en Algérie puis au Sénégal avant d'être abandonnés tout comme le projet, en 1946, de Marcel Duresse (membre du Conseil national des sports et du Comité olympique français) de créer un Comité olympique africain. Des jeux scolaires inter-territoires organisés par les offices du sport scolaire et universitaire (OSSU) d'AEF et d'AOF existent pourtant de 1952 à 1959 mais uniquement afin de faire émerger des talents comme Lamine Diack, Dieng Seny ou Mahamat Idriss.

Ces compétitions se heurtent toutefois aux conceptions racistes et ambiguës des dirigeants sportifs métropolitains envers les élites sportives indigènes[16]. L'exemple de l'athlète sénégalais Papa Gallo Thiam et sa non-sélection en équipe de France pour les Jeux Olympiques de Londres (1948), en raison du soupçon d'anticolonialisme qui pèse sur lui, interroge au moment où l'athlétisme français est au plus mal. Tout comme celles d'Habib Thiam et Abdoulaye Seye qui, bien que supérieurs aux sprinters de la métropole, doivent disputer des barrages. Refusant tous les 2 cette procédure, ils ne participent pas aux Jeux Olympiques de Melbourne (1956) ; il en est

---

[15] Bernadette Deville-Danthu, *Le sport en noir et blanc. Du sport colonial au sport africain dans les anciens territoires français d'Afrique occidentale (1920-1965)*, Paris, L'Harmattan, 1997, p. 302.

[16] Bernadette Deville-Danthu, "Noirs et Blancs sur les terrains de sport, un rendez-vous manqué", *in* Pierre Arnaud Pierre, Alfred Wahl (dir.), *Sports et relations internationales*, Metz, Centre de Recherche Histoire et Civilisation de l'Université de Metz, 1994, p. 187-198.

de même d'Ibrahim Sall. Seul le triple-sauteur Malik M'Baye, présent à Helsinki (1952), porte les couleurs françaises. Rares sont donc ceux qui revêtent le maillot de l'équipe de France comme Alain Mimoun (lors des Jeux Olympiques de 1948 à 1960, remportant le marathon à Melbourne en 1956). Alors qu'aux Jeux Olympiques de Rome (1960), où la France obtient des résultats très décevants, avec seulement 5 médailles dont aucune en or, Abdoulaye Seye obtient une médaille de bronze sur 200 mètres en athlétisme.

## L'Afrique vers l'olympisme : l'internationalisation du sport africain en marche

L'immédiat après-1945 n'a pas permis à la France d'intégrer ses colonies au mouvement olympique contrairement à la Grande-Bretagne, en raison de politiques coloniales différentes. Dans les années 1950, les anciennes colonies britanniques, devenues autonomes et membres du Commonwealth, sont reconnues par le CIO : le Nigeria (1951), la *Gold Coast* (Ghana, 1952), le Kenya (1955), l'Ouganda (1956), le Soudan (1959) et le Tanganyika (Tanzanie, 1958)[17]. Ce phénomène peut être mis en relation avec l'accélération en Afrique, plus particulièrement de 1950 à 1964, du nombre de CNO reconnus par le CIO alors que ces pays n'ont pas encore d'existence politique reconnue internationalement et ne siègent pas à l'ONU. Ainsi, les régimes coloniaux britanniques et français jouent les médiateurs dans la constitution de CNO institués sous leurs tutelles[18]. L'argument est d'éviter un bloc anti-colonial au CIO qui ne rejoigne le camp soviétique. Cette crainte n'est pas fondée :

---

17 Pascal Charitas, "Anglophone Africa in the Olympic Movement : the confirmation of a British wager? (1948-1962)", *African Research and Documentation, Scolma's Journal*, n° 116, 2012, p. 35-52.

18 Pascal Charitas, Yann Drouet, "La Commission d'Aide Internationale Olympique (CAIO) : nécessité d'un nouveau médiateur entre la France et l'Afrique noire ? (1960-1963)", *Stadion*, vol. XXXIII, n° 2, 2007, p. 207-226.

d'une part aucun membre africain ne siège au CIO, et d'autre part le poids des CNO dans les décisions du CIO est nul puisque l'Assemblée générale des CNO ne sera créée qu'en 1965.

Pour ce qui est de la France, nulle volonté politique de réaliser des jeux sportifs franco-africains, synonymes d'une reconnaissance des colonies en tant que nations. C'est pourquoi la détection et la sélection d'élites sportives issues de l'Empire et l'appui à des rencontres sportives interafricaines scolaires sont privilégiés. Par conséquent, de 1955 à 1959, les Jeux de l'Union française ne peuvent être que des Jeux scolaires interafricains. Pourtant, en 1960, les 2 projets, sportifs et scolaires, fusionnent pour donner les Jeux de la Communauté ou Jeux de l'Amitié (Madagascar, 1960 ; Côte d'Ivoire, 1961 ; et Sénégal, 1963), et ce pour consolider un espace d'influence à l'heure des indépendances coloniales (14 colonies d'Afrique francophone deviennent indépendantes en 1960).

Mais la France préserve son influence culturelle par la coopération sportive qui repose sur le partenariat des réseaux coloniaux reconfigurés en relations postcoloniales avec 2 objectifs : l'africanisation des cadres sportifs et la préparation des nouvelles nations africaines pour intégrer le sport international et particulièrement les Jeux Olympiques. L'olympisme s'élargit donc, mais si à Rome (1960) l'Éthiopien Abebe Bikila fait briller l'Afrique, en remportant le marathon et, ainsi la première médaille d'or pour un État africain indépendant, en revanche seuls 4 nouveaux pays africains participent aux Jeux Olympiques (Maroc, Soudan, Tunisie et République Arabe Unie) avec un total de 12 nations issues du continent sur 83 participantes. Une visibilité en trompe-l'œil puisque l'Éthiopie est certes la première nation africaine au classement, mais au 21e rang du classement général ! Il faut attendre Tokyo (1964) avec les 14 CNO issus des colonies françaises d'Afrique, les premiers Jeux africains (1965) et la décolonisation lusophone pour que le nombre de CNO africains augmente significativement aux Jeux Olympiques[19] :

[19] Pascal Charitas, "Sport in Africa", *in* Robert Edelman, Wayne Wilson (dir.), *The Oxford Handbook of Sports History*, Oxford, Oxford University Press, 2017, p. 301-318.

de 2 nations africaines sur 94 nations aux Jeux Olympiques de Londres (1948), à 30 sur 121 à Munich (1972), puis 46 sur 169 à Barcelone (1992), pour enfin atteindre le nombre de 53 nations africaines, chiffre fixe depuis les Jeux Olympiques de Sydney en 2000, pour un peu plus de 200 nations.

# *Perspectives*
# Le CIO à l'épreuve de la guerre froide : entre remise en question et évolutions

Carole Gomez

Selon l'adage bien connu et répété à l'envi par Thomas Bach, l'actuel président du Comité international olympique, *"le sport et la politique ne se mélangent pas*[1]*"*. Pourtant, les exemples récents de liens inextricables sont légion. Qu'il s'agisse de la création d'une équipe de réfugiés à partir des Jeux de Rio de 2016 symbolisant l'action du monde olympique face à l'inaction supposée de la communauté internationale lors de la "crise" migratoire, le rôle de médiation de l'institution suisse au cours de l'affaire Peng Shuai, la joueuse de tennis chinoise disparue en novembre 2021 après avoir accusé de viol un dignitaire chinois, ou encore la décision rapide et relativement ferme vis-à-vis de l'invasion russe de l'Ukraine (qui a consisté 4 jours après les événements à appeler au bannissement des athlètes russes et biélorusses de toute compétition sportive), force est de constater que

1 Thomas Bach, "The Olympics are about diversity and unity, not politics and profit. Boycott don't work", *The Guardian*, 24 octobre 2020.

l'organisation olympique multiplie les prises de position, s'affichant de manière de plus en plus assumée comme une instance politique à part entière, "*antichambre de l'ONU*[2]", cherchant à peser sur les relations internationales.

Au regard de cet activisme politique et diplomatique, certains commentateurs considèrent que celui-ci engage l'institution sur une ligne de crête dangereuse, puisqu'elle contribue à fragiliser le pilier fondateur de l'apolitisme décrit par le sociologue et historien Jacques Defrance comme "*une valeur durable de la culture sportive*[3]" et totem de l'instance lausannoise.

Peut-on pour autant considérer cette appétence pour la chose publique comme nouvelle? Dès sa création, dans l'esprit de Pierre de Coubertin, l'enjeu d'une telle instance n'était-il pas, d'ores et déjà, politique? En relançant l'aventure des Jeux modernes à partir de 1896, la logique (géo)politique n'était-elle pas perceptible en filigrane? Le contexte de guerre froide nous offre ici un champ d'étude particulièrement propice à la réflexion. Il a, bien sûr, été très largement étudié, à travers certaines éditions des Jeux et notamment celles sanctionnées par des boycotts sportifs (Melbourne 1956, Montréal 1976, Moscou 1980 et Los Angeles 1984).

Au sortir de la Seconde Guerre mondiale, l'instance olympique, par la voix de son président Sigfrid Edström, semble d'ailleurs bien consciente des enjeux qui se jouent, puisqu'il n'hésita pas à déclarer que, pour le CIO, en 1945 "*le grand défi sera la question de la Russie*[4]". Se détournant de l'analyse à travers le seul prisme des Olympiades, il s'agira ici plutôt de s'intéresser à la politique menée par l'instance suisse elle-même, dans un contexte au cours duquel elle s'est retrouvée, à maintes reprises, exposée. Il conviendra d'identifier

---

2 Gérald Arboit, "Les Jeux olympiques, enjeux des relations internationales", *Annuaire Français de Relations Internationales*, vol. X, 2009.

3 Jacques Defrance, "La politique de l'apolitisme. Sur l'autonomisation du champ sportif", *Politix*, vol. 13, n° 50, 2000, p. 13.

4 Allen Guttmann, "The Cold War and the Olympics", *International Journal*, vol. 43, n° 4, 1988, p. 555.

les axes forts de sa politique au cours de cette période, relevant par là même les nombreuses contradictions que cela a pu charrier.

En effet, l'instance olympique, créée à Paris en 1894, apparaît comme conservatrice, européocentrée, revendiquant son illustre héritage antique et considérant ses membres comme des diplomates hors les murs, "*investis d'une mission pacifique internationale*[5]". Dans un contexte complexe de guerre froide à l'avenir incertain, elle cherche à promouvoir une *Pax Olympica,* tout en brandissant la neutralité du sport. Face à cette réserve, les acteurs étatiques, au premier rang desquels l'URSS et les États-Unis, vont pouvoir se livrer, sur les terrains olympiques comme dans les instances, à une lutte d'influence qui forcera l'organisation olympique à réagir et à s'adapter. Il s'agira enfin de s'interroger sur les conséquences et les effets de cette guerre de "50 ans" sur le CIO et ses Jeux.

## Une instance sportive conservatrice dépassée par les nouveaux enjeux géopolitiques ?

Le caractère européocentré et conservateur du CIO peut notamment se constater à travers l'analyse des comités nationaux olympiques (CNO) reconnus (6 comités asiatiques et africains seulement sur 48 avant 1947[6]), du lieu d'organisation des Jeux (9 Jeux d'été sur 11, 4 Jeux d'hiver sur 5 entre 1896 et 1948 ont lieu sur le continent européen) ou encore au regard de l'identité des membres de l'instance, qui ne s'illustre ni par leur sexe ni par la diversité de leurs origines géographiques ou de leur statut social.

---

5 Patrick Clastres, "Paix par le sport et guerre froide : le neutralisme pro-occidental du Comité international olympique", *in* Jean-François Sirinelli, Georges-Henri Soutou (dir.), *Culture et Guerre froide*, Paris, Presses de l'Université Paris-Sorbonne, Paris, 2008, p. 122.

6 Jörg Krieger, Stephan Wassong, "The composition of the IOC : origins and key turning points in the governance of the Olympic movement", *in* Dikaia Chatziefstathiou, Borja García, Benoit Séguin (dir.), *Routledge Handbook of the Olympic and Paralympic Games*, Abingdon, Routledge, 2021, p. 206.

Bien que des tentatives de changement de gouvernance et des évolutions visant à ouvrir l'institution aient été prônées, force est de constater que le CIO est demeuré relativement réfractaire à de tels projets. En conséquence, au tournant des années 1960, et contrairement à ce que Avery Brundage laissait entendre en 1965, considérant que le mouvement olympique était "*sans doute la force sociale la plus importante du monde*", le "*CIO représentait une force largement réactionnaire plutôt que progressiste dans les affaires sociales, politiques et internationales*[7]".

Face à une situation internationale complexe dont il ne semble pas percevoir tous les tenants et aboutissants, le CIO cherche à tout prix à maintenir l'organisation et le bon déroulement des Jeux.

En 1956, alors que les Jeux Olympiques de Melbourne connaissent un triple boycott, Avery Brundage déclara au sujet du retrait de l'Espagne, des Pays-Bas et de la Suisse pour dénoncer l'invasion soviétique en Hongrie que "*dans un monde imparfait, si la participation aux compétitions sportives devait être arrêtée à chaque fois que les politiques violent les lois, il n'y aurait plus de rencontres internationales*[8]". La rhétorique est la même quelques années après concernant l'Afrique du Sud ségrégationniste. Alors que Pretoria était condamnée de manière collégiale par la communauté internationale par la voix de l'Assemblée générale des Nations unies, le président Avery Brundage récidiva en déclarant en 1966 que "*nous ne pouvons pas pénaliser un Comité national olympique pour quelque chose que son gouvernement fait, ou nous n'en aurons plus, puisque le gouvernement parfait n'a pas encore été inventé*[9]". Célèbre, le discours d'Avery Brundage prononcé le lendemain du massacre de Munich perpétré par le groupe terroriste Septembre noir, autour du leitmotiv "*The Games must go on*", illustre parfaitement cette logique.

---

7 Barbara Keys, "The Early Cold War Olympics 1952-1960: Political, economic and human rights dimensions", *in* Helen Jefferson Lenskyi, Stephen Wagg (dir.), *The Palgrave Handbook of Olympic Studies*, Londres, Palgrave, 2012, p. 73.

8 *Ibid.*

9 *Ibid.*

Qu'importent les obstacles politiques et diplomatiques rencontrés pourvu que l'aventure olympique se poursuive, puisque la politique doit rester à la porte du sport. Cette approche que d'aucuns qualifieraient de cynique est pour d'autres au contraire la preuve d'une *realpolitik* olympique.

Ce refus de politisation du sport est par ailleurs soutenu par différentes voix influentes qui perçoivent le risque pour la survie de l'instance olympique. Robert Kane, président du Comité national olympique étatsunien, n'hésitait pas à déclarer avant la mise en œuvre du boycott des JO de 1980 souhaité par le président Jimmy Carter que "*si nous commençons à faire des jugements politiques, ce sera la fin des Jeux*[10]".

Les éditions de Montréal, Moscou et Los Angeles sont particulièrement révélatrices de cette volonté d'une organisation à tout prix. Négociations, rencontres bilatérales, envoi de membres du CIO en véritables diplomates missionnaires furent entrepris pour tenter de parvenir à remettre l'ensemble des protagonistes autour de la table et laisser la politique en dehors de ces Olympiades. Ces initiatives se soldèrent par des échecs puisque respectivement, les athlètes de la République de Chine et de 22 comités nationaux africains en 1976, ceux de 67 nations appartenant au bloc occidental en 1980, et ceux de 18 nations liées au bloc soviétique en 1984, ne prirent ainsi pas part à la fête olympique[11].

---

10 Cité dans Allen Guttmann, "The Cold War and the Olympics", *International Journal*, vol. 43, n° 4, 1988, p. 560.

11 Éric Monnin, Catherine Monnin, "Le boycott politique des Jeux Olympiques de Montréal", *Relations internationales*, vol. 134, n° 2, 2008, p. 93-94.

## Changer ou être changé ? L'évolution forcée de la politique du CIO pendant la guerre froide

Le CIO, profondément conservateur, ne semble pas saisir la mesure des nouveaux enjeux géopolitiques que la fin de la Seconde Guerre mondiale charrie avec l'émergence d'un monde bipolaire. En brandissant neutralité et apolitisme du sport, il se fait déposséder de sa propre créature et va devoir faire évoluer sa politique en fonction d'acteurs extérieurs, aux agendas contradictoires, qui vont peser sur lui.

Au sortir immédiat de la Seconde Guerre mondiale, et tâchant d'éviter un (légitime) procès d'intention qui lui serait fait au regard de sa complaisance avec le régime nazi et ses dignitaires au cours des années précédentes, le CIO appelle de manière récurrente à la paix et construit une rhétorique affirmant que le mouvement olympique est un mouvement de paix[12]. Avery Brundage n'hésite pas à déclarer que "*les Jeux ont été l'institution internationale la plus importante du siècle, une force de paix et de réconciliation entre les peuples*[13]".

Les discours encourageant les comités nationaux olympiques à participer et à se rapprocher en dépit des crises politiques s'inscrivent clairement dans cette veine. L'exemple allemand est ici particulièrement marquant. Bannie des Jeux à 2 reprises à la suite des 2 guerres mondiales, l'Allemagne doit en outre faire face à sa partition. Dans une course à la reconnaissance, le Comité olympique de la République fédérale allemande rejoint l'instance olympique en 1951 à la suite d'un important lobbying anglo-saxon[14], repoussant *de facto* la demande du comité issu de la République démocratique allemande au motif que

12 John Hoberman, "The Myth of Sport as a Peace-Promoting Political Force", *The SAIS Review of International Affairs*, vol. 31, n° 1, 2011, p. 18.

13 *Ibid.*, p. 23.

14 Heather L. Dichter, "The Diplomatic Turn : The New Relationship between Sport and Politics", *The International Journal of the History of Sport*, vol. 38, n° 2-3, 2021, p. 251-252.

seul un comité peut exister par pays. Le CIO ignore donc complètement la situation des 2 Allemagnes, poussant même plus loin la logique en parvenant à mettre sur pied une équipe unifiée allemande qui officiera pendant six Olympiades (Cortina d'Ampezzo, Melbourne, Squaw Valley, Rome, Innsbruck et Tokyo). Le CIO ne reconnaît finalement le comité de RDA qu'en 1968, permettant à celle-ci de participer enfin aux Jeux de Mexico sous sa propre bannière. En d'autres termes, pendant presque 2 décennies, le CIO aura nié une réalité politique et géopolitique pour inventer une fiction qui n'existe que dans l'histoire olympique.

Face à un CIO qui ne semble pas prêt à évoluer aussi rapidement que le paysage international au sein duquel il se situe, certains acteurs étatiques saisissent rapidement l'enjeu et comprennent que les Jeux Olympiques peuvent être un terrain d'influence et de diplomatie considérables pour remporter le conflit latent qui les oppose. De la même manière, certains atermoiements du CIO en matière de géopolitique sont identifiés et finissent par être exploités au profit d'objectifs de politique intérieure comme étrangère. Ainsi, l'URSS, qui avait boudé l'organisation olympique, la considérant comme l'incarnation du sport bourgeois, comprend l'importance qu'il y a à rejoindre la dynamique. Après que son Comité national olympique eut été reconnu par le CIO en 1951, Moscou participa de l'intérieur au sport international et ainsi fit valoir ses différents messages. La participation dès les Jeux d'Helsinki de 1952 d'une délégation soviétique de 295 athlètes permit à Moscou de diffuser une image positive à travers la participation de ses sportifs et sportives et leurs performances[15]. Ces athlètes contribuent à symboliser ces "*new socialist men*" qui, à la surprise générale, se classent directement à la 2e place du tableau des médailles.

Cette arrivée dans l'enceinte olympique s'accompagne en outre lors des années 1951-1952 de l'élection au CIO de 2 membres soviétiques, Konstantin Andrianov et Nikolaï Romanov, respectivement vice-président et président du Comité des sports et de la culture physique de l'URSS (CSCP). Dans le cadre de leurs nouvelles fonctions,

---

15 Sylvain Dufraisse, *Les héros du sport. Une histoire des champions soviétiques (années 1930-années 1980)*, Ceyzérieu, Champ Vallon, 2019.

ces représentants firent leurs les philosophies du CIO et notamment celles du sport pour tous[16]. En poussant l'instance olympique à poursuivre sa mondialisation en reconnaissant de nouveaux comités nationaux, en cherchant à faire évoluer le CIO dans sa gouvernance et à ouvrir la composition de ses membres, l'URSS bousculait ainsi l'organisation sportive lausannoise et *in fine* la forçait à évoluer.

Bien que le Comité d'aide internationale olympique (CAIO) ait été créé en 1962, afin de venir épauler des jeunes comités nationaux dans leur formation et consolidation, le CIO franchit une étape supplémentaire en créant en 1971 la Commission pour la solidarité olympique. Ainsi, en plus de sa politique intense au sein de l'instance olympique, l'URSS profita donc d'avoir un pied dans la maison olympique pour conclure avec des États tiers de nombreux accords de coopération et d'échanges. En d'autres termes, la diplomatie sportive soviétique reposait de manière importante sur le CIO pour se développer.

## Politisation croissante et renforcement de l'influence du CIO

Au-delà donc de la politique du CIO menée, il semble également intéressant de chercher à renverser la perspective en s'interrogeant sur l'effet concret que la guerre froide et ses retombées politiques ont pu avoir sur le développement du CIO. En effet, en raison de la relative jeunesse de l'institution, des 2 conflits mondiaux qui l'avaient obligé à mettre plusieurs de ses Jeux entre parenthèses, cette "*guerre de cinquante ans*[17]" est venue fortement teinter et influer sur la politique de l'institution suisse, comme nous avons pu le constater. Au-delà des décisions prises et des orientations adoptées au cours de la seconde moitié du XX^e siècle, il apparaît surtout qu'en faisant du sport

---

16 Patrick Clastres, "Olympisme et guerre froide. Du paradigme réaliste au paradigme culturel", *Guerres mondiales et conflits contemporains*, vol. 277, n° 1, 2020, p. 7-25.

17 Georges-Henri Soutou, *La Guerre de cinquante ans*, Paris, Fayard, 2001.

et des Jeux en tant que tels un enjeu à part et un terrain d'opposition, bien que pacifique, les blocs occidental et soviétique ont fortement contribué à la reconnaissance et popularité de ces événements, attisant les rivalités, la curiosité et *in fine* l'intérêt non seulement des amateurs de sport mais aussi des commentateurs politiques.

À travers la mise en scène largement médiatisée des rencontres opposant les 2 super-puissances que l'on retrouve matérialisée par le classement des médailles, très largement commenté à chaque édition[18], par une électrisation du débat, par le recours à des symboles forts et en suscitant des attentes, largement entretenues et relayées par les médias, la "*rivalité Est-Ouest est devenue le récit dramatique central des Jeux, lui octroyant une visibilité politique et populaire jusque-là inimaginable*[19]". La diffusion en mondovision de cette rivalité couplée à l'arrivée d'acteurs économiques de plus en plus nombreux scellèrent l'importance désormais acquise des Jeux et du CIO.

Notons toutefois que cette stratégie a soulevé (et soulève encore) beaucoup de questionnements puisque pour nombre de commentateurs, cette politisation forte et constante des Jeux et enjeux olympiques et du CIO peut constituer un danger pour son avenir, lui faisant courir un risque potentiellement létal. En effet, en devenant une arène politique de premier plan, les Jeux et l'instance olympique ont pris le risque de se retrouver entraînés dans un mécanisme destructeur. William E. Simon, président du Comité national olympique état-sunien, n'hésita ainsi pas à déclarer en juillet 1984 que "*la question la plus pressante est de savoir si le mouvement olympique peut survivre*

---

[18] Entre 1956 et 1988, l'URSS est à la première place du classement des médailles, sauf en 1964 et 1968 (seconde place) et lors du boycott de 1984; sinon le classement s'inverse avec les États-Unis, sauf en 1976 où ils terminent troisièmes au classement (et en 1980 à Moscou où les Américains sont absents). Enfin, la RDA (absente en 1956 et en 1984), est quatrième en 1960 et 1964 (les équipes est- et ouest-allemandes concourant ensemble, ce classement tient donc aussi compte des médailles de la RFA), 5e en 1968, puis 3e en 1972 et ensuite la RDA s'installe à la seconde place du classement.

[19] Barbara Keys, "The Early Cold War Olympics 1952-1960: Political, economic and human rights dimensions", *op. cit.*, p. 72.

*aux invasions répétées de gouvernements qui veulent faire de la participation un accessoire de la politique étrangère*[20]".

Par ailleurs, cette "menace" exogène est alimentée par l'instance olympique elle-même qui n'hésite désormais plus à multiplier les prises de position politiques, de son plein gré ou forcée par les événements. Un regard sur l'actualité récente avec l'invasion de l'Ukraine par la Russie nous permet ainsi de nous interroger sur la stratégie à long terme de l'instance lausannoise et la ligne directrice qui sera la sienne dans les prochaines années. Une fois de plus, cette situation soulève nombre de questions mais dont les réponses demeurent aujourd'hui encore largement inconnues.

L'histoire du CIO est intrinsèquement liée à la guerre froide qui, contrairement aux craintes légitimes qui pouvaient se faire jour, s'est finalement avérée décisive vis-à-vis du développement de l'organisation lausannoise, de sa popularité et de son influence. Au cours de cette période, la politique du CIO apparaît surtout comme ambivalente puisque ce dernier réfuta l'instrumentalisation politique dont il faisait pourtant l'objet, réaffirmant les principes de neutralité et d'apolitisme comme bouclier tout en revendiquant les décisions éminemment politiques qu'il put prendre.

Finalement, face à cette guerre froide olympique, l'instance sportive, pendant longtemps résistante aux évolutions géopolitiques, fut contrainte d'évoluer, parfois contre son gré, et ainsi de tenir compte des nouveaux équilibres en jeu, rappelant que les Jeux étaient incontestablement devenus un enjeu des relations internationales[21].

---

20 Cité dans Allen Guttmann, "The Cold War and the Olympics", *op. cit.*

21 Gérald Arboit, "Les Jeux olympiques, enjeux des relations internationales", *op. cit*.

# Revendications et ruptures (1945-1984)

# Mexico 68. Le basculement de l'ordre du monde

Pascal Blanchard

Tout bascule en 1968[1]. Dans l'histoire du monde, comme dans celle des Jeux Olympiques. Au départ, rien ne devait faire de Mexico 1968 une date majeure dans l'histoire du mouvement olympique. Une photographie a changé la donne et a marqué l'histoire.

Pour la première fois, un pays du "tiers-monde" a obtenu l'organisation de la grand-messe sportive. Le signe est fort et remarqué. Le choix de Mexico (préféré à Détroit ou Lyon par exemple), dont c'est la 3e candidature, annonce la volonté du Comité international olympique de sortir de son occidentalisme historique[2]... mais c'est une dictature, ou du moins une démocratie truquée et répressive, qui est choisie et non une réelle démocratie. À cette occasion, Avery Brundage explique : "*L'Europe, fondatrice de l'olympisme, est plus évoluée*

---

1 Raymond Depardon, *1968 : une année autour du monde*, Paris, Éditions Points, 2008.

2 Alain Lunzenfichter, *Athènes 1896, Pékin 2008. Choix épiques des villes olympiques*, Paris, Atlantica, 2002.

*sportivement dans son ensemble et jouissait ici d'un privilège. Ce temps est révolu parce que des facteurs nouveaux sont intervenus*[3]."

La fête est "gâchée" pour ceux qui appellent à un changement de paradigme du CIO, au regard du choix d'une dictature pour cette Olympiade. Pour la plupart des 5500 athlètes, le sujet est ailleurs. Ils commentent beaucoup plus l'altitude de Mexico City que le symbole politique (de fait, l'altitude de Mexico City permettra à Dick Fosbury de gagner l'or avec un bond de 2,24 mètres et Bob Beamon fera un saut de 8,90 mètres, record qui tiendra jusqu'en 1991). Pour sa part, la presse ne s'intéresse que tardivement au contexte politique dans le pays au regard des enjeux du monde cette année-là.

Rien au départ, lorsque le Mexique est retenu, n'annonce donc que cette Olympiade va marquer l'histoire. Rien, si ce n'est un climat qui monte en 1966-1967 et annonce une année 1968 "révolutionnaire". Rien, si ce n'est la rencontre – comme en 1936 – de l'histoire du monde et de l'histoire de l'olympisme.

## Le contexte de l'année 1968

Les États-Unis sont au Viêt-Nam et la guerre s'intensifie. La guerre froide est à son paroxysme avec le Printemps de Prague ou les événements en Corée entre les Américains et les Nord-Coréens. La jeunesse du monde défile dans les rues et manifeste, de l'Europe au Japon, d'Amérique du Sud au Nord du continent. La Révolution culturelle chinoise a été destructrice et les dernières indépendances s'annoncent lors des longues guerres de l'Empire portugais avec, en toile de fond, la guerre du Biafra alors que moult pays indépendants plongent dans la dictature et le jeu des blocs Est/Ouest. Au Moyen-Orient, les lendemains de la guerre des Six Jours imposent un nouvel ordre du monde qui va faire de la région l'un des pôles de déstabilisation majeurs de la géopolitique mondiale. En France, au mois de

[3] Cité par Miguel Rodriguez, "Mexico 1968 : 'Todo es posible en la paz'", *Outre-Terre*, vol. 3, n° 8, 2004, p. 319-330.

mai 1968, les esprits sont ailleurs[4], rarement les yeux rivés sur les stades, mais beaucoup plus sur la rue où les travailleurs et les étudiants entrent en "révolution".

Plus localement, le Mexique, qui accueille les Jeux Olympiques, n'a rien à envier aux dictatures du "Tiers-Monde" issues de coups d'État – avec à cette époque le Brésil de Castelo Branco ou Panama – et la répression qui va précéder les Jeux Olympiques s'inscrit dans la longue série de répressions dont sont coutumiers ces régimes abusifs.

Jamais, depuis les Jeux Olympiques de 1936, le monde n'a connu un tel contexte planétaire de crises et de conflits à l'occasion d'une nouvelle Olympiade. Et l'été 1968 se termine par la reconnaissance d'une pandémie mondiale – qui ressemble à celle de la COVID-19 – avec la grippe de Hong Kong, mais personne n'a imaginé reporter les Jeux Olympiques malgré le risque sanitaire. Ce qui marque l'opinion et la presse, c'est la rivalité entre l'Est et l'Ouest. Une année qui a commencé par l'offensive du Têt et qui engage une crise mondiale où l'opinion est inquiète de la réaction de Moscou alors que l'URSS vient de rompre avec Pékin et que le Pacte de Varsovie va bientôt reprendre la main en Tchécoslovaquie.

La guerre froide a atteint un palier en 1968, car on entre alors dans une nouvelle temporalité, celle de la "détente", avec l'équilibre des forces nucléaires entre les 2 grands et désormais – aussi – la France et la Grande-Bretagne, acteurs de ce nouvel équilibre nucléaire. Symbole de cette "détente", la signature du traité de non-prolifération des armes nucléaires, signé par 137 pays au début de l'été 1968. C'est au sein du Comité du désarmement de l'ONU que les négociations ont été structurées et, le 12 juin 1968, l'assemblée générale de l'ONU adopte un projet de texte qui fait entrer la guerre froide dans une nouvelle perspective : celle d'un désarmement possible.

Lorsque s'ouvriront les Jeux Olympiques de Mexico, les yeux du monde – *via* les postes de télévision – devraient, selon le CIO, être braqués sur la nouvelle Olympiade. On pense que le sport et les

---

[4] Geneviève Dreyfus-Armand, Robert Frank, Marie-Françoise Lévy, Michelle Zancarini-Fournel (dir.), *Les Années 68*, Bruxelles, Complexe/IHTP/CNRS, 2000.

athlètes vont faire, pour quelques jours, oublier les affres du monde et s'éloigner les enjeux politiques. En outre, tout semble être maîtrisé par le CIO pour éviter une politisation de la manifestation… C'est l'exact contraire qui va arriver.

Il faut dire que le climat est sous tension, et sur les campus américains on ne parle que de la guerre du Viêt-Nam et du combat pour les droits civiques après l'assassinat du pasteur Martin Luther King le 4 avril 1968, notamment dans les universités de la côte est et en Californie… de l'autre côté de la frontière mexicaine. Des émeutes ont aussi traversé le pays, notamment à l'occasion de la semaine sainte (*Holy Week Uprising*), conduisant à la mobilisation de la Garde nationale et faisant près d'une cinquantaine de morts aux États-Unis.

Cette crise se double d'une situation politique tendue dans ce pays avec l'assassinat le 5 juin 1968 de Robert Kennedy, le frère cadet de John Fitzgerald, en lice pour la candidature démocrate et opposant à la guerre au Viêt-Nam, alors qu'il vient de remporter les primaires de Californie. La campagne américaine – marquée par l'omniprésence de la question raciale et du débat sur la guerre du Viêt-Nam – est la toile de fond de la préparation de ces Jeux, qui conduira à la victoire de justesse de Richard Nixon et du parti républicain quelques jours après la cérémonie de clôture des Jeux Olympiques.

## Sous le pavé, la piste d'athlétisme

Le plus ironique en cette année 1968 est que cette Olympiade est placée sous le signe de la paix : "*Todo es posible en la paz.*" Une signature avec la colombe de la Paix que l'on retrouvera sur les affiches officielles et sur tous les supports de communication. Une "paix" totalement anachronique au regard de l'état du monde mais aussi du régime mexicain qui emprisonne alors ses opposants politiques, les étudiants et les syndicalistes. Jean Lacouture affirme alors, en acteur des événements, que "*la terrible répression ait précisément eu pour but de couper court au mouvement protestataire pour permettre le déroulement 'normal' des Jeux, quel qu'ait été le 'prix' payé pour ouvrir les portes du stade, notre enquête ne permet pas de le soutenir sans réserve – bien que ce fût l'opinion répandue dans des milieux aussi peu subversifs que celui des ambassades de la capitale mexicaine[5]"*.

Lorsque les Jeux Olympiques ouvrent leurs portes, le 12 octobre 1968 à Mexico City, la symbolique est forte et la date porte une signification pour tout le continent. Cette journée-là (fériée dans toute l'Amérique du Sud) commémore la "découverte" des Amériques par Christophe Colomb, elle est désignée comme la "fête de la Race" qui glorifie le métissage au Mexique comme dans le sous-continent. Mais pour beaucoup, c'est un jour d'humiliation car il symbolise une conquête et la destruction des cultures amérindiennes.

La "paix" est également anachronique au regard de la répression qui s'abat sur le pays, où le Parti Révolutionnaire Institutionnel du président Gustavo Diaz Ordaz n'a de cesse d'imposer par la force, à la rue et au peuple, son pouvoir. Depuis le début de l'été 1968, la jeunesse du pays a décidé de profiter des Jeux Olympiques pour se faire entendre et pour réclamer plus de démocratie ou un régime proche de celui mis en place à Cuba par Fidel Castro[6]. Dès septembre, une grande manifestation traverse Mexico, conduisant le régime à réagir et surtout à réprimer les "rebelles" à la veille des Jeux[7]. Le 2 octobre 1968, le massacre de Tlatelolco manifeste l'impitoyable répression du pouvoir mexicain contre les étudiants, faisant au moins 300 morts. Cette répression doit permettre une organisation "normale" des Jeux Olympiques[8] – c'est-à-dire sans être troublée par des manifestations – et le CIO ne réagit pas. L'année suivante, le président Gustavo Diaz Ordaz assumera cette stratégie, dénonçant ceux qui ont voulu profiter du contexte olympique : "*Profitant ignoblement,*

---

5 Cité par Miguel Rodriguez, *op. cit*.

6 Ludivine Bantigny, Boris Gobille, Eugenia Palieraki (dir.), *Les "années 1968" : circulations révolutionnaires*, Rennes, PUR, 2017.

7 Annick Lemperière-Roussin, "Le mouvement de 1968 au Mexique", *Vingtième Siècle*, vol. 23, n° 1, 1989.

8 Patrick-Papa Dramé, Jean Lamarra, *1968, des sociétés en crise : une perspective globale*, Laval, Les Presses universitaires de Laval, 2009.

*à des fins de propagande, de l'approche des Jeux Olympiques qui mettaient notre pays au premier plan de la scène mondiale, on a provoqué les troubles du second semestre de l'an dernier*[9]." Il fallait imposer par la force la "paix politique et sociale" pour organiser les Olympiades.

Face à cette vague répressive au Mexique, mais aussi en lien avec la guerre du Viêt-Nam ou l'Apartheid, plusieurs voix s'élèvent pour appeler au boycott, à la veille des Jeux. L'idée du boycott des Jeux Olympiques est ancienne, elle remonte aux premières Olympiades. De fait, dès 1896, les Turcs boycottent les premiers Jeux Olympiques organisés par les Grecs. En 1908, des athlètes irlandais refusent de concourir à Londres sous le drapeau anglais. En 1936, face aux Jeux nazis, des contre-Jeux sont prévus en Espagne (ils seront empêchés par la guerre d'Espagne). En 1956, sept nations refusent de participer aux Jeux Olympiques de Melbourne après les événements en Hongrie ou l'opération de Suez. L'idée n'est pas neuve, mais elle n'a jamais emporté la majorité des nations.

Aux États-Unis, les Africains-Américains débattent de leur présence dans l'équipe étatsunienne sous l'influence du mouvement *Olympic Project for Human Rights* (OPHR) créé pour mobiliser les athlètes africains-américains et les convaincre de boycotter les Jeux Olympiques. Les athlètes, dès les phases éliminatoires et sur les campus, sont au contact avec le mouvement des droits civiques et des mouvements noirs qui appellent au boycott des Jeux mexicains. Au sein même du mouvement sportif, le débat existe car la présence de militants à Mexico peut aussi rendre visible un combat politique interne à la société étatsunienne.

Pour finir, si les coureurs Lee Evans et John Carlos sont favorables au boycott, d'autres athlètes cherchent à cette occasion une "tribune", à l'image de Charly Greene. *L'Équipe* rapporte que le 19 juillet 1968, après les sélections américaines, Lee Evans annonce que les athlètes africains-américains "*presque à l'unanimité*" ont décidé "*d'aller à Mexico. Mais il y a également unanimité pour protester d'une manière*

---

9 Cité par Miguel Rodriguez, *op. cit.*

*ou d'une autre à ces Jeux. Ce que sera cette protestation, je ne le sais pas encore*[10]". L'utilisation des Jeux Olympiques comme une "vitrine" l'emporte, le boycott s'éloigne. Les débats sont néanmoins intenses sur la forme que doit prendre la révolte, et plusieurs hypothèses sont envisagées avec en toile de fond, comme nous l'avons vu, l'assassinat le 4 avril 1968 de Martin Luther King à Memphis.

De toute évidence, la lutte pour les droits civiques s'invite à Mexico, même si dans un premier temps la répression contre les manifestations au Mexique occupe le devant de la scène médiatique. Face à la montée en puissance du "politique" dans l'enceinte des Jeux, les autorités du CIO – le directeur exécutif du comité olympique américain, Everett Barnes, et Avery Brundage, le président du CIO – annoncent leur volonté d'exclure tout sportif qui provoquera des "troubles" ou utilisera l'enceinte olympique pour revendiquer politiquement. Dès avant la cérémonie d'ouverture, des sportifs américains demandent la démission d'Avery Brundage (considéré comme le symbole du "racisme blanc américain"), mais globalement les sportifs – et leur encadrement – arrivent sans véritablement avoir fixé une stratégie claire.

De fait, le podium du 100 mètres masculin ne se distingue par aucune revendication, ni acte politique du médaillé de bronze Charly Greene, militant des droits civiques, à la différence de Jim Hines qui refuse de s'engager politiquement[11]. Ce n'était que le calme avant la tempête…

---

10 *L'Équipe*, 19 juillet 1968.

11 Douglas Hartmann, "The Olympic 'Revolt' of 1968 and its Lessons for Contemporary African American Athletic Activism", *European journal of American studies*, vol. 14, n° 1, 2019.

## Un acte politique mondialisé

Il faut attendre le podium du 200 mètres masculin, le 16 octobre 1968, pour que la politique s'impose dans les épreuves. Ils sont 3 à devoir recevoir leurs médailles : Tommie Smith (États-Unis) pour l'or (il vient de battre le record du monde), Peter Norman (Australie) pour l'argent et John Carlos (États-Unis) pour le bronze. Signe que la tension est à son paroxysme, le président du CIO Avery Brundage est absent lors de cette remise des médailles.

Tout est en place – y compris les photographes – pour que cet instant entre dans l'histoire, même si l'action revendicative est restée secrète jusqu'au bout. Au pied du podium, Tommie Smith et John Carlos vont retirer leurs chaussures – symbolisant la pauvreté des Africains-Américains aux États-Unis –, l'un des 2 ouvre son survêtement laissant apparaître un maillot noir et un collier de perles noires, et au moment où l'hymne américain retentit, ils lèvent tous les 2 un poing ganté de noir (une main droite et une main gauche), baissent la tête, tel un signe de ralliement au mouvement des *Black Panther Party*, créé en Californie 2 ans plus tôt par Bobby Seale et Huey P. Newton. Des centaines de millions de téléspectateurs regardent ces images, sidérés, alors que dans le stade le public siffle, ne comprenant pas la prise de position politique des 2 athlètes américains.

Les 2 sportifs, après le podium, expliqueront leur engagement et combat lors d'une conférence de presse. Les autorités sportives américaines suspendent immédiatement les 2 athlètes alors qu'Avery Brundage demande leur expulsion du village olympique et même la suspension de toute l'équipe américaine accusée de n'avoir pas empêché cet acte politique.

Pour finir, le CIO expulse des Jeux Olympiques Tommie Smith et John Carlos. L'Australien Peter Norman, par solidarité, a porté sur le podium un badge de l'*Olympic Project for Human Rights*, et il fut pour sa part sanctionné par son équipe australienne et privé des Jeux de 1972, malgré sa qualification et ses performances à l'époque.

Ces décisions brutales, mais dans la tradition de la politique du CIO visant à "dépolitiser" les Jeux, ne vont pas stopper le mouvement de revendication faisant des Jeux mexicains un symbole mondial. Au 400 mètres masculin, Lee Evans, établissant un nouveau record du monde, remporte l'épreuve devant Larry James et Ronald Freeman. Trois Africains-Américains sur le podium, la perspective fait trembler le CIO. Au moment du podium et de l'hymne, ils montent tous les 3 sur les 3 marches olympiques avec le béret noir des *Black Panthers* et le poing levé dès que l'hymne américain résonne dans le stade. Quelques jours plus tard, ils sont tous les 3 attendus pour le relais américain du 4 x 400 mètres. Aucune sanction ne les frappera. Bob Beamon, au saut en longueur, les imitera et lève aussi le poing sur le podium après avoir pulvérisé le record du monde. À la stupeur générale, aucune sanction ne sera prise contre lui. Le rapport de force "médiatique" s'est inversé en quelques jours.

À cet instant, les Jeux Olympiques de 1968 entrent dans l'histoire. Sans aucun doute, le contexte mondial (avec la guerre du Viêt-Nam et les révoltes de mai), la situation aux États-Unis (avec les assassinats de Martin Luther King et Robert Kennedy), la fin du monopole de l'Occident sur les Jeux – marquée par l'organisation de l'Olympiade au Mexique et la présence d'athlètes africains et asiatiques issus des ex-Empires... –, mais aussi la surmédiatisation, notamment télévisuelle, des Jeux, dessinent la configuration particulière qui crée les conditions pour que cet événement devienne, au moment même où il se produit, un mythe. La révolte des athlètes africains-américains devient symboliquement une révolte mondiale: celle de tous les déshérités et de tous les exclus. Le symbole de cette année 1968.

C'est aussi une révolte interne au mouvement olympique, animée par l'organisation *Olympic Project for Human Rights* (OPHR), coordonnée par le sociologue Harry Edwards, qui a inspiré cette prise de parole politique.

Le contexte est à l'engagement politique pour d'autres sportifs, d'autres pays et d'autres athlètes seront sanctionnés... Comme en témoignent les cas de Vera Caslavska, gymnaste tchécoslovaque, qui sera six fois primée lors des Jeux Olympiques – la plus médaillées de cette Olympiade – et de son mari, un coureur de fond, qui seront également exclus à leur retour pour avoir signé un manifeste contre l'invasion soviétique qui s'est déroulée dans leur pays à la veille des Jeux. Décidément, Mexico 1968 est placé sous l'enjeu politique, et l'espace des Jeux Olympiques est devenu une scène médiatique majeure pour des prises de paroles ou des actions politiques. Les 4 Olympiades qui suivront (1972, 1976, 1980, 1984) seront placées elle aussi sous le feu des enjeux politiques du monde.

## Une image pour l'éternité

Pour finir, Tommie Smith et John Carlos sont, de toute évidence, les 2 principales victimes de cette révolte : exclus à vie des Jeux Olympiques, voyant leur vie brisée, leurs familles détruites, ils seront certes des *icônes* mais des individus profondément affectés dans leur vie personnelle.

En outre, l'image de cet acte politique va faire le tour du monde, mais elle mettra un demi-siècle à devenir iconique pour le CIO, après avoir été proscrite décennie après décennie. Désormais, même si le texte sur la page du site officiel du CIO ne l'évoque pas, la photographie est présentée (23$^{e}$ cliché sur les 30 qui apparaissent) au côté de celle des vainqueurs du 400 mètres avec leur béret symboles du *Black Panther Party* (25$^{e}$ cliché sur les 30 à l'écran dans les images mémoires de cette Olympiade).

Pendant longtemps, le CIO n'a retenu que la nation première au tableau des médailles (les États-Unis avec 107 médailles) devant la seconde nation dans cette lutte au cœur de la guerre froide (l'URSS avec 91 médailles), aux côtés des exploits de Beamon et de Fosbury. Des prises de parole politiques il ne pouvait être question. Une autre image "officielle" s'est imposée tout au long de ces années, celle d'un autre Afro-Américain, George Foreman, champion olympique de boxe, qui sur le ring après sa victoire brandira un petit drapeau américain comme un contre-message à celui de Tommie Smith et John Carlos. Un message parfaitement validé et… autorisé par le CIO. Deux images pour une Olympiade, et 2 manières de parler des États-Unis et de la lutte pour les droits civiques.

C'est six ans plus tard, au Zaïre, lors de l'affrontement de George Foreman face à Mohamed Ali et la défaite du premier lors de ce "match du siècle", que ce contre-symbole sera mis K.-O. Ce duel des images a traversé l'histoire des droits civiques aux États-Unis. C'est, ensuite, en 1976, aux Jeux Olympiques de Montréal, que les athlètes africains prendront eux aussi la parole en boycottant l'Olympiade pour dénoncer l'Apartheid.

La photographie de Tommie Smith et John Carlos poing levé sur le podium réalisée par John Dominis en 1968 est l'une des plus connues au monde. À travers les six Olympiades auxquelles il a assisté, des milliers de photographies qu'il a prises, celle-ci reste la plus mythique et la plus célèbre. Même le CIO, 50 ans plus tard et malgré l'exclusion (à vie) de ces sportifs, a été obligé d'intégrer ce symbole dans son histoire "officielle". Dès 2011, ces images étaient devenues "*des sources d'inspiration pour des générations d'athlètes, qui ne peuvent qu'aspirer à suivre leur exemple de faire passer des principes avant leurs intérêts personnels*[12]", précise alors Akaash Maharaj, membre du Comité olympique canadien.

La photographie de John Dominis est devenue un mythe, un symbole, à l'équivalent de la photographie de Che Guevara par Alberto Korda pour la lutte du communisme révolutionnaire en Amérique du Sud. La culture s'en est même emparée, bien au-delà du sport. Elle est ainsi devenue l'illustration d'une pochette de disque d'un single de Rage Against The Machine (*Testify,* 2000) et s'est imposée dans les paroles de Jay-Z ou Kendrick Lamar dans la culture populaire.

Ce "moment 68" a fait oublier les événements suivants. En 1972, à Munich, Vincent Matthews et Wayne Collett renouvellent la posture de leurs "frères de lutte" sur le podium. Les 2 Africains-Américains se désintéressent totalement de la cérémonie, en signe de protestation contre la discrimination raciale aux États-Unis, et lèvent le poing. Ils quittent le stade sous les huées. Le lendemain, ils sont exclus à vie par le Comité international olympique. Mais c'est 1968

---

12 Cité par Lionel Pittet, "Mexico 68 : sur 200 m, le virage politique du sport", *Le Temps*, 16 octobre 2018.

qui reste dans les mémoires et ce 200 mètres mythique, pas 1972 et ces 2 sportifs oubliés de tous.

Le modèle est désormais inscrit dans les gènes de l'engagement pour les sportifs, et aux Jeux Olympiques de Rio, en 2016, l'Éthiopienne Feyisa Lilesa franchit la ligne d'arrivée du marathon en 2e position, les bras formant un X au-dessus de sa tête pour montrer au monde le destin des Oromos, son peuple, dans son pays. Dix ans plus tôt, en 2006, Peter Norman était mort d'une crise cardiaque, et ses 2 amis – Tommie Smith et John Carlos – feront un voyage vers Melbourne largement relayé par les médias pour porter le cercueil de leur défunt camarade et co-médaillé. Peter Norman allait devenir un mythe dans son propre pays, après avoir été un paria. Six ans après sa disparition, l'Australie lui présentera des excuses officielles. Le 9 octobre – date de ses funérailles – est aujourd'hui la Journée Peter Norman en Australie.

L'histoire semble retomber sur ses pieds – comme le Comité olympique –, mais c'est oublier le scandale autour de Colin Kaepernick, lorsque le joueur de la NFL, en 2016, avait protesté, un genou au sol, contre les meurtres d'Africains-Américains abattus par des policiers blancs. En 2018, un demi-siècle après 1968, il n'avait toujours pas retrouvé un club pour avoir… osé.

# Montréal 1976, l'affirmation d'une "puissance africaine" ?

Nicolas Bancel

Après 1946, à la suite de la Shoah et des politiques raciales nazies, l'Organisation des Nations unies (ONU) a entamé un processus de dénonciation du racisme. En 1948, l'Assemblée générale affirme l'égalité raciale, confirmée dans la Déclaration universelle votée la même année[1]. Le 2 décembre 1950, la résolution 395 (V) condamne toute politique de discrimination raciale, visant explicitement l'Afrique du Sud. La pression de l'organisation internationale s'intensifie après la vague des indépendances de la fin des années 1950. Les pays nouvellement décolonisés pèsent désormais lourdement dans toutes les décisions.

Ainsi, le 2 décembre 1960, le Conseil de sécurité demande à l'Afrique du Sud de mettre fin à l'Apartheid ; en 1962, la résolution 1761 (XII) intime aux États d'agir contre le régime d'Apartheid, y compris en rompant leurs relations diplomatiques avec l'Afrique

1 G. John Ikenberry, "No Enchanted Palace : The End of Empire and the Ideological Origins of the United Nations", *ForeignAffairs.com*, mars-avril 2010.

du Sud; en 1965, une "Convention pour l'élimination de toutes les formes de discriminations raciales" est adoptée et, en 1968, l'Assemblée demande à tous les États de mettre fin aux échanges culturels, éducatifs ou sportifs avec le "régime raciste d'Afrique du Sud". Dès 1964, le Comité international olympique a exclu l'Afrique du Sud des Jeux Olympiques de Tokyo. Il faudra attendre 1992, une fois le régime d'Apartheid aboli, pour que ce pays participe à nouveau aux Jeux Olympiques. La Fédération internationale de Football Association (FIFA) a, pour les mêmes raisons, suspendu l'Afrique du Sud en 1964 (elle sera finalement exclue en 1976). Plusieurs fédérations internationales – d'athlétisme, de base-ball, de boxe et de rugby notamment – résistent cependant à ce mouvement d'exclusion, comme le précise à la veille des Jeux Olympiques le rapport du Comité spécial contre l'Apartheid de l'ONU en 1975[2].

Notons également que les délégations de la plupart des pays africains ont en 1970, à l'occasion de la 70e session du CIO, demandé l'exclusion de la Rhodésie, pratiquant un système ségrégationniste comparable à celui de l'Afrique du Sud. Ceux-ci menacent directement d'un boycott les Jeux Olympiques de 1972 si la Rhodésie participe à nouveau aux compétitions. Après un vote serré, l'exclusion de la Rhodésie est adoptée.

Il est ainsi important de remarquer qu'au début des années 1970, après la naissance de l'Organisation de l'unité africaine (OUA) en 1963, l'Afrique constitue une force non négligeable dans la géopolitique sportive mondiale[3]. Pourtant, en juin 1976, alors que les Jeux Olympiques doivent se dérouler un mois plus tard et que les délégations sont pour la plupart arrivées à Montréal, rien ne laisse présager du premier boycott massif de l'histoire des Jeux. Or, en quelques semaines, et à la surprise générale – et surtout celle

---

2 "Comité spécial contre l'Apartheid", Archives de l'ONU, 1975, p. 21-24.

3 Pascal Charitas, *L'Afrique au mouvement olympique: Enjeux, stratégies et influences de la France dans l'internationalisation du sport africain (1944-1966),* thèse en STAPS, Université de Nanterre, 2013, p. 484 et suivantes.

du CIO –, 22 pays africains vont participer à ce boycott, mettant au jour de nouveaux enjeux tant pour le CIO que pour la géopolitique mondiale, sportive et non-sportive.

## Le rôle de l'OUA dans la géopolitique sportive

Depuis les décolonisations, les rapports de force géopolitiques au sein des organisations internationales – et en tout premier lieu à l'ONU – se sont profondément transformés. Les pays nouvellement indépendants – malgré la complexité des alliances notamment en raison des divisions Est-Ouest et des liens entretenus par ces pays avec les ex-métropoles – ont leur propre agenda. Il est remarquable que ce soit au sein du mouvement olympique, en 1964 comme nous l'avons vu, que l'Afrique du Sud soit exclue pour la première fois, sous la pression des représentants des pays africains au CIO[4], alliés de circonstance des représentants des pays communistes. Il est tout aussi remarquable de constater que le CIO, les Jeux Olympiques et le sport international d'une manière générale, deviennent un terrain d'affrontements géopolitiques dans ce nouveau contexte postcolonial.

L'exclusion de l'Afrique du Sud par le CIO n'était pourtant pas bien engagée. Le président du CIO de 1952 à 1972, Avery Brundage, campe alors sur une position fondamentalement conservatrice. Il déclarait ainsi, dans une correspondance, que le CIO faisait face à un "*grave problème* [...]. *Si chaque tribu d'Afrique forme un nouveau pays*, [le CIO] *comptera plus de membres africains que le reste du monde réuni*[5]". Au cours de son mandat, Avery Brundage se heurte constamment aux pays communistes puis aux ex-colonies nouvellement admises au CIO.

---

4 Scarlett Cornelissen, "'Resolving the South Africa problem': Transnational Activism, Ideology and Race in the Olympic Movement, 1960-1991", *The International Journal of the History of Sport*, vol. 28, n° 1, 2001, p. 154.

5 Correspondance d'Avery Brundage à Otto Mayer, 5 janvier 1963, Collection Brundage, Box 7598, Archives du CIO, Lausanne.

Concernant les pays africains, la situation est complexe, puisque les anciennes puissances coloniales voient plutôt d'un bon œil, lorsque les liens avec les anciennes colonies ont été maintenus, l'entrée de ces pays, susceptibles de soutenir leur position au sein du CIO, comme le montre Pascal Charitas dans le cas de la France[6]. Les équilibres de la guerre froide sont donc largement bouleversés au sein du CIO durant la période qui suit les indépendances du début des années 1960[7]. Les anciennes métropoles s'appuient sur leurs réseaux d'anciennes colonies, et celles-ci commencent à s'autonomiser, en particulier au sein de l'OUA. De là un jeu complexe dans lequel les ex-métropoles coloniales doivent maintenir un subtil équilibre, construit sur un soutien circonstanciel aux "revendications africaines" et le maintien parallèle des solidarités qui les lient aux pays occidentaux dans le contexte de la guerre froide. La création de l'OUA puis sa lutte ouverte contre le régime sud-africain ne pouvaient pas ne pas avoir d'écho au sein du CIO.

En 1963, l'OUA réunit 32 pays africains, hormis notamment les colonies portugaises (Angola, Mozambique, Guinée portugaise, Cap-Vert, Sao Tomé-et-Principe), et les ex-colonies britanniques d'Afrique du Sud et de Rhodésie. Les archives de l'OUA révèlent les 2 revendications essentielles de l'organisation : l'indépendance des colonies portugaises (effective en 1974 et 1975) et l'abolition du système d'Apartheid, sud-africain et rhodésien, revendications clairement établies en juillet 1964 lors de son assemblée générale[8].

Dès son origine, l'OUA s'engage donc fermement contre l'Apartheid, dans la ligne d'un mouvement qui, au sein du CIO, avait timidement commencé en 1955, après que les premiers pays non-alignés s'étaient associés avec les pays communistes pour protester contre la ségrégation raciale sportive en Afrique du Sud. Revendiquant une position claire à l'ONU, l'OUA somme alors tous les pays – essentiellement occidentaux – de cesser toutes relations

6 Pascal Charitas, *op. cit.*, p. 174 et suivantes.

7 Scarlett Cornelissen, *op. cit.*, p. 157.

8 Assemblée générale de l'OUA, 1964.

économiques avec l'Afrique du Sud et appelle à un boycott massif des produits sud-africains. Ces résolutions sur l'Afrique du Sud suivent d'ailleurs les conclusions des rapports publiés en mars et novembre 1963 et synthétisés dans un rapport global en décembre 1964, publiés par le "Comité spécial chargé d'étudier la politique d'Apartheid du gouvernement de la République sud-africaine[9]" créé en 1962 au sein de l'ONU. Ces rapports, extrêmement détaillés et critiques vis-à-vis du régime sud-africain, renvoient à la composition du Comité, dominé par les nations africaines appartenant toutes à l'OUA (6 sur 11), associées à des pays communistes (2 sur 11). Ces positions définies à l'ONU par une majorité de pays membres de l'OUA ne pouvaient que résonner au sein du CIO.

Ainsi, en juin 1974, 2 ans avant les Jeux Olympiques de Montréal, récapitulant les différentes motions votées à l'ONU pour condamner l'Afrique du Sud et la Rhodésie (mais aussi le Portugal dont les colonies sont alors incomplètement décolonisées), le rapport de l'OUA rendant compte de l'activité du Groupe africain à l'ONU dénonce les "intérêts étrangers" permettant aux régimes sud-africain et rhodésien de maintenir un régime d'Apartheid et appelle à nouveau "*tous les États à mettre fin à toutes relations économiques, financières ou commerciales avec l'Afrique du Sud* [...][10]". L'OUA et le Comité spécial contre l'Apartheid de l'ONU (qui remplace le Comité spécial chargé d'étudier la politique d'Apartheid du gouvernement de la République sud-africaine) maintiennent donc une pression constante à l'ONU sur la question de l'Apartheid et des territoires encore sous domination coloniale.

Mais malgré des succès dans le domaine sportif, et malgré les apports des pays socialistes, les résolutions de l'ONU invitant au boycott économique, politique, militaire et sportif de l'Afrique du Sud ne sont pas toujours suivies d'effet, notamment pas les pays

---

9 "Comité spécial chargé d'étudier la politique d'Apartheid du gouvernement de la République sud-africaine", Archives de l'ONU, 7 décembre 1964.

10 "Rapport du secrétaire général sur les activités du groupe africain aux Nations Unies", 6-11 juin 1974, Archives de l'OUA.

occidentaux, pour des raisons commerciales et géopolitiques, l'Afrique du Sud étant considérée comme un bastion du "monde libre" face au communisme. Dans cette équation liée à la guerre froide, il faut remarquer que les pays membres de l'OUA sont en partie divisés, plusieurs pays de l'ex-Afrique noire française s'abstenant lors du vote de ces résolutions au cours des années 1960, suivant la position de la France. L'OUA rencontre enfin le même type d'obstacle concernant la décolonisation des colonies du Portugal et des Seychelles, puisqu'un groupe de pays occidentaux vote systématiquement contre (avec droit de veto pour les États-Unis, la France et la Grande-Bretagne), ou s'abstient, bloquant les résolutions.

Après le succès de l'exclusion de l'Afrique du Sud du mouvement olympique en 1964 et malgré le développement formel du mouvement anti-apartheid mené par les pays non-alignés et plus particulièrement l'OUA (notamment à l'occasion des Jeux Olympiques de 1968 et 1972[11]), force est de constater qu'à la veille des Jeux de Montréal, l'action de l'OUA n'a pas produit les effets escomptés sur 2 de ses principaux dossiers : la décolonisation des dernières colonies africaines et le boycott sportif de l'Afrique du Sud et de la Rhodésie.

Or, en 1975, les décolonisations des dernières colonies de l'Empire portugais s'achèvent. Le dossier prioritaire de l'OUA devient donc l'Apartheid, en Rhodésie et en Afrique du Sud, et la lutte contre les pays qui continuent à entretenir des liens avec ces 2 États, notamment sportifs par l'intermédiaire de leurs fédérations sportives nationales. Dans cette perspective, le Rapport de 1975 du Comité spécial contre l'Apartheid insiste une nouvelle fois sur la nécessité de rompre tout lien sportif avec l'Afrique du Sud[12], sans que cette recommandation répétée depuis 1963 par l'OUA n'ait jamais à l'ONU débouché sur des sanctions envers les pays poursuivant des relations sportives avec l'Afrique du Sud[13].

---

[11] Scarlett Cornelissen, *op. cit.*, p. 155.

[12] "Comité spécial contre l'Apartheid", Archives de l'ONU, 1975.

[13] Commission politique spéciale, "'Apartheid' dans le domaine des sports", Résolutions adoptées sur les rapports de la Commission politique spéciale, Archives de l'ONU, 29 novembre 1971, p. 44.

C'est dans ce contexte que l'OUA va organiser en 1976 la demande d'exclusion de la Nouvelle-Zélande des Jeux Olympiques de Montréal, au motif que celle-ci a autorisé en 1976 son équipe de rugby à réaliser une tournée en Afrique du Sud contre l'équipe des Springboks, composée uniquement de Blancs. On peut donc émettre l'hypothèse que cette demande est pour l'OUA un moyen de contourner les blocages à l'ONU[14] et de renforcer la pression pour un boycott total de l'Afrique du Sud. La menace d'un boycott des pays africains aux Jeux Olympiques de Montréal concrétise alors cette volonté, mettant le CIO au pied du mur[15].

## La tourmente

Les Jeux de Montréal sont marqués, dès avant le boycott africain, par le retrait de la République de Chine (nom officiel du régime à Taïwan), devant les pressions de la Chine communiste (République populaire chinoise ou RPC), qui revendique le monopole de la représentation chinoise, considérant Taïwan comme une simple province renégate. Si le Canada cède à la Chine, c'est en raison d'une part de ses relations commerciales avec celle-ci (le Canada enregistre alors un excédent commercial vis-à-vis de Pékin de 300 millions de dollars canadiens), d'autre part parce que la représentation de la RPC est beaucoup plus fournie que celle de Taïwan. Or, cette décision contrevient à la charte du CIO qui stipule que tous les comités nationaux olympiques (CNO) – et donc celui de Taïwan –, comme le signalent Éric et Catherine Monnin[16], ont par définition le droit de participer aux Jeux. Ceci souligne le poids encore majeur des États et villes hôtes tant sur l'organisation des Jeux que sur la définition de leurs propres priorités.

---

14 "Rapport du secrétaire général sur les activités du groupe africain aux Nations Unies", Archives de l'OUA, 6-11 juin 1974.

15 Audie Klotz, "Transnational Activism and Global Transformations: The Anti-Apartheid and Abolitionist Experiences", *European Journal of International Relations*, n° 1, 2002, p. 49-76.

16 Éric Monnin, Catherine Monnin, "Le boycott politique des Jeux olympiques de Montréal", *Relations internationales*, n° 134, 2008.

Mais l'événement géopolitique majeur de ces Jeux intervient moins d'une semaine avant leur ouverture : la plupart des pays africains engagés menacent de les boycotter si la Nouvelle-Zélande n'en est pas exclue, pour les raisons déjà évoquées. Il est à noter que le rugby international, d'une manière générale, s'est largement émancipé du boycott sportif de l'Afrique du Sud, puisque plusieurs pays, tels la France ou l'Australie, ont accueilli l'équipe des Springboks ou sont allés disputer des matchs en Afrique du Sud au cours des années 1960-1970. La pression sur le CIO, à la veille des Jeux, pour qu'il exclue la Nouvelle-Zélande, vise donc explicitement les politiques sportives d'autres nations, et par ricochet celles qui ne participent pas au boycott économique et culturel de l'Afrique du Sud.

Un événement catalyse la réaction de l'OUA, le massacre de Soweto, dans la banlieue de Johannesburg. Le 16 juin 1976, une manifestation d'écoliers et de lycéens tourne à l'émeute. L'incroyable violence de la répression policière occasionne la mort de 600 manifestants et l'arrestation de plusieurs dizaines de milliers de personnes, essentiellement noires. L'OUA se réunit du 24 juin au 3 juillet à Port-Louis, à l'occasion de la 27e session ordinaire du Conseil des ministres de l'organisation. La réaction est virulente, puisqu'outre la condamnation du massacre, l'organisation appelle à la lutte armée contre le régime sud-africain et soutient la livraison d'armes aux mouvements de libération. Une résolution concerne directement la Nouvelle-Zélande : "*Pleinement conscient qu'alors que l'Afrique du Sud se livre à des massacres sauvages sur nos frères et sœurs d'Afrique à Soweto, Johannesburg, Pretoria et ailleurs en Afrique du Sud, la Nouvelle-Zélande cautionne de telles atrocités en entretenant des relations sportives avec les fascistes sud-africains ;* [...] *Lance un appel au Comité olympique international afin qu'il interdise à la Nouvelle-Zélande toute participation aux Jeux Olympiques de 1976 prévus à Montréal au Canada ; Invite tous les États membres de l'OUA à reconsidérer leur participation aux Jeux Olympiques de cette année prévus au Canada si la Nouvelle-Zélande y participe* [...][17]."

---

17 "Résolutions de la 27e session ordinaire du conseil des ministres approuvées par la 13e session de la conférence des chefs d'État et de gouvernement", Archives de l'OUA, 24 juin-3 juillet 1976, p. 25.

L'OUA invite donc clairement le CIO, relayé par le Conseil supérieur du sport en Afrique (CSSA, fondé en 1966 et devenu la branche sportive de l'OUA en 1967), à exclure la Nouvelle-Zélande des Jeux. Cette demande est confirmée par une lettre adressée au CIO, signée par 16 pays africains, évoquant clairement le boycott en cas de refus. C'est donc bien l'OUA qui joue un rôle central dans la mobilisation des pays africains pour l'exclusion de la Nouvelle-Zélande, et c'est là un moyen, bien sûr, de toucher l'Afrique du Sud, laquelle déploie alors d'importants efforts pour entretenir des relations avec les fédérations internationales "amies" et surtout pour en séduire d'autres. Nous sommes le 15 juillet, à 2 jours de l'ouverture des Jeux. Toutes les délégations africaines sont déjà présentes à Montréal.

Il s'agit donc bien d'une décision collective, au niveau des États membres de l'OUA, sans que les délégués africains au CIO ni les CNO n'exercent la moindre influence sur la décision (des témoignages font état de plusieurs CNO africains opposés à la décision de l'OUA[18]). Le mouvement sportif est donc mis en échec par la décision des États africains, au moment où une négociation complexe s'engage, à la veille des Jeux. L'échec de cette négociation aboutit au boycott de 24 pays : l'Algérie, le Cameroun, l'Éthiopie, l'Égypte, le Ghana, le Bénin, la Haute-Volta, l'Irak, le Kenya, la Libye, le Mali, le Maroc, le Niger, le Nigeria, l'Ouganda, la République populaire du Congo, le Soudan, le Swaziland, le Tchad, le Togo, la Tunisie et la Zambie et, par solidarité, le Guyana et l'Irak. Deux pays refusent, fidèles alliés de la France : la Côte d'Ivoire et le Sénégal. C'est un véritable coup de tonnerre sur les Jeux Olympiques, qui perdent une partie de leur attrait sportif au profit d'une mise en accusation de la politique raciale de l'Afrique du Sud et des pays complaisants à son égard.

---

18 Éric Monnin et Catherine Monnin, *op. cit.*, p. 99 et suivantes.

# Épilogue

Les conséquences du boycott des pays africains sont multiples. Tout d'abord, l'Afrique s'affirme comme une puissance autonome dans le domaine de la diplomatie sportive internationale, qui joue ici un rôle compensateur par rapport à la relative inefficacité de l'OUA au sein de l'ONU, notamment pour la promotion des sanctions contre l'Afrique du Sud. Les liens postcoloniaux des nations africaines sont rebattus : le boycott est suivi presque à parts égales par d'anciennes colonies britanniques et françaises, appartenant majoritairement pour les premières au Commonwealth et pour les secondes au "pré carré" africain de la France. La rupture conjoncturelle avec les anciennes métropoles dans le domaine de la diplomatie sportive est nette, hormis pour le Sénégal et la Côte d'Ivoire, dénotant leur dépendance politique et économique à l'ancienne métropole.

Ensuite, la focalisation sur l'exclusion de la Nouvelle-Zélande interroge, puisque l'équipe de France de rugby s'est rendue en Afrique du Sud en 1958 et 1964, et a organisé en 1974 – 2 ans avant les Jeux de Montréal – la venue des Springboks en France. C'est la nation la plus active dans le domaine des échanges rugbystiques avec l'Afrique du Sud. Pourquoi l'OUA n'a-t-elle pas également appelé à l'exclusion de la France ? Plusieurs hypothèses, demandant des recherches à poursuivre, peuvent être avancées. Le choc du massacre de Soweto a pu être un catalyseur de la condamnation de la seule Nouvelle-Zélande, dont les relations rugbystiques avec l'Afrique du Sud sont alors chronologiquement plus récentes que celles que la France entretient avec ce pays. La seconde hypothèse est que les liens qu'entretient la France avec la plupart de ses ex-colonies africaines (hormis, au début des années 1970, l'Algérie et la Guinée), ont pu rendre complexe toute entreprise contre la France au sein de l'OUA.

Dans ce contexte, la fracture entre la Guinée et les ex-colonies françaises les plus proches de l'ex-métropole s'approfondit. En effet, Sékou Touré est aux avant-postes au sein de l'OUA pour promouvoir le boycott et dans la réponse de la Guinée envoyée au CIO pour donner suite à la demande de ce dernier d'évoquer les raisons du boycott (demande envoyée à tous les pays ayant suivi le boycott), le représentant du CNO guinéen signale que "*Le Comité olympique guinéen souhaite que tous les Comités olympiques nationaux exigent la suspension de la Côte d'Ivoire et du Sénégal des compétitions sportives interafricaines, et invite le Conseil supérieur des sports africain à prendre cette décision qui honorera l'Afrique*[19]". Or, la Guinée a de vieux comptes à régler avec le Sénégal et la Côte d'Ivoire, piliers du régime d'influence de la France dans son "pré carré" africain.

La Guinée a en effet choisi de devenir indépendante avant les autres colonies d'Afrique subsaharienne de la France, seule à choisir en 1958 l'indépendance plutôt que l'accession à la "Communauté franco-africaine", alternative alors proposée par référendum par de Gaulle à chaque colonie africaine. La France, à la suite de cette indépendance précoce de la Guinée – les autres territoires accéderont à l'indépendance 2 ans plus tard –, mènera une véritable guérilla contre la Guinée, qui basculera sous la pression dans le camp soviétique. Indirectement, la décision de boycott a aussi pour conséquence de fissurer le "pré carré" africain de la France, dont la Guinée était devenue le pourfendeur.

Enfin, le CIO affirme dans la crise à la fois son indépendance, son impuissance et son conservatisme. Son indépendance puisque, contrairement à l'exclusion de la Rhodésie en 1972, il maintient sa position, arguant que le rugby n'est pas un sport olympique et que la politique sportive de la Nouvelle-Zélande ne dépend pas du CIO. Son impuissance, puisque le boycott est finalement une réussite. Dans ce contexte, la décision du boycott émane de l'OUA: les États, face aux CNO, ont le dernier mot, à l'instar du Canada décidant de l'exclusion de la République de Chine (Taïwan) à la demande de la République populaire de Chine. La condamnation du Canada par le CIO, six mois plus tard, ne change rien[20], malgré la menace de

---

19 Toumany Sangare, "Déclaration du Comité olympique guinéen à propos des Jeux Olympiques de Montréal", ministère de la Jeunesse, des Arts et des Sports, Conakry, Archives de l'OUA, 31 juillet 1976, p. 1.

20 "Commission exécutive de Barcelone", Archives du CIO, Communiqué de presse n° 3, 17 octobre 1976, p. 1.

sanctions si des défections de dernière minute devaient se reproduire à l'avenir[21]. Son conservatisme, puisque si le CIO cède sous la pression pour exclure l'Afrique du Sud, il n'anticipe pas les répliques de cette onde de choc, dont les matchs de rugby entre l'Afrique du Sud et la Nouvelle-Zélande sont le révélateur. Il y a en effet un double enjeu, tant pour le CSSA et l'OUA, dans la lutte contre la compromission avec l'Apartheid : un enjeu moral indéniable, l'Apartheid rappelant sous une forme radicalisée l'ancienne domination coloniale ; un enjeu géopolitique dans la mesure où l'OUA fonde aussi sa cohérence "panafricaine" sur ce combat.

Finalement, le boycott des Jeux de Montréal est un révélateur de la complexité des relations internationales sportives, qui excède largement le seul affrontement Est-Ouest. Il manifeste ici les efforts de l'OUA pour concrétiser une véritable "force africaine" sur la scène mondiale, en contournant les blocages de l'ONU pour s'attaquer au CIO.

---

21 Lettre de Lord Killanin aux membres du CIO, 23 décembre 1976, cité par Éric Monnin et Catherine Monnin, *op. cit.*, p. 110.

# L'Afrique et les Jeux Olympiques après les décolonisations (1960-1990)

Sylvère-Henry Cissé

Sur le plan politique, le sport a permis aux États africains récemment devenus indépendants de réaliser l'affermissement d'une identité nationale. Pour certains d'entre eux, il est difficile de créer une unité nationale en raison des réalités tribales ou ethniques. Dans des sociétés profondément divisées par les clivages identitaires, le sport est utilisé par ses dirigeants pour écrire un roman national afin de vanter une unité et une souveraineté nationales.

À ce titre, le football est intéressant. Il nous offre un très grand nombre d'exemples qui montrent comment il a été utilisé, par son exceptionnelle plasticité et sa capacité de résilience, comme un ciment entre les ethnies d'une même nation afin de réduire les tensions. Certes, le football peut parfois être un espace d'affrontements, de cristallisations de la contestation politique et de la revendication ethnique. Mais les équipes nationales seront souvent utilisées par les États du continent avec le souci de créer une identité et une cohésion nationales dans la même logique : initier une dynamique de déplacement de l'identité ethnique à l'identité collective dans un premier temps, puis d'une identité collective à une identité nationale[1].

Sur le plan géopolitique, le sport offre au continent une occasion significative et visible d'émerger dans le concert des nations et représente l'un des rares territoires où l'Afrique sera entendue dans le monde. Les propos en juillet 1960 de Maxime Ouedraogo, le président de la fédération de Haute-Volta, lors de la constitution de ce qui deviendrait plus tard le Burkina Faso sont, à cet égard, révélateurs : "*Étant donné que l'État voltaïque vient d'acquérir sa pleine capacité nationale et internationale, nous devons sur le plan sportif acquérir notre pleine autonomie*[2]."

Certains événements aux dimensions politique et géopolitique indissociables mettent en lumière le rôle clef du sport et auront valeur d'exemple pour l'ensemble du continent. Ainsi, à l'aube de la vague de décolonisation, à un moment où aucun poids lourd économique ne se dégage en Afrique, et *a fortiori* aucune puissance sportive, 2 événements d'une portée considérable vont sans nul doute fortement influencer les 3 décennies sportives suivantes. De fait, les années 1957 et 1958 sont déterminantes dans un contexte de très forte politisation et laisseront un lourd héritage au chapitre des relations du sport africain avec le CIO.

## En quête de reconnaissance

Moins de 2 ans après la conférence des pays non-alignés à Bandung, la Confédération africaine de football voit le jour, le 8 février 1957, composée de l'Égypte, de l'Éthiopie, du Soudan et de l'Afrique du Sud. Or l'Afrique du Sud possédait 4 fédérations de football : l'une pour les Blancs, une autre pour les Noirs, une pour les Métis,

---

1 Mwutsebanka Celestin, Salvator Nahimana, "Football burundais enjeu identitaire et politique", *Revue Africaine de sociologie*, vol. 24, 2020.

2 Paul Dietschy, David-Claude Keimo Keimbou, *L'Afrique et la planète football*, Paris, EPA, 2010.

et enfin une dernière pour les Indiens. La naissance de la Confédération africaine de football (CAF) est accompagnée de la création de la Coupe d'Afrique des nations (CAN), la première compétition continentale qui se déroulera la même année à Khartoum.

L'Afrique du Sud propose d'y envoyer une équipe de joueurs "blancs", dépourvue de "joueurs de couleur". Dès sa création, la CAF accomplit un geste majeur et fondateur: elle exclut le régime de Pretoria. Alors que la FIFA n'avait pas bougé, que le CIO n'avait rien fait, la CAF va devenir la première institution à s'opposer fermement à la politique ségrégationniste de l'Afrique du Sud. Par ce coup d'éclat, elle a attiré l'attention de la communauté internationale sur la situation en Afrique du Sud et l'on peut estimer qu'avec ce geste fort elle a amorcé la vague de protestation anti-Apartheid qui ne cessera de grandir jusqu'à la libération de Nelson Mandela le 11 février 1990.

Le 15 avril 1958, le Front de libération nationale (FLN) annonce depuis Tunis la création de l'Équipe de football du Front de libération nationale algérien. C'est une révolution à quelques semaines de la Coupe du monde de football qui crée un effet de sidération. Devant ce qu'elle considère comme une haute trahison, la Fédération française de football (FFF) demande l'interdiction de l'équipe du FLN à la FIFA et l'obtiendra. Qu'à cela ne tienne! Cette équipe jouera pendant 4 ans contre des formations du Maghreb et du bloc communiste. Elle devient ainsi le porte-voix de l'autodétermination jusqu'à l'indépendance en 1962.

Ces 2 exemples nous rendent plus attentifs aux moyens et objectifs dont disposaient le continent dans la période de décolonisation et les années qui suivent. Par un engagement original, l'Afrique a politisé le sport à l'échelle mondiale dès 1957-1958, bien avant les boycotts retentissants des Jeux Olympiques de Moscou en 1980 et Los Angeles en 1984. N'ayant pas les moyens de s'appuyer sur la force armée ou la puissance économique pour se faire entendre, elle utilisera les armes du sport pour être entendue. Les politiques de diplomatie internationale des grandes nations reposaient au sortir de la Seconde Guerre mondiale sur un *soft power* culturel. L'Afrique a organisé la maîtrise de son image et de sa réputation par le sport pour accroître son impact sur les affaires internationales.

## Le cas éthiopien

L'exemple de l'Éthiopie illustre parfaitement la prise de conscience du formidable transfert d'image que va permettre le sport et le nouvel éclairage dont peuvent bénéficier les États africains dans la vague des décolonisations. L'Éthiopie participe à ses premiers Jeux Olympiques en 1956 à Melbourne. Elle considère que cette compétition ne revêt pas une grande importance. À telle enseigne qu'elle laisse ses meilleurs coureurs de fond au pays et envoie en Australie une petite délégation dominée par des sprinteurs[3]. Ceux-ci ne brilleront pas par leurs performances, éliminés dès les séries, parfois terminant à la dernière place. À cette époque et contrairement à l'idée répandue, l'athlétisme occupe une place moins importante que le football en Afrique de l'Est. Ce sera une tout autre chose à partir de 1960 avec les Jeux Olympiques de Rome.

Introduit par le colonisateur italien dans les années 1930, le ballon rond sera développé et grandement pratiqué par les Éthiopiens au contact des troupes britanniques pendant la Seconde Guerre mondiale. À la sortie de ce conflit majeur, le championnat sera constitué de clubs érythréens et éthiopiens, qui s'inscrivent dans une tradition ethno-raciale réciproque de repli, exacerbée par l'histoire assez mouvementée des rapports entre les 2 États. En 1950, l'ONU accorde à l'Érythrée un statut autonome au sein d'une fédération Éthiopie-Érythrée. Les interdictions en 1955 par l'Éthiopie du drapeau national érythréen, des partis politiques locaux et du tigrinya, la langue érythréenne remplacée par l'amharique, ont pour conséquence une escalade de violence qui débouche en 1961 sur un conflit entre les deux "frères ennemis" qui durera 40 ans. C'est dans ce contexte particulier que le championnat de football éthiopien est remporté en 1959 par le Tele SC d'Asmara, la capitale de l'Érythrée. Une situation insupportable du point de vue éthiopien dont la vision ethno-politique ne peut admettre une supériorité érythréenne. Dans un temps de très fortes rivalités ethniques et de fierté nationale mise à mal, le pouvoir

---

3 Benoît Gaudin, "Athlétisme et nationalisme dans l'Éthiopie des années 1920-1960", *Sciences sociales et Sport*, n° 1, 2008, p. 49-78.

éthiopien va utiliser pleinement la puissance fédératrice du sport. Mais comment faire sans le sport le plus populaire au monde ? Elle va s'appuyer sur un "géant" de 1,77 mètres et 57 kilos, un athlète hors du commun qui va écrire un récit d'identification pour toute une nation aux JO de Rome en 1960 : Abebe Bikila.

Dans l'épreuve du marathon, à 2 kilomètres de l'arrivée, le lieutenant de la garde impériale, totalement inconnu avant cette course, place une accélération devant l'obélisque d'Aksoum, le monument enlevé en 1937 à l'Éthiopie par Benito Mussolini. Devant la presse du monde entier, dans l'épreuve phare des Jeux Olympiques, Abebe Bikila remporte le marathon en 2 heures et 15 minutes et décroche la première médaille d'or d'un État indépendant africain dans des Jeux Olympiques. Le symbole est fort et met en miroir la mémoire coloniale de l'Italie. Abebe Bikila franchit la ligne d'arrivée en première position à Rome devant l'arc de triomphe de Constantin, d'où les troupes du Duce étaient parties pour conquérir son pays un quart de siècle auparavant.

La stupéfaction est encore plus forte quand le public découvre à l'arrivée qu'Abebe Bikila a parcouru les 42,2 kilomètres sans chaussures. Les paires qu'il utilise à l'entraînement à Rome lui donnent des ampoules et il a l'habitude de courir pieds nus dans les centres d'entraînements autour d'Addis-Abeba. Aux journalistes qui l'interrogent sur ce qui l'a décidé à courir ainsi, Abebe Bikila répond "*Je voulais que le monde sache que mon pays gagne toujours avec détermination et héroïsme*". Cette victoire historique offre au pouvoir éthiopien une double opportunité : rassembler autour de l'image de son champion, qui représente à lui seul une grande force mobilisatrice, et affirmer au monde sa souveraineté.

Ces positions renforcent l'ambition d'Haïlé Sélassié dont le rêve panafricaniste est de "*réveiller le géant africain*". Elle se concrétise en partie au moment où l'Empereur devient le héraut de l'union politique africaine en mai 1963. En effet, il convoque un sommet à Addis-Abeba où il parvient à arracher la construction de l'unité africaine après d'âpres négociations. C'est dans sa capitale que la charte de la création de l'Organisation de l'unité africaine (OUA) est signée par une trentaine de chefs d'États africains. Une deuxième médaille d'or remportée à

Tokyo en 1964 par Abebe Bikila "*amorce le basculement de l'investissement nationaliste éthiopien des rencontres de football vers les compétitions de course de fond*[4]".

Cette stratégie de communication et d'influence par le sport, ouvertement affichée, est la raison principale expliquant la mauvaise articulation entre le Comité olympique international et les CNO africains nouvellement créés. Le fossé ne cessera de se creuser jusqu'au milieu des années 1990 du fait de l'interventionnisme des États dans les affaires des fédérations. En effet, si la charte olympique stipule que "*Les CNO ont compétence exclusive pour représenter leurs pays respectifs*", elle indique dans le même chapitre qui régit la relation de l'autorité dirigeante avec les CNO: "*Les CNO doivent préserver leur autonomie et résister à toutes les pressions, y compris, mais sans s'y restreindre, les pressions politiques, juridiques, religieuses ou économiques qui pourraient les empêcher de se conformer à la Charte olympique.*" Autrement dit, les statuts olympiques entrent en conflit avec la démarche des pays en voie de décolonisation qui souhaitent avoir la mainmise sur leur système sportif (et toutes les structures officielles), et porte en germe les tensions qui apparaîtront plus tard avec le CIO.

Ce trouble entre le CIO et des nations africaines sera renforcé par la volonté de l'État français d'impulser les Jeux de la Communauté française qui connaîtront 3 éditions: en 1960 à Madagascar, en 1961 à Abidjan et à Dakar en 1963, manifestations de fait concurrentes des Jeux Olympiques. Pour la France, cette compétition omnisports permet d'afficher sans ambiguïté et ostensiblement des relations repensées avec ses anciennes colonies, d'assurer une continuité avec l'Empire colonial dans une sorte de clair-obscur et d'éviter une rupture avec le continent. Plus largement, cette organisation s'inscrit dans une stratégie de la France à 3 égards au moins: premièrement, peser face à l'Empire britannique, dont les Jeux du Commonwealth sont devenus depuis leur création en 1930 un élément structurant de sa diplomatie; deuxièmement, faire entendre le choix d'une politique souveraine voulue par le général de Gaulle dans l'affrontement opposant les États-Unis et l'URSS pendant la guerre froide; enfin, troisièmement,

---

4 Benoît Gaudin, *op. cit.*

s'appuyer sur la sphère africaine et constituer ce qui deviendra la francophonie. C'est ainsi que Maurice Herzog, haut-commissaire à la jeunesse et aux sports, déclarait avant son départ pour Abidjan le 24 décembre 1961 : "*Les Jeux de l'amitié, qui s'ouvriront le 24 décembre à Abidjan, permettront aux peuples participants de mieux se connaître, de resserrer leurs liens, et constitueront en même temps une magnifique propagande pour le sport parmi des populations qui en sont déjà profondément éprises*[5]."

1963 avec l'avènement de l'OUA lors de la conférence à Addis-Abeba et 1964 avec le congrès du CIO[6] à Tokyo sont 2 années qui marquent un tournant capital dans les relations très sensibles entre l'Afrique et le CIO. Dès sa naissance, au nom de son engagement à bannir le colonialisme et l'oppression raciale du continent, les 21 signataires de l'organisation panafricaine excluent l'Afrique du Sud. Une détermination qui, inévitablement, est adoptée par les Comités nationaux olympiques africains et qui obtiendront l'isolement de l'Afrique du Sud par son exclusion des Jeux Olympiques de Tokyo en 1964. Le CIO s'aligne sur la décision de l'ONU qui ordonne des sanctions contre le régime de l'Apartheid et sur la FIFA qui la met au ban du football mondial.

Les indépendances ont entraîné des mutations dans le concert des nations. L'émancipation du continent et l'importance que le sport a prise en tant que levier diplomatique poussent, dans la foulée des Jeux africains de Brazzaville en 1965, les États africains à créer le Conseil supérieur du sport africain (CSSA). Cette émanation de l'OUA, née en 1966, s'est fixé comme principal objectif de coordonner le sport et le mouvement olympique africain. Mais il faut surtout considérer le CSSA comme un relais politique incontournable de l'OUA[7].

---

5 *Le Monde*, 22 décembre 1961.

6 Pascal Charitas, *Les conditions d'émergence du développement sportif olympique en Afrique. Analyse comparée entre le Royaume-Uni et la France (1944-1966)*, rapport de recherche, Université Paris-Sud, 2009.

7 Pascal Charitas, *op. cit.*

## Afrique-CIO : bloc contre bloc

Malgré ses maigres moyens, le CSSA acquiert un poids important en raison de la crispation autour du problème de l'Apartheid et il n'aura de cesse de combattre le racisme systémique sud-africain, malgré la mauvaise volonté du CIO. Lors de son congrès du 15 février 1968 aux Jeux Olympiques d'hiver de Grenoble, le Comité olympique inscrit l'Afrique du Sud aux Jeux Olympiques d'été qui doivent se dérouler la même année à Mexico. Avery Brundage, le président américain de l'instance olympique, valide cette décision dans un contexte de guerre froide, où des aspirations au changement se font ressentir sur toute la planète. En effet, le CIO s'appuie sur une nouvelle législation adoptée en 1967 par le pouvoir de Pretoria. Ce dispositif autorise la pratique du sport entre "Noirs" et "Blancs" en dehors des frontières, mais pas sur le territoire sud-africain.

C'est le baiser du scorpion. Cette décision sonne comme une provocation pour le CSSA et les pays hors bloc occidental. En quelques jours ce sont près de 50 pays qui ont acté un boycott des Jeux Olympiques si l'Afrique du Sud y participe. Le journal afrikander *Die Burger* écrit à la une : "*Il serait honteux pour le Comité international olympique, de revenir sur sa décision obtenue à la majorité après une minutieuse enquête*[8]." Frank Braun, président du Comité national olympique sud-africain, n'en démord pas : "*Nous n'avons aucune intention de nous retirer, en raison du boycottage des pays afro-asiatiques*[9]."

Les dirigeants du CIO et Avery Brundage, favorables au maintien de l'Afrique du Sud, sentent que les premiers Jeux organisés au Mexique, dans un pays émergent, peuvent virer au fiasco s'ils ne se ravisent pas. Surtout que commence à émerger l'idée de jeux parallèles organisés par l'Afrique et les non-alignés. Sur proposition de l'Italie, et sous la pression des pays des blocs de l'Est, une assemblée générale extraordinaire du CIO est convoquée les 21 et 22 avril 1968 à Lausanne.

---

8 *Le Monde*, 5 mars 1968.

9 *Le Monde*, 5 mars 1968.

Lors de celle-ci, le CIO revient sur sa décision d'admettre les athlètes sud-africains à participer aux XIXe Olympiades de l'ère moderne.

Cet épisode est emblématique du drôle de pas de 2 entre le CSSA et le CIO. La charte olympique stipule "*Que les Jeux Olympiques sont des compétitions entre athlètes en épreuves individuelles ou par équipes et non entre pays*". Or, le CSSA est parvenu à immiscer son combat dans la mécanique olympique et à utiliser le sport comme outil de communication politique, avec un double objectif : maintenir une harmonisation des positions des ministères des Sports africains et consolider un front uni contre l'Afrique du Sud. Cette position aura pour conséquence d'entraîner une méfiance du CIO qui ne reconnaîtra jamais juridiquement le CSSA lequel, à ses yeux, n'est autre que le prolongement de l'OUA pour les affaires de sport.

Le problème sud-africain revient sur la table lors de la 69e session du CIO à Amsterdam en avril 1970. Si l'exclusion des athlètes sud-africains fait l'unanimité parmi les membres, certains d'entre eux réclament que la reconnaissance du CNO d'Afrique du Sud par le CIO soit maintenue. Une disposition qui sera rejetée par le CSSA et le clan des progressistes. Par 38 voix contre 25 et 3 abstentions, le *South Africa National Olympic Committee* (SANOC) est officiellement exclu du mouvement olympique.

## Une ère de transition

De manière évidente, l'Afrique ne cesse de s'affirmer sur la scène olympique. Elle pèsera de tout son poids en 1976 et, une fois de plus, elle agira comme un aiguillon pour dénoncer la politique d'Apartheid lors des Jeux de Montréal. Alors que l'émotion est très vive à travers le monde après le massacre de Soweto et son demi-millier de morts le 16 juin 1976, la tournée des *All Blacks* néo-zélandais en Afrique du Sud en juillet de la même année fournit une nouvelle occasion appropriée pour l'OUA, et sans que cela paraisse incongru, à travers le CSSA, de provoquer un mouvement de protestation, aux répercussions énormes en termes diplomatiques.

Le 15 juillet 1976, soit deux jours avant l'ouverture des XXI^e^ Jeux Olympiques, 16 pays africains exigent par courrier l'exclusion de la Nouvelle-Zélande. Le lendemain, la veille de l'ouverture des Jeux, l'ensemble des membres du CIO répond à l'injonction africaine en adressant la réponse suivante : "*Le rugby est un sport qui échappe entièrement à l'emprise du Comité international olympique* [...] *Le Comité national olympique de la Nouvelle-Zélande et son équipe n'ont aucunement enfreint les règles et principes olympiques*[10]."

Ce refus d'exclure la Nouvelle-Zélande a pour effet de mobiliser l'ensemble des pays africains qui, comme un seul homme, retirent leurs athlètes. Plus d'une vingtaine de pays africains, 441 athlètes, souvent à leur corps défendant, boycotteront les Jeux Olympiques de Montréal. Jean-Claude Ganga, secrétaire général du CSSA, met en lumière le rôle éminemment politique du CSSA, bras armé de l'OUA : "*Il est clair que les responsables du CSSA ont pris* [...] *les mesures qu'il fallait pour ne pas ridiculiser à l'extérieur une résolution des chefs d'États d'Afrique.* [...] *Tous les pays qui se sont retirés ou qui sont restés l'ont fait sur décision de leurs gouvernements respectifs*[11]." Le CIO n'a pas compris ou a minimisé l'usage du sport en Afrique après la décolonisation. Il n'a pas saisi le puissant facteur d'identification nationale complètement intégré aux pouvoirs politiques qu'il représentait. L'indépendance du mouvement sportif ne pouvait qu'en souffrir. En 1977, le CSSA abandonne son statut d'ONG reconnue par l'ONU et devient un organe à part entière de l'OUA, au fonctionnement erratique en raison principalement de son maigre budget.

Cependant, le sport africain ne pouvait pas se construire dans une politique d'opposition permanente. Le CSSA cultivait un isolement à l'échelle internationale qui favorisait le monopole du football au détriment des autres sports. Il fallait rompre avec ce modèle. C'est ainsi que naissent en 1983 l'UCSA, l'Union des confédérations sportives africaines et, en 1981, l'ACNOA, l'Association des comités

---

10 Éric Monnin, Catherine Monnin, "Le boycott politique des Jeux Olympiques de Montréal", *Relations internationales*, n° 134, 2008.

11 Éric Monnin, Catherine Monnin, *op. cit.*

olympiques d'Afrique. Cette dernière prendra peu à peu le pas sur le CSSA, dissous en juillet 2013 à Abidjan par la 5e conférence des ministres des Sports en Afrique.

Cette décision correspond alors au souhait de l'Afrique de s'aligner sur les standards internationaux. Les combats changent de forme. En effet, la libération de Nelson Mandela et la chute du régime d'Apartheid, la réintégration des athlètes sud-africains, l'érosion du panafricanisme, la modification des plaques tectoniques géopolitiques, l'émergence en dents de scie de l'Afrique sont autant de sujets parmi d'autres qui poussent le continent à adopter une normalisation avec le CIO.

# Le temps des boycotts

Dominic Thomas

Dans son roman intitulé *1984*, l'écrivain britannique George Orwell décrivait un régime policier et totalitaire dans lequel la désinformation et la propagande, avec l'aide du *néoparler* et de la double pensée de *Big Brother*, imposaient un contrôle de la pensée et une surveillance permanente, de sorte que "*dans notre société, ceux qui ont la connaissance la plus complète de ce qu'il se passe, sont ceux qui sont les plus éloignés de voir le monde tel qu'il est. En général plus vaste est la compréhension, plus profonde est l'illusion. Le plus intelligent est le moins normal*". La parole prophétique de George Orwell, en 1949, allait, à plusieurs niveaux, anticiper le contexte de la guerre froide et les (en)jeux des XXII^e Jeux Olympiques d'été qui ont eu lieu à Moscou en 1980 et ceux des Jeux des XXIII^e Olympiades de l'ère moderne à Los Angeles en 1984.

Les circonstances particulières des Jeux susmentionnés s'inscrivent évidemment dans une continuité. Pour ce qui concerne les Jeux de Moscou, le boycott, important sur le plan économique et moral, était motivé par la réaction diplomatique internationale menée par l'administration américaine à la suite de l'invasion de l'Afghanistan par l'Union des républiques socialistes soviétiques (URSS) en 1979. Jimmy Carter – un président déjà vulnérable – avait présenté sa candidature à la réélection. L'invasion de l'Afghanistan fut, pour le président Jimmy Carter, un problème difficile mais incontournable auquel il fut contraint de consacrer du temps et de l'énergie. Il fixa certaines exigences vis-à-vis de la politique étrangère de l'URSS et des récentes incursions militaires de l'Union soviétique, mais ces demandes ont été soit ignorées soit rejetées par Moscou, et il réussit à mobiliser le soutien de plus d'une cinquantaine de nations pour un boycott. Ce rappel du contexte historique permet de mettre en relief certains aspects fondamentaux et de souligner les quelques grands axes et particularités de ces olympiades.

En 1984, les États-Unis et l'URSS se trouvaient au plus fort de la guerre froide – le mur de Berlin existait encore à l'époque – et le boycott des Jeux Olympiques de Moscou avait eu lieu 4 ans auparavant. Le président Ronald Reagan arrivait à la fin de son premier mandat et la campagne présidentielle était lancée. Son administration continuait à prêcher l'anti-communisme, désormais au centre des réflexions américaines, et cherchait à instrumentaliser les Jeux pour alimenter et renforcer la rhétorique patriotique basée sur les concepts de fierté nationale et de relance de l'économie. Sans oublier, bien sûr, que les regards s'étaient déplacés vers la Californie, l'État dans lequel Ronald Reagan avait été élu gouverneur, qui à l'époque votait républicain. Los Angeles était aussi la ville dans laquelle le président avait fait une carrière d'acteur à Hollywood, une dimension qu'il a habilement exploitée. Selon Mathieu Le Maux, "*Pour la première fois, la famille olympique s'est retrouvée comme dans un film. La retransmission télévisée donnait l'impression que la cérémonie d'ouverture et les épreuves se déroulaient comme dans un show hollywoodien. La deuxième chose, c'est que la vocation d'Hollywood étant de faire du business, ces Jeux ont pour la première fois clairement été organisés pour faire du profit*[1]". On peut, aujourd'hui, parler d'une mise en scène spectaculaire sur la scène mondiale du *mode de vie* américain

1 Mathieu Le Maux, "Carl Lewis : 'Les Jeux de 84, c'était comme dans un film'", *GQ*, 19 novembre 2014.

dont les composantes – avancées technologiques, principes de liberté, société de consommation – imprégnaient les imaginaires.

Il s'agissait aussi des premiers Jeux "privés", organisés uniquement avec le secteur privé et sans le soutien financier du gouvernement, ce qui ne voulait pas dire, paradoxalement, sans dimension *politique*. Le symbolisme et l'intertextualité avec le contexte raciste des Jeux Olympiques de Berlin en 1936 et de Mexico en 1968 (comme le soulignent les chapitres, dans ce livre, de Daphné Bolz et de Pascal Blanchard) étaient évidents, et c'est d'ailleurs la petite-fille de Jesse Owens, Gina Hemphill, qui a porté la flamme olympique dans le *Los Angeles Memorial Coliseum* pour la cérémonie d'ouverture, avant de la remettre au décathlonien noir américain Rafer Lewis Johnson (médaillé à Melbourne en 1956 et à Rome en 1960). En 1984, Carl Lewis allait remporter 4 médailles d'or comme l'avait fait Jesse Owens en 1936.

Comment donc mieux comprendre la non-participation soviétique à l'Olympiade de 1984, une décision à laquelle plusieurs pays allaient adhérer : Afghanistan, Albanie, Angola, Bulgarie, Cuba, Corée du Nord, Éthiopie, Hongrie, Laos, Mongolie, Pologne, RDA, Tchécoslovaquie, Yémen du Sud et Viêt-Nam. Sans oublier qu'au niveau purement quantificatif la participation de 140 nations (notamment avec la présence de la République populaire de Chine qui participait aux Jeux Olympiques d'été pour la première fois) était exceptionnelle. Enfin, ne perdons pas de vue que Ronald Reagan en était à son 3e président soviétique – Léonid Brejnev, décédé le 10 novembre 1982, fut remplacé par Youri Andropov, lui-même décédé 15 mois plus tard le 9 février 1984, et suivi par le conservateur Konstantin Chernenko un an plus tard et décédé le 10 mars 1985, 8 mois après la conclusion des Jeux, cédant sa place à Mikhail Gorbachev.

Ce serait un euphémisme de dire que cette instabilité persistante ne suscita pas de réelles inquiétudes, et que devant cette nouvelle incertitude considérable qui a marqué cette période de l'URSS, les Jeux de la XXIIIe Olympiade allaient forcément avoir un effet polarisateur...

# Ronald Reagan et l'instrumentalisation des Jeux Olympiques

À environ 6 mois des Jeux, le président Ronald Reagan multiplia ses interventions sur la relation entre les États-Unis et l'URSS, annonçant le 16 janvier 1984: "*Je suis convaincu que nous sommes aujourd'hui, en 1984, dans la meilleure position possible pour établir une relation constructive et réaliste avec l'Union soviétique* [...]. *Il y a trois ans, les électeurs ont exprimé la volonté de changer le cours des choses et nous ont donné un mandat clair que nous avons pleinement adopté. Avec le soutien du peuple américain et du Congrès, nous avons mis un terme au déclin*[2]." La tautologie était évidente : élaborer le portrait d'un pays déchiré par le doute et en déclin, en s'appuyant, en premier lieu, sur des propos de Jimmy Carter, le 15 juillet 1979, selon lesquels "*Il s'agit d'une crise de confiance. Il s'agit d'une crise qui frappe la volonté de notre nation en son sein même, en son âme et en son esprit. Nous percevons cette crise à cause du doute croissant que l'on porte sur la signification de nos propres vies et de la perte d'un objectif unique pour notre nation*", et ensuite en juxtaposant une image diamétralement opposée permettant de prendre ses distances et de se distinguer de Jimmy Carter.

Cette stratégie lui permettra d'attirer l'attention sur le redressement économique et sur la modification de la politique étrangère définie par la *doctrine Reagan*, elle-même bâtie sur l'objectif de contrer et affaiblir l'influence de l'URSS et d'ébranler simultanément la confiance dans les autorités soviétiques. En se positionnant en sauveteur de la Nation, et en faisant d'une pierre 2 coups, Ronald Reagan justifiait un second mandat. Le 10 mai 1984, il annonçait que "*le peuple américain décida qu'il était temps de mettre un terme à ce déclin, de donner à notre pays une renaissance de la liberté et de la foi, temps pour un grand renouveau. Et bien nous, Républicains,*

---

[2] Ronald Reagan, "Address to the Nation and Other Countries on United States-Soviet Relations", 16 janvier 1984.

*avons pris le pouvoir en étant déterminés à faire un nouveau commencement. Et aujourd'hui, l'Amérique est de retour*[3]".

Les discours de Ronald Reagan étaient riches en valeurs symboliques et en récupération de mythes. Par exemple, dans son discours aux athlètes américains le 28 juillet 1984 à *Heritage Hall* prononcé sur le campus de l'Université de Southern California (USC), un des sites du village olympique, Ronald Reagan fit allusion au film de Lloyd Bacon sur le fameux entraîneur de l'équipe de football américain à l'Université de Notre Dame (*Knute Rockne, All American*, 1940) dans le lequel il a tenu le rôle du joueur George Gipp.

Ronald Reagan avait très bien compris l'efficacité de ce type de références et la manière dont elles résonneraient dans la conscience populaire (surtout parmi ses principales cibles démographiques blanches et catholiques), déclarant le 28 juillet 1984 : "*Fixez-vous des objectifs élevés, et allez-y ! Faites-le pour vous, pour vos familles et pour votre pays. Et permettez-moi d'être un peu présomptueux et de dire – faites-le pour le Gipper*[4]." Ce fut aussi une occasion de mettre l'emphase, encore une fois, sur son "*nouveau patriotisme*" et d'exprimer sa grande "*affection*" pour le "*mode de vie*" américain, par opposition à celui prôné par le communisme dans l'esprit et l'imaginaire de la plupart des Américains. Enfin, un autre point résume bien l'importance que le président accorde aux Jeux : Ronald Reagan fut non seulement le premier président américain en exercice de l'après-guerre à assister aux Jeux Olympiques mais aussi à déclarer leur ouverture officielle.

Cependant, un événement imprévu allait intervenir. Le 1er septembre 1983, un Boeing 747 de la compagnie Korean Airlines, pris pour un avion espion par Moscou, est abattu par des chasseurs intercepteurs soviétiques, faisant 269 morts. Cet "incident diplomatique", dans une situation géopolitique déjà extrêmement tendue, fut un élément catalyseur et le facteur déclencheur de l'établissement de la

---

3 Ronald Reagan, "Remarks at the Annual Senate-House Fundraising Dinner", 10 mai 1984.

4 Lou Cannon, "'Gipper' Rallies U.S.", Washington Post, 29 juillet 1984.

*Ban the Soviets Coalition* (BSC) le 26 septembre 1983. Pour Robert Edelman, cette tragédie "*a fourni le prétexte pour bloquer tous les athlètes communistes, et plusieurs groupes sont apparus pour faire valoir leur protestation à la participation des Soviétiques.* [...] *Le principal objectif de la coalition était ou de convaincre le gouvernement américain d'empêcher les athlètes communistes d'entrer sur le territoire ou de convaincre l'URSS de ne pas les envoyer*[5]".

Cette coalition pour l'interdiction des Soviétiques aux Jeux Olympiques était constituée de dirigeants d'entreprises, d'hommes d'affaires et de consultants des milieux d'affaires, tous conservateurs, ainsi que des émigrés du bloc soviétique, voir au total quelque 165 groupes pour qui, selon Bradley J. Congelio, "*les Jeux Olympiques étaient une composante importante de la politique étrangère soviétique*[6]". Pour le président de la coalition, l'auteur californien David W. Balsiger, alors animé par des ambitions politiques, "*le même groupe qui avait appuyé la campagne présidentielle de Reagan en 1980 constituait les adhérents de la coalition*[7]", et selon lui, Ronald Reagan ne pourrait pas compter sur leur soutien sans une réciprocité. Leur objectif principal était de s'assurer que les Soviétiques ne puissent pas participer aux Jeux Olympiques et, dans l'immédiat, de mettre à profit "*le ressentiment qui couvait toujours au sujet d'une participation éventuelle de l'Union soviétique aux Jeux*[8]".

Tous les éléments étaient en place pour le lancement de la campagne des conservateurs américains contre les athlètes de l'Union soviétique. Ils élaborèrent donc une stratégie sur plusieurs fronts:

---

5 Robert Edelman, "The Russians Are *Not* Coming! The Soviet Withdrawal from the Games of the XXIII Olympiad", *The International Journal of the History of Sport*, vol. 32, n° 1, 2015, p. 15.

6 Bradley J. Congelio, "In Defense of a Neoliberal America: Ronald Reagan, Domestic Policy, and the Soviet Boycott of the 1984 Los Angeles Olympic Games", *in* Toby C. Rider, Kevin D. Witherspoon (dir.), *Defending the American Way of Life: Sport, Culture, and the Cold War*, Fayetteville, University of Arkansas Press, 2018, p. 209.

7 *Ibid.*, p. 210.

8 *Ibid.*, p. 210.

un vaste programme de plaidoyer et de lobbying fut mis en place auprès de l'Assemblée législative de Californie réclamant des mécanismes de sanctions (octobre 1983) contre l'URSS[9] et, le cas échéant, si les demandes de boycott ne réussissaient pas, une 2e initiative consisterait à encourager et inciter les sportifs du bloc soviétique et des pays de l'Est à faire défection. Selon Pierre Mertens, cela est allé plus loin encore avec "*des organisations extrémistes et des groupes de toute nature qui ont pour but de créer des conditions insupportables pour le séjour de la délégation soviétique et pour les performances des athlètes soviétiques*[10]". Conjointement, ces initiatives permettraient une action concertée de la part de David W. Balsiger et de la coalition pour nourrir "*les passions anticommunistes de la droite chrétienne*" et "*perturber les Jeux Olympiques*[11]".

## Objectif boycott...

La coalition était clairement déterminée à provoquer un boycott et éventuellement le retrait total du bloc soviétique et des pays de l'Est d'une manière plus générale[12]. L'article de Brianna Nofil résume bien le climat politique de l'époque et la prise de position des conservateurs américains, pour qui la moindre des choses "*était de poser un geste symbolique en écartant les Soviétiques des Jeux*" et de "*jouer sur une crainte légitime* [des Soviétiques] *pendant la guerre froide, à savoir la défection des athlètes, de manière à atteindre cet objectif*[13]".

---

9 Philip A. d'Agati, *The Cold War and the 1984 Olympic Games: A Soviet-American Surrogate War*, Basingstoke, Palgrave Macmillan, 2013.

10 Pierre Mertens, "Le boycott des Jeux Olympiques", *Revue belge de droit international*, n° 1, 1984-1985, p. 196.

11 Diamond Sara, *Spiritual Warfare: The Politics of the Christian Right*, Montréal/New York, Black Rose Books, 1990, p. 68.

12 Michał Marcin Kobierecki, "Boycott of the Los Angeles 1984 Olympic Games as an Example of Political Play-Acting of the Cold War Superpowers", *Polish Political Science Yearbook*, vol. 44, 2015, p. 93-111.

13 Brianna Nofil, "The California Activists Who Scared the Soviets Away From

L'hypothèse de la vengeance demeure très répandue, en représailles contre la décision américaine de boycotter les Jeux Olympiques de 1980 à Moscou. Toutefois, les spécialistes s'entendent en général aujourd'hui sur le fait que la situation était plus complexe et ont tendance à partager une opinion beaucoup plus nuancée sur cette décision. Il est évident que la coalition a joué un rôle primordial dans la décision soviétique de ne pas participer aux Jeux Olympiques de Los Angeles. Pour Robert Edelman, par exemple, "*l'hypothèse de la vengeance peut sembler logique, mais elle est principalement fondée sur des preuves circonstancielles* [...]. *Et pourtant, les preuves documentaires disponibles ne soutiennent pas l'affirmation selon laquelle les Soviétiques cherchaient à 'se venger'*[14]". La Maison Blanche préféra esquiver ces questions, et ne dénonça jamais ouvertement la coalition. L'approche républicaine pouvait être qualifiée d'objective, adoptant une neutralité politique visant à contourner la polarisation des positions puisqu'il n'y avait rien à gagner à susciter, sans raison, l'antagonisme de leur base électorale[15]. En revanche, "*pour un régime soviétique autoritaire, craintif et menacé, en pleine guerre froide, il y avait suffisamment d'indices pour échafauder une théorie du complot*[16]".

C'est dans cette perspective que, le 8 mai 1984, le Comité national olympique (CNO) de l'URSS a annoncé que "*la participation des sportifs soviétiques aux Jeux des XXIII<sup>e</sup> Olympiades à Los Angeles est impossible*[17]". Il est important de souligner que l'URSS avait formulé la décision en utilisant le terme "non-participation" de sorte de "*la distinguer du boycott en insistant sur le fait que cette décision*

the 1984 Olympics", 1er février 2018, https://www.history.com/news/1984-olympics-soviet-boycott-defections-los-angeles.

14 Robert Edelman, "The Russians Are *Not* Coming! The Soviet Withdrawal from the Games of the XXIII Olympiad", *The International Journal of the History of Sport*, vol. 32, n° 1, 2015, p. 11.

15 Brianna Nofil, "The California Activists Who Scared the Soviets Away From the 1984 Olympics", 1er février 2018, https://www.history.com/news/1984-olympics-soviet-boycott-defections-los-angeles.

16 Robert Edelman, *op. cit.*, p. 26.

17 Dominic Dhombres, "Moscou a voulu adresser un nouveau 'signal' aux Américains", *Le Monde*, 10 mai 1984.

*était motivée par le souci de protéger les Jeux, plutôt que d'essayer de les politiser*[18]". Évidemment, comme l'a bien montré Christopher R. Hill, pour la coalition des conservateurs américains, cette annonce "*était une victoire personnelle*[19]".

## Les boycotts et la *polarisation* des Jeux

Historiquement, les Jeux Olympiques ont été marqués par de fréquentes manifestations organisées par divers groupes, individus ou pays, ayant su capter l'attention mondiale qu'offraient ces rencontres. Nous avons comme exemples, parmi d'autres, les Jeux de Berlin en 1936, ceux de Mexico City en 1968, ainsi que ceux de Munich en 1972. Pour ce qui concerne les Jeux des XXIIIe Olympiades à Los Angeles en 1984, "*Le contexte politique a laissé un héritage mémorable, bien qu'ambigu*[20]". Mais une nouvelle caractéristique apparaît, en continuité avec les engagements des pays africains contre l'Apartheid, à savoir la "*politisation des Jeux*" sous forme de "*boycott*[21]", situation dans laquelle "*un État se mobilise pour mettre en avant une revendication*[22]".

Le Comité national olympique d'URSS s'est dit "*obligé*" d'arriver à la décision qu'il a prise, car "*Agir différemment serait approuver les*

---

18 Brianna Nofil, *op. cit.*; Raymond L. Garthoff, *The Great Transition: American-Soviet Relations and the End of the Cold War*, Washington D.C., Brookings Institution Press, 2000.

19 Christopher R. Hill, *Olympic Sports*, Manchester, Manchester University Press, 1992, p. 179; Jay Matthews, "Ban the Soviets Coalition Celebrates With Unrestrained Glee", *Washington Post*, 9 mai 1984.

20 Matthew P. Llewellyn, John Gleaves, Wayne Wilson, "The Historical Legacy of the 1984 Los Angeles Olympic Games", in *The 1984 Los Angeles Olympic Games: Assessing the 30-Year Legacy*, Londres/New York, Routledge, 2017, p. 1-8.

21 Pierre Mertens, "Le boycott des Jeux Olympiques", *Revue belge de droit international*, n° 1, 1984-1985, p. 196.

22 Éric Monnin, Christophe Maillard, "Pour une typologie du boycottage aux Jeux Olympiques", *Relations internationales*, n° 162, 2015, p. 176.

*actions anti-olympiques des autorités américaines et des organisateurs des Jeux*[23]". La logique s'explique, comme l'indique Pierre Mertens, de la manière suivante: "*En fait, le sport obéit aux lois du rendement, de l'organisation bureaucratique, de la hiérarchisation, de la publicité et de la propagande telles qu'on peut les voir s'appliquer dans d'autres champs. Il a sa place dans le mode de production capitaliste industriel, de même qu'il sert les impératifs de la propagande dans maints États socialistes*[24]."

Les enjeux géopolitiques peuvent évoluer d'une génération à l'autre, mais le lien symbiotique entre le sport et la politique demeure. Le footballeur américain Colin Kaepernick, jeune star de 28 ans, métis, adopté par une famille de "Blancs", avait, depuis les matchs préliminaires de la nouvelle saison de 2016, refusé de se mettre debout pendant l'hymne national, préférant rester assis ou à genoux, gestes qui s'inscrivaient dans une longue tradition de dénonciation et de protestation contre le racisme dans le sport et d'opposition aux inégalités raciales et aux violences policières, à l'exclusion et à l'injustice. À l'époque, le président Barack Obama avait précisé, en référence à ce sportif, et par des propos largement relayés dans les médias, qu'il ne faisait "*qu'exercer son droit constitutionnel*" et que visiblement "*il s'agit de questions qui le préoccupent vraiment, de questions légitimes et de vrais problèmes*", rappelant son discours prononcé à Philadelphie le 18 mars 2008, *De la race en Amérique*, lorsqu'il était candidat à l'investiture du Parti démocrate pour l'élection présidentielle et quand il admettait qu'il "*faudrait encore des générations et des générations d'Américains qui s'engagent* [...] *afin de combler le fossé entre la promesse de nos idéaux et la réalité de leur temps*[25]".

Autrefois, il fallait se mettre debout pour s'affirmer, mais aux États-Unis, aujourd'hui, comme ailleurs, il faut souvent d'abord se mettre à genoux pour que les gens vous écoutent. Après Paris 2024, les Jeux Olympiques seront de retour à Los Angeles en 2028, presque un siècle après ceux de 1932 et 44 ans après ceux de 1984...

---

23 Pierre Mertens, *op. cit.*, p. 196.

24 *Ibid.*, p. 195.

25 Barack Obama, *De la race en Amérique*, Paris, Grasset, 2008.

# Séoul 1988, croisement d'époques

Yvan Gastaut

À quelques mois de la chute du Mur de Berlin, de la réunification de l'Allemagne et de la chute de l'URSS, les Jeux de Séoul de 1988 apparaissent comme l'événement du contraste. Si, diplomatiquement, la guerre froide balise toujours l'horizon, la compétition est aussi tournée vers une nouvelle ère olympique, celle du modernisme, du gigantisme, du professionnalisme mais également de l'émergence de nouveaux acteurs et de nouvelles passions sportives[1].

Les organisateurs, le public et les sportifs en ont-ils réellement conscience ? Sans doute pas, et, pire, ces Jeux sont victimes d'une irrépressible téléologie qui laisserait entendre que tous les acteurs ont senti venir *The Wind of change* chanté par le groupe allemand Scorpions en 1990. Organisées entre le 17 septembre et le 2 octobre 1988, ces XXIVe Olympiades se déroulent en Asie, fait suffisamment rare pour être souligné puisqu'il ne s'agit que de la seconde fois, après les Jeux

1 Cyrille Bret, "De Séoul 1988 à PyeongChang 2018, comment les relations internationales sont passées dans un autre monde", *Atlantico*, décembre 2018.

de Tokyo en 1964. Le Comité international olympique a résolument choisi ce continent de plus en plus porté vers le sport puisque, en septembre 1981, lors du XIe Congrès olympique (ou 84e session du CIO) de Baden-Baden, la ville japonaise de Nagoya (27 votes) était en compétition avec Séoul (52 votes).

## "Harmonie et progrès" : la Corée du Sud, pays de l'avenir

Les Jeux Olympiques représentent un tournant majeur dans l'histoire de la Corée du Sud qui se positionne à partir de 1988 comme un pays important du monde à venir aussi bien dans la diplomatie, l'économie mondiale, la culture mais aussi comme une nation sportive de premier plan[2]. Sous la houlette du *Korean Olympic Committe* (KOC)[3], la devise officielle des Jeux, "harmonie et progrès", illustre bien l'élan suscité par l'organisation de l'événement planétaire en Corée du Sud, petit pays aux grandes ambitions que le monde va découvrir autrement qu'à l'aune de la guerre froide.

De fait, côté progrès, les regards sur cette capitale tentaculaire de 10 millions d'habitants se montrent plus attentifs pendant et après la compétition et un changement d'image s'opère ainsi dans les esprits un peu partout dans le monde : de pays pauvre, divisé et ravagé par la guerre, la République de Corée apparaît soudain comme un pays en plein essor économique, dynamique et ouvert. Séoul s'offre au monde entier et, logiquement, la ville se transforme, sur les rives du fleuve Han et notamment dans le quartier de Jamsil dans l'arrondissement de Sonpa-gu où ont été construites les installations majeures, en particulier le stade olympique inauguré dès 1984 pouvant accueillir 100 000 personnes. Véritable patrimoine sportif, ces réalisations architecturales vues comme futuristes sont devenues l'une des principales attractions pour les touristes[4].

---

2 Pascal Dayez-Burgeon, *Histoire de la Corée des origines à nos jours*, Paris, Tallandier, 2012.

3 https://www.sports.or.kr/index.do

Le sport est apparu comme l'élément central de cette mue puisqu'à l'issue des Jeux, en 1989, la Fondation coréenne pour la promotion du sport (KSPO) sera créée[5]. Quant à l'harmonie, à côté d'Hodori le tigre, mascotte officielle stylisée de manière sympathique – façon d'honorer cet animal traditionnel présent dans de nombreuses légendes coréennes –, le logo officiel des Jeux représente le Samtaeguk. Il s'agit d'un motif traditionnel coréen aux trois couleurs bleu (le ciel), rouge (la terre) et jaune (l'humanité) que l'on retrouve un peu partout dans l'artisanat populaire (éventails, portes des maisons, objets divers...). Fort de ce symbole, le message est celui de l'entente à l'échelle planétaire, de la recherche du bonheur et de la prospérité. De facture somme toute classique car déclinée à chaque olympiade, cette posture "bon enfant" que l'on retrouve stylisée sur les affiches officielles des Jeux met en relief une satisfaction globale exprimée tant par les dirigeants sud-coréens de l'époque à la tête desquels se trouve le président fraîchement élu, le général Roh Tae-woo (1988-1993) qu'au sein de l'opinion publique.

Les Sud-Coréens sont ainsi animés par un sentiment de fierté nationale et de liesse partagée. Politiquement, Roh Tae-woo inaugure une période démocratique de vie publique plus apaisée en décrispant plus d'une décennie de tensions internes ponctuées par de multiples manifestations de mécontentement notamment dans les milieux étudiants. La Constitution démocratique adoptée précisément en 1988 accompagne la libération de plusieurs milliers de prisonniers politiques et la libéralisation de l'économie : cette avancée significative vers la démocratie se met en place dans le même tempo que l'organisation des Jeux.

Illustration de cette ambiance résolument optimiste, la cérémonie d'ouverture propose une découverte des traditions coréennes[6]. Organisé en diurne dans un stade olympique plein à craquer et devant 23 millions de téléspectateurs nationaux, le spectacle, grandiose, est ponctué par une scène édifiante restée dans toutes les mémoires,

---

4 Christian Pierre Barde, "Séoul, la cité de tous les défis", *Outre-Terre*, vol. 39, n° 2, 2014, p. 124-156.

5 http://www.kspo.or.kr/kspo/main/main.do

6 https://olympics.com/fr/video/seoul-1988-ceremonie-d-ouverture

intitulée *Par-delà les barrières*: 1800 maîtres de taekwondo brisent avec leurs mains et pieds nus des planches symbolisant les frontières qui séparent les peuples. Sport méconnu et alors uniquement de "démonstration", le taekwondo se révèle au monde entier et passera de statut de pratique traditionnelle typiquement sud-coréenne à discipline sportive olympique à part entière à partir de 2000.

Mais cet enthousiasme du moment et ces mises en scène masquent des réalités plus dures, voire aux antipodes. Car la situation est très tendue entre les 2 Corées autour de cette Olympiade: divisées depuis 4 décennies, les 2 États ne trouveront pas les moyens d'entrouvrir la porte d'une réconciliation grâce au sport, malgré plusieurs tentatives. Il faudra attendre encore 30 ans, lors des Jeux d'hiver de Pyeongchang, également en Corée du Sud, en février 2018, pour assister à des avancées encourageantes dans la perspective d'un rapprochement[7]. Pour les 2 Corées, le mur reste une réalité tangible en 1988 et la guerre froide se prolongera bien au-delà des Jeux de Séoul.

## Le syndrome du boycott: les 2 Corées sous tension

Logiquement, l'attribution des Jeux Olympiques à la Corée du Sud, mettant Séoul en lumière, ne pouvait que susciter la jalousie voire la colère de Kim Il-Sung le "président éternel" de la République populaire voisine de Corée du Nord au pouvoir depuis 1948 (et jusqu'à sa mort en 1994). Pourtant, certains pensaient que le sport pourrait faire bouger les lignes[8]. Ayant surmonté la déconvenue diplomatique de l'attribution des Jeux au frère ennemi en 1981, la Corée du Nord manifeste sa volonté d'être associée dans l'organisation de l'événement et décide d'engager des pourparlers dans ce sens avec le CIO.

---

7 *L'Équipe*, 7 février 2018.

8 Pascal Dayez-Burgeon, Kin Joo-No, *De Séoul à Pyongyang, idées reçues sur les deux Corées*, Paris, Le Cavalier Bleu, 2013.

Pyongyang revendique alors la prise en charge la moitié des épreuves, ce que Séoul refuse catégoriquement en n'acceptant de "lâcher" à son voisin qu'une partie des courses cyclistes, quelques matchs de football et d'autres épreuves jugées mineures. Nous sommes en 1985, et une longue et complexe négociation s'établit en secret entre les 2 Corées et les autorités olympiques[9]. Dans cette affaire, la position du président du CIO est essentielle. L'Espagnol Juan-Antonio Samaranch, en poste entre 1980 et 2001, ancien secrétaire aux Sports sous la dictature franquiste et ancien ambassadeur d'Espagne en URSS, n'a qu'une idée en tête : éviter un 3e boycott massif des Jeux, après ceux de Moscou en 1980 et Los Angeles en 1984.

Au sein du CIO et dans les milieux sportifs, beaucoup redoutent alors ce scénario et cherchent à sortir de la logique de la non-participation qui menace l'avenir de l'olympisme. Pour cette raison, Juan-Antonio Samaranch avait clairement exprimé sa préférence pour Nagoya face à Séoul au moment de désigner la ville organisatrice. C'est pourquoi, lorsque Séoul est choisie, le président du CIO n'aura de cesse de faire pression sur la Corée du Sud afin qu'elle accepte d'attribuer l'organisation d'épreuves, sans toutefois envisager un partage équitable. Le point d'équilibre ne sera jamais trouvé. Les négociations, en plusieurs étapes, sont serrées mais les hésitations du CIO et l'intransigeance des 2 régimes ennemis se soldent en mai 1987 par un douloureux échec avec de sombres conséquences sur les relations entre les 2 États. Face à l'incapacité à s'entendre, Kim Il-Sung décide de mettre ses menaces à exécution en annonçant le boycott.

La logique destructrice par l'absence reprend ses droits. Mais, si quelques nations proches du régime nord-coréen s'alignent par solidarité comme Cuba, l'Éthiopie, l'Albanie ou le Nicaragua, elles sont peu nombreuses. Les grandes nations du bloc de l'Est à la tête desquelles se trouve l'URSS ne font pas ce choix, et – comme à Montréal 12 ans plus tôt avec les nations africaines – ce boycott ne

---

9 Sergey Radchenko, "Sport and politics on the Korean peninsula : North Korea and the 1988 Seoul Olympics", Washington, Wilson Center, décembre 2011.

perturbera guère le bon déroulement sportif des Jeux compte tenu du faible impact de ces pays en matière de pratique sportive de haut niveau. Par ailleurs, plus grave, dans ce contexte de tensions, le 29 novembre 1987 la voie diplomatique laisse place au terrorisme : un vol commercial sud-coréen Korean Air 858 reliant Bagdad à la ville de Gimpo *via* Abu Dhabi explose en plein vol au-dessus de la mer d'Adaman, ne laissant aucun survivant parmi les 115 passagers et membres de l'équipage. Les auteurs de cet attentat sont identifiés : 2 agents nord-coréens ayant débarqué à Abu Dhabi après avoir laissé une bombe à retardement dans l'avion. Ayant survécu à son forfait, Kim Hyun Hee, Nord-Coréenne de 26 ans, sera jugée, condamnée à mort mais graciée par le président Roh Tae-woo, l'estimant victime d'un "lavage de cerveau". Repentie, la terroriste racontera en détail le processus qui l'a amené à accomplir un tel acte[10] : selon elle, l'ordre serait venu directement de Kim Jong Il, le fils de Kim Il-Sung (qui dirige le pays après sa mort entre 1994 et 2011), dans le but principal de provoquer l'annulation des Jeux de Séoul à quelques mois du début de la quinzaine.

Le spectre du terrorisme a ainsi plané sur les Jeux de Séoul avant de se dissiper. Alors que l'Afrique du Sud est encore "indésirable" – pour la dernière fois, avant la fin de l'Apartheid –, on ne retiendra pas les Jeux de 1988 comme ceux du boycott, avec 159 nations participantes (contre 80 à Moscou en 1980 et 140 à Los Angeles en 1984). En effet, au sein du bloc de l'Est, les enjeux ne sont plus les mêmes : à l'heure de la Perestroïka, l'URSS de Mikhaïl Gorbatchev et les autres nations sœurs sont bel et bien présentes à Séoul, laissant la Corée du Nord dans un combat d'arrière-garde, quasiment perdu d'avance.

---

[10] Kim Huyn Hee, *Dans la fosse aux tigres*, Paris, Presses de la Cité, 1995.

## L'écrasante domination sportive de l'URSS et de la RDA, avant dislocation

Au palmarès des médailles obtenues lors des Jeux Olympiques de Séoul, les pays de l'Est sont largement en tête, preuve d'une forme d'apogée du système sportif mis en place par les pays communistes, qui porte ses fruits jusqu'au crépuscule de ces régimes. En effet, avec 132 médailles dont 55 en or, l'URSS est de loin le pays le plus titré, suivi de la RDA avec 102 médailles dont 37 en or (loin devant la RFA, 40 médailles dont 11 en or). C'est aussi le cas de la Hongrie (23 médailles dont 11 en or, 6e), de la Bulgarie (35 médailles dont 10 en or, 7e) et de la Roumanie (24 médailles dont 7 en or, 8e). Les États-Unis, pourtant favoris, n'arrivent qu'à une décevante 3e place avec certes 94 médailles dont 36 en or, mais loin de ses adversaires idéologiques.

Aidée par son public et galvanisée par l'enjeu national, la Corée du Sud empoche quant à elle une surprenante quatrième place avec 33 médailles dont 12 en or (devançant la Chine, dotée de 28 médailles dont 5 en or), ce qui confirme qu'en matière sportive, ce pays est au diapason de ses ambitions politiques : afficher modernité, esprit de performance et compétitivité. La médaille d'or de l'équipe féminine de handball remportant la finale du tournoi face à la Norvège (21-19) dans une salle en liesse en est l'exemple. Mais, en dépit de ce frémissement asiatique, le modèle du sportif de l'Est continue de progresser malgré les vicissitudes des pouvoirs en place dans les démocraties populaires et la chronique de la fuite de certains athlètes à l'Ouest. Le cas de la République démocratique allemande (RDA) est impressionnant[11] : ce pays qui va disparaître 2 ans plus tard, confortablement classé 2e dans la hiérarchie des nations (comme en 1976 à Montréal), accumule les victoires.

---

11 Ulrich Pfeil, "Sport et jeunesse en SBZ/RDA (1945-1990). Quelques éléments de réflexion", *in* Jean-François Tournade (dir.), *Pour une histoire du sport et de la jeunesse*, Paris, Presses Sorbonne Nouvelle, 2002.

Les performances les plus impressionnantes se situent chez les femmes. La nageuse Kristin Otto représente la sportive phare de cette éclatante réussite des "*Wondermädchen*", telles que le régime les surnomme, c'est-à-dire les "*formidables petites prodiges*" de l'Allemagne de l'Est, meilleure vitrine politique possible suscitant admiration à l'Est, doutes et sarcasmes à l'Ouest. Née à Leipzig en 1966, cette grande (1,85 mètre) et robuste athlète incarne la domination est-allemande sur la natation mondiale. À Séoul, elle est au sommet de sa carrière en remportant six médailles d'or (50 mètres, 100 mètres, 4 x 100 mètres nage libre ; 100 mètres papillon ; 100 mètres dos ; 4 x 100 mètres 4 nages). Une moisson exceptionnelle qui fait d'elle la première femme à être sacrée dans 3 disciplines différentes et la première femme à remporter six titres, ce qui lui vaudra d'être décorée du plus haut grade de l'Ordre du mérite patriotique de RDA.

Pour Christa Luding-Rothenburger, née en 1959 près de Dresde, l'exploit est différent. Mariée à son entraîneur Ernest Luding, elle réalise une performance jamais égalée : après avoir décroché une médaille d'or et une autre en argent en patinage de vitesse aux Jeux d'hiver de Calgary quelques mois plus tôt, elle remporte à Séoul une médaille d'argent en cyclisme sur piste, derrière la Soviétique originaire d'Estonie Erika Salumaë. Dans cette discipline, chez les hommes, son compatriote Lutz Hesslich, déjà champion olympique à Moscou, réédite sa performance.

En gymnastique, discipline reine pour le bloc de l'Est, les "poupées russes" dominent chez les femmes avec Yelena Shushunova, originaire de Saint-Pétersbourg, figure de proue qui remporte 2 médailles d'or, notamment le concours par équipe devant les Roumaines et les Est-Allemandes. Côté masculin, l'URSS atteint la consécration dans le concours général (devant la RDA) avec Vladimir Artemov (né en 1964) qui, performance hors du commun, obtient 4 médailles d'or (par équipes, concours général individuel, barres parallèles, barres fixes) et une médaille d'argent (sol). La domination masculine soviétique se manifeste aussi en lutte, discipline dans laquelle les athlètes masculins russes sont présents sur le podium dans 10 catégories alors qu'en athlétisme ils rivalisent de manière surprenante avec les nations de l'Ouest. Ainsi, c'est l'Ukrainien Sergueï Bubka (née en 1963) qui s'adjuge l'or au saut à la perche dans un concours très spectaculaire : alors qu'il n'a franchi 5,70 mètres qu'à son 2e essai, puis décidé une triple impasse (5,75 mètres, 5,80 mètres, 5,85 mètres) très osée et manqué ses 2 premiers essais à 5,90 mètres, il puise au plus profond de lui-même et franchit 5,90 mètres à sa 3e tentative.

Fou de joie, ce sportif de légende célèbre avec frénésie cette victoire stratégique. Et c'est un autre Ukrainien qui remporte pour l'URSS la médaille d'or du saut en hauteur : Hennadiy Avdyeyenko, né en 1963 à Odessa. Toujours chez les hommes, les Soviétiques dominent aussi la majorité des sports collectifs, obtenant l'or en football (2-1 face au Brésil), handball (32-25 face à la Corée du Sud) et basketball (76-63 face à la Yougoslavie, avant l'arrivée des professionnels américains lors des Olympiades suivantes).

## Le dopage, nouvelle ligne de fracture : l'affaire Ben Johnson

Dans d'autres disciplines comme l'haltérophilie, le dopage vient toutefois entacher certaines victoires bulgares et hongroises dans le camp de l'Est. Mitko Grablev et Angel Guenchev se voient ainsi retirer leur médaille d'or pour avoir été contrôlés positifs au furosémide avant que l'ensemble de l'équipe bulgare ne soit exclue de la compétition. Si la problématique du dopage existe depuis les années 1960, avec l'instauration des contrôles antidopage lors des Jeux de Mexico en 1968, le retentissement de l'affaire Ben Johnson dans l'opinion mondiale représente un tournant majeur dans l'histoire des Jeux et du dopage.

En effet, à partir de 1988, supplantant la guerre froide, une nouvelle menace plane sur l'olympisme : la multiplication de cas de dopage et la suspicion généralisée autour de la performance d'athlètes au physique de plus en plus impressionnant, au point d'instiller le doute lors de chacune de leur victoire. Moment phare de la quinzaine sud-coréenne, la finale de l'épreuve du 100 mètres masculin est programmée le 24 septembre 1988 dans le stade olympique de Séoul. Elle met aux prises 8 athlètes noirs de nationalités différentes : un Jamaïcain (Ray Stewart) et 2 Jamaïcains d'origine (Ben Johnson, canadien, et Lindford Christie, britannique), un Canadien originaire de Saint Kitts et Nevis dans les Petites Antilles (William Desai), un Brésilien (Robson Da Silva) et 3 Étatsuniens (Calvin Smith, originaire du Mississippi ; Dennis Mitchell, originaire de Caroline du Nord ; Carl Lewis, originaire d'Alabama, quadruple médaillé d'or à Los Angeles 4 ans plus tôt et détenteur du titre avec 9 secondes 99 centièmes). Arrivé à l'âge de 15 ans en 1976 près de Toronto avec sa mère et ses 5 frères, Benjamin Johnson, doué pour le sprint, intègre l'équipe nationale du Canada en 1980. Performant au plus haut niveau, il progresse chaque année et, en 1984, il obtient la médaille de bronze du 100 mètres derrière les 2 Étatsuniens Carl Lewis et Sam Graddy et une autre en relais 4 x 100 mètres. Son ascension est telle qu'il menace de vaincre celui qui est déjà une immense star, Carl Lewis, comme il le fera aux championnats du monde de Rome en 1987, établissant par la même occasion un nouveau record du monde (avec 9 secondes 83 centièmes).

À Séoul, les paris sont ouverts : qui de Carl Lewis ou Ben (Benjamin) Johnson va l'emporter ? D'autant que les 2 athlètes ayant peu d'estime l'un pour l'autre, les médias se délectent de mettre en scène leur animosité respective[12]. Ainsi, ces moins de 10 secondes sont attendues par le monde entier : les spectateurs du stade olympique tout autant que les téléspectateurs de la planète retiennent leur souffle, conscients de vivre en direct un événement retentissant. La puissance de Ben Johnson crève l'écran et se confirme au coup de pistolet du starter : le Canadien se détache inexorablement et écrase ses rivaux, franchissant la ligne d'arrivée avec le temps incroyable de 9 secondes 79 centièmes et un record du monde pulvérisé. Loin derrière lui, blême, Carl Lewis arrive en seconde position, battant néanmoins lui aussi le record du monde avec 9 secondes 92 centièmes. La gloire du Canadien est immense, sur le podium les échanges avec

---

[12] Richard Morre, *The Diertiest Race in History : Ben Johnson, Carl Lewis and the 1988 Olympic Final*, Londres, Wisden, 2013.

un Carl Lewis vaincu sont glaciaux. Héros des Jeux, héros du Canada, héros planétaire, Ben Johnson n'aura pas l'occasion de jouir longtemps de ce statut. En effet, moins de 48 heures plus tard, le CIO disqualifie le sprinteur : le test antidopage s'est révélé positif. Ben Johnson a consommé des stéroïdes anabolisants (stanozolol) et des hormones de croissance. Sa médaille et son record sont immédiatement annulés, Carl Lewis récupérant ainsi la médaille d'or et le record du monde devant Lindford Christie et Calvin Smith.

À la suite de ces Jeux Olympiques, la carrière de Ben Johnson s'effondre : suspendu 2 ans, il ne reviendra jamais à ce niveau. Éliminé en demi-finales aux Jeux de Barcelone, il sera à nouveau convaincu de dopage en 1993 et radié à vie de l'IAAF (Fédération internationale d'athlétisme). Amer, il accusera le clan Lewis d'avoir été à l'origine d'une machination contre lui à Séoul. Banni après avoir été porté aux nues, devenu presque indésirable au Canada, le ministre des Sports canadien Pierre Cadieux lui conseillera de "*rentrer sur son île*" en Jamaïque[13]. Avec l'affaire Ben Johnson, une nouvelle ligne de clivage se dessine, celle des "bons" athlètes non dopés et celle des "mauvais" athlètes qui trichent en ayant recours au dopage. Fragilisant les athlètes mis sur une ligne de crête périlleuse qui, comme Ben Johnson et bien d'autres par la suite, les fait passer du statut de héros à celui de paria, cette sensibilité au dopage émerge à la fin des années 1980[14] et ne cessera de s'accroître jusqu'à nos jours. Chaque Olympiade sera entachée d'affaires plus ou moins retentissantes en fonction des athlètes, des pays et des disciplines concernées, avec des rumeurs de manipulations au plus haut niveau des États et de la diplomatie.

À Séoul, les Jeux Olympiques ont amorcé un tournant car, à travers cette Olympiade singulière, on observe la superposition de 2 périodes. La première, à son crépuscule, est celle de la guerre froide commencée après les Jeux de Londres en 1948. Les enjeux Est-Ouest y sont encore bien présents même si le bloc de l'Est se

---

13 https://ici.radio-canada.ca/nouvelle/322673/benjohnson-commissiondublin

14 Yvan Gastaut, "Le dopage va-t-il tuer le sport ?", *L'Histoire*, mai 2003.

fissure déjà. Alors que leur déclin politique est bien entamé, l'URSS et ses alliés continuent d'affirmer leur supériorité sportive. Ils repoussent les États-Unis au second plan qui, outre Carl Lewis, n'ont pas été en mesure de révéler des héros hormis le nageur Matt Biondi qui obtient 7 médailles dont 5 en or, la sprinteuse Florence Griffith-Joyner (surnommée la "panthère noire", 3 médailles d'or et une d'argent) ou Greg Louganis, star du plongeon. Dans ce sillage, l'Europe de l'Ouest fait aussi pâle figure, à l'image de la France qui n'obtient que six médailles d'or dont la plus fameuse est celle du cavalier Pierre Durand en équitation, montant Jappeloup en saut d'obstacles.

Mais, au-delà de ces comptabilités des médailles entre Est et Ouest, la quinzaine de Séoul a révélé les ambitions sportives du continent asiatique qui se confirmeront lors des décennies suivantes : pays émergents du sport, la Corée du Sud, le Japon et la Chine se positionnent à Séoul comme une "troisième voie" susceptible de bousculer le duel Est-Ouest. En parallèle, le tournant le plus marquant se situe dans les nouveaux enjeux qui se dessinent à Séoul[15] : la fin de l'amateurisme, déjà perceptible avec le retour du tennis (qui avait disparu du programme après 1924) et qui sera acté à Barcelone 4 ans plus tard, la question du dopage, qui déplace les lignes de fracture de la question idéologique à la question morale et de santé, et, enfin, le gigantisme caractérisé par l'investissement sud-coréen en matière d'infrastructures, de communication et de médias[16], plaçant les Jeux Olympiques dans un modèle économique nouveau qui prendra toute son ampleur lors des éditions suivantes.

---

15 Jérôme Bureau, Xavier Delacroix, Olivier Margot, Olivier Pérétie, *Le Grand livre des Jeux Olympiques de Séoul*, Paris, Calmann-Lévy, 1988.

16 Jean-Pierre Augustin, Pascal Gillon, *Les Jeux du monde, géopolitique de la flamme olympique*, Paris, Armand Colin, 2021.

# *Perspectives*
# Le CIO et la lutte contre le dopage

Fabien Ohl

Le dopage est difficile à analyser en raison des dimensions affectives, symboliques et politiques associées au sport et les chercheurs n'y échappent pas, leurs postures morales les empêchant parfois de produire des analyses distanciées[1]. Une façon de prendre un peu de recul est d'aborder le dopage comme une norme sociale qui émerge progressivement et se cristallise en une norme juridique dans la seconde moitié du XX^e^ siècle. Cette contribution propose de comprendre le rôle du CIO dans la constitution des normes et ses interactions avec d'autres acteurs qui ont conduit à la situation actuelle de la lutte contre le dopage.

Dans ses débuts, le CIO, qui n'avait évidemment pas le rayonnement actuel, a bénéficié d'une relative autonomie dans la production des normes liées au sport. Cependant, l'olympisme, et plus largement

1 Paul Dimeo, "A Critical Assessment of John Hoberman's Histories of Drugs in Sport", *Sport in History,* vol. 27, n° 2, 2007, p. 318-342.

le spectacle sportif, est devenu un important rituel de nos sociétés[2] qui met en scène et valorise des individus et leurs appartenances à des groupements nationaux, locaux, de genre, d'affinité ou d'identité. La force symbolique du sport vient de sa capacité à produire des représentations et des récits collectifs utilisés pour affirmer les qualités sacrées de personnes et de communautés. En conséquence, du fait de ces enjeux symboliques, d'autres acteurs, en particulier les États, se sont emparés du sport et ont réduit l'autonomie du CIO concernant la régulation du dopage.

Ainsi, le dopage émerge comme problème au sein du sport mais va échapper partiellement à l'emprise du CIO. En effet, une grande diversité d'acteurs des champs politiques, scientifiques ou médiatiques a pris part aux controverses sur la constitution de la norme anti-dopage et le CIO a dû faire face à de multiples critiques sur ses excès comme ses insuffisances en matière de lutte contre le dopage.

## Un problème très secondaire avant 1945

La littérature sur le dopage mentionne l'usage de produits dans les Jeux antiques, comme dans des sociétés et des cultures éloignées. Certes, les techniques d'amélioration de la performance étaient courantes, mais aucune norme comparable à celles qui émergent au cours du XX^e^ siècle, qui permettrait de définir le dopage, n'est décelable avant cette période. Même à la fin du XIX^e^ siècle et au début du XX^e^ siècle, il n'est pas pertinent d'assimiler les activités d'amélioration de la performance à du dopage. Il y a certes des activités d'expérimentation des produits, dans les sciences, mais qui ont plus à voir avec le souhait de mieux connaître le corps et la physiologie humaine, d'améliorer la qualité de vie ou la santé. L'expérimentation a aussi été liée à la vie quotidienne, puisque la consommation de certaines substances caractérise les styles de vie de la bourgeoisie.

2 Susan Birrell, "Sport as Ritual : Interpretations from Durkheim to Goffman", *Social Forces*, vol. 60, n° 2, 1981, p. 354-376.

Les enquêtes sur le XIXe siècle réalisées par Courtwright[3] montrent que la plupart des opiomanes sont des femmes des catégories supérieures, sensibles au progrès de la médecine et qui ont les moyens de consulter des médecins. Le caractère illicite de la consommation de produits stupéfiants, dont les produits dopants, n'est donc pas un invariant historique et les techniques d'amélioration de la performance ne constituent pas un problème significatif avant 1945. Paul Dimeo[4] montre bien que c'est une erreur que de considérer que les médecins et scientifiques de la fin du XIXe siècle et du début du XXe siècle faisaient, comme le suggère John Hoberman[5], des recherches dans le but d'aider les sportifs à produire des performances. Certes, il n'est pas exclu que certains sportifs aient profité des connaissances produites, mais le but n'était pas d'organiser le dopage. Avant 1945, le dopage n'est pas identifié précisément, aucune norme n'est élaborée parce que ce n'est pas une question importante pour le CIO, la question de la préservation de l'amateurisme le préoccupe bien davantage[6]. Depuis le début du XXe siècle, les athlètes ont recours à des consommations très variées, qui vont de la strychnine à l'alcool en passant par le chloroforme, dont les effets sont incertains et relèvent parfois au mieux du placebo. Les substances utilisées, notamment la cocaïne ou la morphine, sont aussi liées à la culture des narcotiques de cette époque[7].

Le cas de Thomas Hicks, le vainqueur du marathon olympique de 1904 à St. Louis, illustre bien le fait que la recherche de performance

---

3 David T. Courtwright, "Drug Legalization, the Drug War, and Drug Treatment in Historical Perspective", *Journal of Policy History*, vol. 3, n° 4, 1991, p. 42-63.

4 Paul Dimeo, *A History of Drug Use in Sport: 1876-1976. Beyond Good and Evil*, Londres, Routledge, 2007.

5 John Hoberman, *Mortal Engines: The Science of Performance and Dehumanization of Sport*, New Jersey, The Blackburn Press, 2002.

6 John Gleaves, "The Ethics of Doping and Anti-Doping: Redeeming the Soul of Sport?", *Sport, Ethics and Philosophy*, vol. 5, n° 1, 2011, p. 75-78.

7 David T Courtwright, "Preventing and Treating Narcotic Addiction. A Century of Federal Drug Control", *New England Journal of Medicine*, vol. 373, n° 22, 2015, p. 2095-2097.

par la prise de produit ne pose pas de problème. Charles J. P. Lucas, un médecin, lui donne à plusieurs reprises de la strychnine (un stimulant et un raticide) et des œufs pour le stimuler[8]. Les médecins sur place, au courant de ses consommations, ne critiquent pas l'utilisation des stimulants pendant la course et Thomas Hicks est célébré pour avoir honoré la nation américaine. De nombreux autres cas indiquent que le fait de consommer des substances destinées à améliorer la performance ne constitue pas un problème, même si l'image négative donnée par des athlètes vacillants suite à une consommation excessive d'alcool dérange.

Dans ce premier quart du XX^e siècle, la prise de stimulants n'est pas une question préoccupante, ni pour le CIO ni pour les fédérations internationales. Par la suite, une première fédération, l'*International Amateur Athletic Federation* (IAAF) réagit en 1928 et propose d'interdire le dopage. Les archives de cette fédération ne donnent pas de précisions sur les motifs d'une telle décision. Mais il n'existe pas de définition plus précise du dopage ni de préconisations sur la manière de contrôler les pratiques des athlètes. De plus, les craintes exprimées par l'IAAF visent d'abord à protéger l'amateurisme et ne soulèvent pas l'attention des médias[9]. C'est dans la même optique qu'Avery Brundage, le futur président du CIO, dénonce les utilisateurs de drogues ou de stimulants et propose de les empêcher de participer aux Jeux Olympiques lors d'une réunion en 1938[10]. Ce positionnement du CIO est également clairement lié à la question de l'amateurisme, dont Avery Brundage est un fervent défenseur, et se retrouve ensuite dans le cadre d'une charte publiée en 1944[11].

---

8 Paul Dimeo, *A History of Drug Use in Sport*, *op. cit.*

9 John Gleaves, Matthew Llewellyn, "Sport, Drugs and Amateurism : Tracing the Real Cultural Origins of Anti-Doping Rules in International Sport", *The International Journal of the History of Sport,* vol. 31, n° 8, 2014, p. 839-853.

10 Ian Ritchie, "Pierre de Coubertin, Doped 'Amateurs' and the 'Spirit of Sport': The Role of Mythology in Olympic Anti-Doping Policies", *The International Journal of the History of Sport*, vol. 31, n° 8, 2014, p. 820-838.

11 John Gleaves, Matthew Llewellyn, *op. cit.*

## L'émergence du problème du dopage entre 1945 et les années 1960

Dans la continuité de la charte du CIO publiée en 1944, la charte de 1946 mentionne une interdiction du dopage dans son article 26, mais c'est un non-événement parce qu'on ne fait pas grand cas de l'adoption de cette prise de position contre le dopage par le CIO[12]. Les pratiques vont cependant évoluer et dans le prolongement d'un usage intensif par les soldats de la Seconde Guerre mondiale, l'utilisation des amphétamines pour se doper va se diffuser, et ce d'autant plus facilement que les amphétamines sont considérées comme des stimulants sûrs et utiles pour des tâches nécessitant une vigilance physique et mentale[13].

L'après-guerre devient une phase importante d'expérimentation des stimulants dans le sport alors que les événements sportifs changent d'échelle et prennent de l'importance à la fois dans l'affirmation des nationalismes et dans l'opposition entre les régimes capitalistes et communistes dans le contexte de la guerre froide. L'URSS vient en effet défier l'Ouest sur le terrain du sport à partir des Jeux Olympiques d'Helsinki en 1952. De plus, les sciences, les technologies et la médecine contribuent à une rationalisation progressive de la production de performance. Des médecins, entraîneurs ou "experts" s'engagent à optimiser les techniques d'amélioration de la performance, y compris par des techniques pharmacologiques.

Le CIO s'inquiète de la diffusion du dopage, mais comme le souligne Thomas Mitchell Hunt : "*Avery Brundage* [président de 1952 à 1972] *était trop impliqué dans les notions d'amateurisme pour consacrer beaucoup de temps à des questions 'insignifiantes' comme le dopage*[14]." La défense de l'idéal de l'amateurisme face à la montée du professionnalisme restait en toile de fond des mobilisations contre le dopage[15].

---

12 John Gleaves, Matthew Llewellyn, *op. cit.*

13 Paul Dimeo, *A History of Drug Use in Sport*, *op. cit.*

14 Thomas Mitchell Hunt, *Drug Games : The International Politics of Doping and the Olympic Movement, 1960-2007*, thèse en philosophie, Austin, University of Austin, 2007.

15 John Gleaves, Matthew Llewellyn, *op. cit.*

## Les années 1960 à 1998 : les embarras du CIO

Ce n'est qu'à partir des années 1960 que l'usage de produits et de techniques d'amélioration de la performance va progressivement être jugé "inacceptable", ce qui est une nouveauté, à aucun autre moment de l'histoire ces pratiques n'avaient été condamnées de cette façon[16]. Désormais, le recours au dopage semble s'intensifier sous l'influence de la guerre froide[17]. L'offre de produits s'étoffe : des anabolisants, mais également d'autres hormones, sont mis sur le marché à la fin des années 1950 mais n'ont été utilisés largement qu'à partir du milieu des années 1960[18]. Le décès du cycliste Knud Jensen aux Jeux de Rome de 1960 est un moment de basculement. L'émotion est vive après ce premier décès aux Jeux Olympiques, auquel les spectateurs ont pu assister en direct. Bien qu'il n'y en ait pas de preuve formelle, la mort de Jensen est attribuée au dopage[19].

Le CIO se voit contraint de prendre plus au sérieux la question du dopage à partir de 1960[20]. De fait, le contexte s'y prête puisque, malgré la valorisation des stimulants, on constate une baisse de la tolérance au dopage en raison d'une sorte de paternalisme visant à protéger la santé des sportifs et en même temps à faire du sport un modèle d'un style de vie jugé "sain[21]". Les croisades morales contre les drogues, engagées aux États-Unis qui, au milieu des années 1950, avaient mis en place "*l'un des systèmes de contrôle des drogues les plus rigides et les plus répressifs au monde*[22]", comme en Europe

---

16 Ivan Waddington, Andie Smith, *An Introduction to Drugs in Sport: Addicted to Winning?*, Londres, Routledge, 2009.

17 Thomas Mitchell Hunt, *op. cit.*

18 Paul Dimeo, *A History of Drug Use in Sport*, *op. cit.*

19 Verner Møller, Knud Enemark, "Jensen's Death During the 1960 Rome Olympics : A Search for Truth?", *Sport in History*, vol. 25, n° 3, 2005, p. 452-471.

20 Thomas Mitchell Hunt, *op. cit.* ; Ivan Waddington, Andie Smith, *op. cit.*

21 Ivan Waddington, Andie Smith, *op. cit.*

22 David T. Courtwright, "Drug Legalization, the Drug War, and Drug Treatment

où l'on s'inquiète de la diffusion des drogues qui représentaient une menace politique et sociale[23], ont certainement joué un rôle dans les changements de perception du dopage. Ainsi, des États précèdent le CIO dans la mise en place de régulations. En 1965, la Belgique et la France publient les premières lois contre le dopage et la même année les premiers tests sont réalisés en Angleterre. Certains sportifs réagissent négativement aux premiers contrôles, une grève des coureurs du Tour de France, le 3 juillet 1966, vise à protester contre les contrôles médicaux.

Le CIO organise le premier sous-comité anti-dopage en 1962. Il a peu d'activités mais prépare la première définition officielle du dopage par le CIO en 1967 (alors défini par l'utilisation de substances ou de techniques non naturelles afin d'obtenir un avantage artificiel et injuste). Avery Brundage condamne les athlètes qui se dopent, mais il n'en fait toujours pas un problème majeur, car sa crainte est focalisée sur la montée du professionnalisme[24]. Sous sa présidence, la question du dopage est déléguée à la commission médicale du CIO, qui commence à lister les interdictions et met en place des dispositifs de test en 1968 pour les stimulants et narcotiques[25].

Le successeur d'Avery Brundage à la présidence du CIO, Lord Killanin (1972-1980), est un conservateur qui est sensible à la question des drogues. Il est davantage concerné par le dopage que son prédécesseur et sa crainte est différente : il pense que le dopage menace le modèle des compétitions de l'époque et plus largement sa vision idéalisée des Jeux Olympiques, éloignée de la politique et de

---

in Historical Perspective", *Journal of Policy History*, vol. 3, n° 4, 1991, p. 55.

23 Markos Zafiropoulos, Patrice Pinell, "Drogues, déclassement et stratégies de disqualification", *Actes de la recherche en sciences sociales*, vol. 42, n° 1, 1982, p. 61-75.

24 Allen Guttmann, *The Games Must Go On: Avery Brundage and the Olympic Movement*, New York, Columbia University Press, 1984.

25 Henk E. Meier, Marcel Reinold, "Immunizing Inefficient Field Frames for Mitigating Social Problems : The Institutional Work Behind the Technocratic Antidoping System", *SAGE Open*, vol. 8, n° 2, 2018, p. 1-17 ; Patrick Mignon, "Le Dopage : état des lieux sociologique", *Documents du CESAMES*, n° 10, 2002, p. 2-62.

l'économie[26]. Les Jeux Olympiques de Munich de 1972 constituent une étape décisive dans la mise en place des dispositifs de contrôle, sous la conduite de Manfred Donike, un spécialiste de la chromatographie et de la spectrométrie de masse (techniques qui permettent d'identifier différentes molécules) qui prépare les bases de l'organisation des futurs laboratoires anti-dopage[27]. Les techniques développées permettent d'élargir les interdictions et les tests, et tout d'abord concernant les stéroïdes en 1976[28].

Mais, arrivé à la tête du CIO en 1980, Juan Antonio Samaranch donne la priorité au succès économique des Jeux Olympiques et choisit de négliger la question du dopage[29]. Le CIO ne développe pas la lutte contre le dopage dans les années 1980, et le président Juan Antonio Samaranch sera embarrassé par le cas de Ben Johnson en 1988. Il semble même avoir eu l'intention d'étouffer l'affaire, mais elle a été rendue publique par le président de la commission médicale du CIO, le prince Alexandre de Merode[30].

## De l'affaire Festina à la crise russe de 2016

En 1998, la révélation d'un dopage organisé au sein de l'équipe Festina lors du Tour de France est un moment de basculement. Il est plus que probable que les personnes impliquées dans le milieu cycliste, comme les journalistes et les dirigeants sportifs, aient été au courant du niveau élevé de prévalence du dopage dans le cyclisme, mais l'affaire Festina est importante parce que les révélations sont publiques ;

26 Paul Dimeo, *A History of Drug Use in Sport*, *op. cit.*

27 Henk E. Meier, Marcel Reinold, *op. cit.*

28 Henk E. Meier, Marcel Reinold, *op. cit.* ; Patrick Mignon, *op. cit.*

29 Thomas Mitchell Hunt, *op. cit.*

30 Éric Maitrot, *Les Scandales du sport contaminé*, Paris, Flammarion, 2003.

l'affaire déborde largement le monde du sport[31] et entraîne une perte d'autonomie du mouvement sportif dans la gestion de la crise.

L'affaire est révélée par les douanes, et c'est la justice française qui instruit cette enquête. Malgré le développement de dispositifs anti-dopage par les milieux sportifs, l'affaire n'est pas révélée par les organisations sportives. En outre, Marie-George Buffet, la ministre des Sports de l'époque, est déterminée à agir, au nom de la protection des coureurs, présentés comme des travailleurs victimes de la cupidité des organisations sportives, mais aussi de la valorisation de sa propre carrière politique[32].

Dans le sillage de cette affaire, une coalition de gouvernements, avec la France, la Belgique et l'Italie aux avant-postes, fait pression pour que la nouvelle Agence mondiale anti-dopage (AMA) ne soit pas sous la seule dépendance du CIO[33]. Comme l'a révélé Dick Pound (le premier président de l'AMA) – en décrivant un moment partagé avec le président du CIO –, Juan Antonio Samaranch n'était pas très déterminé à agir : "*Il* [Juan Antonio Samaranch] *est assis dans sa chambre d'hôtel à Lausanne, regardant les arrestations et les affaires des membres de l'équipe officielle de Festina... ce n'est pas du dopage, le dopage est seulement si vous pouvez prouver que c'est dangereux pour la santé d'un athlète*[34]." Mais l'ampleur du dopage révélé par l'affaire Festina nuit à l'image du sport, et la pression des gouvernements est forte afin que le CIO prenne au sérieux les affaires de dopage. Surtout que le CIO est déjà affaibli par les révélations de la corruption de certains de ses membres pour qu'ils votent en faveur

---

31 Pascal Duret, Patrick Trabal, *Le Sport et ses affaires. Une sociologie de la justice de l'épreuve sportive*, Paris, Métaillé, 2001.

32 Christophe Brissonneau, Fabien Ohl, "The Genesis and Effect of French Anti-Doping Policies in Cycling", *International Journal of Sport Policy and Politics*, vol. 2, n° 2, 2010, p. 173-187.

33 Julie Demeslay, Patrick Trabal, "De quelques contraintes du processus d'harmonisation des politiques antidopage", *Terrains et travaux*, vol. 12, n° 1, 2007, p. 138-162.

34 "Back Story with Dana Lewis", Doping in Sport, Richard Pound, 9 février 2021 ; Dana Lewis saison 3, Épisode 9, https://www.buzzsprout.com/1016881/7762780 (14'10 à 14'40 : consulté le 15 janvier 2021).

de la désignation de Salt Lake City comme ville hôte des Jeux Olympiques d'hiver de 2002[35].

Le rapport de force bascule et le CIO soutient, puis se réapproprie la création de l'AMA. Cette création de l'AMA en 1999, une agence "*hybride*[36]" dans laquelle les organisations sportives et les gouvernements ont un rôle équivalent, avait constitué une importante perte d'autonomie pour le CIO, qui doit depuis composer avec les gouvernements dans sa politique anti-dopage[37]. Un des apports majeurs de l'AMA est la formalisation d'un Code mondial, reconnu par 191 pays grâce à une convention de l'Unesco, qui harmonise les règles juridiques en proposant une définition du dopage comme une violation des règles de l'anti-dopage.

L'accord partagé entre le CIO et les gouvernements a créé l'obligation pour ces derniers de s'assurer de préserver le sport du dopage et de protéger les performances et la santé des athlètes. Mais il est impossible pour les acteurs du sport comme pour les spectateurs ou les sponsors de savoir qui se dope et qui respecte les règles. En conséquence, les acteurs doivent pouvoir être aidés dans leurs jugements. C'est pourquoi ils doivent pouvoir s'appuyer sur l'AMA, qui devrait fonctionner comme "*dispositif de confiance*[38]" permettant de donner du crédit aux performances sportives. Ce dispositif de confiance a 2 dimensions. D'une part, une certaine efficience des régulations que l'on peut évaluer par les progrès réalisés dans l'anti-dopage,

---

35 Julie Demeslay, Patrick Trabal, *op. cit.* ; Julie Demeslay, "Harmoniser la lutte antidopage : quelques critiques d'une gouvernance mondiale", *L'Homme et la Société*, n° 1, 2016, p. 145-58.

36 Jean-Loup Chappelet, Nicolien van Luijk, "The institutional governance of global hybrid bodies : The case of the World-Anti Doping Agency", *in* Andrea Bonomi Savignon, Luca Gnan, Alessandro Hinna, Fabio Monteduro (dir.), *Hybridity in the governance and delivery of public services*, Londres, Emerald publishing, 2018, p. 167-191 ; Ulrik Wagner, "The World Anti-Doping Agency : Constructing a Hybrid Organisation in Permanent Stress (Dis)Order?", *International Journal of Sport Policy and Politics*, vol. 1, n° 2, 2009, p. 183-201.

37 Julie Demeslay, *op. cit.*

38 Lucien Karpik, "Dispositifs de confiance et engagements crédibles", *Sociologie du travail*, n° 4, 1996, p. 527-550.

par l'harmonisation des règles, la qualité des laboratoires, l'efficacité de la lutte contre le dopage, la mise en place d'une unité d'investigations, le renforcement des agences nationales ou encore des changements significatifs dans certaines cultures sportives[39]. D'autre part, c'est un dispositif symbolique qui doit donner confiance : la science et la technologie ont été largement utilisées pour présenter les avancées de la lutte contre le dopage[40] et convaincre de sa crédibilité[41].

L'AMA joue désormais un rôle important dans le renforcement, le renouvellement, l'harmonisation des règles, ce qui va de pair avec de nombreuses promesses du mouvement sportif et l'affirmation plus ferme d'une doxa de l'anti-dopage[42]. Même si l'idée illusoire de gagner la guerre contre le dopage s'efface progressivement, le CIO et l'AMA partagent une rhétorique et des ambitions assez proches. Le dopage devient alors un enjeu central pour les présidents du CIO élus après Juan Antonio Samaranch, mais les membres du CIO semblent moins déterminés à donner la priorité à cette question puisque Dick Pound, qui devient le premier président de l'AMA (1999-2007), échoua à être élu à la tête du CIO lors de l'élection de 2001. Alors qu'il a également joué un rôle déterminant dans le succès économique du CIO, il n'obtient que 22 voix au 2e tour du scrutin. C'est loin du score de Jacques Rogge, élu avec 59 voix, et c'est même une voix de moins que Kim Un-Yong, ancien vice-président du Comité international olympique, que le ministère public sud-coréen sanctionnera en 2004 d'une peine

39 Bertrand Fincoeur, John Gleaves, Fabien Ohl, *Doping in Cycling: Interdisciplinary Perspectives*, Londres, Routledge, 2019.

40 Thomas Mitchell Hunt, Paul Dimeo, Scott R. Jedlicka, "The Historical Roots of Today's Problems : A Critical Appraisal of the International Anti-Doping Movement", *Performance Enhancement & Health*, vol. 1, n° 2, 2012, p. 5-60 ; Henk E. Meier, Marcel Reinold, *op. cit.*

41 Fabien Ohl, Bertrand Fincoeur, Lucie Schoch, "Fight Against Doping as a Social Performance : The Case of the 2015-2016 Russian Anti-Doping Crisis", *Cultural Sociology*, vol. 15, n° 3, 2021, p. 386-408.

42 Fabien Ohl, Bertrand Fincoeur, Lucie Schoch, "The toxic doxa of 'clean sport' and IOC and WADA's quest for credibility", *International Review for the Sociology of Sport*, vol. 55, n° 8, 2021, p. 1116-1136.

de 2 ans pour avoir détourné des millions de dollars de fédérations sportives et accepté des pots-de-vin.

Jacques Rogge, nouvellement élu, est un chirurgien sensible aux questions de santé, il s'engage dans la défense d'une politique de "*tolérance zéro*" en matière de dopage. Son successeur, Thomas Bach, élu en 2013, prolonge et renouvelle l'engagement, focalisé sur la protection des "*athlètes propres*" et du "*sport propre*"[43]. Ses slogans, qui font écho à ceux de l'AMA, peuvent donner le sentiment d'une certaine unité entre le mouvement sportif, les gouvernements et l'AMA.

Alors que des journalistes révèlent un dopage d'État de grande ampleur en Russie fin 2014, la mise en examen fin 2015 par la justice française de Lamine Diack, président de l'*International Association of Athletics Federations* (IAAF) et membre très influent du CIO, va une nouvelle fois fragiliser le CIO. L'enquête du parquet financier montre que Lamine Diack était est au cœur d'un vaste système de corruption qui lui a permis de toucher 3,45 millions d'euros en échange de dissimulation de preuves de dopage contre des athlètes russes.

Les révélations par des rapports d'enquête de l'ampleur du dopage en Russie vont rendre visibles les positions divergentes du CIO et de l'AMA sur les sanctions à appliquer contre la Russie. Fragilisée par la crise, l'AMA prend des positions plus fermes que le CIO, lui permettant ainsi d'afficher son indépendance et de tenter de regagner une confiance fragilisée par l'affaire russe. Le CIO s'en agace, certains membres du CIO remettent en cause l'existence même de l'AMA[44].

Entre 1945 et 2015, on peut identifier le passage d'une relative indifférence à l'usage de produits et de techniques d'amélioration de la performance, à la construction d'une norme internationale assez complexe qui définit le dopage comme violation d'une règle. Malgré des changements dans la culture sportive et la lutte contre le dopage, et certaines améliorations objectives en matière de renseignement,

---

[43] *Ibid.*

[44] *Ibid.*

de contrôle ou d'harmonisation, les idéaux olympiques scandés tout au long de l'histoire depuis 1945 ont produit une vision enchantée d'un sport "propre" et d'athlètes exemplaires, contribuant très certainement à l'affaiblissement de la crédibilité du mouvement olympique.

En effet, ne pas tenir ses promesses en matière de lutte contre le dopage expose le CIO à une perte de confiance[45], ce qui, en matière d'antidopage, est une menace sérieuse sur la crédibilité des acteurs du sport. La perte de crédibilité de la lutte anti-dopage menace la valeur des classements et si les spectateurs, ou les sportifs eux-mêmes, ne devaient plus croire que les compétitions rendent compte des qualités sportives des individus, plutôt que de leur capacité à se doper, alors la valeur des Jeux Olympiques en serait fortement affectée dans ce premier quart du XXI^e siècle.

45 David Hume, "A Treatise of Human Nature : Being an Attempt to Introduce the Experimental Method of Reasoning into Moral Subjects", *The Floating Press*, 2009, p. 1739-1740.

# Les défis du gigantisme (2000-2020)

# Pékin 2008, la Chine entre enjeux

Gabriel Bernasconi

Le 4 février 2022, le président Xi Jinping ouvrait les XXIVe Jeux Olympiques d'hiver à Pékin, qui devenait la première ville au monde à avoir célébré les 2 saisons olympiques. Anecdotique et symbolique. Cette singularité, expliquée surtout par les caractéristiques naturelles des précédentes villes hôtes et des stratégies nationales différentes, constitue cependant un aboutissement pour la République populaire de Chine, dans son parcours olympique et sa séquence dorée commencée 2 décennies plus tôt, mais aussi dans le processus de construction et d'affirmation de sa puissance.

Le 13 juillet 2001, à Moscou, la 112e session du Comité international olympique attribuait en effet à Pékin l'organisation des Jeux Olympiques d'été 2008. Ces Jeux, la Chine, longtemps en rupture avec Lausanne, les espérait depuis son retour au sein du mouvement olympique en 1979. Après une première candidature de Pékin ayant échoué de peu en 1993, le CIO accordait à une Chine conquérante et rassurante l'opportunité d'affirmer sa place au sein de la famille olympique… et son rang au sein de la communauté internationale. En décembre de la même année, la Chine était admise au sein de l'Organisation mondiale du commerce (OMC). Les Jeux de Pékin 2008 prenaient date au rang des rendez-vous de l'Histoire.

Dépassant la portée déjà grande de l'événement olympique, la symbolique de ces Jeux en a fait une métaphore de l'éveil chinois. Inscrits en gras dans l'agenda mondial, ils ont focalisé, pendant les sept ans de leur préparation, l'attention et les fantasmes du monde. Au cœur des enjeux, la population chinoise, vivier de consommateurs, de pratiquants sportifs, de téléspectateurs, voire de militaires, mais aussi peuple à contrôler, motiver, réjouir. Les convoitises extérieures ont de fait trouvé écho dans une soif d'or olympique du pouvoir chinois, déterminé à offrir à ce peuple et à l'ensemble de la communauté internationale une démonstration sportive et politique de la justesse des orientations du régime.

Entre 2001 et 2023, la Chine a pris une place majeure sur les échiquiers olympiques et mondiaux, dans une synchronisation parfaite. À tout point de vue, et malgré les nuances apportées par la décennie suivante, le décollage chinois est hors normes et amène, de fait, à ne pas attribuer à Pékin 2008 un rôle exorbitant hors du champ olympique. À partir de 1979, l'ouverture au monde engagée par Deng Xiaoping, le "Miracle économique" tant attendu[1] – et craint – a propulsé le pays pendant 30 ans. Dans le même tempo, la Chine a réintégré le mouvement olympique et décroché en un temps record l'organisation des Jeux Olympiques et une première place au classement des médailles des Jeux d'été. Dans les 2 cas, 2001 a constitué une année charnière et la fin des années 2010 un apogée.

L'histoire olympique de Pékin a toujours été le reflet de sa vie internationale et son jeu diplomatique avec le CIO toujours au diapason, sinon au service, de ses intérêts dans le jeu des puissances[2]. Les enjeux olympiques ont toujours été le miroir de ses enjeux nationaux et internationaux. Les Jeux de Pékin 2008 se sont ainsi retrouvés à la confluence de ses prétentions sur Taïwan, de ses relations avec Washington et Moscou, de sa rivalité avec Tokyo ou Séoul, et de ses aspirations à s'installer au premier rang des puissances mondiales.

---

1 Angus Maddison, *L'Économie chinoise. Une perspective historique*, Paris, Centre de développement de l'Organisation de coopération et de développement économique, 1998.

2 Gabriel Bernasconi, *La Longue Marche olympique chinoise*, Paris, Atlantica, 2008.

## L'affirmation de la puissance sportive chinoise, un enjeu historique… et psychologique

Il est loin le temps où la Chine, encore peu confiante en son potentiel sportif, s'aguerrissait au sein des Jeux d'Extrême-Orient, initiés en 1913 à Manille, sur proposition des Philippines, alors sous l'autorité des États-Unis[3]. Ces jeux régionaux, les premiers, permettent aux Chinois de se confronter aux Philippins et aux Japonais de s'améliorer grâce à l'émulation entre voisins sans perdre la face dans une confrontation déséquilibrée avec des athlètes occidentaux aguerris[4].

À cette époque, entre colonies et puissances régionales, le sport asiatique balbutie. Il doit se populariser, s'intégrer à des représentations et structures sociales différentes de l'Occident, convaincre les dirigeants politiques, nationaux ou coloniaux[5]. De nombreuses disciplines restent inconnues, y compris au Japon[6]. L'information sur les sports est balbutiante et l'harmonisation des règles reste à accomplir et, à vrai dire, le CIO, créé moins de 20 ans plus tôt, n'a "*pas réellement porté son attention sur l'Asie*[7]". À la suite des Jeux de Manille, la *Revue olympique* notait: "*Il est hors de doute que le CIO verra avec un vif intérêt cette extension lointaine de ses doctrines et de son influence.* […] *Nous avons toujours pensé que le sport allait très prochainement s'étendre à*

3 William Gueraiche, "Regards français sur la colonisation américaine aux Philippines", *Guerres mondiales et conflits contemporains*, n° 209, 2003, p. 103-117.

4 Maurice Roche, *Mega-events and Modernity: Olympics, Expos and the Growth of Global Culture*, Londres, Routledge, 2000; cité par Dikaia Chatziefstathiou, *The Diffusion of Olympic Sport through Regional Games: A Comparison of Pre- and Post-Second War Contexts*, Christ Church, Université de Canterbury, 2008.

5 Voir Borhane Erraïs, Youcef Fates, "Les Jeux régionaux, témoins de l'universalisation des sports", *Mappemonde*, vol. 89, n° 2, 1989, p. 26-28.

6 Frederick O. England, "Histoire de la *Far Eastern Athletic Association*", *BCIO*, n° 3, 1926, p. 11.

7 *Ibid*.

*tout l'Extrême-Orient et notre conviction est qu'il y jouera un rôle capital, décisif*[8]." Prédictif. Accueillis à Shanghai à 3 reprises, ces Jeux sont le premier événement international multisport organisé en Chine et offrent l'occasion de lier la mosaïque ethnique chinoise autour d'une même cause nationale. Les performances chinoises permettent de sauver un peu l'honneur face à la domination militaire, économique et politique du Japon et donnent confiance dans le potentiel sportif national. La Chine peut désormais penser aux Jeux Olympiques.

En 1922, le Dr C. T. Wang, diplomate sensibilisé à l'olympisme en 1919 à Versailles et alors ministre des Affaires étrangères, devient le premier membre chinois du CIO et le Comité national olympique (CNO) de Chine est reconnu par le CIO en 1924. En 1932, à Los Angeles, il envoie sa première délégation sportive aux Jeux Olympiques. Un seul sportif la compose. Ils sont 54 à Berlin 1936, mais cette montée en puissance est perturbée par les événements dramatiques que connaît la région. Les Jeux d'Extrême-Orient de 1938 et les Jeux Olympiques de 1940, prévus à Tokyo, sont annulés du fait de la seconde guerre sino-japonaise débutée en 1937. Après-guerre, la Chine participe aux Jeux de Londres de 1948, puis la Révolution communiste et l'exil nationaliste à Taïwan perturbent la représentation olympique chinoise. Malgré une participation symbolique de la Chine communiste à Helsinki 1952, il faut attendre Los Angeles 1984 pour la revoir aux Jeux Olympiques. Alors qu'en 1960 aux Jeux Olympiques de Rome, un Chinois, de Taipei, était pour la première fois sur un podium olympique, la République populaire de Chine termine 4e nation en 1984, avant de tomber à la 11e place à Séoul en 1988.

Déjà apparaissent des soupçons de dopage et la décennie suivante voit la réputation sportive chinoise lourdement entachée. Pour obtenir les Jeux, Pékin travaille son image, excluant publiquement de nombreux athlètes aux performances douteuses, y compris

8 "Chronique du mois", *Revue olympique*, n° 89, CIO, Paris, 1913, p. 77-78 (la chronique est sans doute de Pierre de Coubertin, principal rédacteur de la revue).

au sein de son équipe présente à Sydney 2000, en pleine candidature olympique. Elle intensifie aussi sa politique sportive, à travers des stratégies de détection de masse et de formation soutenue dès l'enfance, l'importation de compétences étrangères, la construction d'équipements...

Par la suite, la Chine monte en puissance : à nouveau au 4e rang du tableau des médailles en 1992 et 1996, 3e à Sydney en 2000, puis 2e à Athènes en 2004. À Pékin, en 2008, spécialement motivée et ouvertement ambitieuse, l'équipe olympique chinoise termine première au tableau des médailles, loin devant les États-Unis qu'elle détrône. La Chine a réussi son coup. Le sport chinois sort plus légitime et dominateur de ses Jeux. Il a laissé derrière lui ce temps où il apprenait de loin le sport occidental sans oser s'y confronter. Longtemps isolée, la Chine s'est offert un nouveau statut et progresse désormais considérablement dans les sports d'hiver. Surtout, à l'issue de ces Jeux, la Chine est fière et son régime légitimé.

## Pékin 2008, tout un symbole pour Taipei...

Ces Jeux, Pékin les adressait à toute la nation chinoise, en particulier à Hong Kong, rétrocédée depuis une dizaine d'années, et à Taipei, convoitée. Dans la relation historique entre le CIO et la Chine, Pékin 2008 a définitivement acté la cohabitation pacifique dans l'antagonisme sino-sinois qui traverse le mouvement olympique depuis 1949. Pendant 30 ans, la victoire des communistes en Chine continentale et l'exil nationaliste à Taïwan ont troublé la vie de l'institution olympique. Les 2 Chines portent alors la même revendication d'être la représentante légitime de toute la nation chinoise. Et tout, dans ce conflit régional devenu très vite une expression de la guerre froide, ramène à la symbolique.

Ainsi Pékin obtient, sous la pression soviétique, l'autorisation de participer aux Jeux d'Helsinki 1952 (un seul athlète chinois y participe)... et le boycott de Taïwan. Symbolique. À Melbourne en

1956, la situation est inversée, la Chine nationaliste participe et la Chine communiste boycotte. Par la suite, toutes les questions de visibilité, de représentation symbolique (drapeau, nom du CNO, de l'équipe...) font l'objet d'une communication par l'image, illustrée par l'affiche "Under protest" derrière laquelle défile la délégation taïwanaise à Rome 1960, les premiers en mondovision, pour protester contre le nom d'équipe ("Formose") qui lui avait été imposé sur initiative soviétique.

La Chine quitte le mouvement olympique en août 1958, en pleine crise du détroit de Taïwan, protestant contre un CIO à la main hostile des Américains à travers son président, Avery Brunadge. Entrée en délicatesse avec l'URSS, Pékin se rapproche de l'Indonésie de Soekarno, provisoirement mis au ban du CIO après les Jeux asiatiques de 1962, pour y avoir refusé la participation des athlètes formosans et israéliens. Dès 1963, l'Indonésie réunit, avec le soutien chinois, les Jeux des nouvelles forces montantes (GANEFO), à destination des pays en voie de développement à forte teinte socialiste. Le symbole est fort : l'année suivante, Tokyo organise ses premiers Jeux Olympiques d'été.

Les GANEFO ne se pérennisent cependant pas et les années 1970 marquent une nouvelle approche, diplomatique et sportive. Rapprochée des Japonais et des Américains en 1971 avec, en avril, la diplomatie du ping-pong et, en octobre, son entrée à l'ONU à la place de Taïwan, la Chine ambitionne une reconquête. Sur le plan sportif, Pékin engage une politique d'effacement de Taïwan, conditionnant son retour au sein des fédérations internationales par la reconnaissance de sa légitimité sur l'ensemble du territoire chinois, ce qui, pour Pékin, passe par l'exclusion de Taïwan. Cette posture est identique à celle adoptée au plan diplomatique qui conduira le Canada, qui a reconnu la Chine populaire en 1970, à refuser la participation de la délégation taïwanaise aux Jeux de Montréal 1976 à moins d'un abandon de toute marque nationale (hymne, usage du mot "Chine"...), suscitant en réaction le boycott taïwanais. L'étau se resserrant menace l'existence de Taipei sur la scène internationale. En 1979, 12 fédérations internationales olympiques d'été reconnaissent Taipei contre 13 pour Pékin. Pour maintenir sa place au sein du sport mondial, Taïwan n'a d'autres choix que celui du compromis : le CNO de la République de Chine est rebaptisé CNO de Taipei chinois, et ses représentants abandonnent leurs symboles nationaux au profit d'un drapeau et d'un hymne forgés pour l'occasion.

Après le boycott des Jeux de Moscou en 1980, ce sont finalement les Jeux de Los Angeles qui, en 1984, voient la participation des 2 Chines. Les Jeux de Pékin en 2008 concluent ce cheminement. Pour obtenir les Jeux Olympiques, la Chine s'est mobilisée fortement, obtenant par ce compromis l'assentiment des États-Unis et de Taïwan. Ni boycott, ni obstruction. Malgré l'incertitude qui prévaut en amont des Jeux sur la participation de Taipei, sa délégation défile bel et bien. Sans drapeau national et toujours sous le nom de *Chinese Taipei*, son entrée dans le stade fait un triomphe : la République populaire de Chine accueillait, dans la précellence, des représentants de la nation chinoise.

Aux yeux du monde, la victoire symbolique est assurée : la seule Chine légitime est continentale et les Chinois insulaires, tolérés et soumis aux règles imposées par Pékin, n'apparaissent plus comme les représentants d'un pays mais comme ceux d'une partie, pour le moment autonome, de cette nation chinoise. Mais contrairement par exemple au Japon, dont chaque athlète défilait avec un drapeau chinois et un autre japonais, les Taïwanais, tout comme Hong Kong, avaient opté pour 2 drapeaux de leur propre équipe.

## Pékin 2008, coup d'envoi d'une nouvelle dynamique olympique

Les Jeux Olympiques et Paralympiques de Pékin 2008 sont une vraie réussite organisationnelle et c'est sans doute ce qui marque le plus le monde, qui y voit la matérialisation de cet Empire du Milieu s'éveillant, avec plus d'un milliard de consommateurs, un potentiel économique considérable mais aussi des enjeux et des ambitions[9]. Tout comme l'entrée à l'OMC s'est inscrite dans le prolongement d'un processus de libéralisation des échanges et des flux de capitaux commencé 20 ans plus tôt, Pékin 2008 est au fond le fruit d'une expérience acquise et d'une volonté politique. Pour tenter d'obtenir les Jeux, de 2000 d'abord, puis de 2008, Pékin s'est ainsi mobilisé sur l'événementiel sportif, avec notamment, dès 1990, l'accueil des Jeux asiatiques ou l'Universiade d'été (Jeux interuniversitaires) en 2001.

Cette mobilisation génère un effet d'entraînement régional, une aubaine pour le sport international, toujours en quête de villes hôtes. L'attribution des Jeux à Pékin a en réalité ouvert une véritable séquence asiatique. Depuis 2001, l'événementiel multisport s'est déporté de manière inédite vers l'Asie : pour les Jeux Olympiques et Paralympiques, Pékin 2008, PyeongChang (Jeux d'hiver 2018), Tokyo 2020 (ayant eu lieu en 2021), Pékin 2022 (Jeux d'hiver), mais aussi les Jeux mondiaux (qui regroupent des sports non olympiques) de Kaohsiung en 2009 (Taipei) ou les premiers Jeux Olympiques de la jeunesse à Singapour en 2010, dont la seconde édition s'est tenue à Nankin en 2014 et dont la 4e session d'hiver est prévue à Gwangwon (Corée du Sud) en 2024. Derrière le lièvre chinois, le Japon, la Corée du Sud et Taipei rivalisent dans cette organisation de jeux, révélant une tectonique olympique, régionale et mondiale, et une forte évolution de ces nations d'Asie, à commencer donc par la Chine, désormais consciente de sa propre puissance. Les Jeux mondiaux universitaires,

9 La littérature sur la Chine contemporaine, ses politiques internes comme internationales ne manque pas. Pour les enjeux appréciés dans la période évoquée ici, notons notamment "Regards géopolitiques sur la Chine", *Hérodote*, n° 150, 3e trimestre, 2013.

créés en 1923 et devenus depuis l'Universiade, sont symptomatiques de cette séquence asiatique. Organisée 3 fois en Asie, au Japon, au XXe siècle, l'Universiade d'été, qui se tient tous les deux ans, a été accueillie à sept reprises par un pays asiatique depuis Pékin en 2001 – dont 2 fois en Chine.

Pékin 2008 annonce le scellement d'une nouvelle relation, plus symbiotique, entre le CIO et la Chine. Pour convaincre, Pékin a donné des gages, sur la participation de tous les athlètes, les visas, la presse, les touristes. Et le CIO les a saisis. Par pragmatisme, parce que Pékin avait tous les atouts pour organiser les Jeux, mais aussi dans le droit fil de la philosophie olympique d'extension de la pratique sportive. L'opportunité de sensibiliser plus d'un milliard d'êtres humains répond indéniablement à l'objectif fixé par la Charte de construction d'un monde meilleur à travers le sport. "*Pour un monde meilleur*" : cette citation de la Charte olympique que les athlètes français n'ont pu arborer lors de la cérémonie d'ouverture de Pékin 2008 rappelle le seul véritable écueil rencontré par la Chine dans l'organisation de ces Jeux : l'opposition rencontrée de par le monde autour de la situation des droits de l'homme en Chine et du Tibet en particulier, qui s'est manifestée lors du relais de la flamme, notamment à Olympie, Londres et San Francisco.

Les incidents qui ont émaillé le parcours de la flamme sont le reflet de la désillusion d'une libéralisation de la Chine par les Jeux mais ils expriment aussi la mise en accusation du CIO, coupable d'avoir pris des libertés avec les principes humanistes de la Charte olympique au regard du respect des droits de l'homme par les régimes hôtes. Cette crise a de fait accéléré la dynamique, engagée par le CIO dans les années 1990, de rapprochement des organisations internationales sociétales, et en particulier de celles liées au développement durable et aux droits de l'homme. Elle a aussi démontré la capacité de la Chine à résister aux pressions internationales. Et s'il faut retenir une chose de Pékin 2008, c'est sans doute cet impact sur la psychologie du peuple chinois, entre fierté et assurance. À la fébrilité et l'impatience de démontrer tout le potentiel chinois et de marquer les esprits qui prévalaient à Pékin 2008, a succédé en 2022 la placidité d'une puissance sûre d'elle.

La Chine qui a obtenu les Jeux en 2001 a bien grandi. Et son entrée à l'OMC n'y est pas pour rien. Le pays représente 11,8 % des importations mondiales en 2021, contre 3,8 % en 2001 ; il est devenu la première puissance exportatrice, avec 18 % des exportations mondiales quand elle n'était qu'au 6e rang (4,3 %) 20 ans plus tôt. Son PIB par habitant est passé de 2360 dollars à 10370 dollars en 2021[10]. Ce pari-là est réussi, trop pour certains. Alors, quel rôle a réellement joué Pékin 2008 dans ce processus ? Ces Jeux ont consacré le régime communiste dans cette nouvelle période post-guerre froide[11]. Les dirigeants chinois ont impressionné leur population et sont parvenus à faire de ces Jeux la vitrine de leur réussite, le symbole de la modernisation du pays et de sa nouvelle place dans la communauté internationale. Ces Jeux devaient être rassurants et ils ont rassuré parce que tout le monde voulait l'être. La Chine a accru ses relations de coopération, convaincu les investisseurs et franchi de nouvelles étapes de développement dans différents domaines.

Ces Jeux ont été un succès diplomatique. La délégation américaine ovationnée dans le stade olympique ou Vladimir Poutine debout à l'entrée de sa délégation resteront des images fortes de cette réussite. Au-delà des effets de levier économiques ou des évolutions diplomatiques, Pékin 2008 a jalonné l'Histoire. Les Jeux sont devenus autant de strophes dans le récit historique, d'étapes pour lire l'état du monde à une période donnée ; les lignes écrites par ceux de Pékin 2008 sont avant tout celles de la révélation d'un nouvel état d'esprit et l'annonce d'une nouvelle ère chinoise, aux contours à définir mais à l'ambition affirmée.

Il aura fallu près d'un siècle après la création des Jeux d'Extrême-Orient, pour que la Chine – et l'Asie – prenne pleinement sa place au sein de l'univers olympique. Si l'histoire retiendra 2008, c'est pourtant

---

10 Banque mondiale/OCDE sur le site internet de la Banque mondiale : https://donnees.banquemondiale.org/ ; Julien Bouissou, "Commerce mondial : la Chine tire le mieux son épingle du jeu", *Le Monde*, 6 juillet 2021 ; Françoise Lemoine, "La Chine dans l'économie mondiale", *Économie Internationale*, n° 92, 2002, p. 5-10.

11 Jack Lawrence Granatsein, Robert Bothwell, *Pirouette : Pierre Trudeau and Canadian Foreign Policy*, Toronto, University of Toronto Press, 1990.

2001 qui marque le départ d'une course à laquelle tous s'étaient préparés. Pékin 2008 est une consécration symbolique et l'inauguration de la nouvelle Chine. Mémorable, la cérémonie d'ouverture illustre cette révélation au monde, comme un rideau qui tombe et dévoile les comédiens, sans retour possible.

Au CIO, dont l'équilibre doit historiquement beaucoup aux partenaires et *broadcasters* américains, la Chine a fait ses preuves et occupe désormais une place de choix à Lausanne, avec 3 membres dont 2 femmes et la vice-présidence pour Yu Zaiqingou, la présence d'Alibaba au sein des TOP Partenaires du CIO (le cercle restreint de ses sponsors privés) ou son poids dans les discussions sur la redistribution des revenus issus des droits TV. Autre pari réussi : son industrie du sport se développe à toute vitesse, tout comme le nombre de pratiquants.

Pour autant, la Chine ne s'est pas installée en maître. Acteurs majeurs de la confrontation olympique sur Taïwan, les États-Unis ont été à la manœuvre depuis 1949. Les Jeux de Pékin 2008 ont bénéficié d'un bon de sortie : les États-Unis, pleins d'espoirs sur l'ouverture et le potentiel chinois, ont laissé à Pékin la possibilité de s'exprimer... mais ont rapidement été ramenés à des postures plus défensives.

Depuis 2008, la rivalité sino-américaine s'est intensifiée sur tous les plans. Les États-Unis ont repris la tête des tableaux des médailles olympiques (113 médailles contre 88 à Tokyo en 2021) et connaissent à nouveau une série de domination. Si Pékin 2008 s'était déroulé sans anicroches diplomatiques majeures autres que celles suscitées par les réactions de la société civile, Pékin 2022, déjà bousculé par la COVID-19 et la menace russe sur l'Ukraine, a vu le retour des boycotts, diplomatiques et non-sportifs, venus pour l'essentiel de pays anglo-saxons. Rendez-vous est pris pour Los Angeles 2028...

# Londres 2012, des Jeux Olympiques exemplaires ?

Vassil Girginov[1]

Définir ce que sont des Jeux Olympiques exemplaires est une question extrêmement épineuse pour une raison essentielle : elle exige une compréhension claire de ce que nous entendons par "*exemplaire*". Le programme de transfert des connaissances du CIO illustre parfaitement ce point. Il exige des comités organisateurs qu'ils documentent toutes leurs initiatives dans tous les aspects de l'organisation de l'événement. Cela a permis au CIO de codifier le savoir-faire des Jeux Olympiques dans plus d'une trentaine de manuels techniques qui fournissent des exemples sur la façon de gérer les différentes facettes des Jeux Olympiques.

Pourtant, comme pourrait en témoigner tout organisateur d'événements, lorsque ces manuels sont confrontés au contexte local du nouveau pays hôte, ils deviennent largement inadaptés du fait qu'ils ont été rédigés à partir d'expériences passées vécues ailleurs.

Il importe de souligner ici que les paroles du président du CIO ne sont pas fondées sur ses émotions ou ses perceptions personnelles,

---

[1] Ce texte a été traduit de l'anglais par Gilles Berton.

mais qu'elles reflètent la conformité de chaque édition des Jeux aux exigences de la Charte olympique, qui gouverne le mouvement olympique et l'organisation de l'événement.

Chaque édition des Jeux Olympiques forme un ensemble unique de mémoires telles qu'enregistrées par les différents participants. Celles-ci peuvent comprendre les comptes rendus officiels de l'événement par les promoteurs des Jeux Olympiques (c'est-à-dire les rapports officiels des Jeux), des déclarations d'athlètes (déclarations officielles ou postées sur les réseaux sociaux), des articles de presse, des expériences personnelles de spectateurs ou encore des travaux universitaires. En d'autres termes, notre jugement à propos de telle ou telle édition des Jeux Olympiques sera informé par l'apprentissage découlant de l'organisation, de l'expérience directe ou de l'étude de Jeux antérieurs.

Ce chapitre se fonde sur cette approche pour examiner les Jeux Olympiques et Paralympiques de Londres en 2012. Cette analyse se concentrera donc sur 4 catégories d'exemples : politique, environnement, génération de connaissance et sport. Londres pourrait certes se revendiquer comme exemplaires dans d'autres domaines, comme le fait d'avoir été les premiers Jeux Olympiques et Paralympiques entièrement numérisés et intégrés, mais en raison du manque d'espace ces catégories, comme d'ailleurs quelques autres, ne seront pas étudiées ici.

## Les "Jeux exemplaires" de Londres 2012 dans leur contexte

Londres a remporté la candidature pour accueillir les Jeux 2012 en 2005, à une époque où le Royaume-Uni était dirigé par un gouvernement travailliste, et où le premier ministre Tony Blair joua un rôle personnel décisif auprès des membres du CIO pour les convaincre d'accorder la désignation à la capitale britannique. Les Jeux furent ensuite organisés par un gouvernement de coalition composé de démocrates libéraux et de conservateurs et, en 2008, la crise financière mondiale provoqua des coupes dans de nombreux programmes sociaux du Royaume-Uni.

Les Jeux représentaient une gigantesque entreprise qui prévoyait 28 disciplines pour les Jeux Olympiques et 20 pour l'édition des Jeux Paralympiques, avec quelque 10 500 participants olympiques venus de 204 pays et 4269 paralympiques originaires de 164 pays. On comptait 21 000 représentants accrédités des médias et une audience pour la télévision britannique de 51,9 millions de téléspectateurs[2]. Il était par conséquent inévitable qu'un événement de cette importance générât une multitude de souvenirs chez les différentes parties prenantes. Les Jeux de Londres ont toutefois été exemplaires dans chacune des 4 catégories mentionnées ci-dessus.

## Londres 2012 en tant qu'exemple en matière politique

Londres 2012 a établi un précédent historique en ce que le gouvernement du pays hôte s'est engagé à utiliser les Jeux Olympiques pour introduire un changement social à grande échelle et générer une série d'acquis ne se limitant pas à Londres mais s'étendant à l'ensemble du Royaume-Uni[3]. Il ne s'agissait pas seulement d'une ambition politique de la part du gouvernement hôte, mais d'un objectif de développement clairement lié au fondement de l'olympisme en tant que mouvement pour le changement social.

Au fond, les Jeux Olympiques de Londres ont été conçus pour mettre à l'épreuve les aspirations de l'olympisme à construire un "monde meilleur" grâce au sport. Par ailleurs, les ambitions de

---

2 Vassil Girginov, *Handbook of the London 2012 Olympic & Paralympic Games. Volume 2 : Celebrating the Games*, Londres, Routledge, 2013.

3 DCMS, *Our promise for 2012: How the UK will benefit from the Olympic and Paralympic Games*, Londres, DCMS, 2007 ; DCMS, *Before, during and after : making the most of the London 2012 Games*, Londres, DCMS, 2008.

changement social des organisateurs des Jeux de Londres ont été élargies à la jeunesse du monde entier au travers de la campagne "*International Inspiration*". Lancé en 2007, ce programme entendait s'adresser à 12 millions d'enfants dans 20 pays. La vision du programme était d'"*enrichir la vie des enfants et des jeunes adultes de tout niveau de compétence, dans les écoles et les communautés du monde entier, et en particulier dans les pays en développement, grâce à l'éducation physique (EP), le sport et des Jeux inclusifs et de haute qualité*[4]". La conception officielle des Jeux de Londres, en tant que projet pour un changement social, constituait une justification parfaite des rêves de Pierre de Coubertin, et une valorisation significative de la mission du mouvement olympique.

L'engagement politique du gouvernement britannique fut articulé dans un projet[5] contenant 5 promesses et 14 ambitions découlant de ces promesses, dont chacune était liée à un ou plusieurs objectifs. Ainsi, chacune des promesses politiques comportait un objectif destiné à vérifier sa mise en application et à tenir le gouvernement pour responsable de son avancée. Les 5 promesses consistaient à : 1) faire du Royaume-Uni une des premières nations sportives du monde ; 2) transformer le cœur de l'est de Londres ; 3) inspirer une génération de jeunes gens ; 4) faire du Parc olympique un modèle de mode de vie durable ; 5) démontrer que le Royaume-Uni est un endroit créatif, inclusif et accueillant pour s'établir, le visiter et y entreprendre. Ensemble, ces 5 promesses olympiques équivalaient à un programme politique ambitieux pour le changement social, qui s'accompagna d'efforts concertés afin de modifier les attitudes de l'opinion.

Il faut mentionner ici 2 approches innovantes visant à modifier l'attitude du public à l'égard du handicap et à rehausser la conscience du pouvoir du sport. Le gouvernement a spécifiquement utilisé les Jeux Paralympiques pour lancer le premier document politique du genre : *London 2012 : A Legacy for Disabled People: Setting new standards, changing perceptions*. Ce document affirme que "*Notre objectif est*

---

4 Ecorys, *Final Evaluation of the International Inspiration Programme*, Londres, *UK Sport*, 2014.

5 DCMS, 2008, *op. cit.*

*d'influencer les attitudes et les perceptions des gens afin qu'ils modifient leur façon de considérer les personnes handicapées*[6]". Londres 2012 s'est également attaché à rationaliser l'aspect le plus intangible de l'idée olympique – sa capacité d'inspiration. Un programme non commercial et un label "*Inspire*" ont été lancés dans ce but afin de promouvoir des projets locaux concernant la soutenabilité, l'éducation, le bénévolat, l'entreprenariat, le sport ou la culture, tous directement inspirés par les Jeux[7].

Les promesses et l'approche du changement social de Londres 2012 ont sans aucun doute été exemplaires car ils n'ont pas d'équivalent dans l'histoire olympique et ont créé de nouvelles catégories. Cette exemplarité ressort des comptes rendus officiels des promoteurs des Jeux, des reportages de presse et de publications universitaires. Dans de nombreux domaines cependant il existe un décalage par rapport aux visions olympiques formulées par le gouvernement travailliste en 2007, lequel souscrivait idéologiquement à la philosophie de la "troisième voie", autrement dit du développement social réparti entre l'État et le marché, avec un fort accent mis sur la résorption des inégalités sociales et l'élargissement de la gouvernance démocratique.

Deux ans avant les Jeux, en 2010, un gouvernement de coalition composé de démocrates libéraux et de conservateurs arriva au pouvoir avec sa vision d'une "*big society*", d'un capitalisme moral, et un agenda olympique profondément remanié. Le plan d'action gouvernemental originel, qui comportait 88 pages, fut remplacé par un plan de 14 pages très allégé et beaucoup moins *glamour*[8]. Le politiste Mike Weed a ainsi soutenu que "*la question de l'efficacité de la stratégie de changements durables est devenue un projet politique*

---

[6] DCMS and Office for Disability Issues (ODI), *London 2012: A Legacy for Disabled People. Setting New Standards, Changing Perceptions*, Londres, DCMS/ODI, 2010, p. 2.

[7] Vassil Girginov, "Has the London 2012 Olympic Inspire programme inspired a generation? A realist view", *European Physical Education Review*, vol. 22, n° 4, 2016.

[8] DCMS, *Plans for the Legacy from the 2012 Olympic and Paralympic Games*, Londres, DCMS, 2010.

*surtout préoccupé de mettre en avant des résultats permettant de justifier les 9,3 milliards de livres d'investissement public dans les Jeux, plutôt qu'un projet politique attaché à comprendre quels résultats ont été produits par la stratégie de changements durables et de quelle façon elle les a produits*[9]". Ce changement politique a significativement compromis la valeur de l'exemplarité politique de Londres 2012.

## Londres 2012 en tant qu'exemple de soutenabilité

Le mouvement olympique se préoccupe ouvertement des questions de soutenabilité depuis le début des années 1990[10], mais Londres aura été la première ville hôte à développer une vision d'ensemble de soutenabilité sociale, économique et environnementale articulée dans le concept *One Planet Living*. Ce concept, fondé sur un modèle de comptabilité équitable, mettait en avant la vision positive d'un monde dans lequel les gens mènent des existences heureuses et saines dans les limites naturelles de la planète. Comme les 5 promesses des Jeux, *One Planet Olympics* fut également mis en œuvre au travers du concept *One Planet Living*, qui énonçait 10 principes capables de traduire les visions de soutenabilité dans des programmes concrets et des activités pratiques pour toutes les parties prenantes dans le contexte des Jeux.

Les Jeux Olympiques de Londres furent les premiers à évaluer leur empreinte carbone depuis la désignation de Londres comme ville hôte jusqu'à la cérémonie de clôture, et ceci dans 4 grandes catégories : installations sportives, spectateurs, opérations et infrastructures de transport. Un exemple innovant dans l'organisation de

---

9 Mike Weed, "London 2012 legacy strategy. Did it deliver?", *in* Vassil Girginov (dir.), *Handbook of the London 2012 Olympic and Paralympic Games*, Londres, Routledge, 2013.

10 Hart Cantelon, Michael Letters, "The making of the IOC environmental policy as the third dimension of the Olympic Movement", *International Review for the Sociology of Sport*, vol. 35, n° 3, 2000, p. 294-308.

Jeux authentiquement durables pertinent pour cette catégorie a été la collaboration entre le Comité organisateur des Jeux, LOCOG (*London Organising Committee of the Olympic Games and Paralympic Games*), avec la *British Standards Institution*, l'organisme britannique de normalisation, afin de définir la spécification d'un *Sustainability Management System for Events* et d'en faire la norme internationale ISO20121. Ainsi, ISO20121 fut la première norme internationale certifiée de gestion durable, et le LOCOG a été le premier organisme à être certifié juste avant le début des Jeux pour avoir satisfait aux exigences ISO20121. En juin 2012, l'ISO20121 est devenue la norme mondiale de soutenabilité dans le secteur événementiel et constitue désormais une exigence officielle figurant dans le contrat de ville hôte.

Malgré d'incontestables réussites en matière de soutenabilité, documentées dans des rapports d'entreprise et des études indépendantes, comme le document *Towards a One Planet Olympics*[11], Londres a échoué à remplir ses engagements sur plusieurs points, ce qui contredit l'affirmation d'exemplarité. Certains de ces échecs concernent son incapacité à atteindre ses objectifs en matière d'énergie renouvelable, ce qui a impacté sa stratégie de réduction de l'empreinte carbone, la non-conformité d'un grand nombre de ses partenaires commerciaux, l'incapacité à assurer l'inclusivité en raison des prix excessifs des logements et des tickets, ainsi que l'incapacité à développer un hub d'affaires vert et un mode de vie sain.

Une autre préoccupation a été le fait que les organisateurs ont largement échoué à assurer une participation significative du public dans la formulation d'une politique environnementale, qui est un élément essentiel du développement durable. Des questions légitimes ont ainsi été soulevées autour de la question de savoir qui sont ceux dont les visions et les besoins de soutenabilité ont été réellement promus, ce qui explique en partie pourquoi les objectifs concernant l'inclusion et le mode vie sain n'ont pas été atteints.

---

11 London 2012, *London 2012 post-Games sustainability report: A legacy of change*, Londres, London 2012, 2012; WWF-UK, *Towards a One Planet Olympics (2005)*, Londres, WWF-UK, 2012.

## Londres 2012 en tant qu'exemple de production de savoirs

À partir des Jeux Olympiques de Sydney en 2000, le CIO a codifié le processus d'apprentissage organisationnel dans la préparation et le déroulement des Jeux[12]. Cela a conduit à rationaliser l'apprentissage dans le contexte olympique et à améliorer l'efficacité des opérations et l'utilisation des ressources.

Trois exemples introduits par Londres 2012 en matière de production de savoirs méritent d'être discutés. Tout d'abord, découlant de l'engagement politique décrit précédemment, le gouvernement britannique a entrepris une évaluation sur 3 ans de l'héritage des Jeux Olympiques au travers de 4 thèmes – sport, économie, engagement des communautés et rénovation de l'est de Londres. Cela n'avait jamais été fait auparavant, et les résultats de cette évaluation ont largement confirmé la promesse du gouvernement britannique de procéder à un changement social à grande échelle[13].

Puis, un processus officiel d'apprentissage social fut mis en place par l'*Olympic Delivery Agency* par l'intermédiaire de la plateforme en ligne *Learning Legacy* afin de partager les connaissances et les leçons du projet de construction de Londres 2012, visant à rehausser les normes au sein du secteur britannique de la construction. La plate-forme a publié plus de 70 articles, provenant du LOCOG et des organismes qui lui étaient liés, et détaillant les enseignements tirés de l'organisation des Jeux à l'intention des organisateurs d'événements futurs.

---

12 Sue Halbwirth, Kristine Toohey, "The Olympic Games and knowledge management : A case study of the Sydney organising committee of the Olympic Games", *European Sport Management Quarterly*, vol. 1, n° 2, 2001, p. 91-111.

13 DCMS, *Report 5 : Post-Games Evaluation. Meta-Evaluation of the Impacts and Legacy of the London 2012 Olympic Games and Paralympic Games : Summary Report*, Londres, DCMS, 2013.

Enfin, pour la première fois, la communauté universitaire dans son ensemble s'est rassemblée pour étudier de près les Jeux de Londres, ce à travers 2 projets de recherche originaux, tous 2 soutenus par Routledge, le premier éditeur scientifique mondial. Routledge, qui possède un portefeuille de plus de 1700 revues académiques dans les domaines des arts, des humanités, des sciences sociales et de la sociologie appliquée, a demandé à 40 d'entre elles de sortir un numéro spécial sur les Jeux. Le premier projet va générer 36 numéros spéciaux contenant 266 articles pour un total de 3190 pages, rédigés par 478 auteurs de 26 pays. Les articles publiés représentaient 16 disciplines liées au sport et 30 disciplines non directement liées au sport[14]. Le second projet fut une compilation en 2 volumes d'articles sur les Jeux de Londres[15], écrits par 56 chercheurs de 30 universités mondiales. Le projet était conçu comme une collaboration entre le LOCOG et l'équipe de chercheurs.

Et c'est là qu'apparaît le revers de la médaille. À l'origine, l'accord avec le LOCOG spécifiait que *The Handbook of the London 2012 Olympic & Paralympic Games* serait le seul ouvrage universitaire du programme d'édition du LOCOG. Il s'agissait du programme éditorial le plus complet jamais proposé par un organisateur des Jeux, et le tout premier ouvrage produit de façon collaborative par un comité organisateur et des chercheurs. Les retours générés par le manuscrit du premier volume furent extrêmement utiles. Toutefois, un certain nombre de corrections textuelles furent également proposées, ainsi que des modifications qui altéraient de façon importante la signification du texte. On assista à des tentatives ouvertes de censurer toute éventuelle critique ou évocation de points sensibles, et de remplacer les questions concernant différents aspects des Jeux par un discours festif et optimiste qui présentait les problèmes réels ou potentiels comme étant en réalité des opportunités.

---

14 Mike Collins, Vassil Girginov, "Rehashing and new knowledge about the games: A bibliometric analysis and assessment of Routledge's special Olympic journals issues", *in* Gavin Poynter, Valerie Viehoff, Yang Li (dir.), *The London Olympics and Urban Development: The Mega-Event City*, Londres, Routledge, 2015, p. 82-98.

15 Vassil Girginov, 2012, *op. cit.*; Vassil Girginov, 2013, *op.cit.*

Finalement, l'équipe de recherche ne va pas vouloir faire de compromis sur l'intégrité de l'analyse et décide de mettre fin à cette collaboration. C'est d'autant plus regrettable qu'une occasion unique de produire un authentique compte rendu critique des Jeux de Londres fut ainsi perdue.

## Londres 2012 en tant qu'exemple sportif

La première promesse substantielle de Londres 2012 était de faire du Royaume-Uni une des premières nations sportives du monde[16]. Il s'agissait d'un projet systémique de grande ampleur qui envisageait d'utiliser l'effet démonstratif des Jeux afin d'accroître de façon importante le nombre de personnes physiquement actives, de rendre le sport plus accessible et d'édifier un système sportif d'élite performant.

De nombreux rapports gouvernementaux et études universitaires ont été consacrés à ce sujet. C'étaient là des ambitions exemplaires et en dépit de quelques succès notables, comme la 3e place de TeamGB en nombre de médailles ou un réel succès dans des disciplines comme le cyclisme, ou encore le fait que la *British Paralympic Association* ait manifestement surfé sur la dynamique olympique afin d'instaurer une base locale solide et une élite sportive stable, elles ont échoué à se concrétiser.

La pratique sportive a connu une légère progression au cours des six mois suivant les Jeux, mais, au cours de l'année 2013, elle est revenue à son niveau d'avant les Jeux. Thémis Kokolakakis, Fernando Lera-López et Girish Ramchandani ont montré que "*le principal effet des Jeux de Londres a plus été de pousser les pratiquants sportifs à des niveaux plus élevés d'activité que d'élargir la base des pratiquants*[17]". Rendre le sport plus accessible était censé, entre autres choses, flécher des fonds pour le financement du sport au niveau local et pour la création d'infrastructures sportives.

---

16 DCMS, 2008, *op. cit.*

17 Thémis Kokolakakis, Fernando Lera-López, Girish Ramchandani, "Did London 2012 deliver a sports participation legacy?", *Sport Management Review*, vol. 22, n° 2, 2019, p. 283.

Comme l'ont montré les auditions parlementaires, les articles de presse et les rapports universitaires, ces 2 attentes ont été déçues. Tout d'abord, en dépit d'assurances contraires, 580 millions de livres de la Loterie nationale ont été détournés de leur objectif initial de financement d'initiatives sportives communautaires pour être dépensés pour les Jeux Olympiques. Pour mettre ce chiffre en perspective, le financement public de Sport England, l'agence nationale chargée du sport local, a été, de 2004 à 2008, de 366 millions de livres, tandis que la contribution de la Loterie nationale durant la même période s'est élevée à 630 millions de livres[18]. Le président de *Sport England* a été congédié pour avoir reproché au gouvernement d'avoir trahi sa promesse de protéger le sport de masse. Un autre exemple embarrassant a été la brouille qui a opposé le LOCOG à l'Association olympique britannique sur la répartition des bénéfices des Jeux, les excédents étant censés être réinvestis dans le sport, ce à quoi s'est opposé le LOCOG. L'affaire a finalement été réglée devant le tribunal arbitral du sport à Lausanne qui a conclu que l'usage des bénéfices était à la discrétion du LOCOG...

L'exemple du stade olympique constitue pour beaucoup un véritable scandale. Cette enceinte iconique était censée répondre aux exigences de plusieurs disciplines, athlétiques notamment. Elle a été entièrement construite grâce à 650 millions de livres d'argent public, mais en mai 2013 le gouvernement britannique a décidé de la "*céder*" au club de football privé West Ham (propriété de WH Holding Limited) contre une participation de seulement 15 millions de livres et un bail de 99 ans. De nombreux commentateurs ont critiqué ce transfert flagrant d'investissement public à des mains privées. Parmi eux, citons l'ancien ministre britannique des Sports Richard Caborn, qui qualifia cet accord de "*plus grosse erreur des Jeux Olympiques, erreur dont nous devons tirer les leçons*[19]".

---

18 Sport England, *Memorandum (EM02-05) submitted to Parliamentary Business Sport England*, 2009.

19 The Guardian, "West Ham deal is 'biggest mistake of Olympics' says Richard Caborn", *The Guardian*, 22 mars 2013.

# Mondialisation et évolution de la gouvernance du CIO

Emmanuel Bayle

Si la rénovation des Jeux Olympiques en 1894 est portée par le projet coubertinien universaliste et internationaliste visant à inventer "*une élite de la chevalerie sportive*[1]", le Comité international olympique a dû s'adapter aux évolutions de la mondialisation pour assurer son développement, sa légitimité et sa survie.

Le terme CIO s'entend généralement comme un "club" d'une centaine de membres individuels venant du monde entier et une administration de collaborateurs située au siège de l'institution à Lausanne. Cependant, cette organisation qui dirige le sport mondial institutionnel est devenue plus complexe car depuis ces 20 dernières années elle forme un groupe (baptisé "Groupe CIO") composé d'une association sans but lucratif contrôlant des sociétés commerciales anonymes et des fondations. À un second niveau, le CIO est propriétaire des Jeux Olympiques dont il confie l'organisation à des comités d'organisation

[1] Patrick Clastres, "Inventer une élite: Pierre de Coubertin et la chevalerie sportive", *Revue Française d'Histoire des Idées Politiques*, vol. 22, n° 2, 2005, p. 51-71.

(COJO). À un 3e niveau, il dirige le mouvement olympique composé des comités nationaux olympiques (CNO), des fédérations internationales (FI) olympiques et des fédérations sportives nationales (et leurs athlètes) et des COJO, ainsi que de nombreuses autres parties prenantes qui forment ce système. À un quatrième niveau, le CIO s'est aussi donné pour mission de diffuser l'olympisme dans la société. Comprendre le fonctionnement olympique, c'est identifier le rôle du CIO à ces 4 niveaux d'analyse à l'aune de 3 dimensions de gouvernance : organisationnelle, politique et systémique[2].

La gouvernance organisationnelle permet de comprendre les processus de décision et la conduite de la politique (structures, process, jeux de pouvoir) du CIO en vue d'améliorer sa performance organisationnelle globale ; c'est-à-dire l'atteinte de ses objectifs sportifs, économiques et sociétaux[3].

La 2e dimension, politique, concerne les rapports que les organisations sportives internationales et le CIO entretiennent vis-à-vis du champ politique au double sens du terme. D'une part, il s'agit de rendre compte de la façon dont les autorités publiques nationales et internationales cherchent à influencer le CIO et le système olympique *via* la mobilisation de dispositifs réglementaires, financiers et éthiques. D'autre part, il s'agit de comprendre comment les instances sportives parviennent à utiliser la cause du sport pour influencer la politique de ces autorités publiques.

La 3e dimension, systémique, vise à rendre compte des situations d'interdépendance et des formes de régulation des relations inter-organisationnelles au sein d'un système olympique devenu de plus en plus complexe. L'idée de complexité renvoie à l'incertitude de l'environnement, à la multiplicité des acteurs (public, associatif, marchand)

---

2 Ian Henry, Ping Chao Lee, "Governance and ethics in sport", *in* John Beech, Simon Chadwick (dir.), *The business of sport management*, New York, Pearson Education, 2004, p. 25-41.

3 Emmanuel Bayle, "Évaluation de la réussite des fédérations sportives : vers une performance sociétale ?", *in* Mathieu Winand, Thierry Zintz (dir.), *Management et évaluation de la performance : un défi pour les organisations sportives*, Paris, De Boeck, 2014, p. 58-66.

et des niveaux de coordination, du local au global. Sur le plan dynamique, la notion de gouvernance systémique marque le passage d'une régulation/coordination centralisée des actions, hiérarchique et verticale, à une régulation/coordination horizontale en termes de réseaux fondés sur le consensus/compromis et le pouvoir partagé. Certains experts appellent cette dernière évolution la gouvernance "*partenariale*" ou "*partagée*" dans le secteur du sport[4].

Nous présentons ces évolutions clés de la mondialisation qui ont impacté le fonctionnement du CIO puis nous analysons la gouvernance du CIO à 3 niveaux. Enfin, nous présentons les nouveaux principes de gouvernance impulsés sous la présidence de Thomas Bach depuis une décennie (2013).

## 5 évolutions caractérisant une mondialisation multifacette

Les 5 évolutions majeures caractérisant cette mondialisation multifacette sont médiatique, culturelle, géopolitique, économique et technologique.

La première évolution majeure est liée à l'avènement de la télévision et à la diffusion mondiale en direct des images du spectacle olympique aux Jeux Olympiques de Rome en 1960 *via* l'Eurovision, puis en mondovision partielle en 1964 à Tokyo et en couleur en 1968 à Mexico. Le CIO et les Jeux Olympiques vont trouver à la fois une audience nouvelle et une source de financement clé pour bâtir leur modèle économique avec de modestes premiers contrats de droits de télévision en 1960 avec la chaîne américaine CBS et l'Union européenne de Radio-Télévision (2,3 millions de dollars).

La seconde est la révolution culturelle des sports qui s'est incarnée, dans la foulée de mai 1968 et de la forte poussée libertaire contestataire mondiale, par le développement des "sports de glisse",

4 Russel Hoye, Graham Cuskelly, *Sport governance*, Londres, Routledge, 2007.

dans les années 1970, incarnant la liberté et le plaisir[5]. Ces sports se construisent comme une contre-culture en dehors des normes et des compétitions du système institutionnel des sports bâti au cours du xx^e^ siècle par le CIO et les fédérations sportives et les sports dits "traditionnels". Le CIO va devoir s'adapter à ces nouvelles attentes des pratiquants et à la concurrence de ces nouvelles formes de pratiques dites "libres" (surf, escalade, skateboard, roller, basket de rue, fitness, running...).

La troisième est géopolitique avec l'accélération de la décolonisation à la suite de la Seconde Guerre mondiale puis l'effondrement du mur de Berlin en 1989 et la dissolution du Comité national olympique d'URSS en 1992. Cette nouvelle donne mondiale va entraîner la création de nombreux nouveaux pays et la montée en puissance sportive des pays émergents dans les années 2000, notamment des "BRICS" (Brésil, Russie, Inde, Chine, Afrique du Sud) qui vont organiser de nombreux méga-événements sportifs internationaux entre 2008 et 2022. Alors que le CIO comptait ainsi moins de 50 comités nationaux olympiques en 1945, il en reconnaît 200 en 2000. La Chine fait son entrée officielle aux Jeux d'été en 1984 (1980 pour l'hiver) et devient le premier pays au tableau des médailles d'or en 2008. Le *soft power* sportif concerne quasiment toutes les puissantes émergentes et notamment les pays du Golfe qui organisent, à partir des années 2000, nombre de grandes compétitions internationales.

La quatrième évolution est économique et financière avec l'explosion du sport business dans les années 1980-1990, s'inscrivant dans l'ère du néo-libéralisme triomphant dans les démocraties occidentales. Le CIO va faire son aggiornamento en 1981 en supprimant la référence à l'amateurisme dans la Charte olympique et en ouvrant *de facto* les Jeux Olympiques aux professionnels dès 1984. D'anciens sports devenus professionnels reviennent ainsi progressivement dans le programme olympique (tennis, base-ball, golf...) et les professionnels sont officiellement autorisés à concourir (football, basket-ball, cyclisme, hockey sur glace, etc.). La formidable croissance du sport

---

5 Alain Loret, *Génération glisse*, Paris, Autrement, 2003.

business repose sur la libéralisation des marchés et sur l'explosion des droits TV portée par les chaînes de télévision privées américaines se disputant la diffusion des Jeux Olympiques. Il en est de même pour la commercialisation du *sponsoring* sportif avec le premier programme de parrainage mondial olympique, ciblant des multinationales, créé en 1985 : "*The Olympic Partner*" ("TOP"). Le sport devient une industrie et un secteur économique aux ramifications multiples (divertissement, médias, articles de sport, santé, mode...). En 1992, le spectacle olympique est ainsi totalement mondialisé avec 3,5 milliards de téléspectateurs en cumulé. Les Jeux de Pékin en 2008, en ouvrant le marché chinois, marquent un pic d'audience TV mondiale jamais atteint (4,7 milliards en audience cumulée TV et internet) et de retombées publicitaires mondiales exceptionnelles (10,7 milliards de dollars pour la seule télévision nationale chinoise).

La cinquième évolution est liée à la révolution numérique depuis le milieu des années 1990 provoquée par les techniques numériques, le développement du réseau internet générant de nouvelles formes de communication digitale et l'émergence de géants du web et de la tech américains (Google, Apple, Facebook, Amazon, Microsoft, Netflix, Airbnb, Tesla, Uber : les GAFAMINATU) et chinois (Alibaba, Tencent, Baidu, Xiaomi : les BATX) disposant de capacités majeures pour développer l'intelligence artificielle. De nouvelles formes de sport voient le jour avec l'e-sport notamment. Les Jeux Olympiques de 2016 marquent cette bascule de 5 milliards de consommateurs d'image, dont la moitié pour le seul digital. Ces chiffres se confirment pour les Jeux Olympiques de Tokyo 2020+1 et de Pékin 2022, avec une très forte majorité de vues sur internet, notamment en Asie.

## La gouvernance systémique du CIO

La gouvernance du CIO peut s'analyser en 3 dimensions : systémique, politique et organisationnelle. Le CIO organise d'abord une gouvernance systémique. Il dispose historiquement dans cette perspective d'un noyau central d'organismes pour organiser les Jeux Olympiques et diffuser le sport et les valeurs olympiques. Ce noyau est composé par 4 organisations clés. Les fédérations nationales et leurs sportifs d'élite sont sélectionnés pour les Jeux selon les critères établis par les fédérations internationales olympiques. Ce sont les CNO qui sont chargés d'envoyer les délégations d'athlètes aux Jeux Olympiques. Ces derniers sont organisés par un Comité d'organisation composé à la fois par les acteurs publics et le mouvement sportif national. Le fonctionnement de ce COJO est de plus en plus contrôlé par le CIO *via* un cahier des charges imposé et à travers les financements attribués[6].

Au niveau économique, la croissance continue des revenus des Jeux Olympiques permet au CIO de reverser, sur un cycle olympique de 4 ans, 90 % de ses revenus selon la clé de répartition suivante : 50 % pour les COJO d'été et d'hiver, 38 % pour les CNO, les fédérations internationales olympiques et la solidarité olympique et enfin 12 % pour l'organisation de la jeunesse et lutter pour l'intégrité sportive, avec notamment le financement de l'Agence mondiale antidopage (AMA)[7]. La première redistribution aux fédérations internationales olympiques date de 1992 avec une somme globale de 37,6 milliards de dollars (soit 1,5 milliard de dollars par fédération internationale pour 4 ans). En 2004, une première liste de critères de redistribution de l'argent aux fédérations internationales est adoptée, permettant de redistribuer plus d'argent aux sports les plus porteurs au niveau marketing (l'athlétisme, la gymnastique et la natation). Le montant de cette redistribution a beaucoup augmenté avec l'explosion des droits médias (526 milliards de dollars, soit 19 milliards

---

6 Jean-Loup Chappelet, "Les parties prenantes de la gouvernance du système olympique", *Management & Organisations du Sport*, n° 4, 2022.

7 Rapport annuel du CIO, 2018.

de dollars en moyenne par fédération internationale pour le cycle 2016-2020).

Le système olympique s'est considérablement élargi et complexifié, à tel point que Jean-Loup Chappelet, d'HEC Lausanne, évoque un "*système total*[8]". Le CIO doit en effet composer avec un très grand nombre de parties prenantes disposant parfois d'intérêts divergents. Ainsi, les ligues professionnelles notamment nord-américaines peuvent libérer ou non leurs joueurs pour les Jeux. Pour s'adapter aux attentes des jeunes, de nouveaux sports sont récemment entrés au programme olympique (escalade, surf, skateboard, base-ball, basket 3X3 et même le breaking invité aux Jeux Olympiques et Paralympiques de Paris 2024). Le CIO doit lutter en permanence, *via* des rapports de force entraînant partenariats et conflits, pour affirmer son leadership sur ce système complexe. Au sein même de son noyau dur, il est parfois attaqué, notamment par les fédérations internationales comme l'illustre son conflit ouvert au sujet de la réforme du système olympique, en 2015, avec SportAccord (association rassemblant l'ensemble des fédérations internationales). Thomas Bach a fini par réussir à gagner son bras de fer en 2017 en remplaçant cette institution par la Global Association of International Sports Federations (GAISF), une organisation désormais "sous contrôle".

Enfin, les médias, les ONG, les chercheurs et les opinions publiques scrutent plus attentivement les dérives liées au sport d'élite et à l'olympisme. C'est pourquoi le CIO a dû s'appuyer sur des dispositifs nouveaux de régulation pour lutter contre le dopage, la violence, le racisme, les compétitions truquées ou les problèmes de gouvernance en ayant recours, depuis ces 20 dernières années, à une nouvelle gouvernance politique.

---

[8] Jean-Loup Chappelet, *Jeux Olympiques: raviver la flamme,* Lausanne, PPUR, 2016.

## Une gouvernance également politique…

La gouvernance politique concerne les relations que le CIO et le mouvement olympique entretiennent avec les organisations (inter)gouvernementales : l'ONU, l'Union européenne, le Conseil de l'Europe, les États et les villes/régions qui organisent les Jeux. Ces rapports sont souvent résumés par la difficile relation entre "sport et politique" : boycotts des États, ingérence dans la gouvernance des instances sportives nationales, utilisation du *soft power* du sport par des régimes politiques contestés, décisions de justice en matière sportive… Toutefois, l'organisation des Jeux Olympiques et le financement national du sport olympique dépendent de la qualité du partenariat public. En effet, le financement des équipements sportifs, des fédérations nationales, des clubs et des sportifs d'élite dans la plupart des sports olympiques s'effectue majoritairement grâce à des aides publiques directes et indirectes.

Pour faire face aux risques que représente de son point de vue la justice des États (lenteur, publicité médiatique, coût, incompréhension des spécificités sportives), le CIO a réussi à faire adhérer progressivement toutes les fédérations internationales, et même la FIFA, à une justice arbitrale spécifique *via* la création du Tribunal arbitral du sport en 1984. Cette instance permet de traiter pour le mouvement olympique de manière discrète et efficace un grand nombre de contentieux internes, majoritairement sur le sujet du dopage (environ 60 % des cas) et sur le football (59 % des cas). Il permet ainsi dans bien des cas d'éviter la justice des États ou des organisations supra-étatiques (Union européenne).

Pour lutter contre le dopage, la création de l'AMA en 1999, fondation cogérée par le mouvement sportif international et les États, a marqué la nécessité d'un partenariat privé/public afin de faire avancer plus efficacement ce sujet clé pour protéger la crédibilité des performances sportives et la santé des athlètes[9]. Malgré ce dispositif,

[9] Jean-Loup Chappelet, Nicolien van Luijk, "The institutional governance of global hybrid bodies : The case of the World-Anti Doping Agency", *in* Andrea Bonomi Savignon, Luca Gnan, Alexandra Hinna, Fabio Monteduro

de graves problèmes ont perduré comme l'illustre le scandale du dopage d'État en Russie – à l'œuvre notamment pour Sotchi 2014 – et la suspension de ce pays pour les Jeux Olympiques de 2016, 2018, 2020 et 2022, tout en permettant à certains sportifs russes de concourir sous la bannière olympique. Une nouvelle instance de régulation – l'International Testing Agency (ITA) – a été créée en 2018, sous l'égide du CIO, pour réaliser – de manière plus indépendante des États – des contrôles anti-dopage pour les FI.

La confrontation des règles sportives avec les directives européennes mais aussi avec les lois étatiques a cependant souvent montré la difficulté à concilier la spécificité de l'organisation du sport et les règles de l'ordre public européen, difficulté dont l'arrêt Bosman est le symbole le plus connu (le footballeur belge Jean-Marc Bosman contestait en 1995 devant la Cour de justice de la Communauté européenne (CJCE) son transfert de son club, le FC Liège, au club de Dunkerque (France), la CHCE lui donnant finalement raison contre les règles des transferts instaurées par l'UEFA).

C'est pourquoi le CIO s'est beaucoup battu depuis les années 1990 pour faire reconnaître dans les traités internationaux (ONU, Union européenne, Conseil de l'Europe) la spécificité du sport (Déclaration de Nice en 2000 et Traité de Lisbonne en 2009 (art. 165)). Il a globalement été soutenu par de multiples résolutions internationales et directives européennes reconnaissant le rôle social et éducatif du sport mais aussi l'autonomie du sport (livre blanc sur le sport de la Commission européenne de 2007 par exemple).

(dir.), *Hybridity in the governance and delivery of public services*, Londres, Emerald publishing, 2018, p. 167-191.

## ...et organisationnelle

La gouvernance organisationnelle du CIO est très spécifique, puisque les membres individuels de cette association de droit suisse sont cooptés. Ces 106 membres, en 2022, sont rassemblés au sein de la session annuelle, l'assemblée générale du CIO. Le principal pouvoir de la session consiste à voter l'attribution des Jeux Olympiques aux villes candidates, de même qu'à élire le président. Le CIO est en fait dirigé par son président, qui a un rôle exécutif depuis 1980, et par la commission exécutive (le "conseil d'administration") qui l'épaule, celle-ci étant composée de 15 membres dont 4 vice-présidents. Vingt-deux commissions composées d'experts et de membres du CIO sont chargées d'éclairer le fonctionnement du CIO et du mouvement olympique.

Au côté de ce fonctionnement politique singulier, l'administration du siège s'est beaucoup professionnalisée depuis les années 2000 et compte aujourd'hui près de 700 employés permanents[10]. Parmi ces derniers environ 150 salariés permanents travaillent à Madrid, siège d'*Olympic Broadcast Services* (OBS), pour la chaîne olympique (OCS : web TV), créée en 2016 par le CIO et diffusant les compétitions archivées ainsi que les tournois préolympiques.

Le principe de fonctionnement de la gouvernance organisationnelle est clair : les dirigeants élus "bénévoles/indemnisés" dirigent l'institution, ses managers salariés mettent en œuvre la politique et la session est censée contrôler les résultats annuels à travers l'étude des rapports d'activité et financiers annuels, publiés de manière plus développée depuis 2014.

Un des moments clés de l'évolution de la gouvernance organisationnelle du CIO a eu lieu après le scandale de corruption lié à l'attribution des Jeux à Salt Lake City[11]. La réforme appelée "CIO 2000"

---

10 Jean-Loup Chappelet, "The professionalization of the IOC Administration", *Journal of Olympic Studies*, vol. 3, n° 2, 2022.

11 Jean-Loup Chappelet, "Le Système olympique et les pouvoirs publics face au dopage et à la corruption : partenariat ou confrontation ?", *in* Jean-Charles Basson (dir.), *Sport et ordre public*, Paris, La Documentation française, 2001, p. 215-234.

a entraîné plusieurs changements majeurs. Le premier est lié à la composition des membres et à leur âge limite, ramené de 80 ans à 70. De plus, 45 membres, soit 15 pour 3 "groupes" spécifiques (fédérations internationales olympiques, CNO, athlètes), sont cooptés pour une durée de mandat maximale de 8 ans pour les athlètes et jusqu'à la fin de leur mandat de présidents de CNO et de fédération internationale pour les autres.

Cette nouvelle composition a permis de changer la sociologie du CIO : rajeunissement, féminisation, et finalement des membres plus directement connectés au monde du sport international. Elle en a aussi modifié le contrôle pour le président en raison d'un *turn-over* plus important des membres. Le mandat du président a été limité à 2 mandats successifs maximum, de 8 ans pour le premier puis de 4 ans, soit 12 ans maximum. Une commission éthique et un code éthique ont été mis en œuvre pour sanctionner les dérives en matière d'intégrité visant notamment ses membres. Cependant, le fonctionnement de cette commission a pu paraître assez peu pro-actif. Les membres les plus connus touchés par des affaires de corruption, tels les présidents de la FIFA Joseph Blatter et Joao Havelange et celui de la fédération internationale d'athlétisme Lamine Diack, ont démissionné pour échapper aux sanctions de cette commission[12].

Sur les 3 domaines de gouvernance présentés, la politique de Thomas Bach, élu en 2013 neuvième président du CIO, marque le temps d'une "réalpolitique" visant à préserver les intérêts d'un CIO et d'un mouvement sportif international attaqué sur de multiples sujets.

Après l'invention coubertinienne du projet olympique, la "révolution Samaranch[13]" des années 1980-1990 a lancé la commercialisation globale de la marque olympique et des Jeux Olympiques.

---

12 Pour une critique des codes et des commissions d'éthique au niveau des fédérations internationales, voir Bran Constandt, Annick Willem, "Stimulating ethical behaviour and good governance in sport : The (non) sense of codes of ethics", *in* Arnout Geeraert, Frank van Eekeren (dir.), *Good Governance in Sport*, Londres, Routledge, 2021, p. 210-220.

13 David Miller, *La révolution olympique, portrait de J. A. Samaranch*, Paris, Payot, 1993.

Le mandat de Thomas Bach marque un 3e temps fort pour répondre à une crise de légitimité qui touche l'olympisme comme d'autres grandes institutions (la religion, la démocratie, etc.).

Cette crise de légitimité est incarnée par plusieurs faits marquants. Premièrement par le scepticisme des opinions occidentales quant à l'intérêt d'organiser les Jeux Olympiques, patente quand on considère la perte de 18 référendums locaux sur 31 pour les Jeux Olympiques d'hiver entre 1968 et 2022[14] mais aussi de nombreux pour les Jeux Olympiques d'été. Deuxièmement, par la difficile lutte en matière d'intégrité sportive (dopage, paris truqués, corruption de dirigeants du sport international, respect des droits humains, abus et harcèlement, intégrité physique et psychologique des athlètes d'élite...). Troisièmement par la concurrence exacerbée de nouvelles formes de sports et de pratiques en marge du système olympique (e-sport, Mixed Martial Arts, forte poussée des sports de nature, des sports extrêmes et des sports de survie) et enfin quatrièmement par les nouveaux comportements des jeunes et de la "génération Z" qui se définit par ses relations au travers de plateformes virtuelles et une vie plus sédentaire, moins active et sportive, posant de graves problèmes de santé publique[15].

La stratégie menée depuis son élection par Thomas Bach, avocat de formation, peut se caractériser, rétrospectivement, par une politique fondée sur le réalisme se traduisant par le calcul des forces en présence et une gestion fine des risques. Cette politique repose sur 2 piliers dont la mise en œuvre est à questionner : "*l'autonomie responsable par une bonne gouvernance*" et un plaidoyer affirmant l'impact sociétal positif du sport et de l'olympisme.

---

14 Jean-Loup Chappelet, "Winter Olympic Referendums : Reasons for Opposition to the Games", *International Journal of the History of Sport*, vol. 38, n° 13-14, 2021, p. 1369-1384.

15 World Health Organization, *Physical activity – Fact sheets*, 2021 (https://www.who.int/news-room/fact-sheets/detail/physical-activity) ; Margo Mountjoy, Astrid Junge, Richard Budgett, Dominik Doerr, Michel Leglise, Stuart Miller, Jane Moran, Jeremy Foster, "Health promotion by International Olympic Sport Federations : Priorities and Barriers", *British Journal of Sports Medicine*, vol. 53, n° 17, 2021, p. 1117-1125.

On le constate, le CIO s'est profondément transformé au cours de ces 40 dernières années notamment en matière de commercialisation, d'évolution du programme olympique, de genre, de professionnalisation et de transparence dans sa communication. Cependant, la crédibilité des changements et de leurs effets est toujours questionnée. Le slogan fort de Thomas Bach de 2014 "*changer ou être changé*" reste toujours d'actualité dans un contexte d'incertitude mondiale majeure avec la guerre en Ukraine, la forte tension Chine/Taïwan et la crise sanitaire du COVID-19.

La difficulté est d'articuler discours, pratiques et résultats, mesurés et contrôlés par des experts indépendants, dans un système où les jeux d'acteurs au sein du sport mondial et le maintien des équilibres (géo)politiques sont dominants. Le fonctionnement des fédérations internationales olympiques et des CNO reste très hétérogène en termes de professionnalisation et de capacité à mettre en œuvre les multiples initiatives du CIO, notamment en matière de "bonne" gouvernance et de durabilité. Enfin, le "modèle européen" du sport défendu par le CIO, fondé sur les clubs, les fédérations et le bénévolat, est aussi grandement fragilisé par le rôle central pris par le monde digital chez les plus jeunes. Finalement, le CIO est un colosse aux pieds d'argile très dépendant du déroulement régulier et du succès des Jeux Olympiques.

# Les Jeux Olympiques de Tokyo et l'épidémie COVID-19

Gilles Boëtsch

Le 11 mars 2020, l'Organisation mondiale de la santé (OMS) déclare une pandémie provoquée par le coronavirus COVID-19. Celle-ci va avoir de forts impacts sur l'activité économique, les transports, les loisirs mais aussi les rapports humains aux 4 coins du monde. La contamination de cette infection respiratoire passe par le contact avec les autres. De ce fait, les grands rassemblements (spectacles, pèlerinages, rencontres sportives...), dans la presque totalité des nations, vont être déconseillés puis interdits. Les séries de mesures restrictives qui vont s'imposer, certes de manière extrêmement diversifiée, vont fortement perturber l'ensemble des activités mondiales, en particulier les Jeux Olympiques qui doivent au cours de l'été 2020 s'organiser au Japon[1].

---

1 Daniel Bok, Karim Chamari, Carl Foster, "The Pitch Invader—COVID-19 Canceled the Game: What Can Science Do for Us, and What Can the Pandemic Do for Science?", *International Journal of Sports Physiology and Performance*, vol. 15, n° 7, 2020, p. 917-919.

Ces derniers avaient déjà été impactés dans le passé par des événements indépendants de leur organisation, que ce soit lors des 2 guerres mondiales (les Jeux Olympiques sont annulés en 1916, 1940 et 1944) ou des épidémies comme la grippe espagnole [A(H1N1)] qui avait fortement perturbé les Jeux Olympiques d'Anvers en 1920. À cette époque, le tiers de la population mondiale avait été touché, induisant entre 20 et 50 millions de décès, chiffre à comparer aux 6,5 millions de morts provoqués par le COVID-19 dénombrés en septembre 2022 par le *Johns Hopkins Coronavirus Resource Center*[2], avec comme principaux pays touchés les États-Unis (le plus endeuillé), suivis du Brésil, de l'Inde, du Mexique et du Pérou. Au lendemain de la Grande Guerre, il n'existait pas de vaccins, les politiques sanitaires – y compris dans l'espace géographique occidental – étaient balbutiantes et l'épidémie touchait essentiellement les individus jeunes.

## Annuler ou maintenir les Jeux Olympiques ?

Dans un contexte contemporain marqué par la coordination internationale des politiques de lutte contre le COVID-19 par l'Organisation mondiale de la santé (OMS), la pandémie de COVID-19 va très vite perturber et modifier l'organisation et le déroulement des Jeux Olympiques. Tout au long de la pandémie, les chiffres des populations touchées, qui reposent sur les bilans quotidiens des autorités nationales de santé, sont généralement globalement sous-évalués. Les raisons en sont multiples, mais la première d'entre elles est de ne pas affoler les populations.

Les épidémies marquent durablement ces dernières et les pouvoirs publics ont pour obligation de gérer au mieux l'état sanitaire de celles-ci. L'histoire nous enseigne que les sociétés, lors des prémices de l'épidémie, tentent toujours de minimiser son importance pour ne pas engendrer de désordre public et ne pas ralentir l'ensemble des activités économiques et sociales. Les premiers moyens de lutte furent

---

2 https://coronavirus.jhu.edu/data/mortality

influencés par des interprétations magico-religieuses puis par des pratiques empiriques (isolement, décoctions végétales, fumigations mais aussi fuite physique devant l'épidémie...) jusqu'au développement des connaissances scientifiques en virologie, immunologie et épidémiologie[3].

Très vite, les données de l'épidémiologie nous informent que la maladie se diffuse en fonction de la densité de population. Les foules, les contacts dans les transports, les rassemblements – festifs comme les concerts ou religieux comme le pèlerinage à La Mecque[4] ou le Magal à Touba au Sénégal qui en octobre 2020 a attiré 4 millions de pèlerins –, ont été des facteurs majeurs de la diffusion de l'épidémie[5].

Alors qu'ils devaient débuter le 24 juillet 2020, décision est prise le 24 mars de reporter les Jeux à une date à déterminer mais au plus tard à l'été 2021, échéance qui sera finalement celle choisie le 17 avril au vu de la progression de la pandémie.

Dès le 25 septembre 2020, le Comité d'organisation des Jeux Olympiques de Tokyo 2020 avait pris conscience que ces Jeux Olympiques ne seraient pas tels qu'ils se produisaient à l'accoutumée. Il annonce un programme plus simple et plus modeste, tout d'abord pour éviter une explosion des coûts liée au report d'une année. Ainsi, les fêtes de bienvenue des athlètes sont annulées, on diminue fortement le nombre de billets offerts aux responsables officiels, aux membres de l'organisation des Jeux et aux médias. Plus de 50 mesures de réduction des risques et d'économie ont été présentées, moins de 10 mois avant la cérémonie d'ouverture des Jeux Olympiques, prévue pour le 23 juillet 2021.

---

3 Gilles Boëtsch, Dominique Chevé, "Dispositifs biopolitiques, savoir expert et doxa au prisme de l'anthropologie de l'épidémie : de la peste au SARS-CoV-2", *in* Arnaud Lami (dir.), *La pandémie de COVID-19. Les systèmes juridiques à l'épreuve de la crise sanitaire*, Genève, Bruylant, 2021, p. 81-97.

4 Le Hadj de 2021 comme celui de 2020 fut limité à 60 000 résidents vaccinés à comparer aux 2,5 millions de pèlerins qui vinrent en pèlerinage à La Mecque en 2019.

5 Cheikh Sokhna, Ndiaw Goumballa, Hoang van Thuan, Hubert Bassene, Philippe Parola, Philippe Gautret, "The Grand Magal of Touba was spared by the COVID-19 pandemic", *International Journal of Infectious Diseases*, n° 105, 2021, p. 470-471.

Néanmoins, l'événement sera beaucoup moins grandiose que les dernières éditions, avec des délégations nationales réduites de 10 à 15 %. Les organisateurs précisent cependant que le nombre d'athlètes ne sera pas affecté. La simplification du programme des cérémonies d'ouverture et de clôture des Jeux, habituellement fastueuses, était toujours à l'étude au début de l'année 2021. "*Ce qui avait été proposé initialement* [pour ces cérémonies] *a radicalement changé*[6]", a déclaré lors d'une conférence de presse le président du Comité d'organisation japonais Yoshiro Mori. "*Ce sera peut-être plus simple et plus modeste*[7]", avait-il ajouté, tout en espérant que ces cérémonies procureraient tout de même "*de la joie*".

Malgré le coronavirus et une facture salée, les Jeux Olympiques de Tokyo "*doivent avoir lieu*", a insisté le vice-président du Comité international olympique, John Coates, qui s'exprimait par vidéoconférence. "*Nous ne voulons pas, nous ne pouvons pas ignorer toute une génération d'athlètes olympiques*[8]", avait-il souligné pour justifier le maintien de l'Olympiade. Rien ne fera changer les organisateurs japonais et le CIO, les Jeux se dérouleront du 23 juillet au 8 août 2021, malgré les risques, les polémiques et la situation sanitaire. Ce maintien des Jeux va pourtant susciter la réprobation des opinions publiques, d'une partie des politiques comme des scientifiques au regard des risques de propagation de l'épidémie[9], devant les risques pour les athlètes, le public ou le pays organisateur. Pour autant, le mouvement olympique ne modifiera jamais sa décision.

---

6 Lisa Kassab, "JO de Tokyo 2021 : Tout ce qui va changer à cause du COVID-19", *Le HuffPost*, 25 septembre 2020.

7 *Ibid.*

8 *Ibid.*

9 Kanako Taku, Arai Hirokazu, "Impact of COVID-19 on Athletes and Coaches, and Their Values in Japan : Repercussions of Postponing the Tokyo 2020 Olympic and Paralympic Games", *Journal of Loss and Trauma*, vol. 25, n° 8, 2020, p. 623-630; Kazuki Shimizu, Stuart Gilmour, Mase Hiromi, Mai Le Phuong, Ayaka Teshima, Haruka Sakamoto, Shuhei Nomura, "COVID-19 and Heat Illness in Tokyo, Japan : Implications for the Summer Olympic and Paralympic Games in 2021", *International Journal of Environmental Research and Public Health*, vol. 18, n° 3620, 2021, p. 1-12.

## La situation épidémiologique au Japon

Au début 2021, le Japon connaît 800 nouveaux cas par jour, chiffre qui montera graduellement jusqu'à la mi-août au lendemain de l'Olympiade. Dans ce contexte, en juin, 86 % de la population japonaise souhaite le report des Jeux, en raison de l'augmentation des cas de COVID-19 et la perspective de l'arrivée de 18 000 étrangers (sportifs, staffs techniques, spectateurs…) suscite des réactions contrastées : une profonde inquiétude pour l'ensemble de la population japonaise et un soulagement quant à la tenue des Jeux pour le monde sportif.

À une semaine des Jeux, 1300 nouveaux cas sont annoncés à Tokyo et une pétition – signée par 450 000 Japonais – demande le report des Jeux Olympiques[10]. Thomas Bach, président du CIO, déclare qu'il y a un risque "*zéro*" pour que les athlètes étrangers infectent les résidents japonais. En accord avec les laboratoires Pfizer et le CIO, le Japon va tenir à disposition 40 000 doses de vaccins à usage des travailleurs japonais ou des journalistes devant se rendre sur les sites sportifs. Pour l'ensemble de la population japonaise, 2 vaccins étaient validés (Pfizer et Moderna) et celui d'AstraZeneca était en passe de l'être[11]. Le gouvernement japonais disposait de 194 millions de doses de vaccins Pfizer, de 50 millions de doses de vaccins Moderna et de 120 millions de doses de vaccins AstraZeneca, c'est-à-dire assez pour couvrir les besoins de l'ensemble de la population adulte pour la seconde partie de l'année 2021[12].

Le problème sanitaire majeur posé au gouvernement japonais est que fin mai, seulement 3 % de la population du pays est vaccinée

10 Priyanka Borpujari, "How the pandemic Olympics affected Japan", *BMJ*, vol. 374, n° 2102, 2021, p. 1-2.

11 Mun-Keat Looi, "COVID-19 : Extended emergency and Olympic concerns overshadow Japan's accelerated vaccine rollout", *BMJ*, vol. 373, n° 1546, 2021, p. 1-2.

12 "Explainer : Why Japan has been slow to roll out vaccinations", *Asahi Shimbun*, 14 mai 2021.

(avec seulement 250 000 doses de vaccins injectés par jour). Fin juin, un million de doses sont administrées journellement. À la fin des Jeux, 30 % de la population japonaise aura reçu une dose de vaccin, et seulement 18 % a été complètement vaccinée. Le jour de l'ouverture des Jeux, on compte 4200 nouvelles infections journalières au Japon et 12 000 le jour de la clôture. Le risque sanitaire a donc été maximal durant les Jeux.

De fait, les infections ont proportionnellement davantage touché des résidents du Japon que des personnes venant de l'étranger, alors que ces dernières étaient initialement perçues par l'opinion publique japonaise comme le principal facteur de risque. Environ 85 % des résidents du Village olympique étaient vaccinés, avait annoncé le président du CIO Thomas Bach peu avant le début des Jeux (contre, rappelons-le, seulement 18 % de la population japonaise) et cette large couverture vaccinale des étrangers permet de limiter à seulement 150 cas les tests positifs (parmi les résidents du Village olympique) sur les 15 jours durant lesquels les Jeux se sont déroulés.

## La position des organisateurs

Certains sportifs ont été contaminés avant même de faire le voyage à Tokyo, comme l'Américain Bryson DeChambeau et l'Espagnol Jon Rahm, 2 golfeurs qui pouvaient prétendre au titre olympique, ou la joueuse de tennis américaine Coco Gauff. Le dimanche 18 juillet 2021, 3 cas positifs sont découverts au Village olympique, générant un premier foyer de contamination.

La COVID-19 s'était déjà manifestée parmi les sportifs étrangers : six athlètes britanniques avaient été contraints de se mettre en quarantaine à leur arrivée à Tokyo après avoir été en contact avec une personne positive au coronavirus, avait annoncé le dimanche 18 juillet l'Association olympique britannique. Les 6 sportifs britanniques, ainsi que 2 membres de l'encadrement – ces derniers pourtant testés négatifs au COVID-19 – ont dû observer une période d'isolement dans leur chambre d'hôtel respective au camp d'entraînement de l'équipe britannique à Yokohama[13].

Toujours le dimanche 18 juillet, la délégation de République tchèque a annoncé que Marketa Nausch-Slukova, joueuse de beach-volley, avait été testée elle aussi positive au COVID-19. Elle a dû renoncer au tournoi olympique. Il s'agissait du 5e cas positif au sein de la délégation tchèque; les précédents étaient Simon Nausch, entraîneur de beach-volley et époux de Marketa Nausch-Slukova, Ondrej Perusic (beach-volley), Pavel Sirucek (tennis de table) et Vlastimil Voracek (médecin de la délégation): le Comité olympique tchèque a décidé de mener une enquête sur la possible contamination lors du vol charter qui a emmené les sportifs de Prague à Tokyo.

Ce même dimanche, l'équipe des Pays-Bas a fait savoir que Reshmie Oogink, membre de l'encadrement de la sélection de taekwondo, était lui aussi positif au COVID-19. C'était le 2e cas au sein de la délégation néerlandaise, après Candy Jacobs (skateboard). Le lendemain, le lundi 19 juillet, 2 joueurs de l'équipe sud-africaine de football et un accompagnateur sont à leur tour diagnostiqués positifs à 5 jours de la cérémonie d'ouverture.

Ce premier cluster au sein du Village olympique va créer une crainte de contamination massive et aura pour conséquence d'activer des mesures anti-COVID drastiques, en préparation depuis des mois. La plus importante sera que la quasi-totalité des épreuves se dérouleront à huis clos[14] et les participants (sportifs, entraîneurs...) seront soumis à des contraintes sanitaires très strictes: notamment par la restriction des contacts physiques, des tests réguliers, le port du masque et l'isolement des délégations.

Le quotidien japonais *Asahi,* qui avait demandé l'annulation pure et simple des Jeux Olympiques à Tokyo, a estimé que la tenue de l'événement avait constitué un "*pari*" avec la vie des gens, alors que la

---

13 Le Monde/AFP, "COVID-19 dans le monde: les Jeux Olympiques de Tokyo face à la crainte d'un foyer épidémique", *Le Monde*, 18 juin 2021.

14 Philippe Pons, "Les Jeux Olympiques de Tokyo, à huis clos et sous état d'urgence", *Le Monde*, 9 juin 2021.

situation sanitaire empirait avant la tenue des Jeux. Un sondage réalisé par ce même journal au cours des 2 derniers jours des Jeux a cependant révélé que 56 % des Japonais étaient favorables à leur tenue (contre 32 % défavorables). Mais, signe d'une ambivalence persistante, 32 % seulement déclarèrent avoir le sentiment que les Jeux étaient "sécurisés", 54 % étant convaincus du contraire[15].

## L'avenir des Jeux Olympiques

Les Jeux Olympiques de Tokyo ont la particularité de n'avoir ressemblé à aucun autre événement sportif mondial. Déjà, le fait d'avoir reporté les Jeux Olympiques prévus en 2020 a désorienté les organisateurs et pénalisé un certain nombre d'athlètes. Les mesures sanitaires ont été particulièrement restrictives.

Néanmoins, les Jeux Olympiques de Tokyo ont bel et bien eu lieu malgré l'urgence sanitaire. Mais il faudra plus de temps au Japon pour faire le bilan de ces Jeux coûteux et controversés, qui se sont déroulés alors que les cas de COVID-19 explosaient à Tokyo et dans tout le pays. On sait déjà que le coût en a été prohibitif : le bilan financier est alourdi par le coût du report, auquel il faut rajouter les frais des dispositifs mis en place pour lutter contre la pandémie et la difficulté à mobiliser des partenaires financiers externes, rendus frileux par l'incertitude de la tenue effective des Jeux et par un contexte économique mondial également très volatil.

Les répercussions économiques ont été de fait très négatives : très tôt les organisateurs avaient prévu que les répartitions budgétaires attendues ne seraient pas au rendez-vous (80 % provenant des retransmissions télévisuelles et du sponsoring, 20 % des billets d'entrée)[16]. Officiellement établie à 1423,8 milliards de yens (plus de

---

15 La Tribune/AFP, "JO-2020 : l'heure des comptes pour le Japon", *La Tribune*, 9 août 2021.

16 Philip Brasor, "Who suffers the most from the postponement of the 2020 Tokyo Olympics?", *Japan Times*, 4 avril 2020.

10 milliards d'euros) le 21 juin par le comité d'organisation Tokyo 2020, la facture finale de l'événement organisé au cœur du torride été 2021 atteint le double de l'estimation initiale, dont 55 % sont à la charge des contribuables japonais[17].

Les responsables olympiques, comme on pouvait s'y attendre, ont cependant voulu se montrer positifs[18], affirmant que ces Jeux inédits avaient offert des moments d'espoir et d'émotion à travers le monde et qu'ils s'étaient déroulés sans incident majeur. John Coates a d'ailleurs déclaré : "*Ce que nous nous apprêtons à faire avec ces simplifications et avec cette efficience va laisser un héritage important que nous appelons le 'modèle de Tokyo'*", des Jeux Olympiques adaptés à un monde "*post-coronavirus*[19]".

Avec la pandémie de COVID-19 s'ouvrent de nombreuses questions quant à l'avenir des Jeux Olympiques[20]. Des Jeux sous quarantaine à la moindre alerte virale, des spectateurs non admis en présentiel générant d'énormes frustrations et des manques à gagner colossaux pour les organisateurs, sont un scénario parfaitement réaliste pour l'avenir. C'est toute une socio-culture du sport qui est à repenser et à réorganiser au regard de l'expérience des Jeux de Tokyo.

L'épidémie de COVID-19 a promu de nouvelles technologies de communication (*new media technology*) qui sont portées par les réseaux sociaux[21], lesquels ont en partie pallié l'absence de spectateurs. D'autres épreuves sportives en dehors des Jeux Olympiques

---

17 Philippe Mesmer, "La facture finale des JO de Tokyo – plus de 10 milliards d'euros – est deux fois plus élevées que prévu", *Le Monde*, 22 juin 2022.

18 RTS, "Tokyo 2020 – Bilan : l'heure des comptes pour le Japon", *RTS*, 9 août 2021.

19 Lisa Kassab, "JO de Tokyo 2021 : Tout ce qui va changer à cause du COVID-19", *Le HuffPost*, 25 septembre 2020.

20 Boria Majumdar, "How Covid changed sport – a case study of the 2020 Tokyo Olympic Games", *Sport in Society,* 2021, p. 1-7.

21 Michelle Hayes, "Social media and inspiring physical activity during COVID-19 and beyond", *Managing Sport and Leisure*, vol. 27, n° 1-2, 2020, p. 14-21.

ont connu des expériences similaires, comme l'*English premier league* de football pour la saison 2020-2021 (portes fermées ou faible jauge de spectateurs selon les matchs), le *World Men's Handball Championship* qui s'est tenu en Égypte du 13 au 31 janvier 2021 (portes fermées), la *FIFA Club World Cup* qui eut lieu entre le 4 et le 11 février 2021 au Qatar (avec une jauge à 30 % des capacités du stade) [22].

Ce qui s'est passé à Tokyo occupe donc les esprits des politiques, des organisateurs, des sponsors, des sportifs et du public pour l'avenir des Jeux Olympiques, en particulier ceux qui vont se tenir à Paris en 2024. Le report officiel des Jeux de Tokyo ouvre une large fenêtre pour repenser les Jeux Olympiques, comme l'avait déjà dit à l'époque Tony Estanguet au nom du Comité d'organisation des Jeux Olympiques et Paralympiques de Paris programmés pour 2024[23].

Mais force est de constater que l'inquiétude d'une forte épidémie virale semble, pour les organisateurs, s'être évaporée. S'exprimant à propos des prochains Jeux de Paris, le président du CIO, Thomas Bach, a déclaré le 26 juillet 2022, sur le site du CIO : "*Dans deux ans, le monde se réunira à Paris pour ce qui sera une nouvelle ère pour les Jeux Olympiques – équilibrée en termes de représentation hommes-femmes, dotée d'un programme des sports à la fois jeune et urbain, de nouvelles expériences et d'une nouvelle génération d'olympiens et d'amateurs des Jeux Olympiques. Portés par la culture unique et la chaleureuse hospitalité de la population française, nous nous réjouissons tous de ces Jeux qui seront, à n'en pas douter, mémorables. Je souhaite bonne chance à tous les athlètes qui sont en route pour décrocher leur qualification pour Paris*[24]."

---

22 Jan Andre Lee Ludvigsen, Daniel Parnell, "Redesigning the Games? The 2020 Olympic Games, Playbooks and new sports event risk management tools", *Managing Sport and Leisure*, 2021, p. 1-13.

23 Interview de Tony Estanguet, *France Info*, 26 juin 2020.

24 "*À deux ans de Paris 2024, le président du CIO se réjouit d'une 'nouvelle ère' pour les Jeux Olympiques*", 26 juillet 2022 (https://olympics.com/cio/news/).

Mais Paris n'est pas à l'abri d'une nouvelle série de pandémies, risque auquel s'ajouteront évidemment les enjeux du contexte environnemental, du réchauffement climatique et en particulier de l'augmentation des teneurs en $CO_2$ dans l'air ambiant. Les Jeux Olympiques de Paris sont, qu'on le veuille ou non, déjà soumis à une énorme pression, obligeant à anticiper des crises plurielles désormais devant nous, nécessitant de fonder l'ensemble des Jeux à venir sur un modèle à la fois innovant et dynamique, indispensable pour répondre à ces défis.

# *Perspectives*
# Les impacts du professionnalisme

Pierre-Olaf Schut

Aujourd'hui, les sportifs professionnels sont légion dans différentes disciplines. Qu'ils vivent de leur sport (salaire des clubs, prix sur des compétitions) et/ou de leurs sponsors, un grand nombre de champions ont fait de leur passion leur métier. Si bien qu'il est nécessaire de rappeler, notamment à l'occasion des Jeux Olympiques, que la majorité des sportifs de haut niveau vivent dans une grande précarité économique. Cette situation est bien différente de celle des pionniers du sport moderne. L'amateurisme était une valeur fondamentale qui, à la fin du XIX$^{e}$ siècle, était garante d'une distinction sociale et d'une forme d'égalité des chances propre à l'activité. En effet, dans le contexte britannique, le fait d'être amateur permet de conditionner l'engagement dans la pratique sportive à une élite sociale qui a le temps et les moyens financiers de s'adonner aux sports. De plus, il exclut les personnes dont le métier permettrait d'avoir un avantage physique sur ses adversaires.

La règle de l'amateurisme fait donc partie du socle de valeurs du mouvement sportif et le Comité international olympique en sera un fervent défenseur. Mais l'élargissement du sport professionnel qui accompagne le développement du sport contribue à écarter les meilleurs sportifs de la plus grande compétition mondiale, ce qui est un paradoxe. L'objectif de cette contribution est de mettre en perspective et de comprendre comment le CIO a retardé l'entrée des sportifs professionnels aux Jeux Olympiques avant de leur ouvrir les portes pour s'adapter à une réalité sociale qu'il ne pouvait repousser. Les fédérations internationales ont joué un rôle de plus en plus important dans cette négociation qui révèle les enjeux de pouvoir entre les organisations.

## Deux mondes parallèles

Le sport moderne est loin d'être aussi uniforme qu'il n'y paraît. Le modèle dominant du sport de compétition, défendu d'abord par l'Union des sociétés françaises de sports athlétiques (USFSA) puis par le mouvement olympique, est concurrencé par différentes formes de pratiques allant de la gymnastique conscriptive aux activités des mouvements affinitaires, qu'ils soient liés à l'Église avec les patronages ou aux groupements syndicaux avec les fédérations socialistes et communistes. Dans cet univers concurrentiel, l'USFSA, suivant le modèle anglais[1], puis le CIO, font de l'amateurisme une valeur fondamentale et distinctive.

Ainsi, la Charte olympique de 1920 qui réglemente les Jeux précise : "*D'une manière générale ne doivent être qualifiés pour participer aux Jeux que les nationaux ou dûment naturalisés, à condition d'être aussi des amateurs reconnus par les Comités olympiques de leurs pays respectifs et d'une honorabilité incontestée*[2]." La distinction sociale, qui résulte de l'amateurisme défini par les Anglais, est désormais étendue au monde entier à travers l'olympisme alors que le sport professionnel se structure outre-Atlantique.

---

1 Matthew Llewellyn, John Gleaves, *The Rise and Fall of Olympic Amateurism*, Chicago, University of Illinois Press, 2016.

2 CIO, *Charte olympique*, Statuts et règlement, 1920, p. 9.

Les ligues de sport professionnel qui organisent les compétitions de base-ball, hockey sur glace et football américain sont très anciennes. Elles ont été créées respectivement en 1876, 1917 et 1920. La ligue de basket-ball est plus récente et n'apparaîtra qu'en 1946. En France, le premier championnat professionnel est celui de football, en 1932, et sera suivi du rugby à XIII en 1934. Les sports collectifs ne sont pas les premiers à se professionnaliser : de nombreux sportifs obtiennent déjà des récompenses financières en boxe, tennis ou cyclisme.

Dans les disciplines individuelles, il est possible d'identifier des individus qui sont devenus professionnels. D'ailleurs, de nombreux sportifs vont s'illustrer dans les compétitions des amateurs au plus haut niveau avant de basculer vers le sport professionnel. Les tournois olympiques donnent donc à voir l'émergence des plus grands champions. En revanche, quand un sport collectif organise un championnat professionnel, il implique plus d'une centaine de joueurs qui ne peuvent plus participer aux compétitions olympiques, ce qui réduit considérablement le niveau de performance aux Jeux.

## Premières tensions avec la FIFA

Le cas du football représente l'un des premiers cas critiques dans la gestion du professionnalisme par le CIO pendant l'entre-deux-guerres. Alors que les Jeux Olympiques ont un succès très variable auprès du public selon les disciplines, le football remplit les stades et contribue largement à l'équilibre financier de l'événement[3]. Or, le football est en voie de professionnalisation. Aussi, en 1927, la FIFA demande au CIO une compensation financière pour les footballeurs qui participent au tournoi olympique. Cette demande remet en cause le statut amateur – au sens le plus strict – des joueurs et crée une

---

[3] Pierre-Olaf Schut, Thierry Terret, "Quitte ou double : les paris des infrastructures et du budget", *in* Thierry Terret, *Les Paris des Jeux Olympiques de 1924*, Biarritz, Atlantica, 2008, p. 125-152.

brèche pour les autres fédérations internationales concernées par le sport professionnel.

Le CIO débat de cette question lors du congrès de Berlin en 1930. Deux conceptions s'opposent. D'une part, la position conservatrice : l'athlète doit être un amateur n'ayant jamais été professionnel et n'ayant jamais reçu de compensation financière. D'autre part, une position qui tient compte de la spécificité de chaque sport : il s'agirait de s'appuyer sur les standards imposés par les fédérations internationales. Cette seconde voie crée des inégalités entre les Olympiens, mais pas dans les compétitions sportives. Le CIO privilégie sa conception originelle. Le résultat du vote est très net avec 90 voix pour le maintien de la définition stricte de l'amateur et son application dans tous les sports et 20 voix contre.

La FIFA n'avait pas attendu le débat du CIO pour s'engager dans le lancement de son propre événement mondial, puisque la Coupe du monde de football est organisée pour la première fois en 1930. Cet événement s'illustre rapidement comme la compétition des meilleurs footballeurs mondiaux. Le CIO tente de lutter contre la FIFA en annulant le tournoi de football olympique des Jeux Olympiques de 1932 à Los Angeles. Mais le ballon rond reviendra au programme dès 1936 à Berlin pour assurer le succès populaire et financier des Jeux. Les joueurs retenus seront uniquement des amateurs et la compensation demandée par la FIFA ne sera votée qu'en 1962.

## La résistance d'Avery Brundage

La professionnalisation du sport est un phénomène grandissant au cours du XXe siècle et le maintien de la position initiale du CIO est sans cesse en proie à de nouvelles tensions. Avery Brundage est président du CIO de 1952 à 1972. Durant cette période économique faste, il lutte avec une grande fermeté pour la défense de l'amateurisme, alors même que ce statut est de plus en plus ambigu. L'argent gravite autour du sport, qui devient le centre d'enjeux économiques et politiques importants.

En effet, le contexte de la guerre froide bouleverse l'ordre sportif mondial. Alors que la Russie s'était écartée du mouvement olympique suite à la révolution russe de 1917, l'URSS revient à l'occasion des Jeux d'Helsinki en 1952. Pendant plus de 35 ans, l'URSS va se hisser à chaque Olympiade – été comme hiver – au premier ou 2e rang des nations. Deux fois plus souvent au premier rang. Avec l'URSS, de nombreux pays du bloc de l'Est réalisent également d'excellentes performances. Cette domination sportive s'explique en partie par des distorsions aux règles de l'amateurisme : les "*amateurs d'État*[4]" des pays communistes ne sont pas payés pour leur pratique sportive, mais bénéficient d'une disponibilité pour s'entraîner et d'un encadrement similaire à celui des sportifs professionnels. Ce système ne sera jamais condamné par les institutions sportives.

Il n'en sera pas de même pour des sportifs individuels qui obtiennent des revenus indirects par leurs sponsors. Le cas du ski est emblématique et va cristalliser la lutte d'Avery Brundage contre le professionnalisme. L'industrie des sports d'hiver s'est considérablement dynamisée pendant les Trente Glorieuses. Les stations de ski se développent, accélérées en France par le plan neige de 1964. Les entreprises de fabrication de matériel de sports d'hiver croissent également, et la France se distingue avec des grandes marques qui s'exportent largement. Dans cet environnement marchand, les compétitions internationales de ski constituent des vitrines pour valoriser tant les stations qui les accueillent que le matériel qui permet aux champions d'être victorieux. Aussi, les champions de ski sont vite approchés par des sponsors qui leur assurent des sources de revenus, dérogeant ainsi au statut d'amateur.

L'"Affaire Killy" peut être citée en exemple. Le triple champion olympique des Jeux de Grenoble est mis en cause publiquement pour avoir reçu des sommes d'argent en échange de photographies et d'une interview exclusive au journal *Paris-Match*. De plus, certaines

---

4 Sylvain Dufraisse, "Contrôler, mettre en ordre et réguler. La réforme des revenus des sportifs soviétiques au lendemain de la Seconde Guerre mondiale", *Le Mouvement Social*, n° 254, 2016, p. 103-116.

dépenses, dont l'achat d'une voiture de luxe, laissent à penser qu'il tire un revenu confortable de son activité sportive.

Le président du CIO, Avery Brundage, n'est pas dupe sur les échanges financiers organisés autour des skieurs mais les Jeux d'hiver ne peuvent pas se passer du ski alpin. Peu avant l'ouverture des Jeux de Grenoble en 1968, il avait demandé à masquer les marques de ski des athlètes olympiques. Face à l'opposition des sportifs et de la Fédération internationale de ski, il obtient seulement l'interdiction de poser, skis à la main, à l'issue de la course.

La Fédération internationale de ski quant à elle tient compte de l'évolution du système et introduit la notion de compensation financière et la possibilité de tirer des profits d'actions publicitaires. Se faisant, elle ne déroge pas frontalement aux règles de l'amateurisme et met en tension les critères du CIO, qui ont évolué, en confiant aux fédérations internationales un droit sur la définition de l'amateurisme puisque la Charte olympique de 1967 précise : "*Pour être admis à participer aux Jeux Olympiques, un concurrent doit s'être toujours adonné à la pratique du sport comme à une activité annexe, sans en tirer aucun profit matériel quel qu'il soit. Il peut se prévaloir de cette qualification : a) s'il a une situation de base de nature à assurer son existence présente et future ; b) s'il ne reçoit et n'a jamais reçu de rémunération pour sa participation au sport ; c) s'il observe les règles de la Fédération du sport qu'il pratique et les dispositions du règlement d'application du présent article (voir Conditions d'admission). Une personne qui remplit ces conditions est considérée comme amateur, du point de vue olympique*[5]."

La situation est tendue dans la mesure où Avery Brundage a une position radicale et il sait qu'il ne sera pas suivi par son conseil s'il prend des mesures fortes comme le retrait du ski alpin ou l'arrêt des Jeux d'hiver. À défaut, Avery Brundage va faire un cas exemplaire. Le skieur Karl Schranz sera la victime emblématique de la lutte

5 Charte olympique, 1967.

d'Avery Brundage contre le professionnalisme dans le sport[6] alors que son combat est déjà dépassé.

Karl Schranz est un skieur alpin autrichien. Au cours des années 1960, il obtient un palmarès sportif exceptionnel avec notamment 3 titres de champion du monde et 2 coupes du monde en 1969 et 1970. En 1968, le titre olympique lui résiste. Malgré une course très rapide, il est disqualifié pour avoir manqué une porte. Les Jeux de 1972 à Sapporo sont pour lui l'opportunité d'ajouter la médaille qui consacre une carrière d'exception. Le succès sportif de Karl Schranz lui permet d'attirer les sponsors, et il est de notoriété publique que ses revenus liés au ski sont conséquents. Le CIO se saisit de l'affaire quelques jours avant l'ouverture des Jeux d'hiver. S'appuyant sur un événement mineur mais un fait avéré (l'apparition de Karl Schranz dans la presse japonaise dans une publicité pour du café), le CIO exclut Karl Schranz des épreuves olympiques. Avery Brundage déclarera : "*Tous les skieurs alpins sont coupables de professionnalisme, mais un exemple devait être fait de Schranz, car il en était l'exemple le plus connu.*"

Bien entendu, cette sanction n'inverse pas le mouvement de professionnalisation du sport, qui dépasse le mouvement olympique. En revanche, les mandats des présidents du CIO s'achèvent et les présidents se succèdent. Avery Brundage cède sa place à Lord Killanin qui laissera ensuite son siège à Juan Antonio Samaranch, lequel incarne un renouveau dans le mouvement olympique : une renaissance appuyée par un développement commercial.

---

6 Guy-Lionel Loew, "Karl Schranz and the international debate on amateurism, Sapporo 1972", *Olympika : The International Journal of Olympic Studies*, vol. 17, 2008, p. 153-167.

# La professionnalisation des Jeux Olympiques

Juan Antonio Samaranch est connu pour avoir rendu aux Jeux Olympiques leur pérennité en assurant un double succès financier et populaire. Il développe un programme marketing ambitieux avec l'intégration de sponsors investis sur le long terme et obtient une croissance importante des revenus au niveau de la vente des droits TV. Bien entendu, il n'est pas le seul artisan de cette réussite puisque Peter Ueberroth[7], l'organisateur des Jeux de Los Angeles en 1984, était en phase avec la vision de Juan Antonio Samaranch et a su concrétiser sa vision de manière exemplaire et dessiner un modèle pour les suivants.

Les Jeux Olympiques de 1984 sont le théâtre d'une transformation importante par rapport au sport professionnel. C'est à travers le tournoi de tennis que se joue une évolution majeure qui prendra plusieurs années pour s'élargir progressivement aux autres sports. Le tennis, qui s'est professionnalisé rapidement, est sorti du programme olympique après les Jeux de 1924. Comme pour le football dans les années 1930, le CIO et la fédération internationale sont en désaccord. Chacun tente de défendre ses intérêts : l'*International Lawn Tennis Federation* souhaite être impliquée dans l'organisation du tournoi olympique et que la sélection des joueurs réponde à sa définition de l'amateur. De son côté, le CIO souhaite l'annulation des grands tournois de tennis pendant les années olympiques et conserve dans sa Charte une définition de l'amateurisme incompatible avec celle de la fédération internationale.

Le tennis et les Jeux Olympiques se développent en parallèle. Tandis que se multiplient des tournois *Open* ouverts aux amateurs et professionnels dans les années 1960, le CIO continue sa chasse aux sorcières. Un rapprochement s'amorce doucement en 1976 avec la

7 Stephen Wenn R., "Peter Ueberroth's Legacy : How the 1984 Los Angeles Olympics Changed the Trajectory of the Olympic Movement", *The International Journal of the History of Sport*, vol. 32, n° 1, 2015, p. 157-171.

reconnaissance par le CIO de l'*International Tennis Federation*. Cette réouverture du dialogue permet d'envisager le retour du tennis au programme olympique. À Los Angeles, le tennis est inscrit comme sport de démonstration (c'est-à-dire que les résultats ne sont pas pris en compte dans le classement officiel des nations). Il y a une forme de compromis dans les règles d'accès au tournoi : les joueurs et joueuses ne doivent pas avoir plus de 21 ans. Mais aucune contrainte de statut n'est imposée. Or, cette année-là, de jeunes joueurs très talentueux répondent au critère d'âge alors qu'ils sont déjà des professionnels confirmés. Pour ne citer que les vainqueurs du tournoi olympique, Steffi Graf et Stefan Edberg seront plus tard numéros un mondiaux. La première a participé à des tournois professionnels à partir de 1982 ; son homologue masculin dès 1983. L'un comme l'autre sont donc bien officiellement des joueurs professionnels admis à concourir aux Jeux Olympiques.

Le succès du tournoi de tennis auprès du public est manifeste et, de sport de démonstration, le tennis prend une place à part entière dans le programme olympique. En 1988, aux Jeux Olympiques de Séoul, le tournoi de tennis est ouvert à l'ensemble des joueurs professionnels, sans limite d'âge. Le premier pas est franchi et l'accès au tournoi olympique s'élargit ensuite aux autres sports. L'arrivée des joueurs de basket-ball professionnels à Barcelone en 1992 marque les esprits : toutes les stars américaines de la NBA ont pris la place des joueurs universitaires de la NCAA pour offrir un spectacle unique.

La Charte olympique de 1992 confère aux fédérations internationales les critères d'admission des joueurs dans les compétitions. La balle est désormais dans leur camp. Mais l'effort du CIO pour attirer les stars médiatiques de tous les sports se heurte également à des inquiétudes de la part des fédérations sportives internationales qui ne souhaitent pas céder au CIO le succès de leurs plus grandes compétitions internationales. Ainsi, la FIFA, détentrice avec la Coupe du monde de football du 2^e^ plus important événement sportif mondial, privilégie encore aujourd'hui la participation des jeunes joueurs de moins de 23 ans au tournoi olympique pour garder l'exclusivité du meilleur spectacle de football.

Le mouvement olympique a intégré à son fondement une vision de l'amateurisme proche de celle des pionniers du sport moderne en Angleterre. Alors que le sport professionnel touche progressivement de plus en plus de sports, le CIO maintient durablement une position conservatrice sur la question de l'amateurisme. Si bien que le tournoi olympique n'enregistre plus les meilleures performances mondiales ou, pire, ne donne plus à voir les sports les plus connus et pratiqués.

Le développement de la médiatisation du spectacle sportif rend cette situation intenable entre les sportifs connus du public et un événement olympique qui leur refuse l'accès. Le conservatisme du CIO, notamment à travers la position d'Avery Brundage, n'est plus viable. Avec l'arrivée de Juan Antonio Samaranch, qui a su faire évoluer les Jeux Olympiques avec le sport de haut niveau, le professionnalisme s'est généralisé, uniquement freiné par la concurrence avec les événements organisés par les fédérations internationales. Cette ouverture aux sportifs professionnels était indispensable pour garantir la réussite économique qu'ont connue les Jeux Olympiques depuis les années 1980.

# Enjeux et problématiques olympiques

# Paralympisme et Olympisme. Pour une histoire-monde de la mise en spectacle des performances extraordinaires

Anne Marcellini

La pratique sportive compétitive des "corps abîmés" ou différents a débuté avant que le mouvement paralympique ne voie le jour. En effet, le premier athlète présentant une atteinte corporelle qui ait participé aux Jeux Olympiques est identifié, dans les historiographies du mouvement olympique et paralympique, comme étant George Eyser[1]. C'était un gymnaste unijambiste, ayant gagné 6 médailles olympiques aux Jeux Olympiques de St. Louis en 1904, dont 3 médailles d'or en gymnastique. Il a été médaillé dans les épreuves de barres parallèles, barre fixe, corde lisse, cheval d'arçons, saut de cheval ainsi qu'au concours complet 4 épreuves.

1 André Auberger, *La même flamme... 50 ans de défis et d'exploits Handisport*, Paris, Le Cherche Midi, 2005 ; Steve Bailey, *Athlete First : A History of the Paralympic Movement*, Chichester, John Wiley & Sons, 2008.

Cette performance en fait la première figure historique d'olympien avec une déficience notable qui soit repérée dans les annales du Comité international olympique. Dans les années 1940, la Seconde Guerre mondiale et l'épidémie de poliomyélite vont produire une importante population de jeunes gens dont les corps sont atteints, amputés ou paralysés. On trouve des traces de cette épidémiologie singulière dans les palmarès olympiques avec la victoire de Karoly Takacs (1910-1976), tireur hongrois, amputé de la main droite, qui gagne une médaille d'or au tir au pistolet lors des Jeux Olympiques de Londres en 1948, et qui participe également aux Jeux Olympiques d'Helsinki en 1952. Dans ces mêmes Olympiades, Liz Hartel, danoise, présentant des séquelles de poliomyélite aux 2 jambes, remporte la médaille d'argent en dressage individuel. Comme c'est lors de ces Olympiades que les épreuves d'équitation olympique s'ouvrent pour la première fois aux femmes, Liz Hartel est donc la première femme à concourir aux Jeux Olympiques en équitation avec en outre une déficience des membres inférieurs, et dans une catégorie mixte en termes de sexe. Elle participe à nouveau 4 ans plus tard aux Jeux Olympiques de Melbourne en 1956.

La singularité corporelle de ces athlètes est alors évoquée à titre anecdotique, et l'on sait peu de choses sur les parcours de vie qui les ont menés jusqu'aux Jeux Olympiques. Une recherche historique permettant de contextualiser et de retracer les trajectoires de ces athlètes reste à faire, pour comprendre les dynamiques de ces participations qui sont exceptionnelles.

Mais avant les années 1960, la notion de "handicap" n'est pas encore très usitée pour désigner une catégorie de personnes touchées par une ou des déficiences, quelles qu'elles soient. De fait, ces athlètes ne sont pas désignés à l'époque comme des "handicapés", mais toujours caractérisés par l'atteinte corporelle qui est la leur, en l'occurrence leur paralysie ou leur amputation. Par ailleurs ils ne font pas encore "groupe", et apparaissent comme isolés les uns des autres dans leurs pratiques sportives.

Dans cette première moitié du XXe siècle, seuls les sourds utilisant un langage gestuel, liés par leur lutte collective pour affirmer leur spécificité linguistique et culturelle, construisent un mouvement sportif communautaire et affinitaire : le "sport silencieux". Ce mouvement organise dès 1924 les premiers "Jeux internationaux silencieux" à Paris, en amont des Jeux Olympiques d'été de Paris 1924[2]. Mais comme on va le voir, ce n'est qu'au cours des Trente Glorieuses (1945-1975) que les conditions de possibilité de la création d'un mouvement sportif dit "para-olympique", dans une forme tout d'abord artisanale, sont réunies. Puis à partir des années 1990, le mouvement paralympique s'élargit, s'impose et s'enhardit jusqu'à bousculer l'ordre olympique au tout début du XXIe siècle.

## D'un para(o)lympisme rééducatif à une sportivisation affirmée

Les origines du mouvement paralympique peuvent être situées au cœur de la Résistance durant la Seconde Guerre mondiale. En effet, c'est au Royaume-Uni qu'un neurologue juif, le docteur Ludwig Guttmann, qui a fui l'Allemagne nazie et dirige un service de l'hôpital de Stoke-Mandeville, propose à de jeunes blessés de guerre des pratiques sportives pour tenter d'intensifier et d'accélérer leur rééducation fonctionnelle. De jeunes résistants français, blessés au combat, rejoindront également le Royaume-Uni, durant le conflit et ensuite, pour leur rééducation et leur appareillage. À la suite de l'expérience positive des jeux intra-hospitaliers de Stoke-Mandeville initiés dès 1948 par Ludwig Guttmann, c'est après-guerre, en 1960, que vont se dérouler les premiers Jeux Paralympiques officiels, à Rome, dans la même ville que les Jeux Olympiques. Ils accueillent 400 athlètes issus de 23 pays. Dès lors, les athlètes qui présentent des déficiences

2 Andrea Benvenuto, Didier Séguillon, "Des premiers banquets des sourds-muets à l'avènement du sport silencieux, 1834 1924. Pour une histoire politique des mobilisations collectives des sourds", *La nouvelle revue de l'adaptation et de la scolarisation*, n° 64, 2013, p. 135 150 ; Anne Marcellini, Nathalie Lefèvre, Éric De Léséleuc, Gilles Bui-Xuan, "D'une minorité à l'autre... Pratique sportive, visibilité et intégration sociale de groupes stigmatisés", *Loisir et Société/Society and Leisure*, vol. 23, n° 1, 2000, p. 251 272.

motrices, puis visuelles, participent de plus en plus massivement aux Jeux Paralympiques qui vont désormais se dérouler tous les 4 ans.

Mais le mouvement olympique, dans un premier temps, ignore totalement les prémices de ce mouvement sportif de blessés de guerre, mouvement encore épars et concentré sur l'exercice physique comme rééducation et réadaptation. Cependant, dès la fin des années 1960, et en lien avec les mouvements protestataires de 1968, des mouvements d'émancipation des personnes handicapées voient le jour, et la revendication compétitive des pratiques sportives par les "mutilés de guerre", mais aussi par les "invalides civils" qui ont rejoint les clubs sportifs de "handicapés" (en particulier les jeunes paralysés par des séquelles de poliomyélite), s'affirme.

Ainsi se développe progressivement au niveau international, en référence à l'institution olympique, mais en dehors de celle-ci, une organisation distinguant "athlètes valides" et "athlètes handicapés", au travers de 2 circuits compétitifs séparés et exclusifs dont les événements olympiques et paralympiques sont les vitrines. Cette partition est alors associée à une hiérarchie dans laquelle les performances du circuit paralympique sont, à cette époque, objectivement inférieures à celles du circuit olympique.

Ainsi, un ordre symbolique se construit, dans lequel la reconnaissance des sportifs présentant des déficiences est assurée par leur positionnement dans une catégorie sportive de performance inférieure à celle des athlètes dits "valides". En effet, comme l'explicite Mary Douglas, "*Les institutions accomplissent les mêmes tâches que les théories. Elles aussi confèrent leur ressemblance aux objets* [et les classifient]. *Une fois qu'un schéma théorique a été développé, des éléments qui, au stade préthéorique, avaient un statut incertain, perdent leur ambiguïté. Ils trouvent une définition quand leur place normale dans le fonctionnement du système est montrée*[3]".

Toutefois, la sportivisation engagée va se concrétiser par le développement des pratiques d'entraînement, l'optimisation des matériels

---

3 Mary Douglas, "C'est l'institution qui décrète l'identité", *in* Mary Douglas, *Comment pensent les institutions*, Paris, La Découverte, 2004 2004 [1986].

sportifs spécifiques (fauteuils roulant de course, prothèses de course, appareillages de ski assis ou debout…) et *in fine* par l'augmentation progressive du niveau de performance des athlètes ayant des déficiences. La sportivisation s'exprime également par l'aspiration du mouvement paralympique à entrer dans le processus de médiatisation en cherchant l'augmentation de la taille, de la visibilité et de la dimension spectaculaire de ses événements sportifs.

Tout d'abord, quelques sportifs paralympiques vont atteindre des performances remarquables leur permettant de se qualifier pour les Jeux Olympiques (Neroli Fairhall en tir à l'arc en 1984, puis Marla Runyan en course à pied en 2000 aux Jeux Olympiques de Sydney). Ces performances exceptionnelles ne vont pas encore bousculer l'ordre olympique, elles vont être traitées par l'institution sportive au travers du changement de catégorie de ces championnes : d'athlètes paralympiques, aux performances toutes relatives, elles vont devenir athlètes olympiques dès lors qu'elles ont satisfait aux minimas sélectifs pour les Jeux Olympiques. Et, en vertu de la logique d'exclusivité catégorielle instituée, devenant athlètes olympiques, elles ne pourront pas continuer à participer aux Jeux Paralympiques.

Mais ces Jeux Olympiques de Sydney peuvent être également considérés comme un moment-clef des relations entre olympisme et "sport sourd". En effet, lors de ces Jeux, Terence Parkin, un jeune nageur sourd sud-africain, gagne la médaille d'argent du 200 mètres brasse. En tant que sourd, il n'est pas athlète paralympique mais participe aux Jeux internationaux pour les sourds. Car si le "sport sourd" a été invité à rejoindre le mouvement paralympique et les Jeux Paralympiques dès 1986, lors du processus de refondation du Comité international paralympique qui s'ouvrait à "tous les types de déficiences", il ne l'a finalement pas intégré, à l'inverse des sportifs ayant des déficiences intellectuelles qui rejoignent alors, avec l'INAS-FMH, le mouvement paralympique[4]. Le Comité international des sports des sourds (CISS) est resté à distance du mouvement paralympique,

4 Elise Lantz, Anne Marcellini, "Sport games for people with intellectual disabilities. Institutional analysis of an unusual international configuration", *Sport in Society*, vol. 21, n° 4, 2018, p. 635-648.

et organise ses propres Olympiades dans un calendrier décalé du calendrier olympique et paralympique depuis le début du XXe siècle[5].

Dans ce contexte institutionnel, Terence Parkin concourt alternativement aux Jeux mondiaux des sourds et aux Jeux Olympiques. Après avoir remporté 5 médailles d'or aux Jeux mondiaux des sourds de Copenhague en 1997, il devient médaillé d'argent aux Jeux Olympiques de Sydney puis remporte à nouveau 5 médailles d'or aux Jeux mondiaux des sourds de Rome en 2001 (devenus à cette date *Deaflympics* comme on le verra). Il est à nouveau sélectionné pour les Jeux Olympiques d'Athènes en 2004, et va ensuite remporter 13 médailles aux Deaflympics de Melbourne en 2005. Ainsi ce nageur est à la fois "athlète *deaflympique*" et "athlète olympique". Son très haut niveau de performance sportive, qui le fait entrer dans la catégorie "athlète olympique", ne semble pas lui interdire de continuer à concourir dans le même temps dans le circuit des "athlètes *deaflympiques*". Mieux encore, il bénéficie pour ses participations aux Jeux Olympiques de la mise en place d'un départ au flash, dispositif visuel essentiel pour lui qui n'entend pas le starter. C'est la première fois que l'institution olympique développe un tel aménagement technologique pour prendre en compte un besoin spécifique d'un athlète. Ainsi, le traitement du cas de Terence Parkin peut être considéré comme le signe concret d'une transformation profonde des façons d'appréhender les athlètes sourds dans le sport olympique.

Mais nous pouvons élargir cette lecture et considérer que les Jeux Olympiques de Sydney sont un *turning-point* des relations entre olympisme d'une part et paralympisme et sport sourd d'autre part. En effet, comme on va le voir, immédiatement après ces Jeux, dès 2001, des changements significatifs vont advenir.

---

5 Sébastien Ruffié, Sylvain Ferez, *Corps, Sport, Handicaps. Tome 1. L'institutionnalisation du mouvement handisport (1954-2008)*, Paris, Téraèdre, 2013 ; Anne Marcellini, Gaël Villoing, *Corps, Sport, Handicaps. Tome 2. Le mouvement handisport au XXIe siècle. Lectures sociologiques*, Paris, Téraèdre, 2014.

## Quand le paralympisme bouscule l'olympisme

Durant les dernières décennies du XXe siècle, les revendications de regroupement des Jeux Paralympiques et des Jeux Olympiques ont été nombreuses, la tentative d'intégration du sport sourd au mouvement paralympique lors de sa refondation en 1989 n'a pas abouti, des sélections d'athlètes paralympiques pour les Jeux Olympiques sont advenues et la fin de l'exclusivité catégorielle entre "athlète du sport sourd" et "athlète olympique" a été inaugurée par Terence Parkin.

Ces différents évènements et revendications s'appuient sur des logiques convergentes de lutte contre les discriminations des personnes handicapées et sur l'émergence des politiques inclusives. Ces indices d'un changement en cours dans les relations et positions des 3 mouvements sportifs internationaux multisports que sont l'olympisme, le paralympisme et le sport silencieux vont être suivis d'accords formels entre eux. Tout d'abord le CISS propose dès 2001 d'adopter l'appellation "*Deaflympics*" pour ses jeux mondiaux, et obtient l'accord du CIO. Puis le 19 juin 2001, à Lausanne, un accord portant sur l'organisation des Jeux Paralympiques est signé entre le CIO et le Comité international paralympique. Il est présenté comme une garantie et une protection de l'organisation des Jeux Paralympiques, en visant l'établissement de principes similaires pour l'organisation des Jeux Olympiques et Paralympiques, et de forts rapprochements des Comités d'organisation des 2 événements. Il formalise de ce fait le rapprochement des 2 événements tout en confirmant leur séparation essentielle. Il entrera en vigueur à partir de 2008, lors des Jeux de Pékin, moment fort des relations entre olympisme et paralympisme.

En 2008, la "double participation" expérimentée en 2000 et 2004 par Terence Parkin va se reproduire pour 2 athlètes qui sont sélectionnées et concourent à la fois aux Jeux Paralympiques et aux Jeux Olympiques de Pékin : Nathalie Du Toit, nageuse sud-africaine née en 1984 et amputée d'une jambe au niveau du genou, et Natalia Partyka, pongiste polonaise amputée d'un avant-bras. Ces doubles participations confirment le rapprochement dans la séparation, déjà pressenti, sans conflit et comme négocié, des événements olympiques et paralympiques. Elles sont cependant les discrètes prémices d'un bousculement plus conflictuel de l'ordre institué entre olympisme et paralympisme, qui va surgir au grand jour lors de ces mêmes Jeux de Pékin en 2008, à propos de la demande de participation aux Jeux Olympiques d'un jeune coureur paralympique double amputé tibial : Oscar Pistorius.

Sans revenir en détail sur le cas Pistorius, largement étudié par ailleurs[6], on peut simplement évoquer le fait qu'il va provoquer la stupéfaction des instances sportives, et créer une certaine inquiétude dès lors que ses performances le placent en situation de battre des coureurs "valides". En 2007, à 17 ans, il finit second du 400 mètres des championnats d'athlétisme d'Afrique du Sud, puis en juillet il va se hisser à la seconde place lors du Golden Gala d'athlétisme de Rome en laissant derrière lui les meilleurs coureurs mondiaux de 400 mètres...

Commence alors un long processus de mesure, d'analyse et de contrôle des corps et des "aides techniques", ici en l'occurrence des prothèses de course de type "Cheetah" utilisées par Pistorius, pour savoir si leur usage doit être qualifié de "dopage". En effet, l'évidence selon laquelle les prothèses d'Oscar Pistorius sont, par définition, une "aide technique" pour la course, n'en est une que dans le monde du handicap et du paralympisme. Dans le monde sportif classique, et pour la Fédération internationale d'athlétisme (IAAF), s'appuyant sur sa règle 144.2, cette "aide technique" est un "*dispositif technique incluant des ressorts, des rouages, ou tout autre élément qui confère un avantage à un athlète par rapport à celui qui n'en utilise pas*". Les prothèses de course "Cheetah" jugées par les études biomécaniques et physiologiques comme "une aide technique avantageuse"

---

6 Anne Marcellini, Michel Vidal, Sylvain Ferez, Éric de Léséleuc, "'La chose la plus rapide sans jambes'. Oscar Pistorius ou la mise en spectacle des frontières de l'humain", *Politix*, vol. 90, n° 2, 2010, p. 139-165 ; Damien Issanchou, *Une indicible monstruosité : étude de cas de la controverse médiatique autour d'Oscar Pistorius (2007-2012 en France)*, thèse de doctorat en STAPS, Université Montpellier 1, 2014.

relèvent donc du dopage dit technologique[7]. Une bataille juridique interne au monde sportif s'en suivra, puisque le Tribunal arbitral du sport (TAS) sera saisi, et accordera finalement à Oscar Pistorius le droit de concourir aux Jeux Olympiques, ce qu'il fera à Londres en 2012. Mais celui-ci ne réalisera jamais sur la piste d'athlétisme la prophétie transhumaniste selon laquelle l'homme technologisé va dépasser en performance l'homme "naturel".

La suite institutionnelle de ces différentes participations de para-lympiens aux Jeux Olympiques, puis les prolongements actuels de cette controverse sportive hypermédiatisée méritent toute notre attention car ils prennent des directions qui bousculent toujours plus l'olympisme et ses discours prétendument universalistes.

## L'olympisme, un monde étriqué? Bousculer les normes et redéfinir le cadre

Aujourd'hui, les revendications de participation d'athlètes paralympiques aux Jeux Olympiques au nom de la non-discrimination des "personnes handicapées" diminuent progressivement. Le désir d'intégrer le grand spectacle olympique semble s'amoindrir. Les para-lympiens ont-ils pris la mesure des logiques olympiques et des inter-prétations par le sport classique de leurs aides techniques sportives? Les limites des capacités inclusives de l'institution olympique ont été dévoilées, et encore réitérées depuis, comme récemment à propos de Markus Rhem.

Ce dernier, coureur amputé tibial, mais aussi sauteur en longueur de la catégorie T64, utilisant une prothèse Cheetah sur laquelle il prend appui pour le saut, a battu en 2022 lors du Golden Roof Challenge, à Innsbruck en Autriche, son propre record du monde avec un saut à 8,66 mètres. S'il est autorisé à participer à certaines compétitions avec les valides, et si la fédération allemande l'a sélectionné et inscrit aux

---

7 Voir la déclaration officielle de l'IAAF disponible en ligne: https://www.worldathletics.org/news/news/oscar-pistorius-independent-scientific-stud-1

Jeux Olympiques de Tokyo, il reste exclu des Jeux Olympiques par un arrêt du TAS rendu en 2021. Sa situation et ses prises de position singulières peuvent nous mener à le choisir comme la figure actuelle de l'histoire-monde de la mise en spectacle des performances extraordinaires, pour clore le chemin de la pensée "*par cas*[8]" suivie dans cette contribution.

En effet, en 2016, il avait renoncé à demander le droit de participer aux Jeux Olympiques de Rio. Cette posture rejoignait celle des différents athlètes appareillés, qui, prenant note d'une part de l'accord de séparation entre les Jeux Olympiques et les Jeux Paralympiques conclu en 2001, et des refus d'inscription d'athlètes appareillés aux Jeux Olympiques, considèrent désormais que leur sport et leur mouvement paralympique ont une identité spécifique, qu'ils souhaitent revendiquer. C'est le discours de la "fierté de la différence" qui prend le dessus, en enterrant la demande d'être reconnu par l'institution olympique. Marie-Amélie Le Fur, paralympienne concourant avec une prothèse de jambe, aujourd'hui présidente du Comité paralympique français, se positionne également ainsi, en revendiquant la course avec prothèse comme un nouveau sport, un sport mécanique, produisant la performance hybride d'un corps appareillé.

En outre, Markus Rehm rejoint les promoteurs de l'invention de nouvelles épreuves sportives inclusives en proposant la mise en place d'épreuves de relais mélangeant coureurs olympiques et paralympiques, sur le principe de l'équité paralympique reposant sur le mélange de concurrents ayant des in/capacités différentes[9]. C'est aux Jeux Paralympiques de Tokyo, en 2021, que se sont déroulées officiellement pour la première fois les épreuves paralympiques dites de "relais universels" qui sont un nouveau type de 4 x 100 mètres dans lequel chaque équipe comprend 2 hommes et 2 femmes, qui doivent

---

8 Jean-Claude Passeron, Jacques Revel, *Penser par cas*, Paris, EHESS, 2005.

9 Voir à ce sujet Anne Marcellini, Elise Lantz, "Compétition et classification paralympique. Une nouvelle conception de l'équité sportive?", *in* Anne Marcellini, Gaël Villoing (dir.), *Corps, Sport, Handicaps. Tome 2. Le mouvement handisport au XXI^e siècle. Lectures sociologiques*, Paris, Téraèdre, 2014, p. 61-74.

en outre se répartir en un ou une athlète de la catégorie des déficients visuels, un ou une athlète de la catégorie des amputés, un ou une athlète de la catégorie des paralysés cérébraux, et un ou une athlète en fauteuil roulant[10].

La fabrique de prothèses sportives Össur fait dire à Markus Rehm, dans un clip de promotion en 2021 : "*Je suis fier de faire partie d'un mouvement qui fait évoluer les perceptions, supprime les barrières et améliore l'inclusion à travers le monde*[11]." Ainsi le mouvement paralympique ne demande plus sa dissolution dans l'olympisme, les paralympiens ne quémandent plus leurs autorisations de participation aux Jeux Olympiques. Mais le paralympisme revendique désormais sa puissance et sa valeur de mouvement d'innovation sociale universaliste.

Dans une convergence des luttes avec les mouvements politiques de dévoilement des discriminations de divers groupes minorisés, il s'affirme comme mouvement de fierté engagé dans la construction d'une société plus inclusive, et en ce sens comme un contre-modèle de l'olympisme.

---

10 On remarquera que l'universalité revendiquée de ces nouveaux relais paralympiques ne va pas, pour l'instant, jusqu'à faire une place officielle aux athlètes ayant une déficience intellectuelle, groupe intégré dans le mouvement paralympique, mais qui reste le plus souvent encore dans une position d'invisibilité, voir à ce sujet Elise Lantz, Anne Marcellini, 2018, *op. cit.*

11 https://www.facebook.com/watch/?v=521411975627482

# CIO et *lex sportiva*

Didier Poracchia

Depuis sa création et plus encore après la Seconde Guerre mondiale[1], le CIO œuvre pour placer le sport et sa régulation en dehors des ordres juridiques étatiques. Et si cette autonomie n'est pas parfaite et ne le sera certainement jamais, il n'en reste pas moins vrai que le mouvement sportif international a su créer un système[2], voir un ordre juridique[3], existant en marge des États, mais également des ordres juridiques régionaux, conduisant à considérer la Loi sportive, la *Lex sportiva*, comme une réalité[4]. Plus encore, cette *lex sportiva*, dont le

1 Jean-Loup Chapelet, *L'autonomie du sport d'hier à demain*, Lausanne, Unil, 2019.

2 Clémentine Legendre, *La coordination du mouvement sportif international et des ordres juridiques étatiques et supra-étatiques*, doctorat de droit, Paris, Université Paris I, 2019.

3 Gérald Simon, *Puissance sportive et ordre juridique étatique*, Paris, LGDJ, 1990.

4 Franck Latty, *La lex sportiva : recherche sur le droit transnational*, Leyde, Martinus Nijhoff Publisher, 2007.

contenu dépasse très largement les seules règles du jeu, constitue aujourd'hui le principal système normatif applicable au sport, en particulier de compétition.

Nous ne reviendrons pas en détail sur la structuration du mouvement sportif, qui explique sa capacité à produire des normes "sportives", mais aussi sa capacité à les faire appliquer par leurs destinataires, les sportifs. Cette structure pyramidale, qui repose tout à la fois sur le droit associatif et le droit des contrats[5], a permis la réalisation de ce maillage normatif privé s'appliquant à tous les acteurs sportifs. La structure associative du champ sportif a tout d'abord permis de regrouper par strates les différents acteurs du monde du sport acceptant de se soumettre à des règles communes. Le contrat a ensuite offert aux associations la possibilité de déterminer les conditions que les acteurs sportifs, membres ou non des fédérations, doivent remplir pour pouvoir participer aux manifestations qu'elles organisent. Ces 2 instruments ont permis de créer une véritable organisation hiérarchique du monde sportif, et ont donné la possibilité au mouvement sportif international de réglementer le sport sans avoir réellement à craindre aujourd'hui la concurrence normative d'autres acteurs privés.

## L'édification d'une justice sportive autonome

Rappelons très rapidement cette construction. En simplifiant, on peut considérer qu'au sommet de la pyramide se trouve le CIO, association de droit suisse qui dominerait toute l'organisation sportive. Le CIO agrée ensuite (ou reconnaît) une fédération internationale par sport. Cette fédération s'engage à respecter les principes olympiques. Elle conserve cependant une autonomie importante à l'égard

[5] Gaylor Rabu, *L'organisation du sport par le contrat*, Paris, LGDJPUAM, 2010 ; Clémentine Legendre, *La coordination du mouvement sportif international et des ordres juridiques étatiques et supra-étatiques*, doctorat de droit, Paris, Université Paris I, 2019.

du CIO. En particulier, cette fédération internationale conserve son indépendance et son autonomie dans l'administration de son sport[6]. Ces fédérations internationales regroupent les fédérations nationales. Celles-ci s'engagent donc à respecter les règles édictées par la fédération internationale. Les fédérations nationales s'engagent également à ce que leurs membres respectent et appliquent les normes fédérales internationales. Il peut également exister des fédérations (ou confédérations) régionales constituées par les fédérations nationales. Ces confédérations, telles l'UEFA, s'engagent également, bien qu'elles n'en soient pas membres, à respecter les règles édictées par la Fédération internationale et ici, par la FIFA.

Par ailleurs, à l'occasion des compétitions organisées par le mouvement sportif, les compétiteurs concluent avec celui-ci, et plus précisément avec l'organisateur de la compétition, un contrat par lequel ils s'engagent à respecter les normes qu'il a édictées et qui sont intégrées au contrat. On l'aura compris, le maillage contractuel et associatif conduit le mouvement sportif international à pouvoir produire de véritables règles s'appliquant dans le domaine du sport considéré.

Initialement pourtant, le mouvement sportif n'est pas parvenu à exclure les ordres juridiques étatiques au sens large, puisque ces derniers avaient dans la plupart des situations le dernier mot pour connaître des litiges sportifs internes au mouvement sportif[7]. On se souvient en particulier que les dispositions sportives internationales qui interdisaient aux sportifs de saisir les juridictions étatiques sous peine de sanctions très dissuasives (peines d'amendes très importantes ou exclusion des compétitions ou du mouvement sportif) ont été annulées, que ce soit par les juridictions françaises[8],

---

6 Charte Olympique, art. 26, https://stillmed.olympic.org/media/Document%20Library/OlympicOrg/General/FR-Olympic-Charter.pdf

7 Clémentine Legendre, *La coordination du mouvement sportif international et des ordres juridiques étatiques et supra-étatiques*, doctorat de droit, Paris, Université Paris I, 2019, p. 58 et suivantes.

8 Tribunal de grande instance, "Observation G. Baron", IR, 26 janvier 1983, Recueil Dalloz, Paris, 1986, p. 366.

les juridictions suisses[9] ou belges[10]. Et cette position était difficilement contestable puisque le mouvement sportif ne pouvait priver les sportifs de leur droit au juge.

On comprend alors que pour achever cette construction normative et s'extraire, le plus possible, des ordres juridiques étatiques, il convenait de créer une véritable institution permettant de connaître et de juger les litiges "sportifs". L'idée a donc été de recourir à la justice arbitrale, laquelle est connue et admise par les États, spécialement en matière internationale. Dès lors, les clauses interdisant le recours aux juridictions étatiques redevenaient admissibles si, en contrepartie, le mouvement sportif garantissait l'accès à des juridictions arbitrales satisfaisant aux conditions d'indépendance et d'impartialité posées par la jurisprudence et en doctrine[11].

C'est dans cette perspective que le CIO créa, en 1983, le Tribunal arbitral du sport. Le TAS est une institution arbitrale et en tant que telle, elle n'est pas un tribunal arbitral[12]. Cette nouvelle institution arbitrale, à qui le CIO et la quasi-totalité des fédérations internationales ont conféré la mission de juger leurs différends, a permis d'atteindre l'objectif d'une justice a-étatique. En effet, en tant qu'arbitre international, le TAS n'a pas de for et n'est donc pas contraint, comme le ferait un juge étatique, d'appliquer les lois impératives de l'État sur le territoire duquel il a son siège. Rien ne lui interdit, en revanche, de statuer en appliquant des règles de droit non étatiques[13]. Si bien que le TAS peut parfaitement affirmer, dans une

---

9 Tribunal de Berne II, Note Manuel Gros, Michel Lascombe, Xavier Vandendriessche, *La semaine juridique édition générale*, 9 septembre 1993, p. 503.

10 Pour des exemples en droit belge, voir Clémentine Legendre, *La coordination du mouvement sportif international et des ordres juridiques étatiques et supra-étatiques*, doctorat de droit, Paris, Université Paris I, 2019, p. 63.

11 Jérôme Jacquier, *La qualification juridique des règles autonomes des organisations sportives*, Berne, Staempfi Éditions, 2004, p. 110.

12 Sur les circonstances de la création du TAS, Antonio Rigozzi, *L'arbitrage international en matière sportive*, Bâle, Helbing et Lichtenhan, 2005, p. 124 et suivantes.

sentence de 2007, qu'"*il convient de passer outre les règles étatiques internes qui seraient contraires aux principes et au cadre juridique des règles que la FIFA a pour but d'instaurer. Dans le domaine particulier du sport, il est important de pouvoir recourir à des normes transcendant tel ou tel système étatique particulier. Cette possibilité de développer des règles dégagées, dans la mesure du possible, de toute référence à un système de normes étatiques particulières, répond en effet à un besoin spécifique découlant de l'organisation du sport*[14]". Même si cela ne signifie pas que le TAS n'applique jamais certaines réglementations étatiques ou régionales[15], cette justice arbitrale est en réalité devenue, par le biais du TAS, une justice sportive admise par les États et même parfois promue directement ou indirectement par eux, comme cela est le cas en France en matière de lutte contre le dopage à l'occasion des manifestations internationales.

On le voit, le mouvement sportif a su s'émanciper des États, tout à la fois en créant sa propre norme, mais également sa propre institution arbitrale, que l'on n'ose qualifier de juridiction internationale, à travers le TAS. L'on ne peut ignorer l'efficacité de cette justice puisque si les sentences rendues ont vocation à être connues des juges nationaux qui peuvent, suivant les circonstances, les annuler ou les priver d'effet, les questions de l'exéquatur (c'est-à-dire de la possibilité d'obtenir d'un juge qu'il donne force exécutoire à la sentence) et de la reconnaissance des sentences rendues par le TAS se posent rarement. Ainsi, dans les litiges disciplinaires, qui sont les plus nombreux, les fédérations n'ont pas besoin de l'État pour faire appliquer les sentences de condamnation. Il leur suffit de refuser, par exemple, l'inscription du sportif ou de son club dans les compétitions qu'elles organisent.

---

13 Frédéric Buy, Jean-Michel Marmayou, Didier Poracchia, Fabrice Rizzo, *Droit du sport*, Paris, LGDJ, 2020, p. 40.

14 Tribunal arbitral du sport, "Observation Éric Loquin", 2006/A/1082, *Journal du droit international*, 24 avril 2007, p. 287 ; Tribunal arbitral du sport, 2014/A/3505, 3 décembre 2014.

15 Frédéric Buy, Jean-Michel Marmayou, Didier Poracchia, Fabrice Rizzo, *Droit du sport*, Paris, LGDJ, 2020, p. 182.

On pourrait donc considérer qu'au plan juridique le mouvement sportif international ne devrait pas ou plus subir de profonde mutation quant à sa capacité à élaborer le droit du sport de demain ou à s'en faire juge. En réalité pourtant, des évolutions, voire des mutations, se dessinent.

## Perspectives d'évolution

Concernant en premier lieu la justice sportive, nous avons vu que les États pouvaient admettre son existence grâce à leur reconnaissance générale de la justice arbitrale, mais à la condition fondamentale, non que les sportifs concernés par l'arbitrage y consentent réellement, ce qui n'est quasiment jamais le cas, mais que cet arbitrage forcé respecte pleinement et substantiellement le droit d'accès à un juge impartial et indépendant, et plus largement le principe d'égalité des armes. Ces éléments, déjà au centre de la réforme du TAS en 1994, suite à une décision remarquée du Tribunal fédéral suisse mettant en doute l'indépendance de ce dernier du fait de son organisation structurelle[16], apparaissent fondamentaux pour que puisse se maintenir une justice sportive transnationale considérée par la Cour européenne des droits de l'homme (CEDH) comme une solution appropriée en ce domaine[17].

Ainsi, et comme l'a jugé la CEDH, si le droit d'accès à un tribunal (reconnue au paragraphe 1 de l'article 6 de la Convention européenne des droits de l'homme), peut être respecté même s'il est imposé de saisir des tribunaux arbitraux comme cela est le cas pour le sportif vis-à-vis du TAS, il convient dans le cas de l'arbitrage forcé que ce

16 Tribunal fédéral (Suisse), 1re Cour de droit civil, "Note G. Schwaar", *Bulletin de l'association suisse de l'arbitrage*, 1993, 15 mars 1993, p. 398.

17 Cour européenne des droits de l'homme, "Note Johanna Guillaumé", *in* "Mutu et Pechstein contre Suisse 2", *Journal du droit international*, vol. 10, n° 40575, 2019, et n° 67474, 2019, p. 172 ; "Observation. Jean-Pierre Marguénaud", *Revue trimestrielle de droit civil*, n° 8, 2018 ; "Observation Frédéric Sudre", *La semaine juridique édition générale*, 2019 ; "Note Mathieu Maisonneuve", *Revue trimestrielle de droit civil*, n° 8, 2019.

tribunal offre toutes les garanties prévues au paragraphe 1 de l'article 6 de la Convention européenne des droits de l'homme. Ainsi, dès lors que la clause d'arbitrage en faveur du TAS est imposée par une fédération au sportif pour que celui-ci participe aux compétitions qui constituent sa profession, la CEDH considère dans une affaire particulière faisant jurisprudence "[qu']*eu égard à la restriction que la non-acceptation de la clause d'arbitrage aurait apportée à la vie professionnelle de la requérante, l'on ne peut affirmer que cette dernière a accepté cette clause de manière libre et non équivoque*[18]".

À cet égard, et même si la CEDH juge que l'organisation actuelle du TAS conduit à assurer une indépendance et une impartialité suffisante des arbitres composant les formations arbitrales malgré les pouvoirs du Conseil International de l'Arbitrage en matière de Sport (CIAS) et ceux du secrétaire général du TAS, il ne fait aucun doute que la légitimité internationale du TAS et de la justice sportive suppose d'en renforcer l'indépendance structurelle et organisationnelle, tant objective que subjective, pour en faire une véritable juridiction sportive internationale autonome. On peut encore exprimer cette idée autrement : "*La combinaison des faveurs faites à l'autonomie du système TAS paraîtra toujours excessive tant qu'elle ne sera pas compensée par une prise en compte et un contrôle plus intense des droits fondamentaux des justiciables du sport*[19]."

La 2e mutation qu'il convient de noter ne concerne plus la justice sportive, mais le législateur sportif. Comme cela a déjà été relevé en doctrine, l'autonomie du mouvement sportif international est discutée en la matière, en raison notamment de difficultés liées à sa gouvernance. Le risque pour l'autonomie du mouvement sportif international, et pour son pouvoir de législateur sportif, pourrait alors tenir dans la volonté des États, ou des ordres juridiques régionaux, de réguler directement le sport.

---

18 CEDH, "Adrian Mutu, Claudia Pechstein c. Suisse", Arrêt 40575, 2 octobre 2018.

19 Frédéric Buy, Jean-Michel Marmayou, Didier Poracchia, Fabrice Rizzo, *Droit du sport*, Paris, LGDJ, 2020, p. 81.

Et ce risque n'est pas purement théorique. Ainsi, l'Assemblée parlementaire du Conseil de l'Europe vient-elle à travers sa résolution 2420 (2022) de demander au mouvement sportif international et plus particulièrement à la FIFA de prendre en considération les droits de l'Homme dans ses critères d'attribution des compétitions internationales. Pour l'assemblée, "*Il n'est pas suffisant d'exiger que l'accueil et l'organisation de la compétition et toute activité antérieure et postérieure connexe n'aient pas d'incidence négative sur les droits humains internationalement reconnus. Il faut, d'une part, que tout pays candidat offre un minimum de garanties concernant le respect des droits humains, ou du moins de quelques droits spécifiques, comme condition de la recevabilité de la candidature elle-même. Par exemple, l'Assemblée estime qu'un pays où les femmes n'auraient pas le droit de faire librement du sport ou bien seraient manifestement discriminées dans l'accès au sport devrait être, tout simplement, écarté. Il faut, d'autre part, que l'organisation de la compétition soit un facteur de progrès réel et durable dans le domaine des droits humains*[20]".

L'assemblée considère enfin "*que tant la protection des joueurs et des joueuses mineurs que la promotion de l'égalité des genres, ainsi que la lutte contre la discrimination quel qu'en soit le motif, doivent être des priorités pour le mouvement sportif en général et les organisations du football en particulier, et ce à tous les niveaux. Une proportion davantage significative des ressources disponibles devrait être allouée aux actions visant ces résultats*[21]".

---

20 https://pace.coe.int/fr/files/29592/html

21 *idem*

## Le Conseil de l'Europe et la régulation du sport

Cette volonté politique affirmée d'avoir une influence marquée sur le mouvement sportif international se retrouve également dans la résolution 2199 (2018) de l'Assemblée parlementaire du Conseil de l'Europe qui a appelé à l'élaboration d'une convention du Conseil de l'Europe relative à la bonne gouvernance dans le sport. Selon cette résolution 2199 (2018) : "*L'Assemblée parlementaire déplore que les récents scandales autour du dopage, des trucages de matchs, des affaires de corruption, dont les pots-de-vin, de l'achat de votes lors des appels d'offres pour les grandes manifestations sportives, des malversations financières, du blanchiment d'argent, de la fraude fiscale, des paris illégaux, de l'exploitation des êtres humains ou du 'trafic' de jeunes athlètes aient terni l'image du sport international et mis sous les projecteurs le manque de transparence et de responsabilité dans les grandes instances dirigeantes du sport. La crise de confiance semble loin d'être terminée. Les dysfonctionnements sont systémiques et requièrent une refonte majeure des structures et des pratiques de la gouvernance sportive. L'Assemblée souligne l'importance de l'autonomie dans le sport ; toute autonomie entraîne cependant une responsabilité et ne devrait être octroyée que si une bonne gouvernance dans la pratique est avérée. L'Assemblée estime que l'on ne peut pas laisser le mouvement du sport remédier seul à ses défaillances. Il doit accepter d'impliquer de nouveaux acteurs pour adopter les réformes nécessaires*[22]."

Elle considère que "*s'il n'existe pas un ensemble unique de solutions identiques pour tous en matière de gouvernance dans le sport, des critères fondamentaux communs de bonne gouvernance devraient s'appliquer à tous – des plus petits clubs aux organisations faîtières internationales. Ces critères fondamentaux rejoignent de manière significative les principes de gouvernance régissant le secteur des entreprises, et les secteurs public et associatif. étant donné les*

[22] https://assembly.coe.int/nw/xml/XRef/Xref-XML2HTML-FR.asp?fileid=24443&lang=FR

*particularités du domaine du sport, le cadre réglementaire doit néanmoins être complété par des règles et règlements spécifiques qui protègent les athlètes, garantissent l'intégrité des manifestations sportives ainsi que la responsabilité sociale et environnementale, et mettent en place des mécanismes de contrôle stricts concernant l'allocation et l'utilisation des fonds de développement*[23]". Dès lors elle propose une harmonisation internationale des critères de gouvernance dans le mouvement sportif et un contrôle indépendant du mouvement sportif du respect de ces normes.

Plus encore, "*au niveau européen, l'Assemblée considère qu'il est nécessaire d'élaborer, en se fondant sur le même ensemble de critères de bonne gouvernance harmonisés, une convention du Conseil de l'Europe relative à la bonne gouvernance dans le sport. Cette nouvelle convention viendrait compléter la base conventionnelle existante couvrant le dopage, le trucage des matchs et la violence des spectateurs, obligerait ses États membres au respect des mêmes normes harmonisées et permettrait un suivi de leur mise en œuvre*[24]".

Sans aller jusqu'à remettre en cause totalement l'autonomie du mouvement sportif international, cette dernière résolution s'inscrit dans le mouvement de co-régulation de certaines questions sportives, impliquant tout à la fois les États et les organisations sportives. La plus aboutie d'entre elles est certainement la co-régulation du dopage réalisée sous l'égide de l'Agence mondiale antidopage – créée par le CIO en février 1999, l'AMA est une fondation de droit suisse – et formalisée dans le Code mondial antidopage.

Une autre forme de co-régulation s'affirme et concerne la lutte contre les manipulations de compétions sportives, objet de la Convention du Conseil de l'Europe dite de Macolin du 18 septembre 2014[25]. Cette Convention internationale demande ainsi aux autorités publiques de coopérer avec les organisations sportives, les organisateurs de

---

23 *idem*

24 https://assembly.coe.int/nw/xml/XRef/Xref-XML2HTML-FR.asp?fileid=24443&lang=FR

25 https://www.coe.int/fr/web/sport/t-mc

compétitions et les opérateurs de paris sportifs pour prévenir, détecter et sanctionner la manipulation des compétitions sportives. Dans cette perspective, elle propose un cadre juridique commun pour une coopération internationale efficace.

À cet égard, chacun des États partie doit encourager (article 7) les organisations sportives et les organisateurs de compétitions à adopter et à appliquer des règles pour combattre la manipulation de compétitions sportives et des principes de bonne gouvernance, qui concernent notamment : "*la prévention des conflits d'intérêts (interdiction pour les acteurs de la compétition de parier sur celles auxquelles ils participent ; interdiction de l'utilisation abusive ou de la diffusion d'informations d'initié) ; le respect par les organisations sportives et leurs membres affiliés de l'ensemble de leurs obligations contractuelles ou autres ; l'obligation faite aux acteurs de la compétition sportive de signaler immédiatement toute activité suspecte et tout incident, toute incitation ou toute approche qui pourrait être considérée comme une violation des règles contre la manipulation des compétitions* [...] *; le contrôle renforcé et efficace du déroulement des compétitions sportives exposées à des risques de manipulation ;* [...] *des mécanismes efficaces pour faciliter la divulgation de toute information concernant les cas potentiels ou réels de manipulation de compétitions sportives, y compris une protection adéquate des lanceurs d'alerte*."

L'efficacité de ces modes de co-régulation apparaît réelle et marque peut-être un tournant dans la construction de la *lex sportiva*, non plus abandonnée au seul monde sportif, mais résultat d'une collaboration entre le mouvement sportif international et les ordres juridiques étatiques ou régionaux.

# L'avenir (non) durable des Jeux Olympiques

Sven Daniel Wolfe, David Gogishvili & Martin Müller

Le concept de durabilité est désormais indissociable des Jeux Olympiques. On fait généralement remonter ce lien au sommet de la Terre – la Conférence des Nations unies sur l'environnement et le développement de 1992 –, au cours duquel les participants ont réfléchi à la manière dont le sport pourrait contribuer à la durabilité de l'environnement et au développement durable. Ce sommet marque en effet le début de la participation du mouvement olympique à d'autres conférences internationales autour du sport et de l'environnement.

Depuis lors, le Comité international olympique, se proclamant à la pointe des initiatives qui visent à rendre les Jeux plus verts, a modifié la Charte olympique pour y inclure le soutien à la protection de l'environnement et au développement durable. Avec l'adoption de l'Agenda 21 du mouvement olympique en 1999, le CIO a intégré les principes de durabilité dans les Jeux. Ces changements institutionnels ont permis la tenue de Jeux plus respectueux de l'environnement à Lillehammer en 1994, à Nagano en 1998 et à Sydney en 2000 et, depuis, les Jeux Olympiques sont censés être de plus en plus "durables".

Cependant, de nombreuses études universitaires viennent contredire cette belle histoire : les organisateurs renâclent au changement et les Jeux Olympiques continuent à détruire, à des degrés divers, les sociétés qui les accueillent. D'après ces études, les manifestations contre la destruction des forêts pour les Jeux Olympiques d'hiver de 1932 à Lake Placid n'ont pas entraîné des changements significatifs dans les pratiques organisationnelles, et ce durant la majeure partie du XXe siècle[1]. Les préoccupations écologiques des années 1960 et 1970 ont conduit le Colorado à organiser un référendum pour empêcher que les Jeux Olympiques d'hiver de 1976 se déroulent à Denver[2].

## Des Jeux plus verts ?

Ce n'est pas grâce aux initiatives des organisateurs, mais bien à la suite du tollé général contre les dégâts environnementaux des Jeux Olympiques d'hiver de 1992 à Albertville que le CIO s'est enfin décidé à entamer des réformes environnementales[3]. Le président du CIO, Juan Antonio Samaranch, a beau avoir déclaré en 1994 que l'environnement était le 3e pilier de l'Olympisme, dans les faits, les réformes ont été lentes et incohérentes : les différents pays hôtes ont obtenu des succès variables et autant d'échecs, tandis que le changement institutionnel était surtout mené par les organisateurs locaux et la société civile.

---

1 John R. Gold, Margaret M. Gold, "Framing the Future : Sustainability, Legacy and the 2012 London Games", *in* Richard Holt, Dino Ruta (dir.), *Routledge Handbook of Sport and Legacy : Meeting the Challenge of Major Sports Events*, Abingdon, Oxon/New York, Routledge, 2015, p. 142-158.

2 Helen Jefferson Lenskyj, *Inside the Olympic Industry : Power, Politics, and Activism*, Albany, State University of New York Press, 2000.

3 Hart Cantelon, Michael Letters, "The Making of the IOC Environmental Policy as the Third Dimension of the Olympic Movement", *International Review for the Sociology of Sport*, vol. 35, n° 3, 1er septembre 2000, p. 294-308.

Les Jeux Olympiques d'hiver de 1994 à Lillehammer ont été les premiers à inclure des procédures formelles de planification environnementale qui ont servi de modèle aux pays hôtes suivants[4]. À la suite de quoi, les Jeux d'hiver de 1998 à Nagano ont été les premiers à voir le CIO formuler une politique de protection de l'environnement, même si, en fin de compte, les mesures prises étaient plus rhétoriques que concrètes et si les Jeux Olympiques ont été accusés d'écoblanchiment[5]. De même, les "Jeux verts" de Sydney en 2000, axés sur la réhabilitation environnementale du site d'accueil, qui avaient placé la barre très haut pour les futurs organisateurs, ont également été critiqués pour un environnementalisme d'entreprise de façade[6]. Par la suite, les méga-événements sportifs ont suivi un schéma similaire, les organisateurs locaux promettant des Jeux toujours plus durables sans, la plupart du temps, atteindre leurs objectifs.

Si ces événements offrent d'importantes différences, elles n'en montrent pas moins la prévalence croissante des discours durables dans l'organisation des Jeux Olympiques. En effet, discuter de la planification ou des impacts des Jeux Olympiques sans y inclure la durabilité sous une forme ou sous une autre est désormais inconcevable. Le problème reste l'absence de consensus sur les termes couramment utilisés dans ces discussions. Il est donc crucial de comprendre les différents angles selon lesquels la durabilité environnementale a été abordée dans le cadre des Jeux Olympiques et, en se tournant vers l'avenir, de comprendre l'histoire contrastée

---

4 Pietro Caratti, Ludovico Ferraguto, "The Role of Environmental Issues in Mega-Events Planning and Management Processes : Which Factors Count?", *in* Graeme Hayes, John Karamichas (dir.), *Olympic Games, Mega-Events and Civil Societies : Globalization, Environment, Resistance*, New York, Palgrave Macmillan, 2011, p. 109-125.

5 Shalini Samuel, Wendy Stubbs, "Green Olympics, Green Legacies? An Exploration of the Environmental Legacies of the Olympic Games", *International Review for the Sociology of Sport*, vol. 48, n° 4, 1er août 2013, p. 485-504.

6 Helen Jefferson Lenskyj, "Sport and Corporate Environmentalism : The Case of the Sydney 2000 Olympics", *International Review for the Sociology of Sport*, vol. 33, n° 4, 1er décembre 1998, p. 341-354.

des diverses tentatives pour organiser des "Jeux verts". À cette fin, ce chapitre passe en revue les résultats variables en matière de durabilité environnementale des Jeux Olympiques entre 1992 et 2021[7].

## La durabilité environnementale et les Jeux Olympiques d'hiver

L'impact des Jeux d'été et des Jeux d'hiver diffère de manière significative et, de l'avis général, les Jeux d'hiver endommagent davantage l'environnement naturel. Les disciplines de sports d'hiver nécessitent des infrastructures spécialisées souvent construites dans des zones éloignées, autour de petits centres d'habitation, et l'essor des Jeux Olympiques d'hiver s'accompagne de destructions environnementales historiques[8]. L'autre problème est que, en tant qu'événements mondiaux, les Jeux Olympiques s'ancrent sur des territoires différents qui ne se réfèrent pas tous aux mêmes définitions de ce qu'est la durabilité environnementale.

Les premiers Jeux Olympiques dont la planification prenait en compte l'environnement ont eu lieu à Sapporo en 1972, mais les questions écologiques ne seront pas formalisées avant les Jeux de 1994 à Lillehammer[9]. C'est une conséquence du désastre environnemental provoqué par les Jeux Olympiques d'hiver de 1992 à Albertville, où des groupes de protestation ont réussi à alerter les médias du monde entier

---

7 Pour une vue d'ensemble des engagements environnementaux et de leurs résultats lors des Jeux Olympiques d'été et d'hiver pendant cette période, voir David Gogishvili, Sven Daniel Wolfe, Martin Müller, "Dataset – Overview of the Environmental Promises and Outcomes of the Summer and Winter Olympics – Harvard Dataverse", 27 avril 2022.

8 Stephen Essex, Jiska de Groot, "The Winter Olympics : Driving Urban Change, 1924-2022", *in* John R. Gold, Margaret M. Gold (dir.), *Olympic Cities : City Agendas, Planning, and the World's Games, 1896-2020*, Londres/New York, Routledge, 2017, p. 64-89.

9 Jean-Loup Chappelet, "Olympic Environmental Concerns as a Legacy of the Winter Games", *The International Journal of the History of Sport*, vol. 25, n° 14, 1er décembre 2008, p. 1884-1902.

sur les dégâts extrêmes causés par les Jeux à l'environnement alpin[10]. Les Jeux suivants, à Lillehammer en 1994, ont été salués pour l'engagement des organisateurs en matière de planification et de protection de l'environnement. Depuis lors, les pays hôtes prévoient des évaluations de l'impact des Jeux sur l'environnement et apportent d'autres ajustements aux pratiques de planification, en particulier pendant les phases de candidature, dans le but d'organiser des Jeux plus responsables. Dans le même temps, le CIO a commencé comme nous l'avons vu à participer à des conférences mondiales sur le sport et l'environnement, ce qui a permis de mieux formaliser la relation entre les organisateurs d'événements et les défenseurs de l'environnement.

Les Jeux Olympiques souffrent cependant d'un problème de gigantisme, chaque pays hôte se devant de surpasser ses prédécesseurs de manière spectaculaire. S'efforcer d'organiser des méga-événements sportifs en respectant l'environnement n'échappe pas à cette règle. Bien que les engagements officiels des institutions en matière de protection de l'environnement se conjuguent aux impératifs redoublés des organisateurs locaux d'affichage de leur volonté de produire des Jeux toujours plus écologiques, les résultats concrets sur le terrain sont plus mitigés. Les aspirations croissantes à la durabilité environnementale ne freinent pas l'implacable destruction écologique, les pressions pour réaliser des bénéfices l'emportant sur les efforts pour tirer parti du méga-événement afin d'améliorer les performances environnementales et la conscience écologique de la population hôte.

L'organisation des Jeux Olympiques a toutefois connu quelques succès écologiques remarquables, notamment à Salt Lake City en 2002, première ville élue après avoir été tenue de détailler ses plans de protection de l'environnement lors de sa candidature. Malgré les controverses liées à la corruption et à une marchandisation excessive, ces Jeux se sont déroulés dans le cadre d'un plan rigoureux qui a permis d'atteindre un taux de déchets quasi nul, d'être certifiés neutres

---

[10] Hart Cantelon, Michael Letters, "The Making of the IOC Environmental Policy as the Third Dimension of the Olympic Movement", *International Review for the Sociology of* Sport, vol. 35, n° 3, 1er septembre 2000, p. 294-308.

en carbone grâce à un système de compensation, d'exécuter un projet de reforestation à l'échelle locale et mondiale et de réaliser des travaux d'infrastructure suivant des réglementations strictes en matière de protection de l'environnement[11].

Ensuite, les Jeux Olympiques d'hiver de Turin en 2006 et de Vancouver en 2010 ont été salués pour leur engagement en faveur de la durabilité environnementale, malgré des controverses portant sur des questions sociales et financières. Ces Jeux Olympiques ont tout de même progressé sur la voie de la durabilité environnementale, du moins au niveau organisationnel, en établissant des protocoles de développement durable et en obtenant diverses certifications pour la gestion environnementale.

Un changement notable s'est toutefois opéré : l'accent mis sur l'environnement naturel a laissé place à la notion plus large de développement durable[12]. Cela a conduit aux catastrophes environnementales de Sotchi en 2014, où la promotion immobilière liée aux Jeux a fait surgir une ville entièrement nouvelle dans les montagnes, détruit des forêts dans des réserves naturelles, empoisonné une rivière de montagne et pollué la mer Noire – tout cela sans cesser de prétendre organiser des Jeux en harmonie avec l'environnement naturel[13]. Les Jeux Olympiques d'hiver suivants, à Pyeongchang en 2018, ont, en apparence, réalisé certains investissements et même obtenu une certification garantissant le respect d'une norme mondiale dédiée aux événements durables, les organisateurs ayant investi dans des parcs éoliens et des panneaux solaires pour alimenter les sites, réaménagé d'anciennes décharges et développé un système de transit ferroviaire. Cependant, comme à Sotchi, ces opérations ont entraîné la destruction

---

11 Stephen Essex, Jiska de Groot, *op. cit.*

12 Martin Müller, "(Im-)Mobile Policies : Why Sustainability Went Wrong in the 2014 Olympics in Sochi", *European Urban and Regional Studies*, vol. 22, n° 2, 1er avril 2015, p. 191-209.

13 Sven Daniel Wolfe, "A New Road and Rail Link from the Mountains to the Coast : The Mixed Legacy of Sochi's Most Expensive Project", *in* Graeme Evans (dir.), *Mega-Events : Placemaking, Regeneration and City-Regional Development*, Abingdon, Oxon/New York, Routledge, 2020, p. 106-123.

de dizaines de milliers d'arbres sur les pentes du mont Gariwang, une forêt de montagnes vieille de 5 siècles, ce qui n'a été possible qu'après l'annulation du statut de protection nationale de la zone en vue de l'événement.

En ce sens, Sotchi et Pyeongchang ont été les derniers d'une série d'événements écoblanchis. L'écoblanchiment est un écueil majeur pour l'organisation de Jeux responsables. Il s'agit en réalité d'une forme cynique de politique de l'image qui fait de la *durabilité* un vernis "vert pâle", générant des images positives de l'environnement naturel, et non d'une appréhension "vert franc" de la durabilité impliquant des changements systémiques dans la pratique[14]. Ainsi, les engagements environnementaux de Turin 2006 ont masqué la destruction de l'environnement causée par la construction de nouveaux sites[15], tout comme les succès "verts" de Vancouver en 2010 ont fait office d'écran de fumée pour détourner l'attention de la destruction de communautés naturelles et humaines[16].

---

14 Helen Jefferson Lenskyj, "Sport and Corporate Environmentalism : The Case of the Sydney 2000 Olympics", *International Review for the Sociology of Sport*, vol. 33, n° 4, 1er décembre 1998, p. 341-354.

15 Egidio Dansero, Barbara Del Corpo, Alfredo Mela, Irene Ropolo, "Olympic Games, Conflicts and Social Movements: The Case of Torino 2006", *in* Graeme Hayes, John Karamichas (dir.), *Olympic Games, Mega-Events and Civil Societies: Globalization, Environment, Resistance*, Londres, Palgrave Macmillan UK, 2012, p. 195-218.

16 Christine M. O'Bonsawin, "Showdown at Eagleridge Bluffs: The 2010 Vancouver Olympic Winter Games, the Olympic Sustainability Smokescreen, and the Protection of Indigenous Lands", *in* Janice Forsyth, Christine M. O'Bonsawin, Michael Heine (dir.), *Intersections and Intersectionalities in Olympic and Paralympic Studies: Twelfth International Symposium for Olympic Research*, Londres (Canada), International Center for Olympic Studies, Western University, 2014, p. 82-88.

## La durabilité environnementale et les Jeux Olympiques d'été

Bien que les Jeux Olympiques d'été soient en général considérés comme moins destructeurs pour l'environnement que les Jeux d'hiver, ils entraînent néanmoins des processus similaires de dommages environnementaux. Ils ont également inspiré des réformes organisationnelles et des engagements institutionnels en faveur de l'environnement naturel, mais ont été pareillement accusés d'écoblanchiment. Ainsi, les Jeux Olympiques d'été de 2000 à Sydney ont été marqués par un engagement à grande échelle en faveur de la dépollution et de la conservation de l'environnement qui a servi de modèle à d'autres pays hôtes, cependant de nombreuses mesures promises n'ont pas été appliquées et nombre d'observateurs ont accusé ces Jeux d'écoblanchiment. Sydney a toutefois obtenu de meilleurs résultats qu'Athènes en 2004, où une politique environnementale bien définie avant les Jeux, sous la pression de la communauté internationale, a échoué en raison d'une mise en œuvre défaillante[17].

De même, les Jeux de Londres en 2012 ont été vantés comme étant les Jeux les plus verts jamais organisés, mais les plans grandioses de développement durable se sont révélés n'être que des promesses vaines, et l'objectif de compensation des émissions carbone a été discrètement glissé sous le tapis[18]. Ce schéma s'est reproduit à Rio en 2016, où les plans ambitieux de restauration et de protection de l'environnement naturel ont échoué de manière spectaculaire, laissant des cours d'eau pollués et une liste de promesses non tenues[19].

---

17 John Karamichas, *The Olympic Games and the Environment*, New York, Palgrave Macmillan, 2013.

18 John Horne, Garry Whannel, *Understanding the Olympics*, Abingdon/New York, Routledge, 2016.

19 Jules Boykoff, Gilmar Mascarenhas, "The Olympics, Sustainability, and Greenwashing : The Rio 2016 Summer Games", *Capitalism Nature Socialism*, vol. 27, n° 2, 2 avril 2016, p. 1-11.

Les Jeux Olympiques de Tokyo en 2021 ont également été taxés d'écoblanchiment, les critiques observant que les promesses de neutralité carbone exploitaient des failles politiques sur le marché des crédits carbone[20]. Au-delà de la neutralité carbone, qui a en partie été obtenue parce que le million de visiteurs prévu pour l'événement n'a pas été atteint en raison de la pandémie de COVID-19, les organisateurs tokyoïtes ont fait preuve d'un engagement fort en faveur de la réutilisation et du recyclage du matériel nécessaire aux Jeux Olympiques.

S'il est devenu impossible de discuter des méga-événements sans prendre en compte la durabilité environnementale, des lacunes subsistent dans la recherche. Les études de cas uniques abondent, mais on constate un manque d'études longitudinales, et il serait souhaitable de mener des travaux se concentrant sur les résultats à long terme et pas seulement sur les mesures mises en œuvre avant l'événement. Il existe par ailleurs une différence entre les termes *durabilité* et *développement durable* ; le premier se réfère à l'équilibre à long terme – notamment environnemental – tandis que le second concerne le développement et, souvent, le développementalisme.

Indissociables de l'environnement naturel, les Jeux Olympiques ont participé à la destruction écologique généralisée liée au modèle de développement économique mondial, mais sont également à l'origine d'une série de réformes "vertes". Cependant, malgré l'urgence de la crise climatique, le CIO et les organisateurs des Jeux ont jusqu'à présent évité de mettre en œuvre de véritables changements, comme de limiter la taille de l'événement, de modifier son format et de réviser la liste des sponsors acceptés.

Si l'on souhaite que ces événements perdurent de manière adéquate, tout changement futur implique de repenser totalement, et non pas de façon graduelle, le modèle économique des Jeux Olympiques.

---

20 Tim McDonnell, "The Olympics Are Becoming Less Sustainable", *Quartz*, 2 août 2021.

# Sexe, genre et performance olympique : des contrôles de sexe imposés aux sportives

Anaïs Bohuon

Lors des Jeux Olympiques de Tokyo de 2021[1], quelques voix s'élèvent, s'étonnent, s'émeuvent de l'absence des meilleures spécialistes au monde du 800 mètres comme Caster Semenya ou Margaret Wanbui[2]. Pourtant, ces évictions sont le fruit d'une longue histoire sportive, olympique, jalonnée de discriminations, d'exclusions, qui ont bouleversé la bicatégorisation sexuée au fondement des sports de compétition[3].

En août 2016, lors de la finale du 800 mètres aux Jeux Olympiques de Rio, l'athlète sud-africaine Caster Semenya avait franchi

---

1 Ce chapitre de synthèse puise dans nombre de nos articles et ouvrages déjà parus.

2 https://www.liberation.fr/sports/jeux-olympiques/hyperandrogenie-des-athletes-privees-de-jo-une-situation-ubuesque-et-infame-20210727_MKKOQUCCEFG5NKTVEQ5ZKXBKI4/

3 Anaïs Bohuon, *Le Test de féminité dans les compétitions sportives : une histoire classée X ?*, Donnemarie-Dontilly, Éditions iXe, 2012.

victorieuse la ligne d'arrivée, devant la Burundaise Francine Niyonsaba et la Kenyane Margaret Wanbui. Le public n'avait manifesté que très peu d'émotion : la gêne était palpable. La raison ? L'identité sexuée de ces 3 athlètes ne cessait d'interroger[4].

Le 19 août 2009, à l'occasion des championnats du monde d'athlétisme à Berlin, Caster Semenya avait déjà accompli un exploit en courant la finale du 800 mètres féminin en 1 minute 55 secondes 45 centièmes avec une aisance impressionnante. Très vite, cette victoire avait défrayé la chronique. Pas tant à cause du rythme imposé par Caster Semenya, qui venait de pulvériser son record personnel, mais parce que des doutes avaient immédiatement été émis au sujet de son appartenance au sexe féminin. Cette hypothèse, fondée sur ses performances et des stéréotypes visuels, était d'autant plus remarquable que Caster Semenya restait très en deçà, non seulement des temps masculins moyens, mais également du record du monde féminin détenu depuis 1983, par la Tchèque Jarmila Kratochvilova en 1 minute 53 secondes 28 centièmes.

## Une impossible détermination du sexe biologique des athlètes femmes ?

Depuis les années 1960, pour respecter la bicatégorisation sexuée et freiner les suspicions au sujet de performances sportives et de l'identité sexuée de certaines sportives estimées trop "masculines", des contrôles de sexe, parfois désignés comme "tests de féminité" ou "contrôles de genre" sous la forme d'examens médicaux imposés à des sportives tirées au sort, ont été instaurés par la Fédération internationale d'athlétisme (IAAF) et généralisés, dès 1968, par le Comité international olympique.

Si ces tests ont pour objectif de chercher à déterminer le sexe biologique des athlètes de la catégorie "dames", les références à la

---

4 https://rmcsport.bfmtv.com/jeux-olympiques/jo-2016-les-medaillees-du-800m-muettes-sur-le-theme-de-l-intersexualite_AN-201608210054.html

féminité ou au genre, dans les différentes manières de le dénommer, traduisent explicitement la confusion au sein des instances sportives entre le sexe biologique et le sexe social, mais surtout l'inanité du projet qui consiste à définir une "*vraie femme*[5]" autorisée à concourir. Protocoles et méthodes ont également subi des modifications à travers le temps. On est passé des tests morphologiques et gynécologiques (1966-1968), à des tests cytologiques pour identifier le 2e chromosome X (1968-1992), puis génétiques pour identifier le chromosome Y (1992-2000) ; et, désormais, des dosages hormonaux, notamment des taux d'androgènes depuis 2000.

C'est dorénavant la testostérone qui est considérée par les équipes médicales en charge de la rédaction desdits règlements comme étant responsable des écarts de performance entre hommes et femmes. Figurant dans la liste des produits exogènes interdits par le Code mondial antidopage de l'Agence mondiale antidopage (AMA), le taux estimé élevé de testostérone, mais produit naturellement, chez ces athlètes est alors assimilé à une forme de triche dissimulée. Tous ces processus se sont cristallisés autour de l'histoire de Dutee Chand[6], une sprinteuse indienne âgée de 18 ans, qui n'a pas été autorisée à participer aux Jeux du Commonwealth durant l'été 2014 à Glasgow, en raison d'une hyperandrogénie, c'est-à-dire une production jugée excessive d'hormones androgènes (en particulier la testostérone), censée lui procurer un "avantage" sur ses autres concurrentes, selon les instances dirigeantes sportives. L'athlète a refusé de se soumettre au règlement et a déposé une plainte auprès du tribunal arbitral du sport (TAS), expliquant ne pas comprendre pourquoi elle devrait subir une hormonothérapie ou, davantage encore, des opérations, alors qu'elle n'avait pas triché et que ses avantages "estimés" sont le fait d'une production naturelle de son corps.

---

5 Anaïs Bohuon, "Sport et bicatégorisation par sexe : test de féminité et ambiguïtés du discours médical", *Nouvelles Questions Féministes, revue internationale francophone*, n° 1, 2008, p. 80-89.

6 Anaïs Bohuon, Eva Rodriguez, "'Gender Verifications' vs. Anti-Doping Policies : sexed controls", *in* Aurélie Olivesi, Sandy Montenola (dir.), *Gender Testing in Sport : Ethics, Cases and Controversies, Ethics & Sport*, Londres, Routledge, 2016, p. 27-45.

Le TAS a décidé, le lundi 27 juillet 2015, d'autoriser Dutee Chand à concourir à nouveau. Il demande à la Fédération internationale d'athlétisme de suspendre pendant 2 ans son règlement relatif à l'hyperandrogénisme féminin. Le tribunal estime alors qu'il manque d'"évidence scientifique" qui attesterait de l'impact du taux de testostérone sur la performance sportive[7].

En réponse, l'étude de l'IAAF, rendue en juillet 2017 à partir de plus de 2000 données associant meilleures performances d'athlètes hommes et femmes et leurs taux de testostérone[8], conclut que les femmes aux plus hauts taux de testostérone ont de meilleures performances que celles qui affichent un taux moindre, dans certaines disciplines, soit le lancer du marteau (4,53 %), le saut à la perche (2,94 %), le 400 mètres haies (2,78 %), le 400 mètres (2,73 %) et le 800 mètres (1,78 %). L'étude, fortement critiquée, ne parvient toutefois pas à démontrer que ces athlètes ont un niveau de performance qui se rapproche de celui des athlètes masculins et l'introduction dans l'échantillon de sportives dopées, avec la confusion entre des taux endogènes et exogènes de testostérone, est un biais qui laisse ouvert le débat sur le lien entre, d'une part, sécrétion endogène de testostérone et performance concurrentielle et, d'autre part, entre l'existence d'un avantage et sa qualification comme "*injuste*" ou "*déloyal*"[9].

En dépit de cette actualité de recherche, l'IAAF maintient l'existence d'un seuil maximal de testostérone comme condition à la participation des candidates chez les "dames" dans les derniers règlements, entrés en vigueur en novembre 2018, et en abaisse même la valeur, de 10 nmol/L de sang à 5 sur des courses allant du 400 mètres au mile. Pour la compétition, les athlètes dont le taux d'androgènes

---

7 Rapport de la décision rendue par le TAS relatif à l'affaire qui a opposé Dutee Chand à l'IAAF et l'AFI : "CAS 2014/A/3759 Dutee Chand v. AFI & IAAF, 2015."

8 Stéphane Bermon, Pierre-Yves Garnier, "Serum androgen levels and their relation to performance in track and field : mass spectrometry results from 2127 observations in male and female elite athletes", *British Journal of sports medicine*, n° 17, 2017.

9 Rebecca M. Jordan-Young, Katrina Karkazis, *Testosterone. An Unauthorized Biography*, Cambridge, Harvard University Press, 2019.

est supérieur à ce seuil doivent subir un traitement visant à abaisser leur taux d'androgènes, ou bien s'inscrire chez les hommes. Caster Semenya a alors engagé à son tour, auprès du TAS, une procédure pour contester ces règlements. Cette fois, le tribunal a donné raison à l'IAAF, tout en jugeant ce règlement discriminatoire mais nécessaire pour préserver l'intégrité des compétitions des femmes. Caster Semenya a fait appel devant le Tribunal fédéral suisse, appel qu'elle a perdu : elle a été ainsi interdite de participer aux championnats du monde de 2019 de Doha et aux Jeux Olympiques de 2021 sur 800 mètres... tout comme la coureuse kenyane Margaret Wambui ou encore l'athlète burundaise Francine Niyonsaba... sauf si elles acceptaient des traitements médicamenteux pour diminuer leur taux de testostérone.

Le 18 novembre 2020, par le biais de ses avocats internationaux, Caster Semenya a contesté devant la Cour européenne des droits de l'homme le règlement de World Athletics sur l'hyperandrogénisme féminin et se trouve à nouveau en attente de la décision. Elle s'est récemment exprimée sur les réseaux sociaux pour souligner le caractère arbitraire et discriminatoire de ces règlements : "*Donc selon Word Athletics et ses membres, je suis un homme quand il s'agit de 400 m, 800 m et 1 500 m, 1 600 m ! Puis, une femme lorsqu'il s'agit du 100 m, du 200 m et des plus longues distances (rires) Quelle recherche*[10]."

Tous ces débats nous permettent de formuler une interrogation majeure : pour ces sportives que l'on soupçonne de profiter de leur production naturelle jugée trop élevée de testostérone afin de remporter les courses, la question n'est pas tant "dans quelle mesure le fait de produire naturellement plus de testostérone que la moyenne autorisée chez les femmes a constitué un avantage indu en termes de performances ?" mais "dans quelle mesure la nomenclature des compétitions de haut niveau génère-t-elle des exclusions et des interdits à l'égard de la catégorie 'Dames' ?" Produire "trop" de testostérone pourrait être à l'origine de l'une d'entre elles, au sens où cela relèverait de la dissimulation d'un avantage qui bafoue l'éthique du

[10] Twitter "Caster Semenya" (page consultée le 26 mars 2022, traduction de l'autrice).

sport comme l'esprit et la lettre de l'épreuve sportive censée faire concourir des athlètes aux qualités et performances commensurables – ce dont témoigne leur répartition dans des catégories de poids, d'âge, de sexe et de handicap. Pourtant, on peut légitimement s'interroger sur cette notion de commensurabilité des qualités athlétiques et des performances.

En définitive, ces athlètes mettent en crise un certain nombre de valeurs dans le sport de haut niveau, éclairent de façon centrale les enjeux cruciaux liés à la performance et à sa mesure et sont accusées de remettre en cause la bicatégorisation sexuée au fondement du sport de haut niveau. À quelles conditions cet avantage "estimé" indu, dont sont censées bénéficier ces athlètes, articulé à l'étude des performances et compétitions sportives, peut-il permettre de mieux comprendre non seulement les logiques de classification sportives, d'encadrement et de discipline des corps, mais aussi la production d'une norme dominante de masculinité comme étalon de la performance ?

## Catégorisations sportives et fabrique médicale du sexe : la question de l'avantage "indu" chez les sportives

Les catégorisations sportives ne sont pas isolables des rapports de pouvoir et contextes socio-historiques au sein desquels elles sont générées, maintenues et légitimées. Les classifications[11] qui se sont progressivement établies en termes de disciplines, de durée des épreuves, de distance, de mesure de la performance, de poids, de sexe des athlètes, n'ont jamais pu être unanimement fondées scientifiquement et sont plutôt l'effet de débats, de polémiques voire de conflits autour de la définition même de la compétition sportive. Dans le cas

---

[11] Dominique Marchetti, Frédéric Rasera, Manuel Schotté, Karim Souanef (dir.), "Classements sportifs", *Actes de la recherche en sciences sociales*, n° 209, 2015.

de la catégorisation des épreuves selon le sexe, il n'est pas question de "catégories naturelles" allant de soi; pourtant, elles se sont imposées à l'origine de la création des disciplines et des épreuves, en dépit de la plasticité des corps en mouvement, de leur socialisation et de la perfectibilité corporelle qui constituent des variables complexes. L'histoire de la fabrique médicale du sexe atteste du rôle des médecins dans la permanence des discours naturalistes, mais également des redéfinitions et des changements de conceptions des critères qui fondent la bi-catégorisation sexuelle sur un processus de différenciation, construite comme une différence incommensurable[12]. L'histoire des pratiques physiques et sportives montre de façon paradigmatique cette tension entre la naturalité du corps et son historicité, sa plasticité : parce qu'ils interviennent sur les qualités plastiques du corps, les médecins et les éducateurs sont très embarrassés devant le diktat naturaliste de la bi-catégorisation sexuelle, sans pour autant songer à le contester. En même temps que les réformateurs encouragent les femmes à se risquer sur le terrain masculin du sport, tous ou presque insistent sur les spécificités propres à la "nature" féminine afin de ne pas bouleverser l'ordre des sexes.

Ainsi, c'est bien cet établissement initial de la non-mixité des compétitions et ces logiques des catégorisations sexuelles qui permettent de saisir la progressive mise en place de dispositifs de contrôle du "vrai" sexe[13] des compétitrices. L'ensemble des dispositifs qui ont permis de maintenir, depuis l'apparition de la majorité des disciplines sportives, une ségrégation sexuelle systématique, ont clairement assuré la pérennité du présupposé de l'inégalité biologique des sexes.

---

12 Thomas Laqueur, *La fabrique du sexe. Essai sur le corps et le genre en Occident*, Paris, Gallimard, 1992.

13 Michel Foucault, "Le vrai sexe (texte 287)", *in* Michel Foucault, *Dits et écrits II, 1976-1988*, Paris, Gallimard, 2001, p. 934-942.

## Le bouleversement de la catégorisation au fondement des contrôles de sexe?

Ainsi, contre une naturalisation de la performance sportive, les conditions générales d'entraînement, d'encadrement, d'apprentissage des techniques et de spécialisation corporelle en restent les principaux éléments explicatifs. Les corps sont les lieux par excellence de la naturalisation des inégalités et des hiérarchies sociales. Les sports de compétition représentent un domaine dans lequel la corporalité est omniprésente, à travers la valorisation de la performance physique qu'entraîne ce niveau de pratique sportive. Cette centralité du corps performant – de ses capacités physiologiques ou encore morphologiques – s'accompagne d'une naturalisation récurrente des exploits sportifs et des corps qui les accomplissent. Les travaux de Manuel Schotté[14] sur les coureurs marocains, ou ceux de Benoit Gaudin[15] sur les coureurs kenyans et éthiopiens, remettent ainsi en cause l'essentialisme racial associé à la performance.

De nombreuses enquêtes en sociologie du sport montrent comment s'opère la biologisation du social dans le domaine sportif[16]. Considérer alors que ces athlètes tirent de leur condition des avantages injustes revient à leur dénier les qualités de travail, de persévérance et d'engagement dont elles font pourtant preuve au quotidien dans leurs entraînements et à supposer qu'il est possible de distinguer ce qui relève du purement biologique.

L'exploitation des qualités endogènes afin d'optimiser la performance est, de plus, au cœur de l'entraînement et du sport de haut niveau : ces réflexions conduisent donc à renouveler l'éclairage sur cet

---

14 Manuel Schotté, *La Construction du "talent". Sociologie de la domination des coureurs marocains*, Paris, Raisons d'agir, 2012.

15 Benoit Gaudin, Bezabeh Wolde, *Kenyan and Ethiopian Athletics – Towards an Alternative Scientific Approach*, Addis Abeba, Ossrea-Ird Editions, 2017.

16 Sébastien Lemerle, Carole Reynaud-Paligot, *La Biologisation du social, discours et pratiques*, Paris, Presses universitaires de Paris Nanterre, 2017.

impératif du *fair-play*, pierre de touche de l'idéologie olympique[17]. Cet idéal d'égalité devient encore plus indéfinissable lorsque l'on se place au niveau du sport en général, avec ses différentes disciplines, qui chacune valorise des dispositions physiques particulières.

La prise exogène de testostérone par les athlètes menace certes l'équité que les instances sportives jugent essentielle à la logique de la compétition. Cependant, les athlètes intersexes, mais également non intersexes, peuvent parfois produire plus de testostérone que la moyenne et bénéficier, en conséquence, d'une supériorité physique. Mais cette "inégalité" n'est-elle pas aussi "naturelle", par exemple, que l'envergure exceptionnelle du nageur Michael Phelps, si souvent prise en exemple pour louer ses performances incroyables[18] ? Il existe en effet des avantages/désavantages innés que le classement par sexe, par taille, par âge... ne suffit pas à niveler. L'égalité génétique n'existe pas, pas même entre athlètes du même sexe.

C'est en définitive la problématique de la bicatégorisation sexuée qui est au fondement du principe de ces contrôles et qui permet d'éclairer l'attachement majeur des dirigeants sportifs à ces contrôles médicaux sexués. Ce principe de catégorisation, comme régulation en amont des "avantages physiques", répond au principe de la garantie d'une incertitude du résultat, fondement de toutes compétitions. Les corps masculins et féminins sont explicitement hiérarchisés et cette hiérarchie est elle-même naturalisée, selon le principe que les hommes seraient biologiquement plus rapides, plus puissants, plus endurants. L'établissement des performances devient une forme de "preuve symbolique" de la supériorité des corps masculins là où les performances des femmes pourraient venir accréditer leur masculinisation.

Les tests, maintenus malgré des évolutions méthodologiques importantes depuis 60 ans, ne permettent pas de débusquer ni tricheurs (hommes déguisés) ni tricheuses, ce qui relève de la mission des tests anti-dopage, mais aurait pour but de distinguer celles qui

---

17 Jacques Defrance, *Sociologie du sport*, Paris, La Découverte, 2006.

18 https://www.scienceabc.com/sports/michael-phelps-height-arms-torso-arm-span-feet-swimming.html

tirent un avantage jugé indu de certaines caractéristiques physiques sexuées (à l'exclusion d'autres caractéristiques physiques comme la taille, l'envergure, le rythme cardiaque etc.). Or, les instances dirigeantes sportives – perturbées par la remise en cause éventuelle d'une bicatégorisation sexuée dans le monde du sport – ont tendance à oublier que ce débat s'appuie sur un faux problème et ne devrait pas exister. Que ce soit pour Caster Semenya ou pour les autres, leurs performances restent encore très éloignées des performances masculines et finalement, elles ne bouleversent en rien l'ordre hiérarchique sexué des records historiquement établis et par là, la bicatégorisation sexuée, au fondement du sport de haut niveau. De plus, leur production de testostérone, jugée trop élevée, est endogène. L'équité sur le terrain, principal argument brandi par les institutions sportives, souffre donc d'une approche déséquilibrée en termes de genre et de sexe et de telles pratiques conforment alors une forme de police et de fabrique du "vrai sexe", pour reprendre le vocabulaire foucaldien.

L'ONG internationale *Human Rights Watch* a publié le 4 décembre 2020 un rapport intitulé "Ils nous chassent hors du sport[19]", qui dénonce les violations des droits humains lors des contrôles de sexe effectués sur des athlètes féminines de haut niveau avec un taux de testostérone élevé. L'ONGI, qui défend les droits de l'homme dans le monde, dénonce ces pratiques instaurées par la Fédération internationale d'athlétisme, en totale contradiction avec les droits de l'homme. Mais elle émet aussi un espoir quant au CIO qui pourrait faire bouger les lignes en vue des prochains Jeux Olympiques. Dans ce rapport, 13 athlètes, interrogées entre juillet et novembre 2019, en Afrique et en Asie, ont confié leur histoire et les conséquences de cette discrimination sur leur carrière ainsi que sur leur vie. L'organisation démontre comment ces femmes sont forcées de subir des "*interventions médicales intrusives et non nécessaires en tant que condition préalable pour participer à certaines compétitions*". Ces procédures médicales, qui visent à réduire leur taux de testostérone, sont fortement dénoncées par l'ONGI, qui souligne que ces

19 https://www.hrw.org/sites/default/files/media_2020/11/sex%20testing 1120_summary_recs_fr.pdf

femmes sont *"forcées à choisir entre leur carrière et leurs droits fondamentaux"*. Elles sont nombreuses à en avoir fait les frais comme Annet Negesa, athlète ougandaise spécialiste du demi-fond.

En définitive, au regard de l'actualité, il s'avère fondamental également de s'interroger au sujet de l'indépendance et de la neutralité de toutes ces régulations. Fin 2021, près d'un mois après les Jeux Olympiques de Tokyo, où l'absence de nombreuses athlètes doit être à nouveau soulignée, Stéphane Bermon, le directeur Health & Science division de World Athletics, et ses co-auteurs publient une rectification[20] à l'étude très controversée de 2017. Ils reviennent alors sur la corrélation trouvée, affirmant qu'elle était seulement exploratoire, et qu'ils n'avaient pas assez d'informations pour conclure à un réel avantage.

Devant cette inanité à définir ce que doit être une "vraie femme" autorisée à concourir, toujours après les Jeux de Tokyo, en novembre 2021, le CIO, après un processus de consultation avec plus de 250 athlètes, des membres de la communauté des athlètes, des fédérations internationales ainsi que des experts dans les domaines médicaux, juridiques et des droits humains, a publié un nouveau "*Cadre sur l'équité, l'inclusion et la non-discrimination sur la base de l'identité sexuelle et de l'intersexuation*[21]". Il y est proposé d'offrir aux organismes sportifs – en particulier à ceux qui sont chargés d'organiser des compétitions de haut niveau – une approche en 10 principes pour élaborer les critères applicables à leur sport. Les organismes sportifs devront tenir compte des aspects éthiques, sociaux, culturels et juridiques particuliers qui peuvent être pertinents dans leur contexte. Ce cadre reconnaît non seulement la nécessité de veiller à ce que chacun, indépendamment de son identité sexuelle ou de son intersexuation, puisse pratiquer un sport dans un environnement sûr, qui prenne en compte et respecte ses besoins et son identité, mais aussi l'intérêt de tous – en particulier des athlètes de haut

---

20 https://bjsm.bmj.com/content/55/17/e7

21 https://olympics.com/cio/news/le-cio-publie-son-cadre-sur-l-equite-l-inclusion-et-la-non-discrimination-sur-la-base-de-l-identite-sexuelle-et-de-l-intersexuation

niveau – à concourir dans des compétitions équitables où aucun participant n'a un avantage injuste et disproportionné sur les autres. Lorsque des critères d'admission doivent être fixés pour réglementer la participation sportive dans les catégories femmes et hommes, la définition et l'application de ces critères devront s'inscrire dans le cadre d'une approche globale fondée sur le respect des droits humains internationalement reconnus, un degré élevé de données probantes et la consultation des athlètes.

Les controverses soulevées par les contrôles de sexe ont ainsi contraint le milieu médico-sportif à prendre en compte les niveaux pluridimensionnels de l'identité sexuée et à s'interroger sur la définition de la "vraie femme" : définition impossible, qui renvoie à des problématiques à résonance sociale, politique, éthique et philosophique. Le monde sportif s'y trouve plus que jamais confronté aujourd'hui.

# La question de l'apolitisme du CIO face aux régimes non démocratiques

Lukas Aubin

Si elle a été légèrement modifiée en juillet 2021 pour accorder plus de liberté aux athlètes, la charte olympique ratifiée par le CIO promeut toujours un sport apolitique. Selon l'article 50, "*aucune sorte de démonstration ou de propagande politique, religieuse ou raciale n'est autorisée dans un lieu, site ou autre emplacement olympique*". Le rôle du CIO est ainsi d'après l'article 2 "*d'agir dans le but de renforcer l'unité du mouvement olympique, de protéger son indépendance, de maintenir et promouvoir sa neutralité politique et de préserver l'autonomie du sport*" et "*de s'opposer à toute utilisation abusive politique ou commerciale, du sport et des athlètes*".

## L'impossible apolitisme

Comme l'a montré Jacques Defrance, l'apolitisme est *"une valeur durable de la culture sportive"*, *"une attitude ancienne, multiforme, ostensiblement affirmée"* qui *"peut passer pour fondement 'naturel'"*[22]. En réalité, l'apolitisme et la neutralité du sport selon le CIO sont des constructions historiques et idéologiques. À l'origine, pour les dirigeants olympiques, *"le sport doit rester au-dessus ou en dehors de la mêlée, tant sur le plan des relations internationales que sur celui des luttes politiques internes*[23]*"*. Il s'agit avant tout de défendre une organisation idéale et une situation utopique au sein desquelles le sport serait totalement indépendant et insoumis aux régimes politiques. Mais il n'en est rien.

Si, depuis sa création en 1894 à l'initiative de Pierre de Coubertin, le CIO cherche à se détacher de l'influence politique, il y est toujours confronté. Soit parce qu'il la subit, soit parce qu'il en est l'instigateur. Dès l'origine, il prend d'ailleurs des décisions éminemment politiques. Ainsi les premiers Jeux Olympiques de 1896 sont-ils misogynes – les femmes y sont interdites – et colonialistes – les colonies n'ont pas le droit de participer. Conçus par quelques Européens humanistes, capitalistes et libéraux, les Jeux Olympiques modernes reflètent une certaine idée de la suprématie occidentale sur le reste du monde.

Concrètement, 3 raisons principales rendent impossibles l'apolitisme du sport. D'une part, les acteurs sportifs – athlètes, entraîneurs, dirigeants, organisateurs – sont toujours confrontés à une influence extérieure. Ils n'évoluent pas en dehors des réalités sociales et ne peuvent s'y soustraire. D'autre part, l'histoire du sport moderne révèle ses usages politiques systématiques par des acteurs nationaux. Partis, religions, États, tous cherchent à s'approprier et utiliser le sport à des fins politiques pour leur propre cause. Enfin, l'organisation pyramidale du sport est calquée sur le concept d'État-nation. Durant les Jeux

---

[22] Defrance Jacques, "La politique de l'apolitisme. Sur l'autonomisation du champ sportif", *Politix*, n° 50, 2000, p. 13-27.

[23] Jacques Meynaud, *Sport et politique*, Paris, Payot, 1966.

Olympiques, les athlètes représentent leur pays par l'intermédiaire des couleurs de leur drapeau et de la mélodie de leur hymne. En outre, les lieux où se tiennent les événements sont généralement chargés de représentations géopolitiques et sont utilisés par les régimes pour construire un roman national.

De surcroît, en dépit de sa façade neutre, le CIO n'en demeure pas moins une institution politique dont l'organisation, si elle était assimilée à celle d'un État, relèverait du clientélisme par cooptation. En effet, tous ses membres sont chargés *"d'intérêts politiques et commerciaux des États et des multinationales, même si les présidents sont obligés d'afficher leur respect des valeurs olympiques*[24]*"*. Quant à sa gouvernance (au sens des modalités de direction), elle est verticale et basée sur le principe de la longue durée des mandats alors que ses membres sont très majoritairement masculins et âgés. En 2023, le CIO fête ses 129 ans et a connu seulement 9 présidents, soit des mandats d'une durée moyenne de 14 ans et demi. Tous occidentaux, ils constituent un parterre d'hommes aux caractéristiques similaires. Des profils identiques qui interpellent à l'aune d'un monde multipolaire au sein duquel l'Occident et ses valeurs démocratiques sont remis en question.

Dès lors, le principe de neutralité du CIO doit être interrogé. Si ses partisans y contreviennent régulièrement, le problème tient également du fait que le monde actuel se caractérise par des inégalités structurelles entre les États, les peuples et les classes sociales. Conséquemment, le sport reproduit ces inégalités et favorise les acteurs privilégiés. En outre, il est le calque des relations internationales en dépit de sa volonté supranationale et de son esprit antinationaliste. En 1952, à Helsinki, les Jeux sont révélateurs de cette dynamique quand le CIO accepte que l'URSS, la Hongrie, la Tchécoslovaquie, la Roumanie, la Bulgarie et la Pologne fassent bande à part dans un village olympique séparé construit pour l'occasion. L'événement olympique devient géopolitique dans la mesure où le territoire de la ville d'Helsinki est alors l'expression géographique et symbolique des conflits mondiaux, en l'occurrence de la guerre froide.

---

[24] Jean-Pierre Augustin, Pascal Gillon, *Les Jeux du monde. Géopolitique de la flamme olympique*, Paris, Armand Colin, 2021.

Plus largement, des Jeux Olympiques de Berlin 1936 à ceux de Los Angeles 1984 en passant par Montréal 1976 et Moscou 1980, toutes les Olympiades de l'histoire sont chargées en récupérations politiques, usages géopolitiques ou constructions nationalistes. Dès lors, il n'est pas usurpé d'écrire comme Ronald Hubscher que *"le sport a toujours été pris 'dans le filet des idéologies' aussi bien dans les dictatures que dans les pays de démocratie libérale*[25]". En 1975, le président du CIO lui-même, Juan Antonio Samaranch, abonde dans ce sens en déclarant: *"Nul doute que les compétitions sportives, et en particulier les Jeux Olympiques, reflètent la réalité du monde et constituent un microcosme des relations internationales*[26]."

## Le CIO à l'épreuve du nouvel ordre mondial du sport

Pourtant, les Olympiades modernes et le CIO ne constituent pas seulement le miroir de la géopolitique mondiale, ils en sont également parties prenantes. Au lendemain de la chute de l'URSS, l'ordre mondial est modifié. Au monde bipolaire de la guerre froide succède d'abord un monde unipolaire dominé par les États-Unis. La volonté hégémonique américaine se retranscrit aux Jeux Olympiques en termes organisationnels (Jeux Olympiques d'été d'Atlanta de 1996) et sportifs (première place au classement des médailles pour les éditions de 1996, 2000, 2004). Plus largement, les années 1990 et le début des années 2000 sont le théâtre de la victoire du capitalisme sur le communisme puisque seuls des pays occidentaux libéraux participent à l'organisation des Jeux Olympiques d'été et d'hiver. Néanmoins, cette domination ne dure pas.

Dès 1992, Juan Antonio Samaranch prononce un discours historique devant l'Assemblée générale des Nations unies et déclare que

[25] Ronald Hubscher, *L'histoire en mouvements, le sport dans la société française (XIXe-XXe siècle)*, Paris, Armand Colin, 1992.

[26] Alfred Wahl, "Sport et politique, toute une histoire!", *Outre-Terre*, n° 8, 2004, p. 13-20.

*"l'Olympisme saura manifester sa force conciliatrice et son humanisme"*. Il appelle alors à faire des Jeux Olympiques *"une trêve dans la tradition classique"*. L'année suivante, l'ONU adopte une résolution destinée à *"rétablir l'antique tradition grecque de l'ekecheiria, ou 'trêve olympique'"*. Pourtant, le message le plus important est ailleurs. En se prononçant à l'ONU, le CIO devient, à l'instar d'un État, un acteur politique à part entière dont le chemin est *"contraire à sa vocation originelle*[27]*"*.

À l'aube du nouveau millénaire, le CIO change sa politique d'attribution des Jeux Olympiques en même temps que de nouvelles puissances commencent à s'affirmer sur l'échiquier géopolitique mondial. Si la compétition pour le choix des villes olympiques s'est renforcée dès les années 1960, il faut attendre les années 2000 pour voir une mutation des secteurs géographiques d'attribution. Désormais, les puissances occidentales traditionnelles doivent compter avec de nouveaux acteurs étatiques. À mesure que les Jeux Olympiques gagnent en notoriété, notamment grâce à la télévision, les candidatures se multiplient. Décision est prise de confier successivement les Olympiades à divers pays émergents des BRICS (Brésil, Russie, Inde, Chine, Afrique du Sud). La Chine obtient les Jeux Olympiques d'été et d'hiver respectivement en 2001 et 2015 ; la Russie les Jeux Olympiques d'hiver en 2007 et le Brésil les Jeux Olympiques d'été en 2009.

L'arc qui s'étend de 2008 à 2022 représente un moment inédit dans l'histoire du sport moderne puisque 4 éditions olympiques se tiennent dans des pays non démocratiques. Pour ces États, le sport apparaît alors comme un outil politique destiné à rayonner à l'échelle planétaire tout en justifiant leur régime auprès de leur population. Pour le CIO, l'ouverture aux régimes alternatifs débouche sur un bouleversement majeur de sa *"politique de l'apolitisme"*. Jusqu'alors réservés majoritairement aux régimes démocratiques occidentaux, les Jeux Olympiques deviennent des *"enjeux politiques contemporains au nom du principe originel de la trêve olympique et du refus de la politique*[28]*"*.

---

27 *Ibid.*

28 Valérie Niquet-Cabestan, "La Chine face au défi des Jeux olympiques", *Politique étrangère*, n° 2, 2008, p. 253-266.

## La difficile intégration de la Chine

À l'heure de la mondialisation, un méga-événement sportif permet grâce à une intervention étatique de raconter la nation et donc de façonner un "*imaginaire national*[29]" à la fois historique et mémoriel : c'est le *storytelling* ou la "mise en récit" au service de l'édification de la nation (*Nation Building*) et de la projection de son image de marque (*Nation Branding*) à l'étranger. Ainsi, le pouvoir participe-t-il à la transformation des représentations d'un peuple sur sa propre histoire en réalisant ce que Benedict Anderson appelle la "*généalogie inversée*[30]", c'est-à-dire en utilisant le présent pour façonner le passé.

Face à cette politisation du sport en tant qu'arme de *soft power*, le CIO semble dans un premier temps être dans une impasse. Il tente de dépolitiser les événements en appelant régulièrement les États organisateurs à ne pas utiliser le sport pour glorifier et justifier leur régime. Mais son discours est difficilement audible. En effet, ses valeurs démocratiques, libérales et en faveur de la paix le poussent également à prendre des initiatives diplomatiques importantes. Il milite par exemple lors des Jeux de Sydney en 2000 pour une réunification entre les 2 Corées. Durant les Jeux Olympiques de Sotchi 2014, il demande au régime de Vladimir Poutine de ne pas froisser la Géorgie en masquant les territoires séparatistes de l'Abkhazie et de l'Ossétie du Sud sur le planisphère projeté durant la cérémonie d'ouverture. Géopolitiques et régulières, ces initiatives entrent en contradiction avec l'idéal de neutralité du CIO mais confirment le rôle du sport moderne en tant qu'arme de *soft power*.

De plus, cette arme n'est pas l'apanage ni du CIO ni des États. Et elle est encore moins à sens unique. À double tranchant, elle peut se retourner contre son utilisateur si elle est mal utilisée. La préparation et la tenue des Jeux Olympiques 2008 à Pékin en sont l'illustration. À mesure que l'événement approche, les relations entre la Chine

---

29 Benedict Anderson, *Imagined Communities : Reflections on the Origin and Spread of Nationalism*, Paris, Verso Libri, 2006 [1983].

30 *Ibid.*

et le monde occidental se tendent sur les questions de l'écologie, de la censure des journalistes et du Tibet. En exil, le dalaï-lama utilise la plateforme médiatique offerte par les Jeux Olympiques pour critiquer le régime de Hu Jintao. Rapidement, il est suivi par de nombreuses associations de défense des droits de l'homme.

De son côté, le CIO décide de prendre position en rappelant aux autorités chinoises en avril 2008, à quelques mois des Jeux, ses engagements moraux de faire "*avancer la question sociale, notamment les droits de l'homme*" en Chine. La porte-parole du ministère des Affaires étrangères, Jiang Yu, rétorque que le CIO doit s'en tenir à sa propre charte et faire en sorte de conserver une séparation claire entre le sport et la politique.

Si l'opinion publique occidentale semble se ranger derrière la cause tibétaine, en témoignent les régulières manifestations lors des passages de la flamme olympique, seul le président du Parlement européen décide finalement de boycotter les Jeux et 90 chefs d'États et de gouvernements font le déplacement pour la cérémonie d'ouverture. Un record dans l'histoire olympique. Pour Pékin, le succès est au rendez-vous puisque la Chine obtient la première place au classement des médailles devant les États-Unis. La stratégie chinoise du *Jughuo Tizhi* – le soutien de tout le peuple au sport d'élite – a fonctionné.

En 2001, Pékin avait déclaré travailler pour améliorer les conditions humaines en Chine si l'événement lui était confié. Au contraire, les Jeux Olympiques ont, semble-t-il, contribué à accentuer l'autoritarisme en Chine et à révéler la fracture systémique existante entre les démocraties libérales et le régime chinois. De son côté, le CIO est pris au jeu de ses propres contradictions.

## L'exclusion progressive de la Russie du sport mondial

Dans le même temps ou presque, la Russie réussit à obtenir en 2007 les Jeux Olympiques d'hiver pour 2014. Pour convaincre les membres votants du CIO, Vladimir Poutine déploie les grands moyens. Il fait lui-même le déplacement à Ciudad au Guatemala avec de la neige de Sotchi dans ses bagages et en ayant pris soin au préalable de faire construire la seule et unique patinoire du pays. Fort de cette débauche de moyens, il prononce un discours en anglais dans lequel il vante les mérites du Caucase et la beauté de la station balnéaire. À l'unanimité, le Comité lui confie l'organisation des Jeux Olympiques d'hiver 2014. Si ces méthodes pour obtenir un événement ne sont pas nouvelles, elles deviennent systématiques à l'ère de Vladimir Poutine pour qui le sport est un instrument de pouvoir hérité de l'époque soviétique. Son système politico-économico-sportif vertical – la *Sportokratura* – utilise les oligarques, les politiques et les athlètes pour rendre efficiente l'influence russe à travers le monde[31].

Plus largement, les régimes autoritaires ou semi-autoritaires disposent d'un budget généralement plus élevé que les États démocratiques. En effet, les États à autorité verticale ont cette particularité de pouvoir mettre en branle l'ensemble de l'économie, du politique et de la société pour obtenir le résultat escompté (Jeux Olympiques de Pékin en 2008, Jeux Olympiques de Sotchi en 2014, ou encore Coupe du monde 2022 au Qatar). Or, comme le note Wladimir Andreff, le CIO "*a un monopole mondial absolu sur l'offre des Jeux et ouvre tous les quatre ans un appel à candidature qui s'apparente à un processus d'enchères dans lequel les villes candidates sont mises en concurrence.* [...] *Il est donc logique que les membres du CIO votent pour le projet le plus magnifique, ce qui se vérifie le plus souvent puisqu'ils choisissent en général le projet le plus coûteux*[32]". Au final, pas moins de

---

[31] Lukas Aubin, *La Sportokratura sous Vladimir Poutine : une géopolitique du sport russe*, Paris, Bréal, 2021.

[32] Wladimir Andreff, "Pourquoi les Jeux de Sotchi seront plus coûteux que prévu", *Revue internationale et stratégique*, n° 4, 2013, p. 109-118.

40 milliards d'euros ont été dépensés pour l'organisation des Jeux Olympiques de Sotchi 2014. Un record absolu dans l'histoire des Jeux Olympiques et un signe de l'importance accordée au sport par le gouvernement russe.

Très vite, Sotchi 2014 devient un catalyseur de la mise en récit du retour de la nation russe, victorieuse et intemporelle. La victoire devient un impératif politique et tout est mis en œuvre pour remporter l'événement (naturalisations d'athlètes étrangers, dopage, préparation physique hors du commun). Si la Russie remporte effectivement "ses" Jeux, cette approche victorieuse est perçue de façon négative, voire agressive, à l'international. En outre, la loi contre la propagande homosexuelle votée quelques mois avant les Jeux, les attaques contre la liberté de la presse, la révolution du Maïdan en Ukraine ou encore les enjeux écologiques cristallisent les tensions avant et pendant l'événement. Pourtant, d'après Thomas Bach, le président du CIO, "*la Russie a tenu ses promesses*" et Vladimir Poutine a même joué "*un rôle important*".

L'affaire de dopage en Russie éclate quelques mois plus tard. Face aux accusations de l'Agence mondiale antidopage (AMA), corroborées par Grigory Rodchenkov, ancien responsable du laboratoire anti-dopage russe, et par le couple Stepanov, une championne du demi-fond et son mari employé à l'agence anti-dopage russe, le Kremlin décide de nier en bloc. Mais les conséquences de cette politique sont désastreuses. Dans la foulée, l'agence russe antidopage RUSADA et la fédération russe d'athlétisme sont suspendues. Pour l'AMA, la Russie ne doit pas participer aux Jeux Olympiques de Rio 2016. Maître en son logis, le CIO refuse. Pour Thomas Bach, les preuves ne sont pas suffisantes et exclure un État des Jeux Olympiques reste une décision qui va à l'encontre des principes de neutralité du mouvement olympique. Sous le feu des critiques, le CIO concède finalement que les athlètes russes doivent participer aux Jeux Olympiques d'hiver de Pyeongchang 2 ans plus tard sous bannière neutre. Enfin, les autorités olympiques se mettent d'accord avec l'AMA, puis le Tribunal arbitral du sport (TAS) en décembre 2020, pour exclure le pays pour 2 ans des plus grandes compétitions internationales.

Néanmoins, l'exclusion est avant tout symbolique puisque les athlètes peuvent à nouveau concourir à condition de porter les couleurs olympiques et non celles de la Russie. À demi-mots, demi-mesures. Visiblement peu à l'aise avec cette décision, le CIO accepte que l'hymne russe soit remplacé par le *Concerto pour piano n° 1* de Tchaïkovski sur proposition du Kremlin. Dans la foulée, le CIO décide symboliquement de modifier sa devise originelle en octobre 2021. L'expression "*Plus vite, plus haut, plus fort*" est rallongée du mot "*ensemble*" pour dissuader les athlètes de chercher à performer à n'importe quel prix, y compris en recourant au dopage. Une façon de continuer la pensée de Pierre de Coubertin qui insistait notamment sur le fait que "*l'important dans ces olympiades, c'est moins d'y gagner que d'y prendre part*".

Pour autant, le problème originel demeure. Mécontents de la façon dont l'affaire se déroule, les États-Unis et Donald Trump décident en 2021 de faire voter le *Rodchenkov Act* destiné à permettre à la justice américaine de criminaliser à l'international les affaires de dopage.

## Vers un nouveau monde sportif ?

Parallèlement, en accueillant pour la première fois de l'histoire les Jeux Olympiques d'hiver et d'été dans la même ville, la Chine frappe un grand coup. Si Pékin 2008 était le symbole de l'avènement de la Chine au premier plan du concert des nations, Pékin 2022 ressemble davantage à une confirmation.

Comme 14 ans plus tôt, la politique revient sur le devant de la scène par l'entremise de la répression des Ouïghours et de l'affaire Peng Shuai (tenniswoman qui disparaît après avoir accusé un ex-vice-Premier ministre chinois de viol, qu'elle niera quand elle reparaîtra 3 mois plus tard encadrée par des officiels du régime). Loin de s'être démocratisé, le régime chinois est devenu plus autoritaire sous Xi Jinping. Dès lors, face à l'inaction du CIO, l'Australie, les États-Unis, le Canada, la Lituanie, la Nouvelle-Zélande et le Royaume-Uni décident de boycotter diplomatiquement l'événement. En réponse, Vladimir Poutine et Xi Jinping s'affichent durant la quinzaine en leaders d'un nouvel ordre mondial. Scellant une forme de pacte, ils signent une quinzaine de contrats et publient une déclaration commune *"sur l'entrée des affaires internationales dans une nouvelle ère"*.

Cette déclaration se matérialise 3 jours après la cérémonie de clôture des Jeux Olympiques chinois, lorsque la Russie envahit l'Ukraine. Dans ce contexte, le 28 février 2022, la commission exécutive (CE) du CIO sort finalement de son silence et prend une décision politique. Elle *"recommande aux fédérations sportives internationales et aux organisateurs d'événements sportifs de ne pas inviter ou autoriser la participation d'athlètes et d'officiels russes et biélorusses à des compétitions internationales"*.

Exclue du sport mondial, la Russie se retrouve dans une situation inédite. Si le CIO avait déjà pris des décisions politiques par le passé à l'encontre de l'Afrique du Sud en raison de l'Apartheid en 1970 et de la Yougoslavie en raison de la guerre en 1992, c'est la première fois de son histoire qu'une nation sportive de premier plan – la Russie est régulièrement dans le top 5 des puissances sportives – est appelée à sortir du mouvement olympique. Spectaculaire, cette décision est une petite révolution dans l'histoire du CIO, qui prend officiellement position en refusant les arguments du Kremlin qui justifient l'invasion de l'Ukraine et en soutenant Kyiv.

Dès sa création, le projet politique du CIO était de réunir les peuples par le biais d'un sport apolitique. Son hiatus originel a, semble-t-il, contribué au contraire à faire du sport une arme malléable de *soft power* utilisée par les États en quête de puissance et de rayonnement. Loin d'attirer les États autoritaires ou illibéraux vers les modèles démocratiques, cette stratégie a eu l'effet inverse. Les États non démocratiques ne cessent de reprendre les éléments de langage du CIO en appelant à une dépolitisation du sport pour mieux l'utiliser.

Avec l'exclusion de la Russie, le CIO a pris une décision majeure qui marque un précédent dans l'histoire du sport moderne et fera probablement jurisprudence. À la croisée des chemins, la question désormais est de savoir dans quelle mesure le CIO va réussir à tenir compte de ce nouvel héritage. Faut-il s'attendre à un retour en arrière, ou à la création d'un nouveau modèle sportif?

# *Postface & conclusion*
# L'olympisme, un avenir ?

Georges Vigarello

Les Jeux Olympiques, "encensés" comme jamais par les images, les reportages, les prestiges attachés aux sensibilités nationales, aux médailles, aux exploits, semblent installés pour l'éternité dans notre modernité. La pandémie a montré en revanche leur fragilité possible. Les coûts croissants engagés par les villes hôtes, l'obsolescence rapide des installations proposées, voire leur rapide inutilité, n'ont fait qu'accentuer une telle fragilité. L'avenir des Jeux Olympiques concerne alors la culture autant que la politique et l'économie.

## L'invention du sport, une morale

L'histoire suggère, quoi qu'il en soit, une origine prestigieuse. Pierre de Coubertin sans doute n'est pas directement l'inventeur de la "morale sportive", mais une affirmation marquante l'accompagne : le projet associant à la pratique physique compétitive une pédagogie du corps, celle visant apprentissages et "leçons" à travers l'ensemble des Jeux nouveaux, loin des perspectives anciennes du simple délassement ludique, ou même de la simple "mécanique" gymnique, ce projet existe avant lui ou autour de lui. Le sport est aussi le signe d'une vaste tentative de convertir, au XIXe siècle, une pratique de loisir en pratique "utile" : transformer un "plaisir" en "renforcement de soi", intégrer les "vacances" dans la "formation", plus largement, légitimer un affrontement physique en régime de vie.

Le sport, avec le loisir naissant, le thème "moderne" de l'alternative au travail, donne une logique "constructive" à ce nouveau temps pour soi. Les premiers sportsmen prétendent d'ailleurs inventer une discipline personnelle, comme une discipline collective[1]. Le père Henri Didon, maître de Pierre de Coubertin au collège Saint-Ignace dans les années 1870, pressentait l'"exploitation" possible des Jeux Olympiques, bien au-delà de celle des vieilles gymnastiques nées avec le XIXe siècle: "*Les sports font prédominer l'esprit de combat, c'est-à-dire l'esprit de vaillance*[2]." Paroles quasi simplistes sans doute, mais qui lient pour longtemps sport et pédagogie. Elles sont adoptées par le ministre Léon Bourgeois lors d'une remise des prix du concours général en 1890: "*Les jeunes athlètes sont préparés à tous les combats*[3]."

Pierre de Coubertin reprend à l'évidence les thèmes génériques des "bienfaits" du sport: "*Niveleur de classes,* [le sport serait] *un dérivatif puissant à tous les instincts mauvais, un antidote à l'alcoolisme, un pourchasseur de tuberculose, un agent d'hygiène physique et moral*[4]." Le baron s'attarde aux thèmes psychologiques, aux rapprochements philosophiques, aux visions volontaristes. Il multiplie les mises en perspective avec les "besoins du temps" : la pratique

---

1 Georges Vigarello, "Le temps du sport", *in* Alain Corbin (dir.), *L'Avènement des loisirs*, Paris, Aubier, 1995.

2 Le père Didon, *L'Éducation présente, discours à la jeunesse*, Paris, Plon, 1898, p. 377.

3 Cité par Georges Bourdon, *Histoire des sports de l'Antiquité à nos jours, Encyclopédie des sports. Tome 1*, Paris, Librairie de France, 1924, p. 137.

4 Pierre de Coubertin, "Lettre à Messieurs les membres du Comité International Olympique, janvier 1919", *in* Norbert Müller, *Textes choisis, Olympisme. Tome 2*, Zürich, Weidmann, 1986, p. 340.

compétitive engendrerait "*des germes d'observation, d'esprit critique, de contrôle de soi-même, de calcul dans l'effort et dans la dépense d'énergie, de philosophie pratique dans l'insuccès, qualités dont la génération présente a un tel besoin que, faute de les posséder, elle serait presque certaine de faire faillite à la tâche qui l'attend*[5]".

## L'invention des Jeux, une édification

Pierre de Coubertin n'a pas inventé le sport. Il n'a pas, non plus, inventé les Jeux Olympiques. Il a su, en revanche, les profiler, sinon les magnifier. Il a su surtout les organiser. D'autres tentatives ont existé au XIXe siècle : exemples nombreux, hétérogènes, modestes autant qu'oubliés. Les "Jeux Olympiques" créés en février 1822 à l'usage des élèves du petit séminaire dominicain de Rondeau, près de Grenoble, se déroulèrent tous les 2 ans durant une partie du XIXe siècle. HenriDidon en fut l'un des lauréats en 1846. Des "Jeux Olympiques" furent organisés en Scanie à Ramlosa (Suède) en 1834 et 1836 sous l'impulsion d'un professeur local.

La proposition se fait plus concrète lors du 5e anniversaire de l'Union des sociétés françaises de sport athlétique en 1892, dans l'amphithéâtre de la vieille Sorbonne. La conférence de Pierre de Coubertin en est l'occasion : "*Cela suffit pour encourager votre serviteur à songer maintenant à la seconde partie de son programme. Il espère que vous l'y aiderez comme vous l'avez aidé jusqu'ici et qu'avec vous il pourra poursuivre et réaliser, sur une base conforme aux conditions de la vie moderne, cette œuvre grandiose et bienfaisante : le rétablissement des Jeux Olympiques*[6]."

La nouveauté, remarquablement comprise par les Coubertiniens, est que le projet s'appuie sur une économie et une culture aux caractéristiques bien spécifiques, celles dont l'importance est brusquement

---

5 *Ibid.*

6 Pierre de Coubertin (préface de Pascal Boniface), *Mémoires olympiques*, Paris, Bartillat, 2016 [1931], p. 9.

accrue avec la fin du XIXe siècle : l'ascendance du loisir, la nouvelle exploitation du temps, l'idée d'alternance travail-repos, le calendrier festif affranchi des seules célébrations religieuses... Ils s'appuient plus encore sur une pratique totalement inédite des échanges internationaux (expositions internationales, congrès scientifiques, rencontres politiques, culturelles dont la fréquence s'accroît depuis le milieu du XIXe siècle...). Les distances sont raccourcies par la vapeur : le sport se développe dans ces rapprochements. Plus largement, le principe du temps contrôlé, du record, de la performance, se glisse parfaitement dans les idéaux d'une société industrielle avide de grandissement et de progrès.

Suite à une telle proposition, l'Olympisme se transforme en organisation : un ajustement éclectique d'épreuves et de manifestations, l'institutionnalisation d'un réseau mondial. C'est dans cette voie sans doute que Pierre de Coubertin a été le plus efficace. Le Comité international olympique mis en place par le congrès de 1894 devient rapidement un dispositif fortement structuré dont Pierre de Coubertin propose les 5 personnalités centrales choisies parmi quelques amis fortunés : un Américain, un Argentin, un Hongrois, un Russe et un Suédois. Le baron en devient le secrétaire général, alors que le Grec Dimitrios Bikilas en assure la présidence. Très vite aussi le CIO se prononce pour l'organisation des premiers Jeux à Athènes, 2 ans plus tard[7].

Le Comité définit alors ce qui constitue aujourd'hui encore la base de la charte olympique, même si ce document sur les statuts du mouvement a été depuis maintes fois révisé : "*Comme dans l'Antiquité, les Jeux auront la périodicité quadriennale ; c'est le Comité international olympique qui choisit parmi les villes candidates le lieu de déroulement*[8]." Ce sont donc les villes, et non les pays, qui sont candidates à l'organisation. C'est le CIO qui choisit en toute souveraineté.

---

7 L'évocation des "*premiers Jeux*" doit beaucoup ici au livre de Françoise Hache, *Jeux Olympiques, la flamme de l'exploit*, Paris, Gallimard, 2008 [1992].

8 Françoise Hache, *Jeux Olympiques, la flamme de l'exploit*, Paris, Gallimard, 2008 [1992].

La cause d'Athènes fera un temps problème en 1895. Le Premier ministre Charilaos Tricoupis est hostile au projet pour des raisons de coût. Pierre de Coubertin s'embarque pour la Grèce, propose comme l'explique Jean Durry[9] un programme de compétitions résolument modernes, et parvient à convaincre le prince héritier Constantin qui milite dès lors pour les Jeux. L'inauguration a lieu le 6 avril 1896. Les compétions y confrontent 81 athlètes de 12 pays et 230 Grecs. Le programme de ces premiers Jeux comporte 11 épreuves dans les sports athlétiques, 5 en gymnastique, 4 en escrime et en lutte, 3 en tir, 10 en sports nautiques, 4 en vélocipédie et 3 en "jeux" (tennis et cricket). L'équitation prévue initialement est supprimée faute de moyens. Les femmes sont absentes des épreuves, il faut le retenir, selon un vœu insistant de Pierre de Coubertin.

Le spectacle séduit les Grecs : 60000 spectateurs au stade Panathinaïkon rénové de marbre pour la circonstance, 100000 sur le passage du marathon, enthousiasme pour les vainqueurs, les Grecs surtout, en particulier Spyrídon Loúis, vainqueur du marathon, embrassé par le roi[10]. Une adhésion a eu lieu. Olympie fait ensuite lentement son chemin. Les Jeux Olympiques s'associent d'abord à des manifestations extérieures à eux-mêmes pour en être mieux confortés et assurés : les expositions universelles, à Paris en 1900 et à St. Louis en 1904, l'exposition franco-britannique à Londres en 1908. L'organisation des Jeux s'autonomise définitivement avec ceux de Stockholm en 1912.

Des tensions, sinon des contradictions, existent en revanche dès l'origine de ces manifestations. Le spectacle en particulier est un thème contrasté dans l'univers coubertinien. Les premiers espaces sportifs ne sont pas pensés pour les grandes fréquentations. Les moralistes du sport, dont Pierre de Coubertin, jugent d'ailleurs le spectacle partiellement contradictoire avec leur projet : à être trop "admiré" le sportif serait plus perverti que grandi, plus exploité qu'honoré. Jugement tranché bien sûr : les foules envahiront les stades du XX^e^ siècle, au point

---

9 Jean Durry, "Entretien avec Jean Durry. Coubertin aujourd'hui", *Outre-Terre*, n° 8, 2004.

10 *Le Temps* du 7 au 16 avril 1900.

de susciter de véritables révolutions architecturales et, sans doute aussi, de véritables révisions de discours. Le spectacle s'emparera du sport quasiment malgré lui.

Pierre de Coubertin parle peu d'ailleurs des spectateurs dans les milliers de pages qu'il a consacrées aux pratiques physiques. Ses idées sont claires, pourtant. Le spectacle l'inquiète : l'exhibition "*consacre le sportif*[11]" en même temps qu'elle le "*détourne*", elle le légitime en même temps qu'elle l'abuse. Elle le fait agir pour de troublants mobiles, l'apparence, la fatuité, alors que le sportif doit agir pour un idéal : l'édification morale et la gratuité. Le spectacle, autrement dit, serait ambigu : important et leurrant, fascinant et suspect.

La foule aussi inquiète le baron, selon une vision inavouée mais quasi explicite opposant l'élite au populaire, le sélectif au massif. La foule est multitude et grouillante. Elle est passion imprévisible, amas confus : l'inverse de la distinction individualiste que tend à privilégier la bourgeoisie "compétitive" de la fin du XIXe siècle[12]. Cette foule gagnant les espaces du loisir urbain avec la société industrielle serait tout simplement "*laide*[13]". D'où la crainte de gradins trop vastes, l'angoisse du nombre, ce refus d'enceintes sportives envahies par un public trop massé : "*Vous pouvez chercher à embellir une tribune par tous les moyens et la placer au sein du paysage le plus avenant ; une fois remplie, elle dessinera presque toujours un bloc hideux*[14]."

Le problème est plus complexe bien sûr, sinon ambivalent. Les tout premiers Jeux Olympiques sont l'exemple même de cérémonies faites pour accroître l'enthousiasme et l'émerveillement : "*retraite aux flambeaux autour de la Place de la Constitution*" à Athènes en 1896, fanfares, drapeaux de toutes les nations étrangères

---

11 Pierre de Coubertin, "Les spectateurs", *Revue Olympique*, 1910, p. 28.

12 Voir Yves Lequin, "Les espaces de la société citadine", *in* Yves Lequin (dir.), *Histoire des Français, XIXe-XXe siècles. Tome 2*, Paris, Armand Colin, 1983.

13 Pierre de Coubertin, "Les spectateurs", *Revue Olympique*, 1910, p. 28.

14 John J. MacAloon, *This Great Symbol, Pierre de Coubertin and the Origins of the Modern Olympic Games*, Chicago, The University of Chicago Press, 1981.

"*soulevant sur leur passage les acclamations*"[15]. Une brochure spéciale de la *Revue Olympique* détaille, dès les années 1910, ce qu'elle appelle "*Décoration, pyrotechnie, harmonies, cortèges*[16]". Le lecteur y apprend comment disposer les drapeaux, les guirlandes, les trophées, comment faire tenir les oriflammes malgré les caprices du vent, comment orienter les tribunes ou les portiques, comment ordonner les déplacements ou comment régler l'harmonie des sons. Pierre de Coubertin veut édifier. Il veut transposer le sport en exemple. Il veut attirer, captiver. Ce qui n'est pas toujours compatible avec la confidentialité prétendue.

Autre paradoxe, autre contradiction possible : le nationalisme. Les Jeux sont faits pour l'athlète autant qu'ils sont faits pour l'universalisme. Ils symbolisent le "*démocratisme et l'universalité*[17]". Nombre de garants existent, dès le début, pour endiguer quelque nationalisme exacerbé : la candidature effectuée par la ville, et la ville seule, l'internationalisme systématique du CIO, le symbole d'un drapeau olympique "entrelaçant" les continents. Nombre de dispositifs en revanche laissent place à un nationalisme peu contrôlé : victoires "nationales" systématiquement décomptées, chaque athlète représentant un pays, place marquante faite au maillot et au drapeau national, rôle des hymnes avec les Jeux Olympiques des années 1920. L'universalisme côtoie le nationalisme dans l'esprit même du baron : "*Le drapeau national, symbole du moderne patriotisme montant au mât de la victoire pour récompenser l'athlète vainqueur, voilà ce qui constituerait le culte du foyer rallumé*[18]."

---

[15] Pierre de Coubertin, *Souvenirs d'Amérique et de Grèce*, Paris, Librairie Hachette et Cie, 1897, p. 155.

[16] Voir *Décoration, pyrotechnie, harmonie, cortèges. Essai de ruskinianisme sportif*, *Revue Olympique*, Paris, Brochure spéciale, 1912.

[17] Pierre de Coubertin, "Discours d'ouverture de la session de Rome (7 avril 1923)", Lausanne, brochure du CIO, 1923.

[18] Pierre de Coubertin, *in* Norbert Müller, *Textes choisis*. *Tome 2*, *Olympisme*, Zürich, Weidmann, 1986, p. 425.

## L'histoire des Jeux, "dérives" ou "changements"?

L'argent d'abord : immense décalage sans doute, même s'il est peu perçu comme tel aujourd'hui. C'est que la professionnalisation du spectacle en général et celle du spectacle sportif en particulier semblent devenues tout à fait normales, évidentes même. Tout show se prépare et se paie. Nous avons d'ailleurs quasi oublié combien l'amateurisme est demeuré pendant très longtemps la condition absolue de la participation aux Jeux ; le professionnalisme, en revanche, étant demeuré pendant tout aussi longtemps l'image du repoussoir absolu, la dérive jugée majeure de l'olympisme. Dérive parce que le professionnalisme paraissait s'éloigner directement de l'idéal proposé, le contredire même, le nier. Cette conviction était telle qu'elle était la première évoquée, discutée, toujours mieux précisée, présente dans toutes les réflexions et les congrès des pères de l'olympisme "moderne".

La logique pédagogique attribuée au sport par les notables de la fin du XIXe siècle a sans doute fait ici longtemps obstacle à toute référence à l'argent : pratique éducative traversée de morale et de valeur, pratique qui doit, du coup, être réalisée d'abord "pour" elle-même et non "pour" autre chose qu'elle-même. Toute finalité qui viendrait du dehors (argent surtout, mais aussi nationalismes ou narcissismes divers...) risquerait de trahir ce pour quoi elle est faite.

D'où ces raisonnements systématiquement répétés par les grandes voix sportives de la fin du XIXe siècle : se muscler pour de l'argent c'est rendre sa force servile, c'est la dédier aux causes les plus diverses, les plus bariolées, dont, peut-être, les plus superficielles ou les moins nobles. Se muscler pour de l'argent, autrement dit, c'est accepter éventuellement de "trahir", dépendre du payeur et non de soi.

La logique du spectacle ne pouvait en revanche que l'emporter : autrement dit, rémunérer l'acteur là même où les spectateurs paient ; principe bientôt inévitablement partagé, rejetant dans les limbes d'exigences désuètes la norme d'un amateurisme obligé. La cause est entendue avec les années 1980. Faut-il ajouter que c'est le sens du sport lui-même qui a changé avec la 2e moitié du XXe siècle ? L'esprit de la pratique d'abord. Ce que montrent les enquêtes. Le "plaisir" provoqué par l'activité domine dans 89 % de l'ensemble des réponses portant sur les motivations et les incitations à pratiquer. La convivialité aussi domine dans 81 % des réponses : le "sport" effectué dans le cadre d'un cercle électif ou amical, loin de l'activité simplement individuelle ou de la vieille finalité collective et obligée[19]. Le besoin de pratiquer, ici, vient du pratiquant lui-même, non de quelque autorité imposée. Les sociétés d'aujourd'hui ne sauraient d'ailleurs concevoir les satisfactions de chacun comme devant être prescrites ou commandées par quelque autorité de surplomb.

L'esprit du spectacle ensuite. Non plus centré sur quelque illusoire édification mais sur l'excitation provoquée par les affrontements, le plaisir d'y entrevoir des intrigues, des drames, des objets de mobilisation et de narration. Aucune surprise dès lors, à ce que les Girondins de Bordeaux s'associent à la fin des années 2010 à la société *KB Sports* "*innovante et dynamique sur le secteur du divertissement sur son continent*[20]". Aucune surprise aussi face aux affirmations de la presse : "*Hiver comme été, les Jeux Olympiques sont toujours une fête*[21]." Ce qu'incarne désormais toute représentation sportive. Aucune surprise enfin face aux certitudes des présidents de Clubs : "*Notre but est de procurer des moments de bonheur au public comme n'importe quel spectacle de variétés*[22]."

De tels changements ne susciteraient guère de débats s'ils se limitaient à la reconnaissance de la rétribution des athlètes ou à celle d'une "systématique" festive croissante. D'autres changements suscitent davantage le mot de "dérive", liés, pour la plupart, à l'aspect planétaire des Jeux. Visibilités et comparaisons mondiales demeurent

---

19 Institut national de la jeunesse et de l'éducation populaire, *Quels pratiquants et quelles pratiques selon les univers sportifs ?*, Paris, Injep, 2021.

20 https ://lbe.news/les-grandes-lignes-de-linterview-de-gerard-lopez-sur-rmc-sport-girondins/

21 *Les Echos*, 22 février 2014.

22 Claude Bez (interview), *Nouvel Observateur,* 9-15 mai 1986.

difficilement indépendantes de possibles prédations étatiques, tout comme une organisation au gigantisme hors normes demeure difficilement indépendante de possibles prédations financières. Les "tentations" sont dès lors de tous ordres. Les transgressions le sont aussi. Dès les premiers Jeux modernes l'enjeu politique est récurrent. Telle l'expérience inaugurale athénienne : il faut le départ du Premier ministre grec Charílaos Trikoúpis et l'investissement personnel du duc de Sparte, le prince héritier, pour que les Jeux Olympiques aient lieu. Phénomène grave parce qu'il montre combien la vision d'un univers sportif préservé de toute influence externe, voulu par Pierre de Coubertin et ses épigones, s'est avérée fragile sinon illusoire[23].

Les Jeux Olympiques de 1936 demeurent l'exemple caricatural d'une évidente "perversion" politique. Les oriflammes nazies, les croix gammées, envahissent les rues et le stade jusqu'à masquer les autres drapeaux. L'hymne nazi "Horst Wessel Lied" est joué 480 fois dans le stade, l'hymne allemand 33 fois. *L'Auto*, sous la signature de Jacques Goddet, reconnaît que les Jeux "*ont été défigurés*". À Berlin naît aussi la conception de l'athlète d'État : celui dont toute l'activité est financée par le régime qu'il est censé "servir". Les participants olympiques allemands ont été réunis en stage et camp d'entraînement un an avant les Jeux au sein de trois centres : Berlin, Mannheim, Francfort-sur-le-Main. Un exemple : 150 rameurs sont rassemblés plusieurs mois auparavant à Grünau, le futur site des Jeux Olympiques, pour parfaire leur préparation. Leur quotidien : vie monacale, discipline renforcée, prêche sur la nécessité de la victoire, 2 longues sorties tous les jours par tous les temps.

Les exemples de telles "influences" abondent. Dès leur arrivée, en 1952, les Soviétiques transforment les Jeux Olympiques en un moyen d'affirmation de la supériorité de leur modèle en transformant les athlètes en machines à collectionner les médailles. L'affrontement, qui ne peut avoir lieu de façon conventionnelle du fait de l'armement

[23] Pierre Milza, François Jequier, Philippe Tétart (dir.), *Le Pouvoir des anneaux, les Jeux Olympiques à la lumière de la politique, 1896-2004*, Paris, Vuibert, 2004.

nucléaire, se joue sur d'autres terrains[24]. Plus près de nous, les Jeux d'Atlanta en 1996 sont l'occasion pour les États-Unis de multiplier les démonstrations nationalistes en affichant leur foi dans la grandeur de l'Amérique, ce que confirme le témoignage du journaliste sportif Robert Parienté: "*Pour ceux qui n'étaient pas américains, qui séjournaient aux États-Unis et qui souhaitaient être bien informés, l'impression fut continuellement la même: on ne cessa de célébrer le mythe de l'hégémonie américaine.*"

Les cérémonies d'ouverture installent d'ailleurs, le plus souvent, et délibérément, une référence nationaliste triomphante, telle celle du Brésil en 2016: manifestation dilatée dans la durée pour mieux occuper les télévisions (plusieurs heures), tout en revenant invinciblement aux symboles nationaux. L'histoire brésilienne domine le spectacle, la samba domine la scène, la forêt s'impose en fond d'écran consensuel, mais non celle qui est menacée, celle que le défrichage vient régulièrement et dangereusement amputer, celle plutôt que des images complaisantes magnifient en poumon cosmique, alors que grandit son indicible fragilité. Le Brésil n'a pu échapper au local, loin de ce que le cérémonial et l'olympisme promettaient.

## Une corruption redoutée et une "ingérabilité" risquée

La corruption, encore, s'impose en autre "dérive" possible[25]. Le ciel d'Olympie a été brusquement assombri en 1998 à la suite d'une accusation majeure. Une chaîne locale située près de Salt Lake City, futur lieu des Jeux d'hiver de 2002, déclenche un coup de tonnerre en rendant publique, le 8 novembre 1998, une dénonciation circonstanciée: plusieurs membres du CIO auraient bénéficié de faveurs à la suite

---

[24] https://www.reseau-canope.fr/cndpfileadmin/pour-memoire/les-jeux-olympiques-des-enjeux-multiples/les-jeux-au-coeur-de-la-guerre-froide/le-cio-face-aux-relations-internationales-un-neutralisme-pro-occidental/

[25] Vyv Simson, Andrew Jennings, *Main basse sur les J.O.*, Paris, Flammarion, 1992.

du vote qui désigna Salt Lake à une écrasante majorité lors de la 104e session du 16 juin 1995 ayant eu lieu à Budapest. Enquête immédiate du CIO. Confirmation tout aussi immédiate : 632 000 dollars auraient été distribués à des membres "indélicats".

Le *Sunday Morning Herald* révèle, un mois plus tard, le 16 décembre 1998, qu'un fonds spécial de plusieurs millions de dollars avait été constitué par les responsables du comité d'organisation de Sydney. Le but : soudoyer divers votes africains en vue du choix des Jeux Olympiques de 2000, effectué à Monaco le 23 septembre 1993.

Convocation d'une session extraordinaire pour la mi-mars 1999 : les sommes versées à Salt Lake s'avèrent s'élever à 1,3 million de dollars, 4 membres démissionnent, 6 sont officiellement exclus, 10 sont blâmés. Un cadre de réforme est proposé : mettre en place un nouveau processus d'élection, nommer une commission d'éthique dans laquelle figurent Javier Perez de Cuellar, ancien secrétaire général de l'ONU, et Robert Badinter, ancien garde des Sceaux français, nommer une commission de réformes.

Réformes majeures : CIO de 115 membres dont 70 membres élus à titre individuel, 15 athlètes en activité, 15 présidents de fédérations internationales, 15 responsables de CNO (maximum un par pays). Membres élus pour 8 ans renouvelables. Limite d'âge de 70 ans. Président élu pour 8 ans éventuellement renouvelable sur 4 ans. Le progrès est évident avec le recul d'une cooptation sur titres et celui de nombreux arrangements occultes.

Autre révélation récente : la BBC diffuse le 4 août 2004 la nouvelle selon laquelle des membres du CIO auraient accepté de se laisser corrompre pour que Londres gagne dans la course de 2012. Des prix sont avancés : 200 000 livres le vote. Ivan Slavkov, le premier visé, se défend avec tant de maladresse que la nouvelle paraît crédible, même si elle n'est en rien prouvée.

Obstacle récurrent enfin, sinon majeur, un gigantisme irrépressible a lentement emporté les Jeux Olympiques vers des abîmes financiers. Une prise de conscience, déjà, revient, insistante, dans les documents du CIO, après 1970, et les Jeux de Munich en 1972, où un attentat anti-israélien provoque la mort de 11 athlètes et coachs israéliens, 5 terroristes palestiniens et un policier allemand : "*Les Jeux ont atteint un paroxysme à tous égards : organisation, efficacité des relations publiques, arts et tragédies*[26]."

Le seul temps de préparation matériel des Jeux par exemple est de plus en plus important : la désignation de la ville olympique, décision qui était d'abord prise 2 ans avant les Jeux, puis 4 ans auparavant (pour que le drapeau des villes hôtes puisse être échangé durant les Jeux Olympiques, mais aussi pour que la planification soit améliorée) a lieu aujourd'hui quasiment 8 ans auparavant, tant cette préparation nécessite de conditions, tant les infrastructures sont concernées comme le sont une infinité de détails liés à un accueil massif.

L'espace aussi, se complexifie indéfiniment, toujours plus proliférant, prédéfini, multipolaire, exigeant (non seulement les lieux, l'hébergement, mais le transport, les réseaux, leur unité). Contrainte majeure : placer le plus d'installations possibles dans l'espace le plus "commode" et le plus restreint possible. Autre contrainte spatiale : gérer les flux (les Jeux d'hiver de 2006 à Turin ont des retentissements sur le renouvellement du réseau savoyard français).

Les coûts, enfin, suivent inévitablement des courbes non maîtrisées : 6 milliards de dollars à Barcelone en 1992, 12 milliards à Sydney 8 ans plus tard, 10 milliards à Athènes, laquelle ne prévoyait que 5 milliards en prêchant la mesure. L'exemple d'Athènes est d'ailleurs proche du tragique. Sur les 22 sites des Jeux, 20 sont abandonnés, et ne sont plus utilisés ni entretenus dès 2012. Jacques Rogge, président du CIO, admet, fin 2011, que la "*dette grecque a crû de 2 à 3 % en raison du coût des JO*". Jean-Louis Chappelet le confirme : "*Il est communément admis que les JO de 2004 ont creusé la dette du pays*[27]."

---

[26] Raymond Gafner, *Un siècle de Comité international olympique, 1894-1994. Tome 2*, Lausanne, CIO, 1995, p. 200.

[27] https://www.lesechos.fr/2005/06/13082004-jo-dathenes-les-plus-couteux-de-lhistoire-626684.

Les candidatures pour les Jeux Olympiques de 2024 sont à cet égard révélatrices. Les abandons s'enchaînent: Hambourg, Rome, Budapest se retirent par crainte de dépenses excessives. Le cas de Boston est tout aussi éloquent: le 8 janvier 2015, le Comité olympique américain sélectionne initialement Boston comme ville américaine candidate aux Jeux Olympiques. La décision possède un avantage: celui de représenter la première candidature des États-Unis depuis 1996. La population, en revanche, est plutôt opposée aux Jeux Olympiques, comme le maire d'ailleurs, qui, le 27 juillet 2015, refuse de signer un engagement de sa ville pour garantir les pertes éventuelles du comité d'organisation, entraînant *de facto* une suspension de la candidature[28].

L'accroissement des coûts est bien au cœur de réticences nouvelles. L'ascension des dépenses accentue du coup les enjeux, multiplie les passions, croise les conflits de visibilité, s'éloignant des projets voulus en tous points contrôlés (ce qu'ils n'ont d'ailleurs pas toujours été) des premiers Jeux.

## Inventer l'avenir?

L'avenir se doit d'atténuer les obstacles, voire de les annuler, de redéfinir des perspectives, réinventer du sens, retrouver une pertinence globale censée légitimer et dynamiser les Jeux. Ambition crédible ou ambition illusoire? Nombre de logiques institutionnelles, techniques, politiques, publicitaires, financières, se sont installées, fortement implantées, fortement légitimées, ont été admises, reconnues. Leurs impacts toujours plus entrecroisés rendent apparemment difficile toute perspective de changement.

Il faut revenir sur de tels dispositifs. L'enjeu individuel, tout personnel, d'une participation aux épreuves olympiques, censée transformer une biographie, fabriquer du prestige et de la notabilité,

28 https://fr.wikipedia.org/wiki/S%C3%A9lection_des_villes_h%C3%B4tes_pour_les_Jeux_olympiques_de_2024_et_2028.

s'efface rapidement devant l'enjeu étatique, censé transformer le statut d'une nation, valoriser un régime, justifier une histoire. Les efforts désespérés, jusqu'au recours à un dopage systématisé de l'ex-Allemagne de l'Est (RDA), pour installer le pays au sommet des hiérarchies olympiques dans les années 1970, sont l'exemple le plus flagrant d'une incontournable dynamique géopolitique favorisant l'existence des Jeux.

D'autres logiques sont tout aussi fortement liées. Des villes hôtes ont le sentiment que leur image peut être durablement affirmée, entraînant reconnaissance accrue et tourisme à venir. Des sports, au retentissement public restreint, ont le sentiment de trouver dans le Jeux Olympiques une reconnaissance jugée inatteignable ailleurs. Des sports "nouveaux" ont le sentiment d'imposer par les Jeux une existence jugée tout aussi inatteignable ailleurs. Bien plus dominantes et influentes, autant le dire, sont les logiques financières.

Le CIO vend son "prestige" aux villes, comme il vend son prestige à des sponsors "majeurs", comme il vend encore un espace et un temps aux chaînes télévisées, lesquelles vendent ces mêmes "objets" aux marques. D'où ces intérêts convergents, ces dynamiques de gains se renforçant, se multipliant, s'emmêlant, se complexifiant, à l'image de ce que la presse avait inventé au début du XX^e^ siècle : le journal l'*Auto* vend une histoire au public, celle des résultats, des épisodes et des "exploits", tout en vendant ses espaces à des publicitaires qui trouvent à s'y grandir.

Les Jeux Olympiques ont pénétré au plus profond des dynamiques ludiques, méritocratiques, nationales et économiques d'aujourd'hui. Comment s'opposer à leurs "dérives" possibles, alors mêmes que l'existence de telles manifestations, créant un "système" de spectacle toujours plus reconnu, semble "intouchable" ?

La proposition de supprimer les symboles nationaux avec leurs conséquences jugées aussi prédatrices que perturbatrices a été faite. Des responsables du CIO s'y sont, à l'occasion, associés. Par exemple Lord Killanin, le président du CIO en 1976, déclarait à Montréal, à la suite du boycott des pays africains : "*Je suis contre les drapeaux et les hymnes nationaux aux Jeux Olympiques. Mais ma tendance est minoritaire*." Le même propos est revenu aussi sous la plume de journalistes de renom comme Jacques Goddet à la suite du drame de Munich. Certains textes de Pierre de Coubertin ne sont pas loin de telles propositions, lui qui fait largement dominer le drapeau olympique et ses 5 anneaux fondant une "camaraderie internationale".

Le thème du risque nationaliste et de ses excès fait, quoi qu'il en soit, partie des contradictions présentes dans le projet olympique lui-même : manifestation faite pour les seuls athlètes, manifestation devant demeurer éloignée de toute spectacularisation marquante, mais manifestation faite tout autant pour donner une visibilité aux exploits et les honorer, souligner l'investissement dans le drapeau, la splendeur des ensembles, la réussite d'une collectivité. Double projet, double vision frôlant l'inconciliable : l'olympisme est fait pour grandir la morale de l'exploit, en même temps qu'il est fait pour mettre en scène cet exploit.

Pierre de Coubertin, on l'a vu, se méfie des spectacles en même temps qu'il est sensible aux investissements collectifs qu'ils illustrent. D'où cette image d'un "athlète moderne" ayant, selon lui, à chercher l'exploit pour lui-même tout en ayant aussi à "*exalter sa patrie, sa race, son drapeau*". Mais comment conjurer l'inévitable retournement où à l'engagement de l'athlète pour l'État peut répondre la mainmise de l'État sur l'athlète ? Ce n'est pas seulement dans l'exploit que peut se glisser l'excès, c'est aussi, bien sûr, dans sa mise en scène. Reste enfin que les hymnes et les drapeaux font précisément, et en bonne partie, ce que les Jeux Olympiques ont de spectaculaire et d'excitant.

La réforme de la désignation des villes a évidemment été aussi questionnée : tenter d'éviter des dépenses abyssales et de possibles paupérisations, ce que le seul exemple des Jeux de Montréal montre, en 1976, ayant entraîné un endettement de la ville sur plusieurs décennies. D'où nombre de propositions pour éviter la menace de dérives financière : "*On pourrait revenir à l'esprit olympique initial* : *Athènes organiserait les Jeux tous les 4 ans. Ce serait avantageux pour les Grecs. On pourrait imaginer également une solution internationale : désigner une ville par continent et avoir une tournante systématique. Athènes pour l'Europe, Los Angeles pour l'Amérique, Pékin pour l'Asie… Tous les 20 ans, la même ville organiserait les Jeux.*

*Une dernière solution serait que les candidatures soient déposées pour deux Jeux d'affilée : les infrastructures seraient construites pour la première célébration avant d'être amorties la fois suivante. De quoi pérenniser les infrastructures sur le long terme et en limiter les coûts*[29]*."*

Propositions à coup sûr complexes sinon inapplicables, à moins de transformer le statut de ces mêmes villes et d'en faire des cités internationales menacées par quelque extraterritorialité. Enfin, le CIO, dont la composition est censée représenter l'ensemble des nations, répercutant démocratiquement, dès lors, leur décision, demeure un organisme coopté où le choix des nations elles-mêmes n'a, de fait, aucune part. Certes, les membres sont élus au sein d'un tel organisme. Certes, ils sont censés "figurer" l'univers sportif, sa culture, ses changements, ses mœurs. Mais aucune règle démocratique ne préside à la création ni au fonctionnement de cette même institution. Aucune transparence ne légitime ses nominations, tout comme, d'ailleurs, ses décisions. Le nombre de membres par pays demeure aléatoire, voire chaotique. Le principe de leur représentativité demeure obscur : des partialités opaques y demeurent, comme des choix "orientés".

Le Comité, dès lors, ne saurait refléter la vie et le poids de chacun des pays, comme il ne saurait refléter les décisions possiblement attendues par les gouvernements de ces mêmes pays. Club auto-engendré, le CIO se perpétue par adoubement, et ce, depuis la création *ex nihilo* décidée par Pierre de Coubertin. Club, autant le redire, le CIO demeure très curieusement une instance privée. Serait-il envisageable d'installer une véritable "représentativité" dans la gestion mondiale du sport ? Serait-il possible de réorganiser le CIO sur des bases démocratiques ? Un idéal existe : celui de faire du sport un "phénomène public" et non "privé" ; celui d'agencer les dispositifs institutionnels qui en découlent ; la nécessité en particulier d'engager la responsabilité des gouvernements ; celle d'envisager une vaste gestion internationale comme l'est l'Organisation mondiale de la santé. La prévention du dopage en est

---

29 Voir les propos d'un économiste : https://www.capital.fr/economie-politique/les-jo-sont-ruineux-pour-les-villes-paris-2024-n-y-echappera-pas-1239035

le meilleur exemple : elle qui devrait dépendre de la responsabilité des organismes publics, et non de la responsabilité des fédérations sportives, toutes tendant, chacun le sait, à défendre l'image de leur sport envers et contre tout plus qu'à rectifier cette même image. Vaste réflexion, elle conduirait à la création d'autres mécanismes décisionnels et elle conduirait, aussi, à une responsabilisation accrue de l'ONU et de ses filières, plus que du CIO et de ses agences.

Reste que les Jeux Olympiques eux-mêmes peuvent insensiblement s'affaiblir et disparaître par l'excès des dépenses imposées, par le risque sécuritaire, par le risque sanitaire, ou le gigantisme encore débordant insensiblement les limites des régions hôtes et des cités. Les attentats autant que les pandémies ont révélé des menaces jusque-là impensées, les coûts dès lors toujours accrus sont au cœur d'obstacles quasi insurmontables. Inévitable constat : "*Le renoncement de villes à la candidature aux Jeux Olympiques d'hiver 2022 (Oslo, Innsbruck, Saint-Moritz, Sion) ou aux Jeux Olympiques d'été 2024 (Boston, Budapest, Hambourg, Rome, Munich) pour des raisons financières mais aussi en raison de protestations et ou de référendums locaux, s'est traduit par un choix très restreint pour le Comité international olympique*[30]."

Toujours plus nombreuses sont les analyses doutant de la pertinence d'une organisation demeurant en l'état. Les Jeux Olympiques de l'ère moderne pourraient ainsi s'éteindre comme se sont éteints les Jeux antiques. Les raisons en sont différentes, sans aucun doute. Elles n'en sont pas moins pensables autant qu'envisageables. La réflexion actuelle sur les Jeux Olympiques impose la modestie. Leur existence n'est pas aussi assurée qu'elle le prétend.

---

30 Nathalie Fabry, Sylvain Zeghni, "Pourquoi les villes ne veulent-elles plus accueillir les Jeux Olympiques ? Le cas des JO de 2022 et 2024", *Revue marketing territorial*, hiver 2020.

# Annexes

PLACE
STAMP
HERE

AM 100-007 Pto

6

# Bibliographie


ABGRALL Fabrice, THOMAZEAU François, *1936. La France à l'épreuve des Jeux Olympiques de Berlin*, Paris, Alvik, 2006.

ABUHAMMAD Sawsan, KHABOUR Omar F., ALZOUBI Karem H., "COVID-19 contact-tracing technology : Acceptability and ethical issues of use", *Patient Preference and Adherence*, n° 14, 2020.

ANDERSON Benedict, *Imagined Communities : Reflections on the Origin and Spread of Nationalism*, Paris, Verso Libri, 2006 [1983].

ANDREFF Wladimir, "Pourquoi les Jeux de Sotchi seront plus coûteux que prévu", *Revue internationale et stratégique*, n° 4, 2013.

ARBOIT Gérald, "Les Jeux olympiques, enjeux des relations internationales", *Annuaire Français de Relations Internationales*, vol. X, 2009.

ARCHAMBAULT Fabien, "La politique des bloc(k)s : basket-ball et guerre froide", *Matériaux pour l'histoire de notre temps*, vol. 106 n° 2, 2012.

ARNAUD Pierre, RIORDAN James (dir.), *Sport et relations internationales (1900-1941)*, Paris, L'Harmattan, 1998.

ARNAUD Pierre, WAHL Alfred (dir.), *Sports et relations internationales*, Metz, Centre de Recherche Histoire et Civilisation de l'Université de Metz, 1994.

ATTALI Michaël, *Le Sport et ses valeurs*, Paris, La Dispute, 2004.

Attali Michaël, *L'Héritage social d'un évènement sportif. Enjeux contemporains et analyses scientifiques*, Rennes, Presses Universitaires de Rennes, 2021.

Attali Michaël, Le Yondre François, "Olympic education in France : a legacy issue or the promotion of a model in crisis?", *Social Sciences*, vol. 11, n° 62, 2022.

Auberger André, *La même flamme… 50 ans de défis et d'exploits Handisport*, Paris, Le Cherche Midi, 2005.

Aubin Lukas, *Atlas géopolitique du sport*, Paris, Autrement, 2022.

Aubin Lukas, *La Sportokratura sous Vladimir Poutine. Une géopolitique du sport russe*, Paris, Bréal, 2021.

Auger Fabrice, "The African Games : an attempt to colonial modernization", *Journal of Olympic History*, vol. 14, n° 1, 2007.

Augustin Jean-Pierre, Gillon Pascal, *L'Olympisme : Bilan et enjeux géopolitiques*, Paris, Armand Colin, 2004.

Augustin Jean-Pierre, Gillon Pascal, *Les Jeux du monde. Géopolitique de la flamme olympique*, Paris, Armand Colin, 2021.

Bacci Andrea, *Lo sport nella propaganda fascista*, Turin, Brandipolibri, 2002.

Bailey Steve, *Athlete First : A History of the Paralympic Movement*, Chichester, John Wiley & Sons, 2008.

Bancel Nicolas, Gayman Jean-Marc, *Du guerrier à l'athlète. Éléments d'histoire des pratiques corporelles*, Paris, Presses Universitaires de France, 2002.

Bancel Nicolas, "Les Scouts de France et les Éclaireurs de France en AOF (1945-1960). Les conditions sociales et politiques de développement de deux mouvements de jeunesse en contexte colonial", *in* Evelyne Combeau-Mari (dir.), *Sports et loisirs dans les colonies, xix*e*-xx*e *siècles. Asie, Pacifique, Océan Indien, Afrique, Caraïbes*, Paris, Le Publieur, 2005.

Bancel Nicolas, Riot Thomas, Frenkiel Stanislas, *Sports in Postcolonial Worlds*, New York, Routledge, 2017.

Bantigny Ludivine, Gobille Boris, Palieraki Eugenia (dir.), *Les "années 1968" : circulations révolutionnaires*, Rennes, Presses Universitaires de Rennes, 2017.

Barde Christian Pierre, "Séoul, la cité de tous les défis", *Outre-Terre*, vol. 39, n° 2, 2014.

Basson Jean-Charles (dir.), *Sport et ordre public*, Paris, La Documentation française, 2001.

BAYLE Emmanuel, "Évaluation de la réussite des fédérations sportives : vers une performance sociétale ?", *in* Mathieu WINAND, Thierry ZINTZ (dir.), *Management et évaluation de la performance : un défi pour les organisations sportives*, Paris, De Boeck, 2014.

BAYLE Emmanuel, "Olympic social responsibility : a challenge for the future", *Sport in Society*, n° 11, 2015.

BENSOUSSAN Georges, DIETSCHY Paul, FRANÇOIS Caroline, STROUK Hubert, *Sport, corps et sociétés de masse. Le projet d'un homme nouveau*, Paris, Armand Colin, 2012.

BENVENUTO Andrea, SÉGUILLON Didier, "Des premiers banquets des sourds-muets à l'avènement du sport silencieux 1834-1924 : Pour une histoire politique des mobilisations collectives des sourds", *La nouvelle revue de l'adaptation et de la scolarisation*, n° 64, 2013.

BERMON Stéphane, GARNIER Pierre-Yves, "Serum androgen levels and their relation to performance in track and field : mass spectrometry results from 2127 observations in male and female elite athletes", *British Journal of sports medicine*, n° 17, 2017.

BERNASCONI Gabriel, "La politique olympique et sportive chinoise", *in* Pierre MILZA, François JEQUIER, Philippe TÉTART (dir.), *Le Pouvoir des anneaux : les Jeux Olympiques à la lumière de la politique*, Paris, Vuibert, 2004.

BERNASCONI Gabriel, *La Longue Marche olympique chinoise*, Paris, Atlantica, 2008.

BIANDA Renato, LEONE Giuseppe, ROSSI Gianni, URSO Adolfo, *Atleti in camicia nera : lo sport nell'Italia di Mussolini. Storia e documenti del fascismo*, Rome, Volpe, 1983.

BIRRELL Susan, "Sport as Ritual : Interpretations from Durkheim to Goffman", *Social Forces*, vol. 60, n° 2, 1981.

BOËTSCH Gilles, CHEVÉ Dominique, "Dispositifs biopolitiques, savoir expert et doxa au prisme de l'anthropologie de l'épidémie : de la peste au SARS-CoV-2", *in* Arnaud LAMI (dir.), *La pandémie de COVID-19. Les systèmes juridiques à l'épreuve de la crise sanitaire*, Genève, Bruylant, 2021.

BOËTSCH Gilles, LEPELLETIER Didier, LEPORT Catherine, *Psychologie sociale du masque. Histoire et actualité*, Paris/Poitiers, Atlande/Atlantique, 2022.

BOHUON Anaïs, "Sport et bicatégorisation par sexe : test de féminité et ambiguïtés du discours médical", *Nouvelles Questions Féministes, revue internationale francophone*, n° 1, 2008.

Bohuon Anaïs, Rodriguez Eva, "Gender Verifications vs. Anti-Doping Policies : sexed controls", *in* Sandy Montañola, Aurélie Olivesi (dir.), *Gender Testing in Sport : Ethics, Cases and Controversies, Ethics & Sport*, Londres, Routledge, 2016.

Bohuon Anaïs, *Le Test de féminité dans les compétitions sportives : une histoire classée X ?*, Donnemarie-Dontilly, Éditions iXe, 2012.

Bok Daniel, Chamari Karim, Foster Carl, "The Pitch Invader. COVID-19 Canceled the Game : What Can Science Do for Us, and What Can the Pandemic Do for Science?", *International Journal of Sports Physiology and Performance,* vol. 15, n° 7, 2020.

Bolz Daphné, "Modern Temples of Marble and Concrete", *in* Richard Holt, Dino Ruta (dir.), *Routledge Handbook of Sport and Legacy. Meeting the Challenge of Major Sports Events*, Abingdon, Routledge, 2015.

Bolz Daphné, "Nazismo, olimpismo e antiquità. I tre volti culturali delle Olimpiadi del 1936", *Lancillotto e Nausica*, xx^e^ année, vol. 3, n° 28, 2003.

Bolz Daphné, *Les Arènes totalitaires. Fascisme, nazisme et propagande sportive*, Paris, CNRS Éditions, 2008.

Boniface Pascal, "Géopolitique des Jeux Olympiques", *Le Monde diplomatique*, août 2004.

Bonini Francesco, Lombardo Antonio, *Il Coni nella storia dello sport e dell'Italia contemporanea*, Rome, Edizioni Studium, 2015.

Borpujari Priyanka, "How the pandemic Olympics affected Japan", *BMJ*, 374, n° 2102, 2021.

Boykoff Jules, Mascarenhas Gilmar, "The Olympics, Sustainability, and Greenwashing : The Rio 2016 Summer Games", *Capitalism Nature Socialism*, vol. 27, n° 2, avril 2016.

Brissonneau Christophe, Ohl Fabien, "The Genesis and Effect of French Anti-Doping Policies in Cycling", *International Journal of Sport Policy and Politics*, vol. 2, n° 2, 2010.

Brownell Susan (dir.), *The Anthropology Days and Olympic Games : Sport, race and American Imperialism*, Lincoln, University of Nebraska press, 2008.

Bureau Jérôme, Delacroix Xavier, Margot Olivier, Pérétie Olivier, *Le Grand Livre des Jeux Olympiques de Séoul*, Paris, Calmann-Lévy, 1988.

Buy Frédéric, Marmayou Jean-Michel, Poracchia Didier, Rizzo Fabrice, *Droit du sport*, Paris, LGDJ, 2020.

CANELLA Maria, GIUNTINI Sergio (dir.), *Sport e fascismo*, Milan, Franco Angeli, 2009.

CANTELON Hart, LETTERS Michael, "The Making of the IOC Environmental Policy as the Third Dimension of the Olympic Movement", *International Review for the Sociology of Sport*, vol. 35, n° 3, 2000.

CARATTI Pietro, FERRAGUTO Ludovico, "The Role of Environmental Issues in Mega-Events Planning and Management Processes : Which Factors Count?", *in* Graeme HAYES, John KARAMICHAS (dir.), *Olympic Games, Mega-Events and Civil Societies : Globalization, Environment, Resistance*, New York, Palgrave Macmillan, 2011.

CARPENTIER Florence, *Le Comité international olympique en crises. La présidence de Henri de Baillet-Latour, 1925-1940*, Paris, L'Harmattan, 2004.

CHAPPELET Jean-Loup, *Le Système olympique*, Grenoble, Presses Universitaires de Grenoble, 1991.

CHAPPELET Jean-Loup, "Le Système olympique et les pouvoirs publics face au dopage et à la corruption : partenariat ou confrontation ?", *in* Jean-Charles BASSON (dir.), *Sport et ordre public*, Paris, La Documentation française, 2001.

CHAPPELET Jean-Loup, "Olympic Environmental Concerns as a Legacy of the Winter Games", *The International Journal of the History of Sport*, vol. 25, n° 14, 2008.

CHAPPELET Jean-Loup, *Jeux Olympiques : raviver la flamme*, Lausanne, PPUR, 2016.

CHAPPELET Jean-Loup, "The autonomy of sport and the European Union", *in* Jack ANDERSON, Richard PARRISH, Borja GARCIA (dir.), *Research Handbook on EU Sports Law and Policy*, Cheltenham, Edward Elgar, 2018.

CHAPPELET Jean-Loup, LUIJK Nicolien VAN, "The institutional governance of global hybrid bodies : The case of the World-Anti Doping Agency", *in* Andrea BONOMI SAVIGNON, Luca GNAN, Alessandro HINNA, Fabio MONTEDURO (dir.), *Hybridity in the governance and delivery of public services*, Londres, Emerald publishing, 2018.

CHAPPELET Jean-Loup, *L'Autonomie du sport d'hier à demain*, Lausanne, Unil, 2019.

CHAPPELET Jean-Loup, "Beyond Legacy : Assessing Olympic Games performance", *Journal of Global Sport Management*, vol. 4, n° 3, 2019.

CHAPPELET Jean-Loup, BAYLE Emmanuel, CLAUSEN Joséphine, "Governance of International Sports Federations", *in* David SHILBURY, Lesley FERKINS, *Handbook of Sport Governance*, Londres, Routledge, 2020.

CHAPPELET Jean-Loup, "Winter Olympic Referendums : Reasons for Opposition to the Games", *International Journal of the History of Sport*, vol. 38, n° 13-14, 2021.

CHAPPELET Jean-Loup, "The professionalization of the IOC Administration", *Journal of Olympic Studies*, vol. 3, n° 2, 2022.

CHARITAS Pascal, *Les conditions d'émergence du développement sportif olympique en Afrique. Analyse comparée entre le Royaume-Uni et la France (1944-1966)*, rapport de recherche, Université Paris-Sud, 2009.

CHARITAS Pascal, "Anglophone Africa in the Olympic Movement : the confirmation of a British wager? (1948-1962)", *African Research and Documentation*, *Scolma's Journal*, n° 116, 2012.

CHARITAS Pascal, *L'Afrique au mouvement olympique : Enjeux, stratégies et influences de la France dans l'internationalisation du sport africain (1944-1966)*, thèse en STAPS, Université de Nanterre, 2013.

CHARITAS Pascal, "A More Flexible Domination : Franco-African Sport Diplomacy during Decolonization, 1945-1966", *in* Heather L. DICHTER, Andrew L. JOHNS (dir.), *Diplomatic Games. Sport, Statecraft and International Relations since 1945. An Anthology of Sport after the Second World War*, Lexington, University Press of Kentucky, 2014.

CHARITAS Pascal, "Imperialisms in the Olympics of the Colonization in the Postcolonization : Africa into the International Olympic Committee, 1910-1965", *International Journal of the History of Sport*, vol. 32, n° 7, 2015.

CHARITAS Pascal, "Sport in Africa", *in* Robert EDELMAN, Wayne WILSON (dir.), *The Oxford Handbook of Sports History*, Oxford, Oxford University Press, 2017.

CHARITAS Pascal, DROUET Yann, "La Commission d'Aide Internationale Olympique (CAIO) : nécessité d'un nouveau médiateur entre la France et l'Afrique noire ? (1960-1963)", *Stadion*, vol. 33, n° 2, 2007.

CHATZIEFSTATHIOU Dikaia, *The Diffusion of Olympic Sport through Regional Games : A Comparison of Pre- and Post-Second War Contexts*, Christ Church, Université de Canterbury, 2008.

CLAPHAM Christopher, *Africa and the International System. The Politics of State Survival*, Cambridge, Cambridge University Press, 1996.

CLASTRES Patrick, "La refondation des Jeux Olympiques au Congrès de Paris (1894). Initiative privée, transnationalisme sportif, diplomatie des États", *in* Pierre MILZA, François JEQUIER, Philippe TÉTART (dir.), *Le Pouvoir des anneaux. Des Jeux Olympiques à la lumière de la politique 1896-2004*, Paris, Vuibert, 2004.

Clastres Patrick, "Inventer une élite : Pierre de Coubertin et la 'chevalerie sportive'", *Revue Française d'Histoire des Idées Politiques*, vol. 2, n° 22, 2005.

Clastres Patrick, *Jeux Olympiques. Un siècle de passions*, Paris, Les quatre chemins/Musée national du Sport, 2008

Clastres Patrick, "Paix par le sport et guerre froide : le neutralisme pro-occidental du Comité international olympique", *in* Jean-François Sirinelli, Georges-Henri Soutou (dir.), *Culture et guerre froide*, Paris, Presses de l'Université Paris-Sorbonne, 2008.

Clastres Patrick, "Olympisme et guerre froide. Du paradigme réaliste au paradigme culturel", *Guerres mondiales et conflits contemporains*, vol. 277, n° 1, 2020.

Collins Mike, Girginov Vassil, "Rehashing and new knowledge about the games : A bibliometric analysis and assessment of Routledge's special Olympic journals issues", *in* Gavin Poynter, Valerie Viehoff, Yang Li (dir.), *The London Olympics and Urban Development : The Mega-Event City*, Londres, Routledge, 2015.

Congelio Bradley J., "In Defense of a Neoliberal America : Ronald Reagan, Domestic Policy, and the Soviet Boycott of the 1984 Los Angeles Olympic Games", *in* Toby C. Rider, Kevin D. Witherspoon (dir.), *Defending the American Way of Life : Sport, Culture, and the Cold War*, Fayetteville, University of Arkansas Press, 2018.

Constandt Bran, Willem Annick, "Stimulating ethical behaviour and good governance in sport : The (non) sense of codes of ethics", *in* Arnout Geeraert, Frank van Eekeren (dir.), *Good Governance in Sport*, Londres, Routledge, 2021.

Cooper Frederick, *Colonialism in Question : Theory, Knowledge, Practice*, Cambridge, Cambridge University Press, 2005.

Corbin Alain (dir.), *L'avènement des loisirs*, Paris, Aubier, 1995.

Cornelissen Scarlett, "'Resolving the South Africa problem' : Transnational activism, ideology and race in the Olympic movement, 1960-1991", *The International Journal of the History of Sport*, vol. 28, n° 1, 2001.

Courtwright David T., "Drug Legalization, the Drug War, and Drug Treatment in Historical Perspective", *Journal of Policy History*, vol. 3, n° 4, 1991.

Courtwright David T., "Preventing and Treating Narcotic Addiction. A Century of Federal Drug Control", *New England Journal of Medicine*, vol. 373, n° 22, 2015.

Crenon Hélène, Jeannin Alain, *Los Angeles*, Paris, Autrement, 1999.

CROWLEY John, "Le Royaume-Uni, le Commonwealth et l'Europe", *Politique européenne*, vol. 2, n° 6, 2000.

D'AGATI Philip A., *The Cold War and the 1984 Olympic Games: A Soviet-American Surrogate War*, Basingstoke, Palgrave Macmillan, 2013.

D'ANGELO Giuseppe, FONZO Emminio, "'Arrivederci a Tokyo'. Ondina Valla e lo sport femminile durante il fascismo", *La Camera Blu. Rivista di studi di genere*, n° 17, 2017.

DANSERO Egidio, DEL CORPO Barbara, MELA Alfredo, ROPOLO Irene, "Olympic Games, Conflicts and Social Movements: The Case of Torino 2006", *in* Graeme HAYES, John KARAMICHAS (dir.), *Olympic Games, Mega-Events and Civil Societies: Globalization, Environment, Resistance*, Londres, Palgrave Macmillan, 2012.

DARWIN John, "Was there a Fourth British Empire?", *in* Martin LYNN (dir.), *The British Empire in the 1950s. Retreat or Revival?*, Basingstoke, Palgrave, 2006.

DAYEZ-BURGEON Pascal, *Histoire de la Corée des origines à nos jours*, Paris, Tallandier, 2012.

DAYEZ-BURGEON Pascal, JOO-NO Kin, *De Séoul à Pyongyang, idées reçues sur les deux Corées*, Paris, Le Cavalier Bleu, 2013.

DEFRANCE Jacques, "La politique de l'apolitisme. Sur l'autonomisation du champ sportif", *Politix*, vol. 13, n° 50, 2000.

DEFRANCE Jacques, *Sociologie du sport*, Paris, La Découverte, 2006.

DELÉPINE Michaël, LEWIS Willie, "Des villes et leur stade olympique, regards croisés sur Colombes (1924) et Los Angeles (1932)", *Société française d'histoire urbaine*, n° 57, 2020.

DELPIROU Aurélien, MOURLANE Stéphane, "Le stade olympique de Rome: entre vitrine politique et levier d'aménagement urbain", *Métropolitiques*, 27 juin 2016.

DELSAHUT Fabrice, *Les Hommes-libres et l'Olympe. Les sportifs oubliés de l'histoire des Jeux Olympiques*, Paris, L'Harmattan, 2004.

DELSAHUT Fabrice, *Les jeux des Indiens d'Amérique du Nord. Étude ethno-historique,* Paris, L'Harmattan, 2018.

DEMESLAY Julie, "Harmoniser la lutte antidopage: quelques critiques d'une gouvernance mondiale", *L'Homme et la Société*, n° 1, 2016.

DEMESLAY Julie, TRABAL Patrick, "De quelques contraintes du processus d'harmonisation des politiques antidopage", *Terrains et travaux*, vol. 12, n° 1, 2007.

DEPARDON Raymond, *1968 : une année autour du monde*, Paris, Éditions Points, 2008

DEPARIS Henri, *Jeux Olympiques de Paris 1924. Les cartes postales*, Paris, Association française des collectionneurs olympiques et sportifs, collection Henri Deparis, 2004.

DESCHAMPS Yannick, "Échanges et contacts sportifs entre la France et l'URSS à l'aube de la guerre froide : les prémices d'une diplomatie sportive bilatérale (1947-1953)", *Guerres mondiales et conflits contemporains*, n° 277, 2020.

DEVILLE-DANTHU Bernadette, "La dernière bataille de Pierre de Coubertin : la conquête sportive de l'Afrique", in *L'Empire du sport. Les sports dans les anciennes colonies françaises*, Aix-en-Provence, Association des amis des Archives d'Outre-Mer, 1992.

DEVILLE-DANTHU Bernadette, "Noirs et Blancs sur les terrains de sport, un rendez-vous manqué", *in* Pierre ARNAUD, Alfred WAHL (dir.), *Sports et relations internationales*, Metz, Centre de recherche Histoire et Civilisation de l'Université de Metz, 1994.

DEVILLE-DANTHU Bernadette, *Le Sport en noir et blanc, Du sport colonial au sport africain dans les anciens territoires français d'Afrique occidentale (1920-1965)*, Paris, L'Harmattan, 1997.

DIAMOND Sara, *Spiritual Warfare : The Politics of the Christian Right*, Montréal/New York, Black Rose Books, 1990.

DICHTER Heather L., "The Diplomatic Turn : The New Relationship between Sport and Politics", *The International Journal of the History of Sport*, vol. 38, n° 2-3, 2021.

DICHTER Heather L., JOHNS Andrew L. (dir.), *Diplomatic Games : Sport, Statecraft, and International Relations since 1945*, Lexington, University Press of Kentucky, 2014.

DIETSCHY Paul, "Sport, éducation physique et fascisme sous le regard de l'historien", *Revue d'Histoire moderne et contemporaine*, vol. 3, n° 55, 2008.

DIETSCHY Paul, KEMO-KEIMBOU David-Claude, *L'Afrique et la planète football*, Paris, EPA, 2010.

DIETSCHY Paul, *Storia del calcio*, Vedano al Lambro, Paginauno, 2016.

DIETSCHY Paul, *Le Sport et la Grande Guerre*, Paris, Chistera, 2018.

DIETSCHY Paul, PIVATO Stefano, *Storia dello sport in Italia*, Bologne, Il Mulino, 2019.

DIETSCHY Paul, CLASTRES Patrick, *Sport, société et culture en France du XIXe siècle à nos jours*, Paris, Hachette, 2006.

DIMEO Paul, "A Critical Assessment of John Hoberman's Histories of Drugs in Sport", *Sport in History*, vol. 27, n° 2, 2007.

DIMEO Paul, *A History of Drug Use in Sport: 1876-1976: Beyond Good and Evil*, Londres, Routledge, 2007.

DOGLIANI Patrizia, "Sport and Fascism", *Journal of Modern Italian Studies*, vol. 3, n° 5, 2000.

DOPPLER-SPERANZA François, "La balle au chevet de la sécurité nationale. La Seconde Guerre mondiale et l'avènement du 'siècle sportif américain'", *Guerres mondiales et conflits contemporains*, vol. 268, n° 4, 2017.

DOPPLER-SPERANZA François, "Une seconde ligne de défense: les sports américains dans la guerre froide", *Guerres mondiales et conflits contemporains*, vol. 277, n° 1, 2020.

DOUGLAS Mary, "C'est l'institution qui décrète l'identité", *in* Mary DOUGLAS (dir.), *Comment pensent les institutions*, Paris, La Découverte, 2004 [1986].

DRAMÉ Patrick, LAMARRE Jean, *1968, des sociétés en crise: une perspective globale*, Laval, Les Presses Universitaires de Laval, 2009.

DREYFUS-ARMAND Geneviève, FRANK Robert, LÉVY Marie-Françoise, ZANCARINI-FOURNEL Michelle (dir.), *Les Années 68*, Bruxelles, Complexe/IHTP/CNRS, 2000.

DUFRAISSE Sylvain, "Contrôler, mettre en ordre et réguler. La réforme des revenus des sportifs soviétiques au lendemain de la Seconde Guerre mondiale", *Le Mouvement Social*, n° 254, 2016.

DUFRAISSE Sylvain, *Les Héros du sport. Une histoire des champions soviétiques (années 1930-années 1980)*, Ceyzérieu, Champ Vallon, 2019.

DUFRAISSE Sylvain, "Au-delà de la 'machine rouge': implications soviétiques dans la guerre froide sportive", *Guerres mondiales et conflits contemporains*, n° 277, 2020

DURET Pascal, TRABAL Patrick, Le *Sport et ses affaires. Une sociologie de la justice de l'épreuve sportive*, Paris, Métailié, 2001.

DURRY Jean, "Entretien avec Jean Durry. Coubertin aujourd'hui", *Outre-Terre*, n° 8, 2004.

DYRESON Mark, "The Playing Fields of Progress: American Athletic Nationalism and the St. Louis Olympics of 1904", *Gateway Heritage*, n° 14, 1993.

EATON Joseph, "Reconsidering the 1980 Moscow Olympic Boycott: American Sports Diplomacy in East Asian Perspective", *Diplomatic History*, vol. 40, n° 5, 2016.

EDELMAN Robert Simon, "The Russians Are Not Coming! The Soviet Withdrawal from the Games of the XXIII Olympiad", *The International Journal of the History of Sport*, vol. 32, n° 1, 2015.

EISENBERG Christiane, *"English Sports" und deutsche Bürger. Eine Gesellschaftsgeschichte, 1800-1939*, Paderborn, Ferdinand Schöningh, 1999.

ERRAÏS Borhane, FATES Youcef, "Les Jeux régionaux, témoins de l'universalisation des sports", *Mappemonde*, vol. 89, n° 2, 1989.

ESSEX Stephen, GROOT Jiska DE, "The Winter Olympics : Driving Urban Change, 1924-2022", *in* John R. GOLD, Margaret M. GOLD (dir.), *Olympic Cities : City Agendas, Planning, and the World's Games, 1896-2020*, Londres/New York, Routledge, 2017.

FABRIZIO Felice, *Sport e fascismo. La politica sportiva del regime, 1924-1936*, Rimini/Florence, Guaraldi, 1976.

FABRY Nathalie, ZEGHNI Sylvain, "Pourquoi les villes ne veulent-elles plus accueillir les Jeux Olympiques ? Le cas des JO de 2022 et 2024", *Revue marketing territorial*, hiver 2020.

FEREZ Sylvain, RUFFIÉ Sébastien, *Corps, Sport, Handicaps. Tome 1. L'institutionnalisation du mouvement handisport (1954-2008)*, Paris, Téraèdre, 2013.

FINCOEUR Bertrand, GLEAVES John, OHL Fabien, *Doping in Cycling : Interdisciplinary Perspectives*, Londres, Routledge, 2019.

FORCELLESE Tito, *L'Italia e i Giochi Olimpici. Un secolo di candidature : politica, istituzioni e diplomazia sportiva*, Milan, Franco Angeli, 2013.

FOUCAULT Michel, "Le vrai sexe (texte 287)", *in* Michel FOUCAULT, *Dits et écrits II, 1976-1988*, Paris, Gallimard, 2001.

FOUQUET Gérard, IL BONG Paik, "Jeux, sports et société coréenne", *Carrefours de l'éducation*, vol. 20, n° 2, 2005.

GAFNER Raymond (dir.), *Un siècle du Comité international olympique, 1894-1994 : l'idée, les présidents, l'œuvre*, Lausanne, CIO, 1996.

GARTHOFF Raymond L., *The Great Transition : American-Soviet Relations and the End of the Cold War*, Washington D.C., Brookings Institution Press, 2000.

GAUDIN Benoît, "Athlétisme et nationalisme dans l'Éthiopie des années 1920-1960", *Sciences sociales et Sport*, n° 1, 2008.

GAUDIN Benoit, WOLDE Bezabeh, *Kenyan and Ethiopian Athletics – Towards an Alternative Scientific Approach*, Addis Abeba, Ossrea/Ird Editions, 2017.

GEERAERT Arnout, EEKEREN Frank VAN (dir.), *Good Governance in Sport*, Londres, Routledge, 2021.

GHORRA-GOBIN Cynthia, *Los Angeles : Le mythe américain inachevé*, Paris, CNRS Éditions, 2002.

GIRGINOV Vassil, "Olympic and Paralympic Governing Bodies of Sport and the Games", *in* Vassil Girginov (dir.), *Handbook of the London 2012 Olympic and Paralympic Games. Volume One : Making the Games*, Londres, Routledge, 2012.

GIRGINOV Vassil, "Social, political, economic and operational context of the 2012 London Olympic and Paralympic Games : An introduction", *in* Vassil GIRGINOV (dir.), *Handbook of the London 2012 Olympic and Paralympic Games. Volume One : Making the Games*, Londres, Routledge, 2012.

GIRGINOV Vassil (dir.), *Handbook of the London 2012 Olympic and Paralympic Games. Volume 2 : Celebrating the Games*, Londres, Routledge, 2013.

GIRGINOV Vassil, "Researching and Writing about the London Games : An Introduction", *in* Vassil GIRGINOV (dir.), *Handbook of the London 2012 Olympic & Paralympic Games. Volume 2 : Celebrating the Games*, Londres, Routledge, 2013.

GIRGINOV Vassil, "Has the London 2012 Olympic Inspire programme inspired a generation? A realist view", *European Physical Education Review*, vol. 22, n° 4, 2016.

GLEAVES John, LLEWELLYN Matthew, "Sport, Drugs and Amateurism : Tracing the Real Cultural Origins of Anti-Doping Rules in International Sport", *The International Journal of the History of Sport*, vol. 31, n° 8, 2014.

GOGISHVILI David, WOLFE Sven Daniel, MÜLLER Martin, "Dataset - Overview of the Environmental Promises and Outcomes of the Summer and Winter Olympics - Harvard Dataverse", 27 avril 2022.

GOLD John R., GOLD Margaret M., "Framing the Future : Sustainability, Legacy and the 2012 London Games", *in* Richard HOLT, Dino RUTA (dir.), *Routledge Handbook of Sport and Legacy : Meeting the Challenge of Major Sports Events*, Abingdon/New York, Routledge, 2015.

GOLD John R., GOLD Margaret M. (dir.), *Olympic Cities : City Agendas, Planning, and the World's Games, 1896-2020*, Londres/New York, Routledge, 2017.

GORI Gigliola, "A Glittering Icon of Fascist Femininity : Trebisonda 'Ondina' Valla", *The International Journal of the History of Sport*, vol. 1, n° 18, 2001.

GOUNOT André, "Le rassemblement international des sportifs contre le fascisme et la guerre, Paris 1934", *in* Pierre ARNAUD, Alfred WAHL (dir.), *Sports et relations internationales*, Metz, Centre de recherche histoire et civilisation de l'Université de Metz, 1994.

GOUNOT André, "Sport ouvrier et communisme en France, 1920-1934 : une rencontre limitée", *Stadion*, vol. 23, 1997.

GOUNOT André, "Sports or Political Organization? Structures and Characteristics of the Red Sport International (1921-1937)", *The Journal of Sport History*, vol. 28, n° 1, 2001.

GOUNOT André, *Die Rote Sportinternationale, 1921-1937. Kommunistische Massenpolitik im europäischen Arbeitersport*, Münster, LIT Verlag, 2002.

GOUNOT André, "Les Spartakiades internationales, manifestations sportives et politiques du communisme", *Cahiers d'Histoire. Revue d'histoire critique*, n° 88, 2002.

GOUNOT André, "L'Olympiade populaire de Barcelone 1936 : entre nationalisme catalan, 'esprit olympique' et internationalisme prolétarien", *in* André GOUNOT, Denis JALLAT, Benoît CARITEY (dir.), *Les Politiques au stade. Étude comparée des manifestations sportives du XIXe au XXIe siècle*, Rennes, PUR, 2007.

GOUNOT André, *Les Mouvements sportifs ouvriers en Europe (1893-1939). Dimensions transnationales et déclinaisons locales*, Strasbourg, Presses Universitaires de Strasbourg, 2016.

GRANATSEIN Jack Lawrence, BOTHWELL Robert, *Pirouette : Pierre Trudeau and Canadian Foreign Policy*, Toronto, University of Toronto Press, 1990.

GUÉGAN Jean-Baptiste, *Géopolitique du sport, une autre explication du monde*, Paris, Bréal, 2017.

GUERAICHE William, "Regards français sur la colonisation américaine aux Philippines", *Guerres mondiales et conflits contemporains*, n° 209, 2003.

GUTTMANN Allen, "The Cold War and the Olympics", *International Journal*, vol. 43, n° 4, 1988.

GUTTMANN Allen, *The Games Must Go on : Avery Brundage and the Olympic Movement*, New York, Columbia University Press, 1984.

GYGAX Jérôme, "Raisons et prétextes au boycott américain des Jeux Olympiques de Moscou", *Relations internationales*, n° 112, 2002.

GYGAX Jérôme, "Diplomatie culturelle et sportive américaine : persuasion et propagande durant la guerre froide", *Relations internationales*, n° 123, 2005.

Gygax Jérôme, *Olympisme et guerre froide culturelle, le prix de la victoire américaine*, Paris, L'Harmattan, 2012.

Hache Françoise, *Jeux Olympiques. La Flamme de l'exploit*, Paris, Gallimard, 2008 [1992].

Halbwirth Sue, Toohey Kristine, "The Olympic Games and knowledge management: A case study of the Sydney organising committee of the Olympic Games", *European Sport Management Quarterly*, vol. 1, n° 2, 2001.

Hartmann Douglas, "The Olympic 'Revolt' of 1968 and its Lessons for Contemporary African American Athletic Activism", *European Journal of American studies*, vol. 14, n° 1, 2019.

Hayes Graeme, Karamichas John (dir.), *Olympic Games, Mega-Events and Civil Societies : Globalization, Environment, Resistance*, New York, Palgrave Macmillan, 2011.

Hayes Michelle, "Social media and inspiring physical activity during COVID-19 and beyond", *Managing Sport and Leisure*, vol. 27, n° 1-2, 2020.

Henry Ian, Ping Lee Chao, "Governance and ethics in sport", *in* John Beech, Simon Chadwick (dir.), *The Business of Sport Management,* New York, Pearson Education, 2004.

Hill Christopher R., *Olympic Sports*, Manchester, Manchester University Press, 1992.

Hoberman John, "The Myth of Sport as a Peace-Promoting Political Force", *The SAIS Review of International Affairs*, vol. 31, n° 1, 2011.

Hoberman John, *Mortal Engines, The Science of Performance and Dehumanization of Sport*, New Jersey, The Blackburn Press, 2002.

Hopkins Antony G., "Rethinking Decolonization", *Past and Present*, n° 200, 2008.

Horne John, Whannel Garry, *Understanding the Olympics*, Abingdon/New York, Routledge, 2016.

Hoye Russell, Cuskelly Graham, *Sport Governance*, Londres, Routledge, 2007.

Hübner Stefan, "Muscular Christianity and the Western Civilizing Mission : Elwood S. Brown, the YMCA, and the Idea of the Far Eastern Championship Games", *Diplomatic History*, vol. 39, n° 3, 2015.

Hubscher Ronald, *L'Histoire en mouvements. Le sport dans la société française (xix^e^-xx^e^ siècle)*, Paris, Armand Colin, 1992.

Hume David, *A Treatise of Human Nature : Being an Attempt to Introduce the Experimental Method of Reasoning into Moral Subjects*, Auckland, The Floating Press, 2009.

HUNT Thomas Mitchell, *Drug Games : The International Politics of Doping and the Olympic Movement, 1960-2007*, thèse en philosophie, Austin, University of Austin, 2007.

HUNT Thomas Mitchell, Dimeo Paul, Jedlicka Scott R., "The Historical Roots of Today's Problems : A Critical Appraisal of the International Anti-Doping Movement", *Performance Enhancement & Health*, vol. 1, n° 2, 2012.

HUTCHISON Patrick, "Breaking Boundaries : Football and Colonialism in the British Empire", *Inquiries Journal/Student Pulse*, n° 11, 2009.

IKENBERRY G. John, "No Enchanted Palace : The End of Empire and the ideological Origins of the United Nations", *ForeignAffairs.com*, mars-avril 2010.

INSTITUT NATIONAL DE LA JEUNESSE ET DE L'ÉDUCATION POPULAIRE, *Quels pratiquants et quelles pratiques selon les univers sportifs ?*, Paris, Injep, 2021.

ISSANCHOU Damien, *Une indicible monstruosité : étude de cas de la controverse médiatique autour d'Oscar Pistorius (2007-2012 en France)*, thèse de doctorat en STAPS, Université Montpellier 1, 2014.

IVEY James, "Double Standards : South Africa, British Rugby, and the Moscow Olympics", *The International Journal of the History of Sport*, vol. 36, n° 1, 2019.

JACOMUZZI Stefano, *Sapere di sport. Le parole, le finzioni, le culture dello sport*, Turin, Guanda, 1983.

JACQUIER Jérôme, *La Qualification juridique des règles autonomes des organisations sportives*, Berne, Staempfi Éditions, 2004.

JORDAN-YOUNG Rebecca M., KARKAZIS Katrina, *Testosterone. An Unauthorized Biography*, Cambridge, Harvard University Press, 2019.

JOYAUX François, "Chine, Corée, Japon : les jeux de la politique", *Géopolitique*, n° 66, 1999.

KARAMICHAS John, *The Olympic Games and the Environment*, New York, Palgrave Macmillan, 2013.

KARPIK Lucien, "Dispositifs de confiance et engagements crédibles", *Sociologie du travail*, n° 4, 1996.

KASPI André, *Les Américains : Naissance et essor des États-Unis, 1607-1945. Tome 1*, Paris, Seuil, 2002.

KEYS Barbara J., "The Early Cold War Olympics 1952-1960 : Political, economic and human rights dimensions", *in* Helen JEFFERSON LENSKYI, Stephen WAGG (dir.), *The Palgrave Handbook of Olympic Studies*, Londres, Palgrave, 2012.

KEYS Barbara J., *Globalizing Sport: National Rivalry and International Community in the 1930s*, Cambridge, Harvard University Press, 2013.

KEYS Barbara J., "Political Protection: The International Olympic Committee's UN Diplomacy in the 1980s", *The International Journal of the History of Sport*, vol. 34, n° 11, 2017.

KLOTZ Audie, "Transnational Activism and Global Transformations: The Anti-Apartheid and Abolitionist Experiences", *European Journal of International Relations*, n° 1, 2002.

KOBIERECKI Michał Marcin, "Boycott of the Los Angeles 1984 Olympic Games as an Example of Political Play-Acting of the Cold War Superpowers", *Polish Political Science Yearbook*, vol. 44, 2015.

KOKOLAKAKIS Thémis, LERA-LÓPEZ Fernando, RAMCHANDANI Girish, "Did London 2012 deliver a sports participation legacy?", *Sport Management Review*, vol. 22, n° 2, 2019.

KONSTANTINOS Georgiadis, *Die ideengeschichtliche Grundlage der Erneuerung der Olympischen Spiele im 19. Jahrhundert in Griechenland und ihre Umsetzung 1896 in Athen*, Cassel, Agon Sport-Verlag, 2000.

KOULOURI Christina, "Introduction: Rewriting the History of the Olympic Games", *in* Christina KOULOURI (dir.), *Athens, Olympic City, 1896-1906*, Athènes, International Olympic Academy, 2004.

KOULOURI Christina, "On the Path to the Revival", *in* Aliki SOLOMOU-PROKOPIOU, Iphigenia VOGIATZI (dir.), *Athens in the Late Nineteenth Century. The First International Olympic Games*, Athènes, Historical and Ethnological Society of Greece, 2004.

KOULOURI Christina, "The Hour of the Revival and the Holding of the Modern Olympic Games in Athens", *in* Aliki SOLOMOU-PROKOPIOU, Iphigenia VOGIATZI (dir.), *Athens in the Late Nineteenth Century. The First International Olympic Games*, Athènes, Historical and Ethnological Society of Greece, 2004.

KOULOURI Christina, "From Antiquity to Olympic Revival: Sports and Greek National Historiography (Nineteenth-Twentieth Centuries)", *International Journal of the History of Sport*, vol. 27, n° 12, 2010.

KRIEGER Jörg, Wassong Stephan, "The composition of the IOC: origins and key turning points in the governance of the Olympic movement", *in* Dikaia CHATZIEFSTATHIOU, Borja GARCÍA, Benoit SÉGUIN (dir.), *Routledge Handbook of the Olympic and Paralympic Games*, Abingdon, Routledge, 2021.

KRÜGER Arnd, *Die Olympischen Spiele 1936 und die Weltmeinung. Ihre außenpolitische Bedeutung unter besonderer Berücksichtigung der USA*, Berlin, Bartels & Wernitz, 1972.

KRÜGER Arnd, *Theodor Lewald : Sportführer ins Dritte Reich*, Berlin, Bartels & Wernitz, 1975.

KRÜGER Arnd, "Forgotten Decisions : The IOC on the Eve of World War I", *Olympika. The International Journal of Olympic Studies*, n° 6, 1997.

KRÜGER Arnd, MURRAY William (dir.), *The Nazi Olympics. Sport, Politics, and Appeasement in the 1930s*, Urbana/Chicago, University of Illinois Press, 2003.

KRÜGER Michael, "The Germans : no sports but only drills and exercises?", *Sport in Society*, vol. 23, n° 10, 2020.

KRÜGER Michael, HOFMANN Annette, *Olympia als Bildungsidee. Beiträge zur olympischen Geschichte und Pädagogik*, Paris, Springer, 2013.

LÄMMER Manfred (dir.), *Deutschland in der olympischen Bewegung : Eine Zwischenbilanz*, Francfort, NOK für Deutschland, 1999.

LANGENFELD Hans, "Die ersten beiden Jahrzehnte", *in* Manfred LÄMMER (dir.), *Deutschland in der olympischen Bewegung : Eine Zwischenbilanz*, Francfort, NOK für Deutschland, 1999.

LANTZ Elise, MARCELLINI Anne, "Sport games for people with intellectual disabilities. Institutional analysis of an unusual international configuration", *Sport in Society*, vol. 21, n° 4, 2018.

LAQUEUR Thomas, *La Fabrique du sexe. Essai sur le corps et le genre en Occident*, Paris, Gallimard, 1992.

LARGE David C., *Munich 1972 : Tragedy, Terror, and Triumph at the Olympic Games*, Lanham, Rowman & Littlefield, 2012.

LATTY Franck, *La* lex sportiva *: recherche sur le droit transnational*, Leyde, Martinus Nijhoff Publisher, 2007.

LEGENDRE Clémentine, *La Coordination du mouvement sportif international et des ordres juridiques étatiques et supra-étatiques*, doctorat de droit, Paris, Université Paris I, 2019.

LEMERLE Sébastien, REYNAUD-PALIGOT Carole, *La Biologisation du social, discours et pratiques*, Paris, Presses Universitaires de Paris Nanterre, 2017.

LEMOINE Françoise, "La Chine dans l'économie mondiale", *Économie Internationale*, n° 92, 2002.

LEMPERIÈRE-ROUSSIN Annick, "Le mouvement de 1968 au Mexique", *Vingtième Siècle*, vol. 23, n° 1, 1989.

LENSKYJ Helen Jefferson, "Sport and Corporate Environmentalism : The Case of the Sydney 2000 Olympics", *International Review for the Sociology of Sport*, vol. 33, n° 4, 1er décembre 1998.

LENSKYJ Helen Jefferson, *Inside the Olympic Industry : Power, Politics, and Activism*, Albany, State University of New York Press, 2000.

LEQUIN Yves (dir.), *Histoire des Français, XIXe-XXe siècles. Tome 2*, Paris, Armand Colin, 1983.

LEQUIN Yves, "Les espaces de la société citadine", *in* Yves LEQUIN (dir.), *Histoire des Français, XIXe-XXe siècles. Tome 2*, Paris, Armand Colin, 1983.

LEVET-LABRY Éric, SCHUT Pierre-Olaf, "Les relations entre tourisme et sport autour des Jeux Olympiques de 1924", *Revue STAPS*, n° 105, 2014.

LLEWELLYN Matthew P., GLEAVES John, *The Rise and Fall of Olympic Amateurism*, Chicago, University of Illinois Press, 2016.

LLEWELLYN Matthew P., GLEAVES John, WILSON Wayne (dir.), *The 1984 Los Angeles Olympic Games : Assessing the 30-Year Legacy*, Londres/New York, Routledge, 2017.

LLEWELLYN Matthew P., GLEAVES John, WILSON Wayne, "The Historical Legacy of the 1984 Los Angeles Olympic Games", *in* Matthew P. LLEWELLYN, John GLEAVES, Wayne WILSON (dir.), *The 1984 Los Angeles Olympic Games : Assessing the 30-Year Legacy*, Londres/New York, Routledge, 2017.

LLEWELLYN Matthew P., LAKE Robert, "'The old days of amateurism are over': the Samaranch revolution and the return of Olympic tennis", *Sport in History*, vol. 37, n° 4, 2017.

LODGE Henri Cabot, "Speech at the Alumni Dinner", *June 1896*, *Speeches and Addresses, 1884-1909*, Boston, Houghton Mifflin Company, 1909.

LOEW Guy-Lionel, "Karl Schranz and the international debate on amateurism, Sapporo 1972", *Olympika : The International Journal of Olympic Studies*, vol. 17, 2008.

LOOI Mun-Keat, "COVID-19: Extended emergency and Olympic concerns overshadow Japan's accelerated vaccine rollout", *BMJ*, vol. 373, n° 1546, 2021.

LORET Alain, *Génération glisse*, Paris, Autrement, 2003.

LUDVIGSEN Jan Andre Lee, PARNELL Daniel, "Redesigning the Games? The 2020 Olympic Games, Playbooks and new sports event risk management tools", *Managing Sport and Leisure*, 2021.

LUNZENFICHTER Alain, *Athènes 1896, Pékin 2008, Choix épiques des villes olympiques*, Paris, Atlantica, 2002.

MacAloon John J., *This Great Symbol, Pierre de Coubertin and the Origins of the Modern Olympic Games*, Chicago, The University of Chicago Press, 1981.

MacIntosh Donald, Hawes Michael, *Sport and Canadian Diplomacy*, Montréal, McGill-Queen's University Press, 1994.

MacRury Lain, Poynter Gavin, *Olympic Cities: 2012 and the Remaking of London (Design and the Built Environment)*, Farnham, Ashgate Publishing, 2009.

Maddison Angus, *L'Économie chinoise. Une perspective historique*, Paris, Centre de développement de l'Organisation de coopération et de développement économique, 1998.

Maitrot Éric, *Les Scandales du sport contaminé*, Paris, Flammarion, 2003.

Majumdar Boria, "How Covid changed sport – a case study of the 2020 Tokyo Olympic Games", *Sport in Society*, 2021.

Mandell Richard D., *The Nazi Olympics*, Urbana and Chicago, University of Illinois Press, 1987 [1971].

Marcellini Anne, Lantz Elise, "Compétition et classification paralympique. Une nouvelle conception de l'équité sportive?", *in* Anne Marcellini, Gaël Villoing (dir.), *Corps, Sport, Handicaps. Tome 2. Le mouvement handisport au xxie siècle. Lectures sociologiques*, Paris, Téraèdre, 2014.

Marcellini Anne, Lefèvre Nathalie, Léséleuc Éric de, Bui-Xuan Gilles, "D'une minorité à l'autre... Pratique sportive, visibilité et intégration sociale de groupes stigmatisés", *Loisir et Société/Society and Leisure*, vol. 23, n° 1, 2000.

Marcellini Anne, Vidal Michel, Ferez Sylvain, De Léséleuc Éric, "'La chose la plus rapide sans jambes'. Oscar Pistorius ou la mise en spectacle des frontières de l'humain", *Politix*, vol. 90, n° 2, 2010.

Marcellini Anne, Villoing Gaël, *Corps, Sport, Handicaps. Tome 2. Le mouvement handisport au xxie siècle. Lectures sociologiques*, Paris, Téraèdre, 2014.

Marchetti Dominique, Rasera Frédéric, Schotté Manuel, Souanef Karim (dir.), "Classements sportifs", *Actes de la recherche en sciences sociales*, n° 209, 2015.

Mayeur Françoise, "Pierre de Coubertin. La réforme sociale par l'éducation et le sport", *Les Études Sociales*, n° 137, 2003.

McDonnell Tim, "The Olympics Are Becoming Less Sustainable", *Quartz*, 2 août 2021.

MEIER Henk E., REINOLD Marcel, "Immunizing Inefficient Field Frames for Mitigating Social Problems : The Institutional Work Behind the Technocratic Antidoping System", *SAGE Open*, vol. 8, n° 2, 2018.

MERTENS Pierre, "Le boycott des Jeux Olympiques", *Revue belge de droit international*, n° 1, 1984-1985.

MERTIN Evelyn, "The Soviet Union and the Olympic Games of 1980 and 1984. Explaining the boycotts to their own people", *in* Stephen WAGG, David L. ANDREWS (dir.), *East Plays West : Sport and the Cold War*, Londres/New York, Routledge, 2007.

MEYNAUD Jacques, *Sport et politique*, Paris, Payot, 1966.

MIGNON Patrick, "Le Dopage : état des lieux sociologique", *Documents du CESAMES*, n° 10, 2002.

MILLER David, *La Révolution olympique, portrait de J. A. Samaranch*, Paris, Payot, 1993.

MILZA Pierre, "Sport et relations internationales", *Relations internationales*, n° 38, 1984.

MILZA Pierre, JEQUIER François, TÉTART Philippe (dir.), *Le Pouvoir des anneaux. Des Jeux Olympiques à la lumière de la politique 1896-2004*, Paris, Vuibert, 2004.

MØLLER Verner, "Knud Enemark Jensen's Death During the 1960 Rome Olympics : A Search for Truth?", *Sport in History*, vol. 25, n° 3, 2005.

MONNIN Éric, MAILLARD Christophe, "Pour une typologie du boycottage aux Jeux Olympiques", *Relations internationales*, n° 162, 2015.

MONNIN Éric, MONNIN Catherine, "Le boycott politique des Jeux olympiques de Montréal", *Relations internationales*, vol. 134, n° 2, 2008.

MONROE E. Price, DAYAN Daniel, *Owning the Olympics. Narratives of the New China*, Chicago, The University of Michigan Press, 2008.

MOREAU-SAINZ Philippe, *Los Angeles 32*, Paris, Michalon, 2008.

MORRE Richard, *The Dirtiest Race in History : Ben Johnson, Carl Lewis and the 1988 Olympic Final*, Londres, Wisden, 2013.

MOUNTJOY Margo, JUNGE Astrid, BUDGETT Richard, DOERR Dominik, LEGLISE Michel, MILLER Stuart, MORAN Jane, FOSTER Jeremy, "Health promotion by International Olympic Sport Federations : Priorities and Barriers", *British Journal of Sports Medicine*, vol. 53, n° 17, 2019.

MÜLLER Martin, "(Im-)Mobile Policies : Why Sustainability Went Wrong in the 2014 Olympics in Sochi", *European Urban and Regional Studies*, vol. 22, n° 2, 2015.

Müller Norbert (dir.), *Sport history: Olympic Scientific Congress. Official Report, July 19-26, 1984, University of Oregon, Eugene/Oregon*, Niedernhausen/Taunus, Schors, 1985.

Müller Norbert, *Pierre de Coubertin, Textes choisis,* Volume 2, Zurich/New York, Hildesheim/Weidmann, 1986.

Müller Norbert (dir.), *Coubertin et l'olympisme. Questions pour l'avenir. Le Havre 1897-1997*, Lausanne, CIPC, 1998.

Murphy Gregory L., "Is there an exemplar theory of concepts?", *Psychonomic Bulletin Review*, vol. 23, n° 4, 2016.

Mvutsebanka Celestin, Nahimana Salvator, "Quand le football burundais devient un enjeu identitaire et politique", *Revue africaine de sociologie*, vol. 24, 2020.

Naul Roland, "Willibald Gebhardt : der 'deutsche Coubertin'", *in* Manfred Lämmer (dir.), *Deutschland in der olympischen Bewegung : Eine Zwischenbilanz*, Francfort, NOK für Deutschland, 1999.

Niggli Nicholas, "Diplomatie sportive et relations internationales : Helsinki 1952, les 'Jeux Olympiques de la guerre froide' ?", *Relations internationales*, n° 112, 2002.

Niquet-Cabestan Valérie, "La Chine face au défi des Jeux Olympiques", *Politique étrangère*, n° 2, 2008.

Obama Barack, *De la race en Amérique*, Paris, Grasset, 2008.

O'Bonsawin Christine M., "Showdown at Eagleridge Bluffs : The 2010 Vancouver Olympic Winter Games, the Olympic Sustainability Smokescreen, and the Protection of Indigenous Lands", *in* Janice Forsyth, Christine M. O'Bonsawin, Michael Heine (dir.), *Intersections and Intersectionalities in Olympic and Paralympic Studies : Twelfth International Symposium for Olympic Research*, Londres, International Center for Olympic Studies, Western University, 2014.

Ohl Fabien, Fincoeur Bertrand, Schoch Lucie, "Fight Against Doping as a Social Performance : The Case of the 2015-2016 Russian Anti-Doping Crisis", *Cultural Sociology*, vol. 15, n° 3, 2021.

Ohl Fabien, Fincoeur Bertrand, Schoch Lucie, "The toxic doxa of 'clean sport' and IOC and WADA's quest for credibility", *International Review for the Sociology of Sport*, vol. 55, n° 8, 2021.

Ohl Fabien, Gleaves John, Fincoeur Bertrand, *Doping in Cycling : Interdisciplinary Perspectives*, Londres, Routledge, 2019.

PAREZO Nancy, FOWLER Don D., *Anthropology Goes to the Fair: The 1904 Louisiana Purchase Exposition*, Lincoln, University of Nebraska Press, 2007.

PARKS Jenifer, *The Olympic Games, the Soviet Sports Bureaucracy, and the Cold War: Red Sport, Red Tape*, Lanham, Lexington Books, 2017.

PASSERON Jean-Claude, REVEL Jacques, *Penser par cas*, Paris, Éditions EHESS, 2005.

PERERA Éric, GLEYSE Jacques, "Le dopage dans quatre grands périodiques sportifs français de 1903 aux années soixante. Le secret, le pur et l'impur", *Revue STAPS*, vol. 70, n° 4, 2005.

PETERSON Jason, "A 'Race' for Equality: Print Media Coverage of the 1968 Olympic Protest by Tommie Smith and John Carlos", *American Journalism*, vol. 26, n° 2, 2009.

PFEIL Ulrich, "Sport et jeunesse en SBZ/RDA (1945-1990). Quelques éléments de réflexion", *in* Jean-François TOURNADE (dir.), *Pour une histoire du sport et de la jeunesse*, Paris, Presses Sorbonne Nouvelle, 2002.

PHILIPS Bob, *The 1948 Olympics: How London Rescued the Games*, Cheltenham, Sportbooks, 2007.

POYNTER Gavin, VIEHOFF Valerie, LI Yang (dir.), *The London Olympics and Urban Development: The Mega-Event City*, Londres, Routledge, 2015.

PROZUMENSHCHIKOV Mikhail, *Bolshoï sport i bolshaïa politika*, Moscou, Rosspen, 2004.

QUESSARD Maud, *Stratégies d'influences et guerres de l'information. Propagande et diplomatie publique des États-Unis depuis la guerre froide*, Rennes, Presses Universitaires de Rennes, 2019.

RABU Gaylor, *L'organisation du sport par le contrat. Essai sur la notion d'ordre juridique sportif*, Marseille, Presses Universitaires d'Aix-Marseille, 2010

RADCHENKO Sergey, "Sport and politics on the Korean peninsula: North Korea and the 1988 Seoul Olympics", *Wilson Center*, décembre 2011.

REDIHAN Erin Elizabeth, *The Olympics and the Cold War 1948-1968: Sport as the Battleground in the U.S.-Soviet Rivalry*, Jefferson, McFarland, 2017.

REDIHAN Erin Elizabeth, "The Gerald R. Ford Administration and the Olympic Movement: Political Games", *Sport History Review*, vol. 50, n° 1, 2019.

RENSON Roland, "From the trenches to the track: The 1920 Antwerp Olympic Games", *in* Norbert MÜLLER (dir.), *Sport history: Olympic Scientific Congress. Official Report, July 19-26, 1984, University of Oregon, Eugene/Oregon*, Niedernhausen/Taunus, Schors, 1985.

RICHMOND Yale, *Cultural Exchange and the Cold War: Raising the Iron Curtain*, State College, Pennsylvania State University Press, 2003.

RIDER Toby C., *Cold War Games: Propaganda, The Olympics, And U.S. Foreign Policy*, Urbana, University of Illinois Press, 2016.

RIDER Toby C., "A Campaign of Truth: The State Department, Propaganda, and the Olympic Games, 1950-1952", *Journal of Cold War Studies*, vol. 18, n° 2, 2016.

RIGOZZI Antonio, *L'arbitrage international en matière sportive*, Bâle, Helbing et Lichtenhan, 2005.

RIORDAN James, "The USSR and Olympic Boycotts", *The International Journal of the History of Sport*, vol. 5, n° 3, 1988.

RIORDAN James, *Sport, Politics and Communism*, Manchester, Manchester University Press, 1991.

RITCHIE Ian, "Pierre de Coubertin, Doped 'Amateurs' and the 'Spirit of Sport': The Role of Mythology in Olympic Anti-Doping Policies", *The International Journal of the History of Sport*, vol. 31, n° 8, 2014.

ROCHE Maurice, *Mega-events and Modernity: Olympics, Expos and the Growth of Global Culture*, Londres, Routledge, 2000.

RODRIGUEZ Miguel, "Mexico 1968 : 'Todo es posible en la paz'", *Outre-Terre*, vol. 3, n° 8, 2004.

ROFE J. Simon (dir.), *Sport and Diplomacy: Games within Games*, Manchester, Manchester University Press, 2018.

ROSS MacIntosh, NAGEL Evan K., "More than a Miracle: The Korean War, Cold War Politics, and the 1960 Olympic Hockey Tournament", *The International Journal of the History of Sport*, vol. 35, n° 9, 2018.

SANTINI Dominique, HENDERSON Holly, "The winners and losers in the race to environmental sustainability: A ranking of Summer Olympic International Federation progress", *Emerald Open Research*, vol. 3, n° 12, 2021.

SAMUEL Shalini, STUBBS Wendy, "Green Olympics, Green Legacies? An Exploration of the Environmental Legacies of the Olympic Games", *International Review for the Sociology of Sport*, vol. 48, n° 4, 1er août 2013.

SARANTAKES Nicholas, *Dropping the Torch: Jimmy Carter, The Olympic Boycott, and the Cold War*, Cambridge, Cambridge University Press, 2011.

SARANTAKES Nicholas E., "The White House Games: The Carter Administration's Efforts to Establish an Alternative to the Olympics", *in* Heather L. DICHTER, Andrew L. JOHNS (dir.), *Diplomatic Games: Sport, Statecraft, and International Relations since 1945*, Lexington, University Press of Kentucky, 2014.

SCHANTZ Otto, "Éducation Sportive et éducation olympique de 1897 à 1997. Réflexions axiologiques", *in* Norbert MÜLLER (dir.), *Coubertin et l'olympisme. Questions pour l'avenir. Le Havre 1897-1997*, Lausanne, CIPC, 1998.

SCHEU Anja, PREUSS Holger, KÖNECKE Thomas, "The Legacy of the Olympic Games : A Review", *Journal of Global Sport Management*, vol. 6, n° 3, 2021.

SCHOCH Lucie, CLAUSEN Joséphine, "Women within international sports federations : contemporary challenges", *in* Georgia CERVIN, Claire NICOLAS (dir.), *A Man's World? A History of Women and Leadership in Sport*, New York, Palgrave, 2019.

SCHOTTÉ Manuel, *La Construction du "talent". Sociologie de la domination des coureurs marocains*, Paris, Raisons d'agir, 2012.

SCHUT Pierre-Olaf, DELAPLACE Marie, *Hosting the Olympic Games. Uncertainty, debate, controversy*, Londres, Routledge, 2020.

SCHUT Pierre-Olaf, TERRET Thierry, "Quitte ou double : les paris des infrastructures et du budget", *in* Thierry TERRET (dir.), *Les Paris des Jeux Olympiques de 1924*, Biarritz, Atlantica, 2008.

SENN Alfred, *Power Politics and the Olympic Games*, Champaign, Human Kinetics, 1999.

SHIMIZU Kazuki, GILMOUR Stuart, HIROMI Mase, LE PHUONG Mai, TESHIMA Ayaka, SAKAMOTO Haruka, NOMURA Shuhei, "COVID-19 and Heat Illness in Tokyo, Japan : Implications for the Summer Olympic and Paralympic Games in 2021", *International Journal of Environmental Research and Public Health*, vol. 18, n° 3620, 2021.

SHUKLA Shekhar, "Infodemic amid the COVID-19 pandemic : Leveraging blockchain for trusted information ecosystems", *First Monday*, vol. 25, n° 12, 2020.

SIMON Gérald, *Puissance sportive et ordre juridique étatique*, Paris, LGDJ, 1990.

SOKHNA Cheikh, GOUMBALLA Ndiaw, THUAN HOANG Van, BASSENE Hubert, PAROLA Philippe, GAUTRET Philippe, "The Grand Magal of Touba was spared by the COVID-19 pandemic", *International Journal of Infectious Diseases*, n° 105, 2021.

SOLOMOU-PROKOPIOU Aliki, VOGIATZI Iphigenia (dir.), *Athens in the Late Nineteenth Century. The First International Olympic Games*, Athènes, Historical and Ethnological Society of Greece, 2004.

SOUTOU Georges-Henri, *La Guerre de cinquante ans*, Paris, Fayard, 2001.

STEINBERG David, *Sport under Red Flags! The relations between the Red Sport International and the Socialist Workers' Sport International 1920-1939*, University of Madison-Wisconsin, Madison, 1979.

STEINS Gerd, *Die Flatow-Medaille : In Erinnerung an Alfred Flatow und Gustav Flatow*, Berlin, Sportmuseum Berlin, 2017.

STIKER Henri-Jacques, *Les Fables peintes des corps abîmés. Les images de l'infirmité du XVI^e au XX^e siècle*, Paris, Cerf, 2006.

TAKU Kanako, HIROKAZU Arai, "Impact of COVID-19 on Athletes and Coaches, and Their Values in Japan : Repercussions of Postponing the Tokyo 2020 Olympic and Paralympic Games", *Journal of Loss and Trauma*, vol. 25, n° 8, 2020.

TEICHLER Hans-Joachim, *Internationale Sportpolitik im Dritten Reich*, Schorndorf, Hofmann, 1991.

TERRET Thierry, *Les Paris des Jeux Olympiques de 1924*, 4 volumes, Biarritz, Atlantica, 2008.

TERRET Thierry (dir.), *Histoire du sport et géopolitique*, Paris, L'Harmattan, 2011.

TÉTART Philippe, "Le boycott des Jeux de Moscou (1980) : les athlètes à l'écran, entre impossible deuil d'un accomplissement sportif et sens de la responsabilité", *Parlement[s], Revue d'histoire politique,* vol. 29, n° 1, 2019.

TOURNADE Jean-François (dir.), *Pour une histoire du sport et de la jeunesse*, Paris, Presses Sorbonne Nouvelle, 2002.

TULLI Umberto, "'They Used Americana, All Painted and Polished, to Make the Enormous Impression They Did' : Selling the Reagan Revolution through the 1984 Olympic Games", *in* J. Simon ROFE (dir.), *Sport and Diplomacy : Games within Games*, Manchester, Manchester University Press, 2018.

TULLI Umberto, "Bringing Human Rights In : The Campaign Against the 1980 Moscow Olympic Games and the Origins of the Nexus Between Human Rights and the Olympic Games", *The International Journal of the History of Sport*, vol. 33, n° 16, 2016.

VIGARELLO Georges, "Le temps du sport", *in* Alain CORBIN (dir.), *L'Avènement des loisirs*, Paris, Aubier, 1995.

VIGARELLO Georges, *Passion sport : Histoire d'une culture*, Paris, Textuel, 1999.

VIGARELLO Georges, *Du jeu ancien au show sportif. La naissance d'un mythe*, Paris, Seuil, 2002.

VYV Simson, JENNINGS Andrew, *Main basse sur les J.O.,* Paris, Flammarion, 1992.

WADDINGTON Ivan, SMITH Andie, *An Introduction to Drugs in Sport: Addicted to Winning?*, Londres, Routledge, 2009.

WAGNER Ulrik, "The World Anti-Doping Agency: Constructing a Hybrid Organisation in Permanent Stress (Dis)Order?", *International Journal of Sport Policy and Politics*, vol. 1, n° 2, 2009.

WAGNER Ulrik, MØLLER PEDERSEN Kasper, "The IOC and the Doping Issue—An Institutional Discursive Approach to Organizational Identity Construction", *Sport Management Review*, vol. 17, n° 2, 2014.

WAHL Alfred, "Sport et politique, toute une histoire!", *Outre-Terre*, n° 8, 2004.

WASSONG Stephan, MÜLLER Norbert (dir.), *Pierre de Coubertin and the Future*, Cassel, Agon, 2015.

WEED Mike, "London 2012 legacy strategy. Did it deliver?", *in* Vassil GIRGINOV (dir.), *Handbook of the London 2012 Olympic and Paralympic Games*, Londres, Routledge, 2013.

WENN Stephen R., "Peter Ueberroth's Legacy: How the 1984 Los Angeles Olympics Changed the Trajectory of the Olympic Movement", *The International Journal of the History of Sport*, vol. 32, n° 1, 2015.

WIGGINS David K., "Vince Matthews, Wayne Collett, and the Forgotten Disruption in Munich", *The Journal of African American History*, vol. 106, n° 2, 2021.

WOLFE Sven Daniel, "A New Road and Rail Link from the Mountains to the Coast: The Mixed Legacy of Sochi's Most Expensive Project", *in* Graeme EVANS (dir.), *Mega-Events: Placemaking, Regeneration and City-Regional Development*, Abingdon, Oxon/New York, Routledge, 2020.

WOLFE Sven Daniel, GOGISHVILI David, CHAPPELET Jean-Loup, MÜLLER Martin, "The urban and economic impacts of mega-events: mechanisms of change in global games", *Sport in Society*, 2021.

ZAFIROPOULOS Markos, PINELL Patrice, "Drogues, déclassement et stratégies de disqualification", *Actes de la recherche en sciences sociales*, vol. 42, n° 1, 1982.

# Programme

## Présentation du programme "Histoire, Sport & Citoyenneté. Des Jeux Olympiques d'Athènes 1896 aux Jeux Olympiques et Paralympiques de Paris 2024"

Après des siècles d'éclipse, les Jeux Olympiques renaissent symboliquement en Grèce, à Athènes, en 1896. Près de 130 ans plus tard, le mouvement olympique s'affirme comme le premier événement mondial et revient à Paris en 2024 pour les 30e Jeux Olympiques (et les XXXIIIe Olympiades), un siècle après les Jeux parisiens de 1924 et 124 ans après ceux de 1900 – les Jeux de l'entrée dans le XXe siècle –, également organisés dans la capitale parisienne à l'occasion de la plus importante Exposition universelle de l'époque (50 millions de visiteurs). Cette histoire fait désormais partie de l'Histoire. Les différentes éditions des Olympiades parcourent le monde (Paris, Rio de Janeiro, Séoul, Moscou, Montréal, Amsterdam…), réunissant des sportifs, hommes et femmes, jeunes et moins jeunes, accomplissant des destins sportifs exceptionnels.

Ces histoires individuelles et ces destins singuliers – qui, en fonction des époques, ont souvent réussi à faire évoluer l'esprit du temps, les normes, les règles… –, mettent en lumière les enjeux d'égalité, de diversité ou de parité. L'histoire de l'olympisme permet ainsi d'écrire "une autre histoire du monde". C'est ce que le programme "Histoire, Sport & Citoyenneté. Des Jeux Olympiques d'Athènes 1896 aux Jeux Olympiques et Paralympiques de Paris 2024", initié par la CASDEN/ Banque Populaire et conçu par le Groupe de recherche Achac, s'est donné pour objectif. Dans ce cadre, le Group de recherche Achac a réalisé l'ensemble des supports d'une exposition pédagogique très largement diffusée, et a coordonné quatre colloques internationaux. Avec de nombreux partenaires institutionnels, ce programme veut rendre accessible au plus grand nombre l'histoire des Jeux Olympiques, en France hexagonale et ultramarine, dans l'esprit des 170 mesures proposées par le gouvernement pour les Jeux Olympiques et Paralympiques de Paris 2024 "*Faire mieux grâce aux Jeux*".

C'est cette histoire multiple – celle des Jeux Olympiques et ses 30 sessions, ainsi que 30 destins uniques trop souvent méconnus mis en lumière par l'exposition pédagogique, celle de l'histoire-monde des Jeux Olympiques analysée à travers plusieurs ouvrages scientifiques et de vulgarisation, mais aussi des podcasts, des films et une grande exposition en 2024 – que propose ce programme pendant 4 années (2020-2024), rendant compte d'une démarche globale pour aller à la rencontre de tous les publics.

Dans la perspective des Jeux Olympiques et Paralympiques de Paris 2024, ce programme est le point de départ de notre plongée commune dans l'Histoire. Nous voulons à travers celui-ci proposer un programme multidirectionnel : des récits venus des 4 coins du monde, des portraits élaborés par des historiens et éclairés par des archives inédites, des analyses historiques réalisées par les meilleurs spécialistes, afin de rendre vivante et pertinente cette histoire.

L'exposition pédagogique met en évidence une trentaine de valeurs qui sont illustrées par le destin de sportifs : du premier athlète afro-antillais médaillé (Constantin Henriquez en 1900) aux débuts des Jeux Paralympiques en 1960, de la féminisation des compétitions sportives aux prises de position d'athlètes en faveur des droits civiques (comme Tommie Smith et John Carlos en 1968), de l'espoir pour une nouvelle Afrique post-Apartheid (avec Derartu Tulu et Elana Meyer en 1992) aux performances extraordinaires de certains champions (comme Usain Bolt en 2008), mais également des moments symboliques de la grande Histoire comme lors des Jeux Olympiques de Berlin en 1936, ceux de 1980 à Moscou ou ceux de Tokyo reportés en 2021.

Tout au long du programme, des colloques (à Nice en 2019, à Paris en 2020, à Lausanne en 2021, à Marseille en 2022) et des conférences ou des tables rondes (proposés par les 50 membres du Conseil scientifique et d'orientation du programme), ainsi que des ouvrages déploient le dispositif à destination de publics plus spécifiques. En 2024 à Paris, pendant les Jeux Olympiques et Paralympiques, une grande exposition sera programmée par le Musée national de l'histoire de l'immigration dans le Palais de la Porte dorée pour sensibiliser un large public à cette "autre histoire du monde".

Dans cette dynamique, qui touche plusieurs cercles concentriques, et qui s'inscrit dans le temps long, l'objectif est d'accompagner l'organisation des Jeux Olympiques et Paralympiques en France à travers un angle culturel et historique fort, adossé à une nécessaire distance critique, indispensable au travail des historiens.

C'est dans ce cadre que s'inscrivent cet ouvrage et l'exposition pédagogique *Histoire, Sport & Citoyenneté*. L'idée pour le public et les visiteurs est de plonger dans l'histoire de chacun des Jeux Olympiques – en montrant à chaque fois les enjeux politiques et géopolitiques de chaque Jeu, les questions liées aux inégalités entre les peuples, la lente féminisation, mais aussi en relatant les exploits sportifs ayant marqué l'histoire du sport.

À travers ce voyage dans 33 Olympiades et 30 Jeux Olympiques de 1896 à 2024, l'exposition pédagogique met en lumière de nombreux sportifs et sportives, mais aussi des athlètes paralympiques, notamment Nicola ADAMS, Clarisse AGBEGNENOU, Mohamed ALI, Clarence BASTARACHE, Filbert BAYI, Ota BENGA, Abebe BIKILA, Jane BLACKBURN, Victor BOIN, Usain BOLT, John CARLOS, Betty CUTHBERT, Pýrros DÍMAS, Ahmed Boughera EL OUAFI, Neroli FAIRHALL, Allyson FELIX, Laura FLESSEL, Cathy FREEMAN, Judy GUINNESS, Alfréd HAJÓS, Michael HEATH, Constantin HENRIQUEZ, Béatrice HESS, Jonas JACOBSSON, Mike KENNY, Władysław KOZAKIEWICZ, Carl LEWIS, Roberto MARSON, Susan MASHAM, Elana MEYER, Stephen

MILLER, Mayumi NARITA, Franz NIETLISPACH, Jesse OWENS, Prithika PAVADE, Lee PEARSON, Marie-José PÉREC, Chantal PETITCLERC, Michael PHELPS, Teddy RINER, Valerie ROBERTSON, Ellie SIMMONDS, Mark SLAVIN, Tommie SMITH, Károly TAKÁCS, John TAYLOR, Jim THORPE, Derartu TULU, Johnny WEISSMULLER, Emil ZÁTOPEK et ZORN Trischa.

Dans cette exposition s'entremêlent l'histoire du sport en France et l'histoire des sportives et sportifs issus des quatre coins du monde avec une réelle dynamique visuelle et pédagogique pour toucher largement le jeune public. En 2020 plus de 1000 actions ont été réalisées, 1500 actions en 2022 avec en priorité le public scolaire et universitaire, en 2023 1800 actions sont programmées et 2500 en 2024, année des Jeux Olympiques parisiens. L'objectif, en 4 ans, est de toucher un large public, dans les régions ultramarines et dans les instituts français et lycées français aux quatre coins du monde, mais aussi de proposer un travail historique avec les meilleurs spécialistes français et internationaux dont beaucoup sont rassemblés dans le présent ouvrage.

**Éditions Atlande**
**F - 92200 Neuilly**
**www.atlande.eu**

Achevé d'imprimer sur les presses d'Evoluprint
à Bruguières (Haute-Garonne) en octobre 2023.
Numéro d'impression: 42861

Dépôt légal mars 2023.